周非將軍

將軍

與民國海軍

胡平生、周先俐

著

序一　你所不知道的海軍奮鬥史

（前總統府資政，國安會秘書長）

　　你也許有朋友曾在海軍服務，也許也聽過我們國家的海軍軍歌，甚至你可能還有機會上過軍艦參觀，但是你是否能夠體會海軍真正的精神？是否能瞭解在過去幾十年間，我國海軍在條件不足和內外都有困難的情況下，是如何胼手胝足的努力奮鬥，竭盡心智地去壯大我們的海上力量，保衛我們的國家和海疆？所以當我讀到這本軍人傳記後，真是感到高興。作者是以周非將軍的生平為經，以我國海軍多年來的發展為緯，將海軍的許多組織和制度，在不同時期的任務和各船艦的歷史都作了整理和說明，全書參考和引用了各種公開的和未刊行的、外人不容易見到的一手資料，讓史料自己說話，得以很自然的幫助讀者瞭解周將軍那一代的人是如何的為了中華民國的安全，生存和發展而奮鬥了一生。

　　周非將軍是民國四十到六十年代時我海軍當中既有豐富的實戰經驗，又是與美軍合作而獲得對方尊敬的核心骨幹，尤其是他居然還有在抗戰期間參加過陸軍對日艱苦作戰的經驗，更顯示出他背景的難得。本書的兩位作者則都是學有專精的學者，留美的語文專家和心理學家周先俐博士是周將軍的女公子，而胡平生教授則不但是周將軍的女婿，更是海內外知名的歷史學者，著作等身，因此看得出在寫作的過程中，他們是如何上窮碧落下黃泉的尋找資料，並加以比對引證，態度嚴謹，使得本書不但具有學術上的份量，更讓人體會到的他們的動力一方面固然是對長輩的孝心，一方面更是有心地努力不讓青史盡成灰。

　　個人作為先俐博士的政大學長，非常榮幸地能夠有機會對本書先讀為快，因此而更認識了我國海軍多年來慘澹經營的內情和真正了不起的輝煌戰史，當然也更認識了周將軍本人由於智勇雙全而獲致的卓著戰績。我尤其佩服他在年輕時所撰寫的對共軍作戰方法的建議和其中所凸顯的強烈企圖心，以及他後來在擔任海軍士官學校校長和訓練司令部司令的任內所致

力推動與時俱進的教育。相信他所努力培育的成千上萬的人才，必然提升了我國海軍的戰力，並且更有效地保衛了我國的海疆。無怪乎先父宗南將軍當年在浙江外海的大陳擔任反共救國軍總指揮時，便對年輕的海軍周艦長肯定有加，其後與他多次來往，甚至在他自己於民國五十一年逝世前不久，都還高興地與周將軍長談。

這不但是一本軍事歷史書，更是一頁我民族艱苦奮鬥的紀錄。在當前海峽兩岸的大環境之下，尤其臺灣社會的氛圍中，本書所傳播的訊息和精神，實在應該積極的廣傳，而個人尤其期盼海內外能夠有更多的有心人興起，像本書作者一樣，從各個不同的角度共同努力，一點一滴的將我們這個偉大民族的真正歷史加以還原，以便傳揚到世界各地，並且留傳給我們的世世代代和子子孫孫。

序二

應紹舜教授

（海軍史專家，國立臺灣大學森林環境暨資源學系名譽教授）

　　早期海軍人物傳記文學十分稀有，真可說是鳳毛麟角；最早，或許是民國六十年出版的《一八九九年至一九六九年郝培芸回憶錄》，該書的出版得力於其子時任臺灣大學歷史系客座副教授、後為中央研究院士郝延平博士鼎力相助；惟限於資力，以手抄本影印發行少數數量，流傳於家人親友間。民國六十九年有中央研究院近代史研究所出版《鄭天杰先生訪問紀錄》一書，以口述歷史方式記錄鄭天杰海軍少將的生平，對海軍人物歷史始有較有系統的出版及發行。其間雖有少數海軍人物傳記、回憶錄的出版；或如郝著之限量發行，或斷簡殘篇轉載於雜誌報章間，終難成氣象。鄭著出版後，中央研究院近代史研究所出版了一系列海軍人物口述歷史的書籍，如《黎玉璽先生訪問紀錄》、《劉廣凱將軍報國憶往》、《池孟彬先生訪問紀錄》、《曾尚智回憶錄》、《海軍人物訪問紀錄第一、二輯》……等相繼出版，為現代海軍史實保留了忠實而深入的記錄。然而不論是口述歷史或回憶錄，由於年代久遠、記憶有所疏漏、個人恩怨、政治立場、價值觀判別等因素因而難免有所偏頗。

　　近讀胡平生、周先俐賢伉儷大作《周非將軍與民國海軍》一書，讓人有耳目一新的感覺。胡平生博士係臺灣大學歷史系教授，為中國近代史研究專家；周先俐女士係周非將軍掌珠，家學淵源，珠聯璧合致力完成此大作。猶記四年前胡教授來臺灣大學森林系我處略微論及周非將軍的生平事跡，今欣見其大作完成。有關周非將軍生平事蹟胡教授伉儷搜羅得如此完整無缺，其間多次至國史館、行政院國家檔案局、國防部史政處、海軍總部等單位搜集有關周將軍的戰功、戰史、戰報、艦艇歷史等參考資料。更難能可貴的是，胡教授伉儷連報紙新聞也不放過，書中有海軍總部出版的《海訊日報》、《忠義報》等有關周將軍資料的轉載；而1937年海軍電雷學校訓練艦《自由中國號》巡航於南洋，其報導取材於當時出版的新加坡

《總匯新報》及檳榔嶼《檳城新報》等。其用功之勤著實令人十分佩服。

本書以周非將軍生平為主軸，引證了大量官方資料，內容十分翔實；由書中可看出胡教授伉儷寫作的基本態度是求實存真，至於詞藻的修飾及情節的生動則在其次。與其說本書是一部「傳記文學」，倒不如說本書是一部「傳記歷史」的書籍來得更恰當。

本書特點之一是搜集參考資料特別豐富，如〈棄文習武〉章引用的參考文獻多達81條；〈勝利後至遷臺初期〉章有286條；〈升為將軍（1962年）後〉章則有114條。其來源從官方的史政檔案、書籍、雜誌到報紙等皆有。而其取材不限於政治立場，彼岸的著作及雜誌上的文獻亦多所引用，兩相對照，自可獲得持平的結論。而其引用的史政檔案，如〈戰鬥詳報、電報〉等迄今仍列入軍事機密，非一般人士所能窺探的。胡教授伉儷經過申請後，讓其解密，大量引用於書中；許多資料多為第一次面世，如三門灣戰役、鹿羊島戰役……等。書中不僅收錄周非將軍服勤的信陽軍艦的戰鬥詳報，其他參戰的軍艦如太平、永壽、寶應、洞庭、嘉陵、永昌、雅龍及美頌等艦的戰鬥詳報並附圖也都臚列書中，佐以胡宗南將軍日記相關的記載（時任大陳江浙反共救國軍總指揮，化名秦東昌參與指揮），讓整個戰役毫無保留地呈現國人面前，可說是其他有關海軍人物傳記書籍都不及的，無愧是傳記歷史書籍中的傑作。……

民國四十二年七月二十七日（朝鮮停戰協定）在板門店簽定後，中共軍事武力逐漸向東南沿海擴張集中，大陳列島的情勢也開始緊張起來。當時國軍雖掌握控制局部地區的制海及制空權的優勢；然而海軍的裝備並不如想像中精良，在多項戰鬥詳報中的檢討事項中可看出；如其時海軍艦艇多使用三吋艦砲，即使是信陽艦艦砲也不過4.7吋；而中共海軍部分艦艇已配備有俄製5.1吋重砲，戰場上優勢逐漸消失。其他如電機多有故障、砲火指揮儀不良、望遠鏡品質不佳、日式艦艇無雷達，夜間行動困難、無冰箱難以長久執行任務，空間狹窄，生活條件甚差等問題逐一浮現。然而在本書中可看出海軍官兵奮勇向戰，不辭艱危，出敵意表，士氣旺盛，屢次均能達成上級交付的任務。其中最悲慘的莫過於積谷山戰役駐守該島陸軍第二戰鬥團一百四十餘人，奮勇防守對抗中共陸軍60師179團3營、海軍溫台巡防大隊第一、二中隊的8艘艦艇，佐以遵義、臨沂砲艦的砲轟；在如此劣勢情況下，島上英勇的國軍官兵戰至最後一兵一卒，全部壯烈犧

性。其事蹟比美於「田橫五百壯士」；然當時政府當局為避免影響國軍士氣，對整個戰役密而不宣，迄今仍未對外公開，本書則多方蒐集資料，有較詳盡的報導。

綜觀周非將軍生平，其軍旅生涯長達三十五年；除三年半投效陸軍外，其他時間皆在海軍服勤。從海軍處上尉科員做起，歷經海軍軍士學校中校大隊長、太湖軍艦見習艦長、永豐軍艦艦長、信陽軍艦艦長、峨嵋軍艦艦長、馬祖海軍巡防處處長、艦隊指揮部作戰處長、六二特遣部隊參謀長、海軍士官學校少將校長、海軍訓練司令部首任少將司令、海軍水雷部隊少將司令、海軍參謀指揮大學副校長及海軍總部作戰研究督察委員會委員等職位。然而無論在那一職位上，周將軍都克盡職責，全力以赴，深獲長官的信任（如胡宗南將軍指揮白沙山戰役時，指定由周非中校指揮的永豐軍艦參與此戰役）；下屬的愛戴（如周非上校調離信陽艦時，全艦官兵致送精美紀念相薄，內有相關人、事照片及全體官兵簽名等）。任各項要職期間，或英勇善戰、或運籌適宜、或參贊戎機、或策劃作戰、或規劃籌備（海軍訓練司令部）……等事項；因而榮獲各項勳、獎章：如陸海軍甲種二等獎章、六等、五等雲麾勳章、干城獎章、六等寶鼎勳章、海功獎章、續優獎章、光華甲種一等、二等獎章、海勣獎章、海風獎章、海光獎章、海續獎章、忠勤勳章等。有的勳獎章不止一次獲得，而民國四十三年更獲選為第五屆國軍克難戰鬥英雄。胡教授伉儷對周非將軍擔任各項職務任職期間引用各種參考資料，依時序編輯排比，不僅章節分明；對各項職務演變及因果關係詳加分析，脈絡井然，多具有深入精闢的見解。本書的出版，將對民國三十年代末期至六十年代初期間，海軍各項動態變遷的瞭解有莫大的裨益。

應紹舜

民國108年8月20日於臺北市海蘭精舍

目次

壹、緒論

　　中國近代海軍的建立，始於1870年代。[1]清帝國為加強海防，先後建立了福建、南洋、北洋、廣東四支新式的海軍，其中以1888年正式成立的北洋海軍規模最大，實力最強。當時清帝國海軍的實力，曾經位居亞洲第一，世界第六。[2]惟好景不長，1894年（清光緒20年）甲午戰爭爆發，清帝國敗於日本，與戰的北洋海軍面對日本全國海軍，除兩艘噸位大、裝甲厚、重砲多的鐵甲艦外，其餘在數量、總噸位、艦齡、艦速、員兵素質等方面皆有遜色，而速射砲一項尤為日方所獨長，益以戰略戰術失當而全軍覆沒，[3]清海軍因以式微。

　　1912年（民國元年），中華民國建立，清帝國覆亡，其海軍歸屬民國。北洋政府時期（1912至1928年），民國海軍限於經費不足，軍閥內戰頻仍，以及世界各國對中國實施軍火禁運（1918至1928年）而發展停滯不前。直到1928年國民革命軍北伐完成，全國統一後國民政府主政的十年建設期間（1928至1937年），民國海軍才有較大規模的建艦計劃。至抗戰前夕，海軍總計有大小艦艇130艘，總噸位為76,288噸。[4]遠不及當時實力僅次於英、美居世界第三位的日本海軍（總噸位115萬噸）。[5]

　　1937年（民國26年）抗戰爆發後，國府（中華民國國民政府的簡稱，行憲後及遷臺至今的中華民國政府，為行文簡便，亦簡稱其為國府）海軍自沉大量船艦於長江以遏阻日本艦隊攻勢，益以海岸線的喪失使得海軍僅剩少量砲艦在內河與內湖布雷，阻撓日軍利用河道將船艦、軍隊及補給深入中國內部。殆至抗戰勝利時，國府海軍僅殘存15艘小型艦艇，總噸位僅有7,249噸。勝利後，國府海軍接收了美、英贈租艦艇，日本賠償艦艇，

---

[1]　戚其章，《晚清海軍興衰史》（北京：人民出版社，1998年），頁192。並認為1870年代成立的福建海軍為中國近代第一支海軍。

[2]　陳悅，《北洋海軍艦船志》（濟南：山東畫報出版社，2009年），頁84。一說為世界第四。

[3]　戚其章，〈甲午中日海上角逐與制海權問題〉，收入李金強、麥勁生、蘇維初、丁新豹主編，《我武維揚：近代中國海軍史新論》（香港：香港海防博物館，2004年），頁31～32。

[4]　柳永琦編，《海軍抗日戰史》，上冊（臺北：海軍總司令部，1994年），頁560。

[5]　胡立人、王振華主編，《中國近代海軍史》（大連：大連出版社，1990年），頁478。

以及「中國戰區」內所有日本海軍與汪精衛偽政權的受降艦艇；此外，為增強戰力，又接收或徵用招商局、海關等其他單位移交的艦艇。短短數年間，國府海軍接收艦艇數量之多，為民國海軍史上前所未有。依據1948年（民國37年）統計，國府海軍各型艦艇總數已達428艘，其中編入戰鬥序列者275艘，總噸位為194,300噸。[6]

然不旋踵國共內戰又起，1949年（民國38年）為關鍵之年，國府海軍官兵面臨最大的抉擇，是追隨國府遷臺，或投共「起義」？尚有許多係無從選擇而身留大陸者。據國府遷臺之初制訂的〈海軍司令部軍艦編組表〉（1950年2月1日起實施）所載，其海軍總司令部所轄之各型屬艦合計86艘，[7]總噸位約10萬噸左右，[8]仍保有相當堅實的戰力。自1949年至1965年（民國54年），是臺海兩岸海軍對峙作戰時期，其間發生了許多次的大小戰鬥，留下了不少可歌可泣的歷史事蹟。1965年以後至今，雙方海軍雖迄未再有戰事，但對峙如故。故逾百年來的中華民國海軍史，其前半期（1912至1965年）可說是波濤起伏，戰事頻仍；其後半期（1966年至今）則是風平浪靜，兵燹不興。

在上述的歷史長流中，本書的中心人物周非將軍（1915-1993），曾于役國府海軍（1930年代中期至1970年代初），參加過八年抗日作戰、國共內戰、臺海對峙作戰，因戰功膺選為國軍克難英雄；擔任過艦長、校長、司令等要職，著有勳績。我們身為他的女兒女婿，為父親（為尊敬及行文方便，以下謹以父親稱周非將軍）撰傳，不僅以資紀念，留傳後世，也可讓讀者藉以略窺民國海軍發展演變之一斑。

父親勇敢善戰，機智而果斷，誠如他在《自傳》中自評的「余平生無嗜好，長於臨機果斷，不避艱難，衝鋒陷陣，處置神迅」。[9]在1950、60年代的中華民國海軍中，係屬於戰將型的人物，儘管亦能勝任參謀、軍事

---

6 〈海軍之過去與現在〉，海軍總司令部新聞處編，《中國海軍現狀》（南京，1947年），頁36。轉見於海軍司令部《近代中國海軍》編輯部編著，《近代中國海軍》（北京：海潮出版社，1994年），頁1041。惟此一數字，似應為1947年的統計。

7 國防部史政編譯局藏《國軍檔案》，〈海軍艦艇編組案〉（一）。轉見於海軍總司令部編，《海軍艦隊發展史》（二）（臺北：國防部史政編譯局，2001年），頁790～793，及886之註69。

8 劉廣凱，《劉廣凱將軍報國憶往》（臺北：中央研究院近代史研究所，1994年），頁73。劉廣凱曾任國府海軍艦隊司令、總司令。

9 周非，《自傳》（鉛印，未刊），頁9。

教育和訓練的工作。1993年12月他辭世後，我們檢視他妥為保存的文物資料，有簡要的自傳、兵籍表、筆記、照片、剪報、畢（結）業證書、任命令、獲獎受勳證明（含勳獎章）、往來書信、同學錄等，都極其珍貴。尤其是自傳和兵籍表，讓我們得以知悉他完整的軍旅履歷，近五年來，我們即以此為線索竭盡心力去蒐羅與其相關的書籍、論文、報紙報導、網路資料，及尚未刊行的檔案文件、紙本資料等，以進行本書的撰寫，並予以付梓出版。

在此，我們要深深感謝的，是中華民國國防部允准我們閱覽及下載其珍藏的《國軍史政檔案》，在這些數位化的檔案文件中，竟然保存有1950年代初期父親擔任見習艦長、艦長期間的上書呈文，以及參加戰役時的往來電報，戰役甫結束後所撰就的「戰鬥詳報」（含戰役經過圖）、所主持或參加的檢討會議紀錄等，都令我們如獲至寶，驚喜莫名，特別是其中有些還是父親親筆所書及繪製者。美中不足的，是父親所撰呈的部分戰鬥詳報，如1950年12月的「永豐艦檀頭山南韮山海戰詳報」，1952年2月的「永豐艦披山戰役戰鬥詳報」，都明知其有卻遍尋無著。其次，要感謝海軍司令部（原名海軍總司令部），允准我們閱覽及影印其所珍藏迄未刊行的紙本資料，如《永豐軍艦沿革史》、《海軍馬祖巡防處沿革史》、《海軍艦隊指揮部沿革史》、《海軍第六二特遣部隊指揮部沿革史》、《海軍士官學校沿革史》、《海軍訓練司令部沿革史》、《海軍水雷部隊司令部沿革史》、《海軍指揮參謀大學校史》、《海軍總司令部作戰研究督察委員會歷史》等，尤其是該司令部周珍鳳中校的熱心協助，令人無任感荷。

另座落於新北市新莊區的行政院國家發展委員會所屬的國家檔案局，收藏有1949年及其以前的國軍檔案，係國國防部史政編譯局（現名史政處）所移交者，其中的〈電雷學校編制案〉、〈電雷學校學生實習案〉、〈電校自由中國練艦遠航實習案〉、〈電雷學校二期畢業成績冊〉等檔案文件，都至為珍貴，尤其是讓我們有幸一睹八十年前父親電雷學校畢業考試十餘門課目的評分、總平均分數及畢業名次。此外，國史館珍藏的《蔣中正總統文物》（原名《蔣中正總統檔案》）中，亦有一些與本書相關的檔案文件可資參閱，如〈薛岳呈報桂永清報告首批日艦性能摘要〉（1947年7月31日），《大鹿山小鹿山及羊嶼戰鬥詳報》（1953年6月27日），都是他處未見收藏者。

最後要致謝的是海軍史專家中央研究院近代史研究所的研究員張力教授，因為他的協助，我們得以閱覽久尋無著的《海訊三日刊》、《海訊日報》（《海訊三日刊》改名，係晚刊）及《忠義報》（《海訊日報》改名），這些由海軍總司令部政治（戰）部自1951年（民國40年）起發行至今已逾一甲子的報紙，報導了此一時期間國府海軍的要聞及與其相關的動態，並不時載有該報記者的訪問專欄，都極具參考價值。任教於馬來西亞理科大學人文學院歷史部的陳是呈博士，熱心提供電子報紙網站，使我們得以閱覽30年代的新加坡《總匯新報》、檳榔嶼《檳城新報》，從中得以獲悉1937年電雷學校第二期學生乘「自由中國」號練習艦遠航訓練在新、檳兩地參訪的詳情，殊令我們銘感。曾任海軍軍史館館長的沈天羽先生寄贈陽字號驅逐艦數位典藏中之《海軍信陽軍艦隊史》、《海軍信陽軍艦歷史》等影本；現任海軍軍官學校圖書館的嚴祖煦館長寄贈海軍軍史館藏之《海軍峨嵋軍艦沿革史》、《海軍峨嵋軍艦歷史》影本；均在此一併致謝。

　　由於上述這些珍貴的檔案文件、未刊紙本資料及報紙的引用，本書的內容亦更臻於充實。在本書出版之前，我們曾就是本書的一小部分內容，整理出兩篇各自獨立的論文〈初冬梅綻——記信陽艦三門灣戰役始末〉及〈從閩海到浙海——永豐艦早期的作戰歷程〉，刊登於《傳記文學》，第111卷第3、4期（2017年9、10月），以及第112卷第6期、第113卷第1期（2018年6、7月）。

貳、家世及青少年時代

一、世居巴縣，三代從軍

　　父親是1915年（民國4年）4月4日出生於四川省重慶近郊的巴縣歇馬場大磨灘。據他述說，其祖先原為廣東客家籍，清末與役太平天國的起事，征戰各地。1856年（清咸豐6年），天國內鬨，隨翼王石達開大軍自天京（南京）出走，輾轉流徙，至四川巴縣落籍定居。我們的曾祖父諱舜，祖父諱尚，生於1883年（清光緒9年），祖母吳氏，生於1884年，育有一女二男，父親年齒最幼，與他排行第二的兄長（名西客，生於1908年），相距七歲，故備受兄姐的呵護。父親對其家世、家風曾有簡扼的描述書寫：「世居重慶，三代從軍，以冒刃爭鋒勇敢善戰著稱。家境溫飽，尚節儉，重信義，見人艱苦或急難，挺身扶助，施惠不計」。[1]

　　由於重慶與巴縣緊密相連，在歷史上又有過隸屬關係，合多分少，1912年（民國元年），巴縣且一度改為重慶府，[2]故兩者輒被視為同一名詞，父親稱其「世居重慶」，實基於此。

二、就讀川師附小與川東師範

　　父親天資聰穎，1920年（民國9年）9月未滿5歲半，即進入川東聯合縣立師範學校（以下簡稱川東師範學校）附屬小學就讀。他入學時的小學學制，係沿襲自清末，是初等小學四年，高等小學三年。1922年（民國11年）11月1日，民國政府公布了「學校系統改革案」（人稱「新學制」）。小學方面分為初、高兩級，修業年限初級為四年，高級為兩年。[3]致父親原本要讀七年的小學，因新學制的實施，節省了一年。

---

[1] 周非，《自傳》，頁1。

[2] 四川省巴縣志編纂委員會編，《巴縣志》（重慶：重慶出版社，1994年），頁31。

[3] 國史館中華民國史教育志編纂委員會編印，《中華民國史教育志（初稿）》（臺北：國史

1926年（民國15年）7月，父親自川師附小畢業。同年9月，以官費生續入川東師範學校就讀。該校係為六年制的師範學校，前三年為前期師範，係普通科，後三年為後期師範，係選修科。父親在該校的前期師範讀了三年（1926年9月1日至1929年7月15日），後期師範讀了三年（1929年9月1日至1932年7月15日）。在前期師範時期所修習的課程有公民、歷史、地理、國語、外國語、算術（含珠算）、代數、幾何、立體、幾何、混合理科、手工、體育、生理衛生、教育學入門、心理學入門等。後期師範時期父親選讀的是數理組，所修習的課程有平面三角、生物學、化學、物理，此外，尚有國語、外國語、體育、教育心理學、人生哲學等。六年共計要修習330個學分，其中必修學分319，選修學分11。[4]

三、負笈杭州之江大學

1932年（民國21年）7月，父親自川東師範學校後期師範畢業，時川東師範學校已於前一年的1月奉四川省教育廳轉發教育部令，改名為川東共立師範學校，1940年改名為四川省立川東師範學校，1950年又更名為重慶第一師範學校。[5]父親畢業後，被「派赴江、浙參觀師範教育，因感欲從事教育事業，必先充實學問，乃考入杭州之江大學肄業一年」。[6]這是他首次出川，從山城重慶來到這長江盡頭、大海邊沿、風景秀麗的江南古都「臨安」。他所就讀的之江大學，是美國基督教教會在中國南方較早設立具有一定影響力的一所大學，以歷史悠久、環境優美、學風淳樸、人才輩出著稱。已故的名散文作家琦君（本名潘希珍），於1936年進入之大國文系就讀，她描述該校校園云：

> 之江的風景之美，據說居全世界大學第四位。辦公大樓的慎思堂，居高臨下，面對波濤洶湧的錢塘江。背面是水木清華的秦望山，遠處是雄偉的南北高峰。出校門下山，向左走不到數百步就是六和

館，1990年），頁15、17。

[4] 羅廷光，《師範教育》（上海：正中書局，1948年），頁36～38。

[5] 許增紘、潘洵，〈川東師範學堂與西南師範學院的組建〉，《西南師範大學學報（人文社會科學版）》，第31卷第3期（2005年5月），頁131。

[6] 周非，《自傳》，頁1。

塔。向右步行一小時即可到品茗勝地九溪十八澗。在秦望山上遠眺，只見西湖像銀白色的一個圓點，點在銀白色彎曲的錢塘江上，形成一個『之』字。[7]

　　然而父親在之大僅讀了一年，讀的是理學院所屬的數學系，入學的時間是1932年的8月。是時全校學生共有579人，教職員70人，開設課程89種，試行導師制，謀求訓教合一。而圖書館和科學館亦於是年7、8月間先後建成使用，為師生們提供了更為理想的學習和研究的條件。[8]雖然父親在之大僅讀了一年，但是此一年對他頗有影響：一、生活上的獨立性得以強化：在此之前，他從未長期遠離巴縣家鄉獨自生活過，讀書就學也都在家鄉境內或緊鄰，對家庭親長的依賴度高，此次他首度出川遠離家鄉，負笈之大過獨立生活，一年下來，獨立性逐步成長，此後十餘年間，他即獨自在外闖蕩，求學及服務軍旅，極少返回家鄉居停過。二、學科知識和英文能力有所增進：之大是教會所辦類似今天美國優秀的小型文理學院（liberal arts college），極重視基礎科學的教學，父親在川東師範學校後期師範時選讀是數理組，再進入之大數學系修習一年，其數理方面的知識自當有所精進。又之大是教會大學，「在其開辦之初就就非常重視實際有效的語言訓練，聘請外籍教師授課，開設英文課程，編寫英文教科書」。[9]因此，他的英文能力也隨之增進。三、愛國之心愈益激切：父親在川東師範學校讀書期間，曾參加重慶各校學生的救國抗議活動，親睹四川軍閥軍隊鎮壓活動殘殺學生的暴行，衷心忿恨難平。他出川赴之大就讀期間，正值上海「一・二八事變」及淞滬戰役結束未久，全國抗日情緒愈益昂揚，抗日救國的活動迭起，大多集中於近海的各大城市，這些大城市的報刊對抗日救國言論及活動的報導又較多，都令他有切身的感受，日積月累，愛國思想更見具體。

---

[7]　琦君，《錢塘江畔》（臺北：爾雅出版社，1980年），頁3。

[8]　躍鹿，〈之江大學史略〉，《檔案與史學》，1998年第6期，頁67。

[9]　任杭璐、劉劍虹，〈立案前之江大學的課程設置及其特點〉，《寧波大學學報（教育科學版）》，第33卷第6期（2011年11月），頁30。

參、棄文習武

一、初入中央軍校，繼入電雷學校

1924年（民國13年），國民黨總理、廣州大本營中華民國陸海軍大元帥孫中山，在廣州的黃埔長洲島創辦了中國國民黨陸軍軍官學校，即習稱的黃埔軍校，由蔣中正擔任校長。這是孫中山第三度創辦的軍事學校，第一次是在清末從事排滿革命時期，透過其日籍友人備役大佐日野熊藏的協助，於1903年（清光緒29年）在日本東京的青山設立了一所小型的軍事學校，讓有志習軍事被日方拒收的中國自費留學生得償心願，並培育革命軍事人才，然該校因內部爭執，不及半年即停辦。第二次是在1913年（民國2年）討伐袁世凱之「二次革命」失敗後，孫中山避往日本，擬改組國民黨為中華革命黨，於是年冬在東京郊外的大森設立「浩然軍事學社」，亦稱「浩然廬」，供黨員習學軍事。上述兩所軍事學校都設於國外，規模都很小，遠遠不及黃埔軍校。

黃埔軍校的創辦及招考，吸引了全國各地數以千計痛憤帝國主義侵侮軍閥政府倒行逆施的有志青年應試，掀起了民國成立以來第一次的投考軍校的熱潮。第一期錄取（含保舉）了約500人，於1924年5月5日入學，6月16日舉行開學典禮。此後至1926年（民國15年）7月9日國民革命軍總司令蔣中正在廣州誓師展開北伐前，短短兩年間，共有三期學生畢業，合計2,300餘人，第四期尚在學。北伐期間，黃埔軍校一度更名為中央軍事政治學校，由於「寧漢分裂」，加上北伐展開後在廣州入學的第五、六期學生，曾同時出現廣州、武漢、南京三所軍校的局面。幾經變遷，武漢、廣州二校先後併入南京的中央軍事政治學校。1928年（民國17年）12月底，北伐完成，全國統一。次年3月，中央軍事政治學校改名為中央陸軍軍官學校，一般簡稱其為中央軍校，被視為黃埔軍校的延續。

1931年（民國20年），發生「九・一八」事件，東北旋被日本侵佔，許多知識青年激於國難當前，紛紛棄文習武，以圖抗日禦侮，掀起了第二

次投考軍校的熱潮，中央軍校雖非惟一的投考的對象，但仍為首選，尤其是對東北籍青年而言。據《巨流河》的作者齊邦媛在該書中記述：1928年秋天，中央軍校第八期在全國招生，國民黨黨部請其父親齊世英（當時在國民黨中央政治委員會任秘書並負責東北黨務）協助在東北招考學生。齊面見蔣中正，建議將初選合格的一百多名東北青年全部錄取，使多年來只有地方觀念的青年能有國家觀念，成為具有現代軍事知識的革命種子。因此，自第九到十二期，中央軍校教育長張治中委託齊派人到東北每年招收一百名高中畢業生。九‧一八事變後，東北學生幾乎佔中央軍校生總數四分之一。[1]

父親是於1933年（民國22年）7月考入中央軍校第十期就讀的，他在自傳中記說：「一二八事件發生，深感欲救國家危亡，獻身於黨國，當即投筆從戎考入中央軍校十期受訓」，然「未至期滿患傷寒病」而休學。[2]據父親收藏中央軍校第十期入伍生團團長陳聯璧發給他休學回四川的路單所署日期，為1933年11月7日。這真是無可奈何的事，只有黯然離校暫回家鄉養病，再做打算。

次年，父親病癒，乃再赴南京考入軍需學校第七期就讀，然因志趣不合，適新成立甫兩年時隸屬於國民政府參謀本部的電雷學校正招考第二期學生，他遂於1935年（民國24年）3月應考入學。他在自傳中記說：「念及國事日艱，國家興亡匹夫有責，乃一本初意，並繼承祖志毅然繼續考入海軍電雷學校第二期航海科就讀畢業」。[3]

二、電雷學校的設立與發展

電雷學校是國民政府設立的第一所海軍學校，創建於1933年（民國22年），校址在江蘇省的鎮江，隸屬於國府中央的參謀本部。在此之前，重要的海軍學校計有福州海軍學校（其前身為船政學堂，創辦於1867年，

---

[1] 齊邦媛，《巨流河》（臺北：天下遠見出版公司，2009年），頁63。

[2] 周非，《自傳》，頁1。該期學生後來不少成為國軍將領，二級上將者計有馬安瀾（陸軍總司令、副參謀總長）、王多年（聯勤總司令、三軍大學校長）、陳衣凡（空軍總司令），中將計有林初耀（陸軍官校校長）、胡炘（第二軍團司令官）、王廷宜（軍長、馬祖防衛部司令）、韓斌（馬祖防衛部司令、第二軍團副司令官）等。

[3] 周非，《自傳》，頁2。

1937年抗戰爆發，該校由福州之馬尾遷湘潭，次年9月再遷貴陽、桐梓，1943年再遷重慶）、黃埔海軍學校（源始於1882年成立的賓學館，1917年，改稱廣東海軍學校。後一度停辦，1930年始恢復，於黃埔興建校舍，易名為黃埔海軍學校。抗戰期間，該校一再播遷，由黃埔而連灘，而柳州，1939年停辦）、天津水師學堂（1881年成立，1900年停辦）、旅順口魚雷學堂（1881年創辦，1895年停辦）、昆明湖水師學堂（1887年創辦，1895年停辦）、威海水師學堂（1890年創辦，1895年停辦）、山東劉公島水師學堂（1890年創辦，1913年停辦）、江南水師學堂（1890年創辦，後改名為南洋海軍學堂、南京海軍學校等，1925年停辦）、煙台海軍學校（1909年創辦，隸屬於北洋海軍，民國肇造，改歸海軍部直轄，1928年停辦）、吳淞海軍學校（1915年設立，原為吳淞商船學校，1920年停辦，併入煙台海軍學校）、天津海軍軍醫學校（1915年設立，原為北洋醫學校，1930年停辦）、青島海軍學校（1923年創辦，初名葫蘆島航警學校，1930年，改名為葫蘆島海軍學校，次年，遷往威海衛之劉公島，1933年，再遷青島，改名青島海軍學校，抗戰期間，先後遷往湖北宜昌，四川萬縣，1940年停辦）、海軍陸戰隊講武學校（1923年創辦，後改名為海軍陸戰隊軍官研究班，1938年停辦）、海軍航空處（1929年設立於廈門，1931年另設上海海軍航空處，訓練飛行員生，1933年，上海海軍航空處移併於廈門之航空處，1938年奉令結束）。[4]

至於電雷學校，其設立的原因約略有三：一、為因應「一‧二八」事變的江海防務：1932年（民國21年）1月，日本海軍陸戰隊進攻上海，淞滬戰役於焉爆發。戰役後，國府當局對於江海防務設施益加重視，派甫自海外考察海軍返國的歐陽格籌設海軍電雷學校，以儲育海軍專門人才。[5]歐陽格曾經在演講中指出：以中國國情，工業比較落後，以落後工業來發展海軍，與敵抗衡，無論是經濟上、時間上，都很難辦到；但要是發展快艇，用以制止敵人的海軍，則比較容易。[6]所謂「電雷」，係指電氣

4　鍾漢波，《四海同心話黃埔：海軍軍官抗日箚記》（臺北：麥田出版公司，1999年），頁189～191。

5　柳永琦編，《海軍抗日戰史》，上冊，頁722。

6　王先強、杜隆基，〈電雷學校的回憶〉，中國人民政治協商會議全國委員會文史資料研究委員會編，《文史資料存稿選編》，第16冊——軍事機構（下）（北京：中國文史出版社，2002年），頁672。

釋放魚雷與水雷，此類工作一般由噸位較小的魚雷快艇和佈雷艦擔任，可見該校的主要目標乃在培植小型水面艦艇力量，以因應日趨嚴峻的局勢。二、為國府擬將海軍實權收歸中央：1928年北伐統一後，閩人陳紹寬主掌海軍部。東北及廣東兩支「地方性質」海軍，依舊掌控在地方實力派軍人手中，海軍部實質上無法對其指揮。而陳紹寬挾海軍自重，中央政令亦難以通達，蔣中正遂開辦直屬中央參謀本部的電雷學校，爾後學校改隸軍政部。[7]三、為培養海軍革命幹部：當時中國的海軍派系林立，互相敵對，缺乏革命性，蔣中正乃創辦電雷學校，希望培養「革命的新海軍」。[8]

奉令籌設電雷學校的歐陽格（1895-1940），是著名的佛學大師歐陽漸（字竟無）之子，江西宜黃人，1916年（民國5年）煙台海軍學校駕駛科第十期畢業，護法戰爭時期，脫離北洋海軍南下廣東追隨孫中山。1922年，「六・一六」陳炯明叛變時，擔任豫章艦艦長，奮勇保衛孫中山所在之永豐艦，此時結識了蔣中正。曾任黃埔海軍學校副校長，1926年（民國15年），中山艦事件時參與逮捕中山艦艦長李之龍的行動。因此事，被要求離開廣州，此後赴英國、德國考察海軍。1931年，「九・一八」事變時回國。旋國民政府軍政部以「電雷係國防重要兵器，為養育此項人才計，電雷教練所實有成立之必要」，而派其為該所籌備主任，負責進行，並將原屬交通兵第二團之電雷水雷各隊撥歸該所直轄，其所長由委員長蔣中正兼，主任則奉所長之命綜理全一切事宜，階級為少將或中將。1933年4月，該所經軍政部核定，改組成立電雷學校。[9]校址設在鎮江西門外北五省會館，是年冬在南京考選第一期學生，計錄取高中畢業生32名，另由中央軍校第8期學生中錄選18名，共50名，於1933年1月入校。該校旋照當時中央一般軍校通例，由蔣中正親任校長，以歐陽格改任教育長，仍歸其實際負責。[10]

---

[7]　金智，〈民國時期軍政部電雷學校〉，《軍事史評論》，第19期（2012年6月），頁245～246。
[8]　老冠祥，〈中國現代（1911-1949）海軍派系對政局之影響〉（香港：珠海大學歷史研究所博士論文，1995年6月），頁303，注5。
[9]　見「軍政部致軍事委員會辦公廳公函」（1933年3月）、「電雷教練所編制表」及「電雷學校暨所屬各艦艇編制表」（1935年1月改訂），收於《國防部史政編譯局檔案》（新北：國家檔案局藏），〈電雷學校編制案〉內；檔號：B5018230601/0022/582.3/1071。
[10]　王天池，〈電雷學校紀略〉，收入中國海軍之締造與發展專刊編輯委員會編輯，《中國海軍之締造與發展專刊》（臺北：海軍總司令部，1965年），頁103。

圖1（左）：電雷學校教育長歐陽格。
圖2（右上）：電雷學校江陰校區。
圖3（右下）：電雷學校江陰校區大門。

　　據該校第一期畢業的黎玉璽後來回憶：他當初欲報考該校時，只唸了一年的師範，並無高中畢業證書，經南京的四川同鄉會幫忙，發給他一張空白的高中畢業證書，任他填寫，才能順利報名。結果他在應考的兩千多人中，以第28名獲得錄取。同時考取者有些來自很好的高中，如陳毓秀、楊維智、趙漢良是杭州高中的畢業生，也有十二、三人畢業於南昌的高中，如常考第一的劉功棣、李敦謙、胡敬端，范仁勇則是之江大學三年級的學生，另外還有些人是專科學校畢業的。黎氏坦承，他考取該校後，為了是否決定就讀，曾三天三夜未睡考慮此事，後來還是好強的心理促使他進入該校。因為與他同時離家的同學謝煥久，在此之前已考入南京陸軍通信兵訓練隊無線電班受訓，覺得謝能學到「電」，應該很不得了，他看到電雷學校招生廣告時，認為這所學校不僅能學到「電」，還能學到「雷」，比謝所學還多一樣。其實他根本不知該校的性質為何，亦不知其與海軍有關，只是覺得不能比和他同時離家出來的同學差而已。[11]

　　1933年7月，該校招收第一期學兵入校，除電雷外兼受海軍士兵教育，與軍官教育相輔並進。次年年底，第一期學生49名，第一期學兵220

<hr>

[11] 張力訪問紀錄，《黎玉璽先生訪問紀錄》（臺北：中央研究院近代史研究所，1991年），頁13～14。

名同期畢業。1935年3月，在南京續招第二期學生55名入校；10月，第二期學兵入校；12月，派第一期畢業生劉功棣、楊維智赴英國，黃震白、胡敬端赴德國，研習快艇戰術。1936年3月，派第一期畢業生趙漢良、孫甦赴英學習魚雷，8月，續派齊鴻章、崔之道、黎玉璽、汪濟、姜瑜、王恩華、李敦謙、傅洪讓赴德，學習魚雷及快艇戰術。以上派赴英、德學習各員，除孫甦因留英監造魚雷，於1939年夏始返國外，其餘因對日戰機迫促，先後於1936年底或次年春夏配合各批魚雷快艇返國。[12]

1935年3月15日，父親在內的第二期學生入校受訓，10月，再入中央軍校空軍入伍生營入伍4個月。[13]1936年春，電雷學校由參謀本部改歸軍事委員會之軍政部隸屬。時該校的德國顧問勞威已返國，另聘之義大利海軍顧問團來校贊助，為適應需要，擴大編組。5月，將校址遷至江陰蕭山頭電雷大隊原址，並在江陰黃山山麓興工構建新校舍。6月，假南京考試院考選第三期學生，計錄取高中畢業學生132名，同時並考選初中畢業學生120名編為藝徒隊，又招收之第三期學兵，均於8月入鎮江舊校受訓。11月，收訓自福州海軍學校將屆結業的轉學生王先登、金龍靈等12名，經呈奉核定為該校第一期輪機科畢業生，並於次年春季派赴香港造船廠實習，秋間調回江陰，派登快艇任職。1937年七七事變爆發，新招之第四期學生134名入校，第三期學兵150餘名亦於是時畢業。[14]惟為避戰火，該校已準備西遷。

三、電雷學校的教育與編制

該校的學制為四年，前三年為堂課，第四年登艦見習。但因受中、日關係緊張的影響，應時勢的需要，各期在校修業時間均有緊縮，第一期在校修業兩年即畢業，第三、四期因併入青島海軍學校，學制即按青島海校教育計劃進行。第一期航海科學生在校修習的課程有：航海學、船藝學、槍砲學、魚雷學、水雷學、彈道學、潛艇學、海戰術、海戰史、海洋

---

[12] 王天池，〈電雷學校紀略〉，《中國海軍之締造與發展專刊》，頁103～104。
[13] 〈電雷學校成立經過教育計劃說明書〉，轉見於海軍軍官學校編，沈天羽撰稿，《海軍軍官教育一百四十年1866-2006》，下冊（臺北：國防部海軍司令部，2011年），頁605所載該說明書之影本，係電雷學校回覆國民政府軍事委員會銓敘廳有關該校畢業生應任何項官位之陳述。
[14] 王天池，〈電雷學校紀略〉，《中國海軍之締造與發展專刊》，頁104～105。

氣象學、水路測量學、輪機大意、內燃機、軍用化學、電工學、微積分、代數、弧三角、外國語文、政治訓練、信號。輪機科課程有：往復機、透賓機（Turbine，即蒸汽渦輪機）、鍋爐學、輔機學、機械設計、機械管理、內燃機、投影幾何、材力學、力學、電工學、微積分、航海大意、外國語文、政治訓練、化學、汽旋機。自第二期起，學生入學後第一學期課程為海軍常識與普通學科，第二學期赴中央軍校入伍生團受訓，第三至第七學期授以海軍專業科目與航海、輪機等有關江海防務之專科，第八學期為派船見習。第二期航海科學生歷年在校修習的課程計有：英文、掃雷術、電雷術、航海學、槍砲學、魚雷學、水雷學、船藝學、弧三角、解析幾何、大代數、微積分、輪機學、軍用化學、電學、陸操、國文（政治訓練）、氣象學、信號學等。抗戰爆發後，在校各期授課均受影響，第二期學生遠航見習返校後，專習快艇駕駛、輪機及魚雷學，第三期學生則暫停海軍學術科，先習高射砲與高射機槍之操練。全部學生直至該校遷抵姑塘後，始恢復正常教育。[15]

據黎玉璽回憶他當年在該校第一期就讀時，講授船藝學的是教務組主任馮濤上校，講授兵器學的是馮滔上校，講授航海學的是蘇搏雲上校，都是學養深厚的長者，蘇上校曾允許他抄錄其私有的「信號與戰術」講義。在該校裡學生競爭激烈，主要課程都是英文教材，他自己覺得英文程度還不差，但看起書來還是感到生字太多，只有勤查字典，曾經在一年內翻破三本英文字典。學校的主科係以五倍計分，他曾補習過球面三角，所以天文三角成績很好。[16]

另據該校第一期畢業的謝宴池憶述：電雷學校的師資陣容是比較強的，可謂一時之選，除了上述黎玉璽提及的馮濤、馮滔、蘇搏雲三位教官，尚有事務組主任兼輪機教官蔡浩章、講授水雷的德國顧問勞威。其他如電學教官高公度、政治學教官劉伯閔（即劉百閔），都是南京名流學者。特別是後期學校茁壯，不惜重金招聘一批有名望的的船長、工程師來校任教，以五百元月薪聘三北輪船公司總船長劉勳達任教練長兼實用駕駛的講授，以八百元月薪聘國內著名專家葉再馥、田炳章上校、徐師丹上校、王天池中校分別擔任辦公室、訓育、軍務等主任，陳立芬上校任航海

---

[15] 海軍軍官學校編，沈天羽撰稿，《海軍軍官教育一百四十年1866-2006》，下冊，頁608。
[16] 張力訪問紀錄，《黎玉璽先生訪問紀錄》，頁14～15。惟其將蘇搏雲誤書為蘇園雲，特予更正。

教官，商船名船長安其邦，楊保康擔任快艇大隊正副大隊長，翁紀清任船藝教官，招商局名重一時的總引水徐乃桐也聘來學校任教，以後陸續來校的還有東北三傑之一的冉鴻翮中校（彈道專家）教槍砲，馬步祥中校（練兵專家）任士兵教練處處長。學員（生）、學兵的帶隊官，最初時由中央軍校第六期或八期派來，以後陸續換成海軍，由黃埔、青島海校畢業的學生擔任，如黃汝康、容應楠、田樾曾、楊元忠、池敬璋、李鳳臺等。後期電雷學校之所以興旺發達，一是聚精集萃，廣羅國內技術專家，能工巧匠，人才薈萃，可謂盛極一時。再則也是國家民族存亡之秋，有志報國之士莫不紛紛來歸，如華僑學者梁卓嚴，捨棄優厚待遇而來校擔任艦政組主任。上海許多有名的技師，也自願投效。該校的校訓是「敬、畏、愛、勇」，因此除課業外特別著重精神教育，教育長歐陽格除在紀念週上滔滔不絕地演說、訓話外，平時沉靜，不苟言笑，雖與學員同餐，總是板起面孔，吃完即離席而去，很少與學員交談。但他對學員的日記卻從不放過，每星期一收，要求一本不得少，他看得十分仔細，對內容卻不加評論，以此來觀察，考核學員的思想品質，作為日後掌握用人的依據。[17]

編制方面，該校設立的目的及編制型態與其他海軍學校的型態殊有分別，由於該校同時肩負作戰部隊之任務，編制相當龐大，不僅單純的教育機構而已。以1937年7月抗戰爆發時的編制為例，校長、教育長之下設辦公廳、設計委員會、教務處、訓育處、軍務處、艦政處、經理處、學生大隊（一至四中隊）、學兵總隊（一至十五中隊）、電雷大隊（一至四中隊）、江陰工廠、快艇大隊、快艇母艦、練運艦、佈雷艦艇、淺水砲艦、軍用浮船隊等單位。[18]全校編制員額計校部890員，學生、學兵及隊職管理人員2,945員，各級艦艇914員，場庫等593員，總計5,342員。[19]是時，該校所轄艦艇計有：同心、同德、鈞和、策電、伯先、俞大猷等6艘砲艦，自由中國號練習艦，靜海號佈雷艦、佈雷艇零一號、及運雷駁艇鎮海號。快艇大隊轄文天祥、史可法、岳飛等3中隊，共有快艇11艘。文天祥中隊

---

[17] 謝宴池遺著，〈海軍電雷學校的血肉長城：抗戰前後師生抗敵史詩〉，《中外雜誌》，第81卷第4期（2007年4月），頁49。惟其將蘇摶雲誤書為蘇博雲，陳立芬誤書為陳立荃，田樾曾誤書為田越增，特予更正。

[18] 「電雷學校組織系統表」（1937年8月6日修正），《國防部史政編譯局檔案》（新北：國家發展委員會檔案管理局藏），〈電雷學校編制案〉；檔號：B5018230601/0022/582.3/1071。

[19] 海軍軍官學校編，沈天羽撰稿，《海軍軍官教育一百四十年1866-2006》，下冊，頁609。

轄42號艇、88號艇、93號艇、171號艇。史可法中隊轄34號艇、102號艇、181號艇、223號艇。岳飛中隊轄22號艇、253號艇、371號艇。[20]其後艦艇又略有所增添，如該校向英國訂購的6艘魚雷快艇，於1938年初運抵香港，港府以戰事為由，將其扣押。後來港府買下兩艘，放行4艘。此4艘快艇經粵漢鐵路陸運抵武漢後，編為顏杲卿中隊，編號為53號艇、92號艇、161號艇、164號艇，立刻投入戰事。[21]向德國訂購的擬編成陸秀夫、許遠兩個中隊的8艘快艇，則未克來華。[22]

四、遠航實習

伴隨著近代中國海軍的興起和發展，一些新式的海軍學校紛紛創辦，迄於抗戰前夕，先後不下十餘所，造就了許多的海軍人才。這些海軍學校由於大多欠缺足資實習的訓練艦，學生在畢業前如需要登艦實習，多半是借艦為之，而且是近海航行，從未出國遠航。1937年（民國26年）春，電

圖4：「自由中國」號練習艦（標準排水量1,080噸）

雷學校所擁有的「自由中國」號練習艦整備完成，艦長為陳立芬上校。於是，該校第二期航海科學生48名，第二期學兵200人，依預定計劃，由主任教官冉鴻翮、劉勳達，總訓練官馬步祥，隊長李鳳臺、田樾曾等率領，準備展開遠航實習。

這次遠航實習，前後歷時三個多月（1937年5月至8月），行程及於南洋各地，是近代中國海軍史上的創舉，應該是值得大書特書的事。然而當時國內的各大報紙對此卻罕有報導，僅只上海的《申報》之〈海外通訊〉欄中有過兩則極簡略的記述。揆其原因是：一、當時日本侵華正亟，華北戰端一觸即發，吸引了國內各大報紙的注意力。二、電雷學校建校甫四

---

[20]　柳永琦編，《海軍抗日戰史》，上冊，頁571～573。

[21]　馬幼垣，〈海軍與抗戰〉，《聯合文學》，第105期（1993年7月），頁182。

[22]　馬幼垣，〈抗戰期間未能來華的外購艦〉，《中央研究院近代史研究所集刊》，第26期（1996年12月），頁337。

年，聲名未顯，且不被國府海軍部認可，刻意貶抑，致國內各大報紙亦忽視之。時至今日，固有極少的海軍史的書籍中提及此事，但均極簡略。參加此次遠航的當事人，亦罕有相關的憶述可資參閱。故此行的經過詳情，已難以全然知悉。

所幸座落於新北市新莊區的行政院國家發展委員會所屬的國家檔案局，收藏有1949年及其以前的國軍檔案，係國國防部史政編譯局（現名史政處）所移交者，其中竟有〈電雷學校學生實習案〉、〈電校自由中國練艦遠航實習案〉等檔案文件，迄未見有人引用之。此外，料想此次出國遠航所至的新（新加坡）、馬（馬來亞）等地當時的華文報紙，應該有頗多的報導，只是這些報紙已不易得見。我們幾經努力蒐求，卒能得閱新、檳（檳城）兩地當時的幾家華文報紙，果然與其相關的報導所在多有。再參照上述所舉的相關檔案文件，彙整出其過程梗概，使此一近代中國海軍史上的創舉，在久被「湮沒」之後能以略為「完整」的面貌呈現於世。

對於遠航實習之事，身歷其境的父親在自傳中曾略有提及：「經遠航新加坡、檳榔嶼、蘇門答臘、爪哇、婆羅洲、香港、廣州，養成遠洋航海經驗」。[23]所乘坐的自由中國號練習艦，係一艘1,080噸級商船改造的，裝有首尾大砲各一座，兩舷配設機關砲，參加此次遠航實習的電雷第二期學生郭勳景，於50年代後期擔任中華民國海軍艦隊北巡支隊少將支隊長駐防馬祖時，向其部屬陳降任（時任該支隊旗艦韓江號艦艦長）述及當年遠航實習過程中親歷的一則珍聞：早年艦船航海十分辛苦，遑論GPS（Globe Position System）全球定位系統，就是雷達也尚未發明，所以近海航行都會選在適當泊地錨泊過夜，次晨一早起錨駛離。自由中國艦於某日傍晚在一泊地下錨後，發現一英國海軍戰艦啟錨駛離，並以燈號告知自由中國艦，「此處夜間必有海盜襲擊，不宜下錨過夜」，當時自由中國艦以為英國海軍似有輕視中國海軍的意味，未予理會。到了半夜，值班官兵發現竟有無數海盜坐小艇來自四面八方駛來，用繩索鉤住艦舷，身手敏捷奮力爬上軍艦，有的則從錨鍊上爬，艦上官兵立即警報備戰，學生、學兵領到步槍裝彈後衝上甲板，向海盜還擊，海盜多數手握大刀，只有頭目者持有槍

---

[23] 周非，《自傳》，頁2。

枝，因之敵不過海軍，經多時的搏鬥，終於擊退來犯海盜，海盜紛紛落海並被擊斃許多，足見英國海軍所言非假，也可看出該處海盜猖獗狂妄，竟未把海軍戰艦放在眼中。[24]不過此事在今存相關檔案中並未提及。

根據電雷學校主任教官冉鴻翮1937年（民國26年）1月20日上呈給該校教育長歐陽格的〈參謀本部電雷學校第二期學生登艦練習計劃大綱〉，其中「練習期限」暫定為半年，「自廿六年二月廿六日起至八月廿六日止，必要時得延長之」。「航行區域」則「暫定為北至秦皇島，南至南洋群島之蘇門答臘之一帶海面」。「航程預定表」則「分華南段（含南洋）、華北段、長江段」，「總計全段航日共193天，航程12,719浬」。預定自由中國艦於2月20日由上海開抵江陰，2月25日，學生登艦，3月5日，由江陰啟航。[25]

然而其出發的時間一延再延，也許是因為此係電雷學校第一次舉辦學生遠航實習，欠缺經驗，而且航日預計半年，航程長逾萬浬，準備工作不易就緒。益以必須透過外交部先與南洋各國（地）政府接洽，徵得其同意，允准自由中國艦入境停泊，有的尚需申辦入港手續；在各國（地）的參訪行程亦需預為商恰安排；都費時費力。有的港市尚不允進入，如暹羅的曼谷、荷屬的Sibolga（實武牙）、Benkulen（明古魯）等處。[26]此外，越南的順化則以「自富春至順化一帶之河流甚為狹淺，軍艦不得通行，須登陸步行方可抵達順化」，法國的越南總督示意「富春不能下錨，可改至峴港，並已通令俟該艦到埠照料」。[27]故原擬的航程預定表需加以更動，出發的時間亦予延後。

根據電雷學校重新擬定的自由中國艦預定航程表，是4月30日上午5時自江陰出發，下午4時抵達上海，5月5日上午6時，自上海出發，其預定的華南段行程，依序為吳淞、乍浦、鎮海、定海、象山港、三門灣、台州灣、溫州灣、南關、三都澳、馬尾、廈門、東山港、汕頭、湃亞士灣、大鵬灣、香港、黃埔、澳門、海口、北海、海防、峴港、西貢、新加

[24] 陳隆任，〈自由中國號軍艦遭海盜襲擊〉，《中外雜誌》，第82卷第3期（2007年9月），頁42。
[25] 〈參謀本部電雷學校第二期學生登艦練習計劃大綱〉（冉鴻翮呈歐陽格，1937年1月20日），收於《國防部史政編譯局檔案》（新北：國家發展委員會檔案管理局藏），〈電雷學校學生實習案〉內；檔號：B5018230601/0026/406.2/1071。
[26] 「國民政府外交部國際司致電雷學校電」（1937年4月13日），同上。
[27] 「國民政府軍事委員會致電雷學校快郵代電」（1937年3月發，3月18日收到），同上。

坡、檳榔嶼、Padang（巴東）、Betong（勿洞）、Batavia（巴達維亞）、Pontianak（坤甸）、Kuching（古晉）、Labuan（納閩）、Sandakan（山打根）、Iloilo（伊洛伊洛，亦譯怡朗）、Manila（馬尼拉）、香港、普陀、江陰（8月19日上午8時抵達）。[28]

其實際的經過梗概是自由中國艦於5月1日由江陰啟程，[29]5月6日離開上海，[30]6月6日開赴湃亞士灣（Bias Bay，即大亞灣），6月9日到香港。[31]在香港因事，多停留了兩日。[32]6月13日上午6時到達黃埔，是日及次日，其重要的活動是拜會國民政府軍事委員會委員長廣州行營，提出報告；瞻謁黃花岡革命烈士墓、孫中山紀念堂，參觀中央陸軍軍官學校廣州分校（即燕塘分校）、黃埔海軍學校、肇和軍艦等。6月15日下午2時，該艦離黃埔開行，預定是日夜或次日晨到澳門。[33]6月16日（銑日）晨，該艦抵達澳門口外，正待發電報告一切，而發報機真空管突壞，其時因浪大岸遠，不能登岸發報。17日晨，該艦已開向海南島，擬俟到該處再陸電報告。然以浪湧甚大，被迫在澳門南約十餘浬的萬安島暫泊。18日晨，開赴香港，擬配妥真空管以重通信。[34]

6月24日（敬日）12時，自由中國艦抵達海防，當地僑胞在碼頭熱烈歡迎。國府駐海防領事許仞表、領事王世澤及海防辦事處尹主任，於該艦拋錨後率同各界代表登艦致歡迎之意，並由王、尹二人陪同陳立芬艦長往訪海防市長及駐防陸軍旅長。該二長隨約定次日回拜。至海關方面，法國砲艦艦長前來訪視陳立芬，陳定次晨答訪。下午5時，僑胞聯合在會館開歡迎會（至自由中國號參觀者亦絡繹不絕），陳立芬慎重致答詞，表達謝意，並致贈《討伐陳迴明》紀念片30張，由領事館分送給僑胞。該艦員生

[28] 「軍政部電雷學校第二期學生及學兵隊航海實習預定航程表」（1937年4月），同上。

[29] 此啟程日期係自由中國艦抵達新加坡時陳立芬艦長對記者所言，見《總匯新報》（新加坡），1937年7月11日，第2張第2版。

[30] 「電雷學校致外交部國際司便函」（1937年5月31日發），《國防部史政編譯局檔案》，〈電校自由中國練艦遠航實習案〉；檔號：B5018230601/0026/411.3/1071。

[31] 「自由中國艦艦長陳立芬呈電雷學校教育長歐陽格電」（1937年6月4日），同上。謂：「預定六日開拜（湃）亞士灣，九日到香港」。

[32] 「自由中國艦艦長陳立芬致電雷學校田主任電」（1937年6月14日），《國防部史政編譯局檔案》，〈電校自由中國練艦遠航實習案〉；檔號：B5018230601/0026/ 411.3/1071。

[33] 參見「自由中國艦艦長陳立芬等呈電雷學校教育長歐陽格電」（1937年6月14日）及「自由中國艦艦長陳立芬呈電雷學校教育長歐陽格電」（1937年6月15日），同上。

[34] 「自由中國艦艦長陳立芬呈電雷學校教育長歐陽格電」（1937年6月18日），同上。

擬於次日參觀快子龍形勝地及洪基煤礦。[35]

　　6月28日（感日）下午1時半，該艦離海防開行，[36]次日（艷日）晨7時
抵達峴港。8時餘，峴港各界僑胞代表二十餘人乘輪登艦歡迎，堅邀於下
午到會館參加歡迎大會。旋有距峴港四十公里之會安各幫代僑胞十餘人至
艦歡迎，亦邀赴該處歡迎會。下午2時，陳立芬艦長等官員八、九人，率
全體學生及士兵代表十餘人按次赴會。兩處僑胞鞭砲懸旗，萬人空巷，情
況熱烈。陳立芬在赴會前曾由僑胞代表引領赴峴港市政府拜訪，法市長接
談甚歡。該艦擬於6月30日晨7時開赴西貢。[37]

　　7月3日（江日）下午1時，該艦抵達西貢。國府駐西貢陳代領事率僑
胞代表登艦表示歡迎。陳代領事旋陪同陳立芬艦長往訪法海軍司令Petit，
副總督Pages，陸軍司令Monchet，隨後僑胞在商會開歡迎會。晚8時，法
總督請陳立芬等四人晚餐。次日晨，陳代領事陪同陳立芬等及學生隊往謁
歐戰無名英雄紀念碑，並致獻花圈，法高級長官均作陪，並分別至自由中
國艦回拜。法海軍司令又約7月5日晚宴會。法方並預定5日派汽車載學生
參觀各處。[38]

　　7月6日下午2時半，該艦離開西貢，[39]7月9日午夜12時許抵新加坡，停
泊紅燈碼頭外，國府駐新加坡施代總領事、李領事、鄺、林兩隨習領事、
領事館全體職員及各報記者，於午夜12時許，及10日晨3時許，兩度乘汽
艇往覓，因天色昏暗，雲海蒼茫，未能尋到。[40]上午9時許，施代總領事等
乘汽艇出發，卒得以登上該艦迎迓，隨後引領陳立芬艦長等四位官員乘汽
艇登岸，分別拜會總督湯姆斯爵士及海軍司令等。[41]

　　下午2時，僑胞在星洲華人機器行二樓舉行盛大的歡迎會。會場的佈
置「瑰麗壯觀，門口處置有一生花橫匾，上書歡迎二字，禮堂懸有孫總理
遺像，中置一長棹，四週環繞木椅，桌上滿佈茶點，生花縱橫滿室，芬香
撲鼻」。而「該行門首，僑胞環繞而觀者，極形踴躍，并報以熱烈之掌

[35] 「自由中國艦艦長陳立芬呈電雷學校教育長歐陽格電」（1937年6月24日），同上。
[36] 「自由中國艦艦長陳立芬呈電雷學校教育長歐陽格電」（1937年6月28日），同上。
[37] 「自由中國艦艦長陳立芬呈電雷學校教育長歐陽格電」（1937年6月29日），同上。
[38] 「自由中國艦艦長陳立芬呈電雷學校教育長歐陽格電」（1937年7月4日），同上。
[39] 「自由中國艦艦長陳立芬等呈電雷學校教育長歐陽格電」（1937年7月6日），同上。
[40] 《總匯新報》（新加坡），1937年7月10日，第2張第2版。
[41] 《星洲日報》（新加坡），1937年7月11日，第2張第5版。

聲，藉表歡迎」。自由中國艦出席該歡迎會的有艦長陳立芬、電雷學校
主任教官冉鴻翮、總訓練官馬步祥、軍政部特派醫官陳震華。會中並宣讀
該機器行之歡迎獻詞：「自由華艦，橫渡海洋，官兵學子，威武堂皇，憶
昔三寶，率眾南航，旌旄耀日，震鑠蠻邦，傾我僑胞，來此經商，工藝勃
興，機器成行，同志如雲，艱辛備嘗，今瞻國艦，組織精神，若魚游水，
似鳥翱翔，先知可貴，後覺難忘，精誠團結，宗邦之光，努力合作，禱祝
馨香，願共攜手，挽救危亡，聊獻歡詞，以代壺觴」。宣讀獻詞畢，由主
席盧忠代表該行贈予該艦繡旗一面，上書「前進」二字，刺繡精緻，燦
爛奪目，並請陳立芬艦長演說。是晚7時，大世界遊藝場主人李春榮，特
於詠春園酒家設宴歡讌該艦長官及員兵，並邀請施代總領事等及報界記者
作陪，計赴宴者七、八十人，情形十分熱鬧，賓主間觥籌交錯，宴至8時
半，合攝一影，始盡歡而散。該艦長官及員兵，續往大世界遊藝場參觀，
至9時，始整隊返艦。[42]

　　7月11日晨6時半，政府派汽船赴該艦接員生們上岸，7時，抵皇家碼
頭，乘三輛公共汽車由碼頭出發，遊覽新加坡各熱鬧街市。上午10時，
往馬來亞柔佛州首府新山，赴華僑公所歡迎大會。預定下午3時回新，4
時，出席中華總商會歡迎大會。[43]是日，新山之華僑公所及各商店，均
高懸中華民國國旗，在華僑公所舉行的歡迎大會，因僑胞欲一睹祖國海軍
者甚多，其門外早已圍得水洩不通。該艦員生們旋由華僑公所陳合吉、黃
樹芬兩先生引領進禮堂，即振鈴開會。陳立芬艦長因有事未克與會，由冉
鴻翮代表出席。茶會後，攝影畢，由陳、黃兩先生引導，參觀柔佛王宮
及名勝。[44]在回新途中，員生們曾前往南洋製造廠參觀，並各獲贈膠鞋一
雙。[45]

　　下午4時，新加坡中華總商會在該會所內舉行歡迎大會，出席的有陳
立芬艦長及員生等數十人，參加的僑界人士及各報記者，共達六、七百
人，情形備極熱烈。賓主間歡敘暢談，至5時，在大禮堂前拍攝一影，以
作留念，乃盡歡而散。是晚7時，新世界主人王平福，特於大東酒家歡宴

[42] 《總匯新報》（新加坡），1937年7月11日，第2張第2版。
[43] 同上。
[44] 同上，1937年7月12日，第2張第2版。
[45] 《新國民日報》（新加坡），1937年7月12日，第4版。

該艦長官及員兵，賓主間觥籌交錯，至8時餘，始盡歡而散。全隊在各場稍事參觀，至9時，乃整隊返艦。[46]

7月12日上午，陳立芬艦長等一行數十人參觀軍用飛機場及軍港，由政府派出委員招待。下午，則往芽龍民用機場參觀。下午2時，快樂世界主人李玉榮，在快樂酒家內設宴歡請陳艦長及練習生，並請施代總領事及報界記者作陪，賓主間歡敘暢談，至3時餘，始盡歡而散。新加坡福州各僑團則於下午5時，假當石街福州會館舉行盛大的歡迎會，施代總領事、李秘書被邀作陪，僑界與會者百餘人，情況熱鬧，殆主席林韻韶、陳立芬艦長、施代總領事致詞畢，即登樓舉行宴會，賓主間觥籌交錯，直至8時許，始盡歡而散。然後陳立芬艦長等由快樂世界主人李玉榮導引，參觀該遊藝場各部門，至9時，乃返艦。[47]

該艦在新加坡參訪前後共三天，當地僑胞聞訊群至海濱眺望該艦，為了報答僑胞歡迎之熱忱，陳立芬艦長特宣稱，凡欲登艦參觀者，可向總領事館及中華總商會索取參觀券，即可登艦參觀，時間為上午8時半至11時半，下午2時至5時。據報載，7月11日，僑胞之登艦參觀者，自早至晚，絡繹不絕，共有四、五千人。[48]該艦原訂7月13日啟碇赴檳城，因裝置煤炭及各項應用食品，購買不及，故展至次日上午10時始離新駛檳。中華總商會為藉誌慰勞，特購買大批食品贈予該艦，計有生豬3隻，麵包2簍，蘋果2箱，葡萄1箱，香蕉2簍，罐頭食品4箱，香腸2珍，白菜1簍，紅柑2箱，黃梨10箱，餅乾大裝20珍，小裝20盒，由朱副艦長代表接受，並深致道謝。[49]

7月16日，自由中國艦於晨曦中抵達檳城（檳榔嶼），10時20分，由港外駛入港內，停泊之後，各界代表即乘汽艇登艦迎迓。迎迓代表計有駐檳黃領事，閱書報社代表王景成，檳城福州會館代表林菊村，閩南別墅代表林仲銘等及各報記者約數十人。岸上僑胞則紛紛前往沿海鐵線橋一帶，爭睹該艦之雄姿，熙來攘往，不絕於途。[50]

下午1時，陳立芬艦長率重要職員多人，偕各歡迎者登岸，分乘汽車到領事館，然後晉謁參政司兀敏，適兀敏外出未遇。旋即參觀檳城閱書報

---

[46]　《總匯新報》（新加坡），1937年7月12日，第2張第2版。

[47]　同上，1937年7月13日，第2張第2版。

[48]　同上，1937年7月11及12日，第2張第2版。

[49]　同上，1937年7月14日，第2張第2版。

[50]　《檳城新報》（檳城），1937年7月16日，第5版。

社，參觀後，即分乘汽車參觀麗澤社、福建女子學校及紅毛公園等。晚7時，應福州會館之歡宴，出席者有王景成、黃領事及該會館職員林菊村、林簡等，暨各報記者計80餘人。宴會前，全體先合攝一照，以留紀念。[51]並由該會館贈與該艦一大銀盾，鑴有「華國之光」四個大字，以作南航紀念。入席以後，首由主席林簡起立致歡迎詞，繼而陳立芬艦長起立致詞，詞畢，眾皆歡呼鼓掌。[52]賓主隨即開懷暢飲，直至當晚10時40分，始告盡歡而散。[53]

7月17日晨7時半，該艦官佐學生40餘人，在麗澤社、明新社等僑團安排下，分乘8輛汽車，浩浩蕩蕩駛向檳城熱鬧市區遊覽，然後直往望加蘭參觀蛇廟。出了蛇廟，前往峇六拜飛機場，由航空俱樂部職員引導，參觀機場及藏機房等處。離開機場後，前往鍾靈中學，因時值暑假，由該校教務長引導，參觀校中各部。11時10分，到達極樂寺，再轉往紅毛花園，遊覽完畢後，赴上海飯店午餐。下午2時，再乘汽車去峇都宜水池遊覽。[54]

陳立芬艦長則偕同黃領事，於上午10時拜訪檳城政府當局，11時，晉謁參政司兀敏，兀敏對於該艦出海見習，頗多讚許。下午3時，檳城閱書報社在打石街該社內開盛大之歡迎會，到會人士多達數百人，又有麗澤社之銅樂隊蒞場奏樂助興，可謂極一時之盛況。會場門外則懸掛有小型萬國旗，組成人字形，上頭中央高懸中華民國國旗，飄揚在碧空中，且橫排白布一條，上書歡迎我自由中國艦陳艦長暨全體員生等字樣，堂皇悅目。場內則分置長棹兩席，設置茶點，禮堂中則排列座位。會中，主席王景成曾致贈該艦一面銀盾，上鑴「埋頭苦幹」四字，以作紀念，由陳立芬接受。另有陳充恩（鍾靈中學校長）代表當地鍾靈中學致詞，對該艦人員表示欽佩與歡迎外，並希望該鍾靈之學生，亦能投身海軍學校，培養為一有用人才，以為國家服務（因該校學生有考入陸軍學校、航空學校，尚無考入海軍學校者）。該歡迎會結束後，該社同人於是晚7時，在丹絨文雅新賓大酒家設宴款待該艦人員。[55]並邀黃領事及楊主事陪席，直至9時始告散席，

[51] 同上，1937年7月17日，第5版。
[52] 《總匯新報》（新加坡），1937年7月19日，第3張第2版，「本報駐檳特約記者恆七月十六夜寄」。
[53] 《星洲日報》（檳城），1937年7月17日，第1版。
[54] 《現代日報》（檳城），1937年7月18日，第3版。
[55] 參見《檳城新報》（檳城），1937年7月17日，第5版；《總匯新報》（新加坡），1937年7月

圖5：馬來亞檳城華僑在檳城閱書報社歡迎來訪的電雷學校官生（1937年7月17日）

該艦一行人乃乘車到碼頭回艦。[56]

為了回報當地僑胞的熱忱歡迎，該艦陳立芬艦長茲訂7月17日當天歡迎意者登艦參觀，時間為上午8時半至11時半，下午1時半至5時，須先至打石街閱書報社索取參觀券。[57]據報載，是日「僑界人士之登艦參觀者，非常擁擠，為檳城所罕睹之情形」。[58]

7月18日中午12時半，自由中國艦啟行駛離檳城，臨行時三鳴汽笛，與全檳僑界告別。[59]7月20日下午3時許，該艦由檳城回抵新加坡，旋於次日起碇。[60]7月24日晚9時，該艦抵達爪哇之巴城（Batavia，即巴達維亞，後來的雅加達），國府駐巴達維亞林代總領事率僑胞數十人登艦表示歡迎。[61]7月25日（有日）下午，巴城各僑團開聯合歡迎會，儀式隆重。並於當晚邀該艦官員學生晚餐。26、27兩日復招待官生學兵參觀植物園及博物園。林代

20日，第3張第3版，「本報駐檳特約記者恆七月十七夜發」。

[56] 《光華日報》（檳城），1937年7月18日，第5版。

[57] 《檳城新報》（檳城），1937年7月17日，第5版。

[58] 《總匯新報》（新加坡），1937年7月20日，第3張第3版，「本報駐檳特約記者恆七月十七夜發」。

[59] 《總匯新報》（新加坡），1937年7月20日，第3張第3版；《檳城新報》（檳城），1937年7月19日，第5版。

[60] 《總匯新報》（新加坡），1937年7月22日，第3張第2版。

[61] 「自由中國艦艦長陳立芬呈電雷學校教育長歐陽格電」（1937年7月25日），《國防部史政編譯局檔案》，〈電校自由中國練艦遠航實習案〉；檔號：B5018230601/ 0026/411.3/1071。

總領事亦於28日晚請該艦官員晚餐。陳立芬艦長則於26、27兩日中分訪海軍司令、省長、市長等官員，對方則於28日晨回拜。[62]該艦預定7月29日晨開往坤甸，[63]因坤甸河道水淺，不能進口，擬斟酌在口外停泊兩日。[64]

7月31日（世日）下午5時，該艦在坤甸口外下錨，僑胞代表乘輪登艦歡迎，贈送花籃、鏡區等，並約定次日接該艦員生士兵登岸舉行歡迎會。[65]然是日歐陽格致電陳立芬，囑其「如坤甸水淺不能進口，速經菲律賓返國可也」。[66]次日，又電令陳「著該艦即刻返航，沿途勿躭擱，隨時將航程報告」。[67]8月4日，又電令陳「該艦返國時著先到香港待命」。[68]於是1937年8月中旬，自由中國艦駛抵香港，艦上員生學兵轉粵漢鐵路返校，參加江陰戰役。

綜觀此次電雷學校首次舉辦的遠航實習，其意義至為重大：一、令參加的電雷學校學官兵員生受惠甚大，不僅獲致寶貴的航海經驗，而且得以參觀所到之地的軍事設施及名勝古蹟等，均有助其視野和心胸的開闊。二、此行受到南洋各地僑胞的熱烈歡迎，視其為鄭和下西洋以來祖國海軍的再臨，歡欣鼓舞，不言可喻，在宣揚國威和宣慰僑胞兩方面均有其貢獻。三、此行曾至法屬安南（越南）、英屬馬來亞、荷屬東印度的一些大城市停留訪問，並拜會其首長官員，有所互動，有助於邦交的敦睦。四、此行樹立了國府海軍官校應屆畢業生遠航實習的傳統。1953年（民國42年）5月，菲律賓海軍總司令佛朗西斯科代將率領艦隊來臺訪問。國府為了回報聘，特由丹陽（DD-12）、太湖（DE-25）、太昭（DE-26）三艦編成訪菲艦隊，由海軍總司令馬紀壯親自率領，於同年8月17日自高雄港啟航，其中有海軍官校學生隨行見習，[69]是為國府遷臺後海軍軍艦首度出訪友邦。其後敦睦遠航成為海軍官校例行的訓練項目，則是從1966年（民國55年）開始，原定環島訓練後訪問韓國，因颱風頻仍取消出訪行程。次年

---

62 「自由中國艦艦長陳立芬呈電電雷學校教育長歐陽格電（豔電）」（1937年7月29日），同上。
63 「自由中國艦艦長陳立芬呈電電雷學校教育長歐陽格電（儉電）」（1937年7月28日），同上。
64 「自由中國艦艦長陳立芬呈電電雷學校教育長歐陽格電（豔電）」（1937年7月29日），同上。
65 「自由中國艦艦長陳立芬呈電電雷學校教育長歐陽格電」（1937年7月31日），同上。
66 「電雷學校教育長歐陽格致自由中國艦艦長陳立芬電」（1937年7月31日），同上。
67 「電雷學校教育長歐陽格致自由中國艦艦長陳立芬電」（1937年8月1日），同上。
68 「電雷學校教育長歐陽格致自由中國艦艦長陳立芬電」（1937年8月4日），同上。
69 《聯合報》（臺北），1953年8月18日，第1版。及劉廣凱，《劉廣凱將軍報國憶往》，頁75。劉廣凱時為國府海軍第一艦隊司令，擔任此次訪菲艦隊的指揮官。

起，國府海軍每年均配合海軍官校應屆畢業生編組艦隊，出訪友邦，[70]成為海官學生另類的畢業旅行。

五、畢業與學校的停辦

根據1943年5月編印的《電雷學校各期同學現況一覽》所載，該校第一、二期畢業學生名單如下：

第一期航海科計50名：王恩華、王策、毛必興、吳士榮、吳東權、李崇志、李國培、李涵、李敦謙、汪濟、林光炯、段一鳴、范仁勇、胡希濤、胡恩霖、胡敬端、姜翔翶、姜瑜、崔之道、陳光復、唐保黃、陳祖鎮、郭發驁、孫甦、馬焱衡、陳溥星、陳毓秀、陳遠潤、陳鎔、張天禮、黃君略、黃承鼎、曹開諫、黃震白、粟季龍、傅洪讓、萬永平、趙正昌、趙漢良、楊維智、鄧文淵、廖振謨、齊鴻章、劉功棣、劉毅卿、黎玉璽、諶志立、謝宴池、聶紀祖、嚴曙明。

第一期輪機科計12名：王先登、尹壽富、江萍光、李良驤、沙大鵬、金龍靈、晏海波、袁鐵忱、高世達、張天鈞、楊珍、潘澤生。

第二期航海科計49名：王方蘭、安國祥、朱德鄰、李大公、李文瑚、李定一、李秉惕、李福安、吳文德、吳志鴻、吳家荀、杜澂深、周非、林肇英、段允麟、祝科倫、袁銘、徐國馨、徐顯棻、徐繼明、唐湧根、商辰、郭勳景、章繩武、張仁耀、張偉業、黃克榮、黃崇仁、葉定午、葉春華、葉蔚然、楊清才、楊鴻麻、褚廉方、楊德全、劉杕、劉征、劉傑、劉德浩、劉湘鐘、樓定淼、鄧天健、鄧光祖、錢恩沛、薛仲倫、謝克武、韓國華、譚守傑、蕭長潜。[71]

第一期學生於1934年底畢業，第二期學生於1937年8月中旬遠航實習結束後返回學校，是時全面抗戰已經爆發。是年11月中旬，國軍逐步退守

---

[70] 樂毅駿，〈我國海軍遠航訓練支隊出訪所涉及平時海洋法之實務〉（臺北：國立政治大學外交學系戰略與國際事務在職專班碩士論文，2005年2月），頁53。

[71] 《電雷學校各期同學現況一覽》，臺北國防部史政編譯室特藏史料。轉見於金智，〈民國時期軍政部電雷學校〉，《軍事史評論》，第19期，頁274。與根據注73所列舉的電雷第二期學生畢業考試成績表」中之名單相核對，兩者稍有出入，應以「畢業考試成績表」為準，因其為原始檔案，故「杜澂深」應為「杜澂聲」，「李福安」應為「李福俊」，「鄧天健」或應為「鄧由」。

錫澄之線，江陰右翼感受威脅，電雷學校將校存大量器材物資，經適時徵發船舶，漏夜裝載分段向江西省之湖口疏運，第三、四兩期學生由教務組長劉勳達率領，連同未擔負作戰任務之教官職員等，轉移鎮江舊校，旋於下旬續轉湖口內之姑塘繼續上課。12月1日，錫澄線被日軍突破，江陰城區陷落，該校校舍悉毀，日軍溯江西犯甚急，該校奉令移駐湖南省之岳陽。12月19日，集合姑塘之人員艦艇繼續西移，除第四期學生已送往南昌中央軍校受入伍訓練外，教務組偕第二、三兩期學生仍在岳陽之城陵磯上課。[72]

　　1938年3月14日至20日，第二期學生在湖南省岳陽城陵磯電雷學校學生第一中隊教室舉行畢業考試。考試課目有航海學（術科）、槍砲學、魚雷學、水雷學、船藝學（術科）、弧三角、解析幾何、大代數、微積分、輪機學、軍用化學、電學、陸操、政治訓練及國文、氣象學、外國語、信號學、考勤、品行。評分結果，第1至49名依序為「段允麟、祝梅根（按：即祝科倫）、李定一、吳志鴻、王方蘭、周非、唐湧根、商辰、黃克榮、劉傑、朱德鄰、李福俊、蕭長濬、楊鴻麻、安國祥、謝克武、郭勳景、李大公、鄧光祖、劉代、袁銘、徐國馨、徐顯菜、林肇英、樓定森、韓國華、李秉惕、劉征、吳家苟、黃崇仁、章繩武、褚廉方、錢恩沛、劉德浩、劉湘鐘、楊德全、杜黴聲、張仁耀、葉蔚然、葉春華、吳文德、鄧由、李文瑚、葉定午、薛仲倫、徐繼明、楊清才、張偉業、譚守傑」（按：其中譚守傑因病未考完大部分課目，需補考，故暫列第49名）。父親以總分2154.5，平均86.18分，名列第6，其中信號學得100分，輪機學98分，外國文85分，都是全班的最高分。[73]於是3月底，第二期學生畢業。父親曾留有畢業時的照片，上書「畢業了」字樣，及與電雷學校教育長歐陽格的合照，照片上題有「宜黃歐陽格」字樣，我們曾親見之，如今卻遍尋不著，令人痛惜。歐陽格並贈與每位畢業生短劍一把，劍柄上鐫刻有「THE S電雷」圖案，另一面刻有「教育長歐陽格贈」，劍身則刻有該校校訓「敬畏愛勇」四字。

---

[72] 王天池，〈電雷學校紀略〉，《中國海軍之締造與發展專刊》，頁104～107。

[73] 「電雷學校教育長歐陽格呈軍政部部長何應欽文」（1938年4月11日）所附呈之〈軍政部電雷學校第二期學生畢業考試成績表〉；收於《國防部史政編譯局檔案》，〈電雷學校二期畢業成績冊〉內；檔號：B5018230601/0027/405.3/1071。

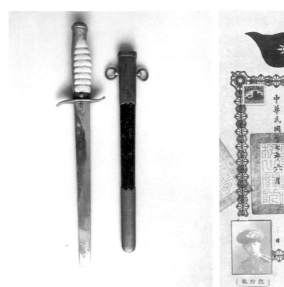

圖6（左）：歐陽格贈與父親的短劍—劍鞘和劍身
圖7（右）：父親的電雷學校畢業證書（1938年6月）

　　4月11日，歐陽格呈文國府軍政部，以該校第二期生畢業考試業經舉行竣事，依成績晉升為一、二、三等見習生：計甲等段允麟等7名為一等見習生，月支薪40元；乙等商辰等40名為二等見習生，月支薪35元；丙等張偉業1名為丙等見習生，月支薪30元；自4月1日起由校部起支，報請鑒核備案。[74]

　　6月初旬，第四期學生在軍校受入伍訓練期滿，返抵岳陽校部。是月底，歐陽格忽以貪污、作戰不力的罪名遭國府當局逮捕，軍政部下令該校著即停辦並趕辦結束，即組織該校清理委員會，於7月3日在岳陽成立辦公，報准將該校尚未畢業的第三、四兩期學生，連同隊職官教官及器材，撥交已遷至宜昌的青島海軍學校，併編為該校第五期甲乙兩班。該清理委員會於同年10月5日辦理事畢，電雷學校至此結束。[75]

　　關於其第三、四兩期學生的後續情況，據原電雷學校第三期學生日後曾任國府海軍少將的陳振夫憶述，電雷學校停辦後，在校的第三、四期學生，連同教職員奉令撥交正在內遷湖南湘潭的馬尾海軍學校繼續求學。學

---

[74] 「電雷學校教育長歐陽格呈軍政部部長何應欽文」（1938年4月11日），同上。
[75] 王天池，〈電雷學校紀略〉，《中國海軍之締造與發展專刊》，頁107。

生們遭此突變，惶恐難安，求學信心盡失，尤多不願轉學馬尾海校，免致將來遭受排擠宰割。軍政部乃重行將電校全體在校教職員學生改撥至正在內遷湖北宜昌的軍事委員會青島海軍學校，繼續接受教育，以安群情。是年7月24日，三、四兩期學生合共230名，由學生大隊大隊附田樾曾少校率領，懷著無限的悲傷，於7月28日到達宜昌，成為青島海軍學校的學生。同年10月15日，青島海校由宜昌西遷入川，17日到達目的地萬縣，11月14日起，正式恢復上課，稍後並重新實施分班編隊，以原有在校的第五期學生為基礎，將電雷、青島兩校學生統一合編為第五期，區分為甲、乙、丙三班，以原電雷第三期為甲班，原青島第五期為乙班，原電雷第四期及1939年春由黃埔海校撥來的第二十三與二十四兩期學生合編為丙班。並排定從1940年暑期起，每隔半年，按次序畢業一班學生。上項辦法奉准公佈之後，立刻引起原電雷第三、四期學生的一致反感，認為超過三年畢業的原規定年限甚多，吃虧甚大，以致醞釀成為一次風波。此一問題拖延了幾個月，後來僅僅獲得了折中解決：即將甲班學生教育時程縮短了三個月，提前至1940年3月畢業，乙、丙兩班合併為一個乙班，並提前至1940年9月畢業。如此，甲班學生吃的虧依然甚大，不但在學的期間延長了9個月，而且對畢業以後的計資升遷，都有重大的影響。[76]

---

[76] 陳振夫，〈抗戰期間服役海軍（上）〉，《傳記文學》，第37卷第1期（1980年7月），頁72、73、75-78。至於原電雷學校第三、四期學生併入青島海軍學校第五期其畢業名單為：航海班甲班計59名（1940年3月畢業，原電雷學校第三期併入）：丁福謙、王安人、王宗梃、王庭麃、王清溪、王學文、王繼麒、王顯瓊、毛卻非、平家駿、伍萬、伍時炯、朱輔年、谷怡、何世恩、李長源、金春衢、胡飛、胡碩臣、胡德華（改名嘉恆）、柯振中、姚珍溫、孫逢濱、孫鏡蓉、黃大川、黃志潔、黃揭掀、黃蔭勳、張世奇、張漢昌、張苗禾、許承功、畢祥銘、陸錦韜、陳光漢、陳振夫、顧錚、陳振民、陳紹平、陳國鈞、馮漢華、景立承、郭昌義、郭秉衡、郭愈欽、曾達聰、程福培、彭德志、楊滄活、裴毓棻、鄭達、黎士榮、劉昌華、劉殿章、錢永增、錢詩麒、賴成杰、盧汝淳、薛育民。航海班乙班計98名（1940年9月畢業，原電雷學校第四期併入）：丁廣椿、王壽昌（改名壽蒼）、王必泉、王乾元、王椿庭、王肇彬、王昌銳、王雨山、朱人彰、伍國華、吳美華、呂蔚華、李秉成、李正燊、宋鴻儒、金煥章、金驊、花友筠、林植基、易元方、周孟義、周宏烈、涂純安、柳家森、胡楚衡、胡霽光、胡祥獅、李良煦、郭天祥、郭萬銑、孫思聰、孫謀、孫鐸、梁芬蔭、梁樹猷、馬忠漢、鄒堅、桂宗炎、凌尚義、高二賜、陳務篤、陳桂山、陳清生、陳念群、莫子純、陸錦明、陸亞傑、常毓桂、殷國屏、湯世融、張汝樞、彭叔俊、楊廣英、楊松泉、楊勝、楚虞璋、熊德樹、黎國炘、廖振威、劉作炳、劉麟堂、劉浚泉、劉承基、劉立根、歐陽建業、譚俊吾、瞿延祁、羅柳溪、蘇紹業、王述謖、王振濤、王河肅、朱叔屏、朱光裕、李銳、林煥章、侯尚文、徐集霖、唐毓仁、奚君明、馬俊儒、陳桑、陳東海、郭全貴、張君然、張仲同、彭運生、黃廷鑫、彭應甫、賀大杰、鄭嘉模、趙成拱、趙德基、趙鴻策、趙德成、齊民、謝立和、聶齊桐。輪機班甲班計59名（1940年3月畢業，原電雷學校第三期併入）：王

故總括電雷學校自創辦至結束（1933-1938年），前後不過五年，有如曇花一現。招收了四期學生，僅只第一、二兩期約110名學生畢業。他們畢業後多在電雷學校全力發展的魚雷快艇大隊任職，因此電雷學校另成一系統，甚或意圖凌駕其他系統的態勢十分明顯，而電雷學校亦常自詡為「海軍中的黃埔」。「電雷系」的迅速崛起，尤遭閩系掌控的國府中央海軍的敵視。[77]實則電雷學校在籌辦及開辦之初，即已遭閩系把持之海軍部的多方杯葛和打壓，處境艱困。其畢業生的人數又少，與其他歷史較長的海軍學校（如福州、黃埔等海軍學校）相比，顯得勢單力孤，在國府海軍中必須孤軍奮鬥，方有出路可言。最令他們引以為憾的，是他們的「大家長」歐陽格竟被「羅織」下獄，兩年後被處決。父親對歐陽格欽敬有加，他晚年提起歐陽格時眷懷之情仍溢於言表，並慨嘆歐陽格之死是冤枉的。

　　1971年夏，黎玉璽（時任駐土耳其大使）自土耳其回國後，曾有機會見到總統蔣中正，向蔣報告說：「我是電雷學校畢業的學生，您當年是校長，我是您的學生，但我現在並無政府任何官職，我敢斗膽的向您報告，歐陽教育長在抗戰時期伏法了，不過他實在是冤枉的」。蔣要黎列舉事實以書面報告，可以為其昭雪。不過，當時蔣健康情形不佳，不久後逝世，以致此案未能重新檢討。[78]

　　電雷畢業生基於對歐陽格的愛戴，多直覺地認為歐陽之死是冤屈的，大陸學者沙青青（上海圖書館信息咨詢與研究中心助理研究員）曾參閱臺北中華民國國史館及國防部珍藏的檔案文件，曾於2014年發表了〈用、棄之間：歐陽格案與蔣介石的海軍人事處置〉的論文，是研究該案的權威之作，他論析蔣中正在抗戰前及初期將建立嫡系海軍的重任交給歐陽格，可能是出於：一、歐陽格早在護法戰爭時期便開始追隨孫中山，算是國民黨

　　其燊、王祖慶、毛遇賢、左景禮、艾少海、伍康民、朱秉欽、江偉衡、汪登鰲、吳希賢、周振昌、林晨輝、杭維壽、胡陶濱、胡傳憲、范乃成、徐謀、徐家驤、徐海瀾、徐基銓、侯秉忠、柴敬業、倪道衛、黃益民、黃萬嵩、黃振亞、黃德輝、陶世琳、張企良、張家瑾、曹遠譯、曹鴻儒、陳利華、陳振翼、陳鴻祺、陳繼平、馮桐、傅尚淵、湯禎祥、焦德孝、楊良、楊文治、楊仁榮、楊昌義、楊崇津、趙紹孔、趙敦華、趙錦龍、廖鼎凱、鄭自林、劉光平、戴坤楹、謝崇基、譚如芬、羅昭汶、羅俊柏、羅德濤、蕭逢年、嚴務本。以上名單係見海軍軍官學校編輯，沈天羽撰稿，《海軍軍官教育一百四十年1866-2006》，下冊，頁581。
[77] 張力，〈從「四海」到「一家」：國民政府統一海軍的再嘗試，1937-1948〉，《中央研究院近代史研究所集刊》，第26期（1996年12月），頁269。
[78] 張力訪問紀錄，《黎玉璽先生訪問紀錄》，頁16～17。

內的資深人士。蔣中正在保衛「永豐」艦的行動中就與其結識，對其背景、經歷都較熟悉，認為其政治上可靠。二、歐陽格畢業於煙台海軍學校，是國民黨內為數不多的海軍專才，且熟悉歐洲軍事動態。三、與閩系海軍毫無瓜葛，甚至多有積怨。因此，在與中央海軍的競爭過程中，歐陽格勢必會全力以赴。至於抗戰期間導致歐陽格遭革職軟禁，之後又急轉直下遭處決的可能原因是：一、歐陽格好大喜功的招搖性格逐漸顯露，招致蔣中正的不滿，雖屢加斥責，其行事作風未見收斂。二、有關歐陽格腐敗貪污的傳聞和指控，使蔣頗為在意。尤其是1938年6月國民政府頒布《整治貪污暫行條例》，明定「扣軍餉者」，「建築軍工及採購軍用品，從中舞弊者」等皆可處以極刑或判處10年以上徒刑，歐陽格案恰逢其時。三、抗戰爆發後，電雷學校非但未獲致任何值得稱道的戰果，在馬當要塞保衛戰中，由歐陽格指揮佈設的水雷區，且被日艦輕鬆突破，「貽誤戎機」乃成為其遭逮捕的主要罪名之一。

歐陽格被羈押後，國民黨內軍政各界為其求情者眾多且不乏重量級人物，如陳果夫、陳立夫、吳鐵城、余漢謀、李宗仁等人，令蔣猶豫難決。1940年6月後，看似漸趨平息的歐陽格案卻忽起波瀾，有消息稱歐陽格的夫人張鏡秋在美國藏有13萬美元的存款，此乃貪污贓款的確實證據。蔣聞悉後勃然大怒，要求迅速展開新一輪軍法審查，不足兩個月的時間便有了最終裁決。當歐陽格以「作戰不利」、「貪污」等重罪判處死刑的消息傳出後，軍政要人吳敬恆、陳果夫、陳立夫、李烈鈞、張繼、何鍵、張定璠等紛紛為其求情。惟蔣心意已定，歐陽格旋於是年8月20日在重慶執行槍決。[79]

歐陽格之死，其關鍵固繫於蔣中正的一念之中，然海軍派系的惡鬥，亦為致之的要因之一。一般多將現代中國的海軍派系分為「閩系」（或「馬尾系」）、「黃埔系」、「青島系」、「電雷系」四大派系。老冠祥則更具體明確地將其分為「閩系和馬尾系」（「閩系」是泛指海軍中的閩籍官兵；「馬尾系」是泛指海軍中從福建船政學堂或福州各海軍學校畢業的官兵，兩者並非同義詞）、「粵系和黃埔系」（「粵系」是泛指海軍中的廣東人，「黃埔系」是泛指海軍中的黃埔水師學堂和黃埔海軍學校

---

[79] 以上所述係參見沙青青，〈用、棄之間：歐陽格案與蔣介石的海軍人事處置〉，《抗日戰爭研究》，2014年第4期，頁54～66。

畢業的官兵）、「東北系」（是以東北艦隊為主的海軍派系，成員包括一些自日本學習海軍學成回國的留學生和煙台海軍學校的畢業生）、「青島系」（最早是指1933年從威海劉公島遷往青島的葫蘆島海軍學校，後改名青島海軍學校的成員。抗戰勝利後，南京國府重整海軍，以陸軍出身的陳誠、桂永清入主海軍，先後在青島成立中央海軍訓練團和海軍軍官學校，這些在青島主持訓練和受訓的海軍，其成員有來自其他派系者，但習慣上均被稱為「青島系」）、「電雷系」五個派系。自民國成立以迄1949年的中國海軍派系，基本上是呈現「一派獨大」的格局，即「閩系和馬尾系」長時間充任「主流派系」，除了在抗戰勝利後的海軍重整時，「青島系」取代「閩系和馬尾系」的地位，其他的派系如「粵系和黃埔系」、「東北系」、「電雷系」，均屬「非主流派系」。民國海軍中也有少部分的成員是共產黨員。老冠祥進一步分析民國海軍派系形成的背景有四大主因：（1）歷史因素（即與中國近代海軍的發展有關）。（2）省籍因素。（3）學校因素。（4）艦隊因素（艦隊司令的政治取向、忠的對象，有時會影響到整支艦隊的去向）。以及三項次要因素：（1）出洋（國）受訓地點。（2）海軍領導層的出身。（3）政黨背景。並予以結論：派系問題往往不是由單一因素構成的，可能是兩三種因素交替影響所致。派系與派系之間的個別成員，偶然會出現轉化的現象，因為海軍派系畢竟只是一種鬆散的利益結合，並不是一種嚴密的組織。同時，派系的分類只是為了研究上的方便，並不等於真的能夠可以簡單地把某一個人僅侷限於某一派之中，而不顧及其他的歷史條件。[80]

　　話雖如此，電雷學校及其畢業生，曾深受派系鬥爭的池魚之殃，遭到刻意打壓、歧視、排擠等不公平的對待，是為民國海軍無法抹去的一段「黑暗史」。如電雷學校的教育長歐陽格中將被海軍部敘階為少校，電雷學員和學兵被禁止穿海軍制服，後經歐陽格再三爭取才獲得海軍制服的穿著權，但帽簷上不得繡有「中華民國海軍」字樣。電雷畢業生海軍部不承認其具有海軍軍籍，而電雷學生第一次上艦參觀是在德國海軍的「科隆」號巡洋艦上進行，因為海軍部拒絕撥出軍艦供學生參觀或實習。好在蔣中

[80] 老冠祥，〈中國現代（1911-1949）海軍派系對政局之影響〉（香港：珠海大學歷史研究所博士論文），頁21～31。

正予以特別照顧,才不至於早早被閩系海軍所消滅。[81]。1949年行憲後的中華民國政府於播遷至臺灣後,這些電雷一、二期的畢業生,除了部分在抗戰及國共內戰中英勇殉職外,大都忠誠不渝,繼續追隨蔣中正來臺,為保衛中華民國最後一片土奮戰不懈,因而積勳累功晉升將軍置身於海軍高層者所在多有,如第一期的黎玉璽、崔之道、王恩華、李敦謙、郭發鰲、齊鴻章,第二期的張仁耀等。

[81] 劉怡,《借西風:中國近代海軍發展史(1862-1945)》(臺北:知兵堂出版社,2008年),頁168。

肆、參加八年抗戰

一、魚雷快艇長江作戰

　　1937年七・七盧溝橋戰事爆發，江防業務緊急，日夜備戰。7月30日，國民政府軍事委員會密令，命電雷學校教育長歐陽格為江陰區江防司令。8月3日，司令部在江陰成立，除指揮快艇大隊及原校屬艦艇外，並就校屬官兵編成水雷大隊、通信大隊、技術大隊、工程大隊、運輸大隊、消防大隊等，積極於從事各項江防部署。除在黃山、蕭山間鑿山建港外，並大量完成全部水雷陣地，以屏障江陰要塞。[1]

　　其中的快艇大隊，係由歐陽格自兼大隊長，安其邦為大隊附，各艇以電雷學校第一期航海科返國諸員為艇長，以第一期輪機科實習期滿諸員為輪機員，士兵則由第二期學兵中曾在校受特訓者派充。[2]大隊之下分為三個中隊，前已述及為文天祥中隊、史可法中隊、岳飛中隊，共有快艇11艘，艇長分別為黃震白、謝宴池、吳士榮、劉功棣、姜翔翱、胡敬端、楊維智、陳溥星、齊鴻章、崔之道、黎玉璽。[3]文、史兩中隊各轄4艘快艇，係英國Thorncroft公司建造的海岸魚雷快艇（CMB），此種超輕型魚雷快艇與此前類似舊式驅逐艦的魚雷砲艦不同，為木質艇殼，排水量只有14噸。尺寸為16.76×3.35呎，吃水0.99公尺，可以用火車裝運。2部汽油主機馬力950匹，極速高達40.3節，裝備有2枚18吋魚雷發射管、2挺機槍、4枚水雷，乘員5人（1938初年才運達編為顏杲卿中隊的4艘英製快艇，大小、性能、裝備等亦同此）。岳飛中隊所轄3艘快艇，則係德國Lurssen的Vegesack廠所建造的大型魚雷快艇（LM），比英國或義大利製的魚雷艇都要大得多，排水量54噸，尺寸為92×14呎，吃水5呎，3部汽油主機馬力

---

[1] 柳永琦編，《海軍抗日戰史》，上冊，頁722、723。該書頁722謂1937年7月3日，軍委會令歐陽格為江陰區江防司令。然同書頁723所附之該命令影印原件，所署日期則為7月30日，足證7月3日為筆誤。

[2] 王天池，〈電雷學校紀略〉，《中國海軍之締造與發展專刊》，頁105。

[3] 柳永琦編，《海軍抗日戰史》，上冊，頁571～573。

圖8（左）：文天祥、史可法兩中隊所使用的英國製超輕型魚雷快艇（排水量14噸）
圖9（右）：岳飛中隊所使用的德國製大型魚雷快艇（排水量54噸）

3000匹，極速高達34.5節，艇艉裝備有2枚21吋魚雷發射管、1挺20公厘機槍，乘員14人。[4]

　　1937年（民國26年）8月13日，日軍進攻上海，淞滬會戰爆發。次日，快艇大隊附安其邦率英製快艇兩艘加以偽裝，由江陰經內河潛駛上海，突擊日本旗艦「出雲」號（排水量9,750噸）。8月16日晚，安其邦偕史102號快艇艇長胡敬端，乘該艇自新龍華以主機出動，曲折穿駛十六舖江面三道沉船堵塞線後，即用最高速度衝越所泊敵方各驅逐艦，傍英、法、義外艦前進，直到南京路外灘，距出雲艦300公尺，頂角50度，當即向該艦瞄準，連續施放魚雷兩枚，命中爆發，江岸振動。該艇以極度左後轉彎回駛，出雲艦上立以快砲猛烈掃射，該艇油櫃機件船底均被彈擊損，船艙水湧，下沉於九江路外灘浦江碼頭附近，艇上官兵泅水離艇，此役僅傷士兵吳傑一名。[5]此事震驚一時，上海各報眾說紛紜，有說是飛機炸的，有說是砲轟的。實則該兩枚魚雷並未直接命中目標，只打中了匯山碼頭，碼頭的破片打傷了出雲艦船尾車佗及俥葉，不能自航，乃由其他船拖到吳淞口修復後重返戰場。1983年4月日本出版的《世界的艇船》雜誌載有〈揚子江上的戰鬥〉一文，文中曾謂「這是中國海軍唯一的一次積極性的攻擊」。[6]至於此次僅受極輕微損傷的出雲艦，其後雖屢遭中國海空軍的攻擊，但都得以倖存，1943年底回到日本，1945年7月24日在吳港被美

---

[4]　姚開陽，〈中國軍艦史系列-6—「史102」突擊出雲艦60周年紀念：電雷學校與其魚雷快艇隊〉，《全球防衛雜誌》，第26卷第2期（1997年8月），頁73、75。
[5]　王天池，〈電雷學校紀略〉，《中國海軍之締造與發展專刊》，頁105。
[6]　謝宴池遺著，〈海軍電雷學校的血肉長城：抗戰前後師生抗敵史詩〉，《中外雜誌》，第81卷第4期，頁54。

機炸沉。

1937年8月17日起，日軍展開報復，多批大編隊日機先後來襲江陰江防區各項陸海軍軍事設施。岳253號快艇在長江上巡弋，以高射砲猛擊來犯日機，擊落其1架。8月26日，日機70餘架分批來襲，該艇又擊落1架。[7]9月20日，日機兩架飛經黃山港區，被岳字號快艇及高射砲擊落1架，墜於四墩子港江面，駕駛員二人上岸圖逃，均被擊斃。10月3日拂曉，史34號快艇在江陰利港警戒，忽遇日機4架向其集中攻擊，該艇立由港內衝駛入江，以高射機槍與日機拼搏，日機投彈十餘枚皆未命中，後被其俯衝掃射命中油箱，艇身起火沉沒，艇長姜翔翱、葉君略、輪機員江萍光、電務員馬玲、士兵羅埕、孫毓、徐祥麟、舒志新、劉成學等9人殉職。10月12日，總訓練官馬步祥中校率史181號快艇乘夜向下游襲擊日艦，次日晨4時，在金雞港江面發現日艦一艘，因有暗灘亙障，無法施放魚雷，乃繞灘沿南岸上駛，正擬施行雷襲，即被日艦發現開始攻擊，同時適有另兩艘日艦溯江上駛，該艇乃捨前艦，猛向後兩艦衝進，兩艦倉皇分逃，同時擱淺，仍集中火力注射如雨，該艇在未到放雷距離即中彈焚燬，馬步祥及輪機兵葉永清殉職，艇長楊維智、輪機員袁鐵忱及其餘士兵泅登北岸獲全，當即通知空軍對擱淺日艦施以轟炸。[8]至此，史可法中隊先後損失三艇，僅存史223號快艇。

魚雷快艇主要武器為魚雷，用以射擊敵艦水線以下薄弱甲板，其要害為機艙、火藥庫等處若命中，可使敵艦立即下沉。快艇的特性為運轉快速、靈活，為沿海近岸狙擊有力的武器，調入內江作戰，如同虎落平陽，龍近淺灘，難以充分發揮戰力。1937年12月上旬，江陰撤守，魚雷快艇大隊將德式快艇轉移姑塘訓練，魚雷工廠隨英式快艇駐泊南京草鞋峽。[9]12月12日，南京失守，當晚，歐陽格離南京時給後方學校發出電報告知南京不守，電文還感嘆「一寸山河一寸傷心淚」。並命令英式快艇隊（即文天祥中隊）立即撤離草鞋峽，四艇成橫隊，以最高速度衝過下關日軍火網，駛抵大通待命。該艇隊即遵令以文171號艇（艇長劉功棣）為首，文93號

[7]　張力訪問紀錄，《黎玉璽先生訪問紀錄》，頁28～29。
[8]　王天池，〈電雷學校紀略〉，《中國海軍之締造與發展專刊》，頁105～106。
[9]　傅洪讓，〈抗戰前赴德習駕魚雷快艇始末〉，《中外雜誌》，第81卷第5期（2007年5月），頁78～79。

艇（吳士榮）隨後，其次是是文223號艇（陳溥星），文88號艇（謝宴池）殿後，過火車輪渡碼頭排成一字形疾駛，幾分鐘後衝過火光彈雨的江面，天亮時抵達大通。幾天後，開往安慶，12月20日左右，再進抵姑塘，接到歐陽格自武漢來電，令文171、文93、文223三艇赴武漢休整，文88號快艇則留九江候命。這時，電雷學校正遷往岳陽。稍後，文88號快艇，亦奉命開抵武漢，駐鮎魚套。當時在鮎魚套的快艇有文天祥中隊三艇（文22號快艇泊岳陽），岳飛中隊三艇，史可法中隊之223號一艇，及魚雷工廠的機器（由王恩華、傅洪讓、李敦謙負責），快艇大隊部則設在武昌。[10]

鑒於快艇在長江內受地形限制發揮效力困難，奉中樞密令撥艇赴粵作戰，由快艇大隊附安其邦率第一批英式兩艇，於1938年1月底自武昌經粵漢鐵路車運赴粵，在黃沙站吊卸下水，第二批英式兩艇，於4月中旬繼續運粵，概受第四戰區指揮作戰。至德式快艇因體闊量大，無法由鐵路載運，又上年10月新訂購英式快艇8艘，亦於6月間到港運粵，經編成顏杲卿中隊併入該大隊作戰。旋奉中樞決定，著迅將移粵及新到之快艇一併運鄂，集中使用於長江，新舊英式6艇遂於6月下旬由粵漢鐵路運抵武漢。是時，電雷學校已奉命停辦，快艇大隊英式、德式快艇共10艘，連同人員、魚雷器材等，分別在岳陽、武漢、九江、香港就地撥交海軍總司令部接收。[11]海軍總部利用7月初趕將接收各快艇緊急修繕，編組成快艇大隊，下轄三個中隊，第一中隊為文42號艇、文88號艇、文93號艇、文171號艇，第二中隊為岳22號艇、岳253號艇、岳371號艇，第三中隊為顏53號艇、顏92號艇、顏161號艇、顏164號艇，另有史223號艇，不屬於各個中隊之內。成軍後，作戰陣容為之一整。[12]

7月14日，文93號快艇在湖口江面以魚雷攻擊日本軍艦，被日本淺水砲艦「鳥羽」與「勢多」（即戰後移交給中國的「永濟」與「常德」二艦）火砲擊傷。[13]該艇艇長吳士榮等均受傷。7月17日，大隊復派史223號及岳253號兩快艇，再度向停泊湖口江面日艦夜襲，航行途中，受陸軍補

---

10 謝宴池遺著，〈海軍電雷學校的血肉長城：抗戰前後師生抗敵史詩〉，《中外雜誌》，第81卷第4期，頁55～56。

11 王天池，〈電雷學校紀略〉，《中國海軍之締造與發展專刊》，頁107。

12 柳永琦編，《海軍抗日戰史》，上冊，頁1049～1050。

13 姚開陽，〈中國軍艦史系列-6—「史102」突擊出雲艦60周年紀念：電雷學校與其魚雷快艇隊〉，《全球防衛雜誌》，第26卷第2期，頁74。

助工程處所佈阻網流出原位，車葉被纏絞，史223號艇因而沉沒，岳253號艇亦受輕傷。[14]史223號艇艇長係黎玉璽，7月21日，奉命接任岳22號艇艇長。[15]同日，日航空隊機群向蘄春附近快艇駐泊地攻擊，投彈多枚，雖未直接命中，但文42號、文88號兩艇均受震損傷。8月1日，岳22號、顏161號兩艇，於奉命準備出擊之際，日機偵悉，出動分向該兩艇展開攻擊，岳22號被炸沉沒，顏161號受傷，送往漢口修理。8月25日，國民政府軍事委員會令海軍總部，將適於作戰的快艇，移歸第四戰區副司令長官余漢謀接收，配備於廣東江防司令部，海軍各艦艇均向武漢、岳陽江面轉移，中止了襲擊武漢下游敵艦的計劃。9月間，余漢謀派廣東江防司令部司令官伍景英上校前往漢口接收該批魚雷快艇。於是原快艇大隊所屬的8艘英式快艇及人員，即自武漢以鐵路運載南下赴粵，成為粵桂江防司令部所屬艦艇，擔任西江防務。其後重新改名，逐步西遷，至1944年，以日軍節節進逼、破損及油料短缺等原因，奉令自沉。原快艇大隊所屬的岳253號、岳371號兩艘德式快艇，以體積過大，無法用火車載運，仍續留長江從事江防，其後撤入四川在萬縣三斗坪等地駐防，抗戰勝利後駛回南京，編入第二砲艇隊。岳253號改名為「快101」，岳371號則下落不明，可能是維護不善而早早報廢，「快101」於1949年（民國38年）4月23日隨海防第二艦隊在南京笆斗山江面投共，之後竟成了中共海軍的第一艘魚雷快艇「海鯨」號，至1963年才報廢。[16]

　　父親在八年抗戰初期魚雷快艇長江作戰中的詳情，已無由知悉，只聽他生前述說曾在快艇上遭日機所投炸彈彈片傷及腿部，所幸傷勢不重，未有大礙。此外他在自傳中僅提到：

> 初派任魚雷快艇史可法三四號艇員，與日寇海軍開始作殊死戰。復派岳飛三七一號艇副，轉戰江陰，鎮江，南京，馬當，湖口，廣（黃？）州，鄂城，田家鎮，武漢，岳陽，沙市，宜昌等地。[17]

---

[14] 柳永琦編，《海軍抗日戰史》，上冊，頁1049～1050。

[15] 張力訪問紀錄，《黎玉璽先生訪問紀錄》，頁29～30。

[16] 劉怡，《借西風：中國近代海軍發展史（1862-1945）》，頁180～181。

[17] 周非，《自傳》，頁2。

另據他後來填寫的「兵籍表」中的經歷欄稱：1938年（民國27年）3月15日至6月20日任電雷學校少尉見習官，1938年6月21日至6月30日任電雷學校快艇大隊371號艇少尉艇副，1938年7月1日至9月30日任海軍總部快艇大隊371號艇少尉艇副，1938年10月1日至1939年8月30日任軍政部快艇大隊岳飛中隊371號艇中尉艇長。所參加的早期抗日戰役之作戰地區為「狼山、江陰間」（1937年8月20日至11月28日），「馬當、湖口間」（1938年7月1日至9月30日），「田家鎮、黃州、鄂城間」（1938年10月1日至1939年2月28日）。即他尚未畢業時已在江岸上參與戰事，畢業後在岳371號快艇任職前後凡一年兩個月。

　　以上所述魚雷快艇大隊長江作戰的經過，僅只是中國海軍長江抗戰中的一個小環節。中國海軍長江抗戰雖為海戰，但實際上是中國海軍艦艇與日本艦載飛機之間的戰鬥，是中國的水雷與日本軍艦之間的戰鬥，兩國海軍艦隊沒有面對面地進行大規模戰鬥，中國艦艇很少擊沉日本艦艇，日本艦艇亦很少擊沉中國艦艇。中國海軍所擊沉、擊傷的日本艦艇百分之九十以上是以各種水雷和要塞砲進行的，而日本則主要是靠其飛機轟炸所致成的。故長江海戰稱不上是現代海戰，它明顯表現出近岸性、分散性，這乃是中、日雙方海軍實力巨大的差異所決定的。中國海軍在長江的要塞戰、阻塞戰、水雷戰、游擊戰，是就能力所及而採取的積極、靈活的作戰形式，是迫不得已的，也是得當的。它對粉碎日軍速戰速決的戰略和對中國堅持的持久戰都起有積極的作用。然中國海軍的長江抗戰亦付出了巨大的代價，之所以遭受到慘重的損失，除了中、日實力懸殊，中國海軍英勇抗敵，不畏犧牲外，還有其他原因。首先，長江艦隊的海軍飛機在抗戰爆發後全部撥給空軍，而空軍又未給艦隊有力的空中保護，艦隊暴露在長江江面，任由日機肆意轟炸。海軍只能以艦砲和要塞大砲迎擊，但有的艦艇沒有高射砲，防空只能用普通機槍，甚至使用步槍，而要塞大砲的彈藥也嚴重不足，從而削弱了艦艇的空中保護能力。其次，海軍之間、海軍與陸軍之間協調不力。此外，海軍在抗戰前準備不充份，戰時強調單純防禦，在佈雷、置砲過程中存有推諉現象等等，也對抗戰起有消極作用。[18]

　　海軍的魚雷快艇作戰也類似於此。抗戰開始時，整個中國海軍（指

---

[18] 呂偉俊、徐暢，〈中國海軍長江抗戰初探〉，《抗戰勝利五十週年國際研討會論文集》（臺北：國史館，1997年），頁256～257。

中央海軍）的戰術思想嚴重僵化，採用沉船封鎖長江的消極戰略，更不重視協同作戰。沉船封鎖線構成後，電雷學校的魚雷快艇竟因此受阻無法主動出擊吳淞口的日艦；中央海軍對大小、快慢艦隻的配合也極不重視，主力第一艦隊孤軍作戰，電雷也只好自己擬定作戰計劃。到電雷廢校魚雷快艇轉歸海軍調用時仍是如此，出擊時缺乏其他軍火砲火有力的掩護，不重視與其他軍種的協同作戰而是孤軍作戰，致使快艇這種短小精悍的武器沒有發揮出應有的作用。另一點則是人事，因派系傾軋而嚴重影響了作戰配合。如閩系主持的海軍部千方百計地打擊和排擠電雷系，甚至拒絕以海軍的製雷力量供給電雷學校的水雷作戰，致使該校的水雷戰在抗戰之初難以收到應有成果，學校最終被裁撤，歐陽格也被置於死地。魚雷快艇部隊在抗戰中因使用不當、指揮不力等等，未能取得預期戰果，這是事實。但沒有人能否認其官兵英勇拼搏的戰鬥精神。儘管在慶祝抗戰勝利遊行的隊伍中，他們沒有艦名分列，沒有番號，甚至沒有統一的著裝，但是每一個人，都把手中的海軍軍旗舉得很高、很高。[19]

對於電雷學校抗日作戰缺乏顯著戰績的原因，被羈押受審的歐陽格曾經在軍事法庭上當庭答覆，因意有未盡，特於重慶沈家溝看守所中再親筆撰呈報告，詳述其原因十則：一為缺乏教材，二為使用舊雷，三為佈雷器材未到，四為快艇未到齊，五為母艦未到，六為工程未竣，七為未盡快艇之用，八為雜務太多，九為遠航太少，十為敵不攻堅。[20]該報告約1,500字，其原稿全文請見書後附錄一。

研究中國海軍史有成的學者馬幼垣，曾語重心長地評論：用魚雷快艇去打硬仗是國府海軍部長陳紹寬多年受盡電雷學校閒氣，一有機會便急謀報復的心態表現。自己的艦艇始終避免與日艦碰頭，電雷學校之物甫到手，雖久知那些泡水鞭砲無可能發揮應有的功能，還是急急推它們上最前線。這是成可領功，敗仍無過的穩勝之局。任何錯失都可推給已琅璫入獄的歐陽格去承擔，誰叫他慫恿中央多少年來耗鉅資去購入這一大堆中看不中用的東西。中國海軍派系相軋，以致影響全盤大局，是各系都要負責的事。[21]

---

[19] 劉怡，《借西風：中國近代海軍發展史（1862-1945）》，頁185。

[20] 〈歐陽格再詳報電雷學校缺乏顯著戰績之原因〉（1939年7月15日），《國防部史政編譯局檔案》，〈歐陽格不聽指揮案〉；檔號：A305000000C/0027/1572.12/77787647/2/15。

[21] 馬幼垣，〈海軍與抗戰〉，《聯合文學》，第105期，頁182。馬幼垣為美國耶魯大學博士，在美國夏威夷大學執教逾四分之一世紀，1996年退休，改任該校終身榮譽教授。

二、宜、萬要塞守衛作戰

　　1938年（民國27年）10月27日，武漢撤守，抗戰進入另一階段，國民政府重新調整了戰區。鄂北、豫南、皖西及鄂中沙市至巴東一段的長江江防，劃歸第五戰區。該戰區的位置居各戰區之中央，東與第三戰區毗連，北與第一戰區相鄰，西扼川、陝，南臨長江，與第九戰區相望，是當時中國各戰區中區域最大者。它控制著長江上游入川的門戶，成為國民政府重慶陪都的東部屏障。其作戰任務，主要是確保宜昌、沙市地區，屏護入川門戶，其次是保持鄂北地方，鞏固宜、沙外翼。[22]

　　有人以為抗戰期間日軍沒有溯長江而上攻入四川，是因為三峽有「一夫當關，萬夫莫開」的天險。豈知地形雖險，沒有「一夫」來「當關」，也是不行的。此「一夫」，即三峽前衛「石牌要塞第一總台」，[23]而早期負責守衛之的是編入第五戰區戰鬥序列的海軍砲隊及江防軍官兵。

　　關於海軍砲隊的編成概念，是因1937年9月29日，「楚有」號軍艦在六圩港附近遭日機炸沉，致使海軍部開始思考變更江陰阻塞線的保衛措施，而其中拆卸艦砲、佈設長江兩岸，以迎擊日艦，即成為劣勢兵力下主要的思考取向。其正式編成則係依據同年11月27日軍事委員會所頒的執一字第1673號密令，其中即飭令海軍部將軍艦火砲拆卸裝置於長江兩岸，組成砲隊，與日本海軍對抗。而砲隊的主要成員，則來自沉江艦船的官兵。整體而言，抗戰時期的海軍砲隊與任務可區分為若干時期。首先，淞滬會戰時期，海軍先後成立太湖區和鎮江區兩砲隊，太湖區砲隊共分為5個分隊，第一、四分隊駐防江陰，第二、五分隊駐防浦東，第三分隊駐防太湖，而後，江陰砲隊擴充為巫山、六助兩分隊。在保衛武漢時期，鎮江及江陰砲隊改組為贛鄂區砲隊，分設於馬當、湖口、田家鎮及葛店等四處。太湖區砲隊改為洞庭區砲隊，駐守於臨湘磯、百螺磯、道人磯、洪家洲等地。至武漢撤守之後，海軍在宜（宜昌）萬（萬縣）、渝（重慶）萬間設

---

[22] 徐成發，〈抗日戰爭中期和後期鄂西北戰場的三次會戰述論〉，武漢：華中師範大學中國近現代史碩士論文（2007年5月），頁12。

[23] 陳景文，〈三峽設防〉，《安徽文史資料・第29輯：江淮抗日烽火》（合肥：安徽人民出版社，1988年7月），頁111。

置4個總台及各分台,擔任護衛重慶之任務。[24]

  1939年(民國28年)3月,海軍總司令部奉軍事委員會令在宜昌至巴東間成立了宜巴區要塞第一、第二兩個總台,下設石牌、廟河、洩灘、牛口4台,及9個分台,並於石牌等處安裝砲陣地,配備艦砲、野砲及山砲55門,另於紅花套設第一直屬台,安裝艦砲4門,共計59門砲,派方瑩為宜萬區江防要塞第一總台長,甘禮經為第二總台長(後改派曾冠瀛為總台長)。同年10月,復在巴東至萬縣間成立巴萬區要塞第三、第四兩個總台,下轄5台,擇定萬流、青山洞、巫山、奉節、雲陽五處建立砲陣地,配備艦砲、野砲及山砲等47門,派程嵋賢、劉煥乾為總台長,4個總台共配置官兵1203員,均歸江防軍總司令郭懺指揮。另於第一、第二總內台,各編配煙幕隊兩隊,第三總台內編配煙幕隊1隊,共計5隊,由江防要塞守備總隊(總隊長唐靜海)負責上述砲台構築任務,砲台工程完竣後,即擔負要塞守備任務。同時,海軍復在宜昌葛洲壩、古老背等江面沉塞船隻,佈設水雷,建立水上阻塞封鎖線。至於江上各水域防區,已有荊河為之前衛,復經設立川江漂雷隊,派葉可鈺為隊長,下轄6個分隊,分別配屬於石牌、廟河、洩灘、牛口、巫山、萬縣六個要區,巫山並將部分艦艇兵力分駐於宜昌、巴東、萬縣、重慶各地,除擔任水上防務外,並協助當地防空部隊作戰,以加強對空防務,由第一艦隊司令陳季良駐萬縣負責指揮。另海軍第二艦隊司令曾以鼎駐鎮廟河,大部艦艇則分駐於川江各段,其中「克安」與「安定」兩艘運輸艦,分別停泊於川江下游,除執行戰時任務外,必要時準備萬一日海軍溯江西犯時,則立即沉之,以阻塞水道,另在涪陵、重慶間勘擇雷區,預儲漂雷,於必要時施放,水陸聯防,配備嚴密。[25]

  父親是在1939年8月30日卸下岳371號艇艇長職,轉至要塞之海軍砲隊服務。他在自傳中提及「後因江防日蹙,自請上陸參加要塞戰鬥,任海軍高砲連海軍中尉排長」。[26]任職單位為宜萬區要塞指揮部(指揮官為劉翼峰),職稱及在職時間為中尉排長(1939年9月1日至1940年5月31日)、

---

[24] 金智,〈抗戰時期海軍砲隊與佈雷隊之研究:海軍史意義詮釋方式的論證〉,收入李君山等編著,《榮耀的詩篇:紀念抗戰勝利60週年學術研討會論文集》(臺北:國防部部長辦公室,2006年),頁309。

[25] 柳永琦編,《海軍抗日戰史》,下冊,頁12~13、208~209。

[26] 周非,《自傳》,頁2。

上尉連附（1940年6月1日至1941年4月30日）及少校連長（1941年5月1日至1942年5月10日），前後共計約兩年半。參與作戰地區為宜昌附近的石牌、平善壩、松滋等地，主要的任務為守衛石牌要塞。

石牌在西陵峽的入口處，從宜昌到石牌約30餘華里，乘船上行，經南津關、平善壩就到石牌了。宜昌到平善壩一段，雖也有山，但不甚高，江面也還開闊。一過平善壩，山便高起來，一望無際的山巒重重疊疊，連綿不斷，兩岸也突然陡峻起來，懸崖峭壁直插天際。江邊怪石嶙峋，犬牙交錯，激流帶著漩渦奔騰而下，航行其中，宛如置身於兩面都是高牆的小巷裡，要想轉頭是十分困難的。進入峽谷後，光線頓時陰暗下來，氣溫也也驟然下降。從平善壩到石牌這段峽江，航道很直，約有15華里。但到石牌後，突然向北轉了一個九十度的大彎，石牌珠等礁石，扼守在彎口。來自上游的江水，帶著泥沙，衝擊著石牌珠暗礁，掀起一層層白浪，然後打著漩渦流向下游。石牌是一個小村莊，就在這九十度大彎的轉折點上。[27]因其江流中「有巨石橫六七十丈，如簰筏」，故名。[28]

石牌它面向宜昌，背靠大山，山坡上有幾十戶人家，被一條山溝分為南北兩面，溝上有座小石橋，橋下流水潺潺，長年不斷。宜萬區要塞守備指揮部第一總台台部，設在橋北，其所屬的第一台設在橋南，相距約二、三百公尺。第一總台所屬的第二台，則在石牌上游的廟河，位置也十分險要。[29]臺北之國防部史政編譯局編纂的《抗日戰史》，對石牌附近的地形和攻守利弊有如下的論析：

宜昌西岸，除曹、宜大道兩側地區較為平坦外，其餘概為巖石山地，斷巖絕壁，隨處可見，道路傾斜陡峻，部隊運動極受限制，機械部隊之使用則絕不可能。山中喬木砍伐殆盡，灌木叢生，通視有限，攻者如利用輕裝之小部隊活動，頗易達成滲透奇襲之目的。又搜索困難，防者如巧為設伏，收效亦大。因地屬巖質，構工因[困]難，雖在射擊方面可增加砲彈破片之威力，然死角甚大，平射武器

[27] 陳景文，〈三峽設防〉，《安徽文史資料・第29輯：江淮抗日烽火》，頁112～113。
[28] 金大鏞修，王伯心纂，《東湖縣志》（清同治三年刊本；臺北：成文出版社影印，1975年臺一版），頁74。
[29] 陳景文，〈三峽設防〉，《安徽文史資料・第29輯：江淮抗日烽火》，頁113。

效力極微。[30]

可見日軍如由陸路攻佔石牌，甚難如願。

第一台的砲位、觀測所、指揮所等工事均建築在面對航道的山坡上，在那裡，用肉眼可以清楚地看見平善壩。工事構築得很簡單，僅在山坡上挖一淺的坑道，澆以混凝土，分前後兩部分，前面是砲位，後面是彈藥庫。砲位與砲位之間沒有交通壕，但有電話相通。全台共有三吋砲兩門，二磅砲4門，分成兩組，三吋砲為一組，二磅砲為一組，二磅砲設台員一人。這些砲可由台長統一指揮，也可由台員分組指揮。砲雖然是從船艦上拆下來的，也很陳舊，但佔據的地形十分有利，大有一夫當關之勢。根據1939年2月3日於宜昌江防司令部召開的偵察要塞大會，會議所決定的砲台及封鎖線地點，石牌砲台的封鎖線地點在神龕，封鎖線與砲台的距離為3,800公尺。[31]

1940年（民國29年）5月上旬，日軍自漢水支流唐白河渡河，大舉進攻鄂西的泌陽、襄陽等地。5月16日，第五戰區轄下的國軍第三十三集團軍總司令張自忠為阻擊日軍，率部在鄂西宜城境內的南瓜店奮戰殉國。6月5日，日軍渡過襄河，南下直取宜昌。6月12日，宜昌失守，三峽岌岌可危。所幸部隊守將國軍第五十四師師長李及蘭部整旅進峽，駐守石牌要塞，居高臨下，把關固守，才抵住日軍的長驅直入。前第九戰區司令長官陳誠、江防軍總司令郭懺遠退至湖北省西南部的恩施，奉命成立第六戰區，陳誠任司令長官，郭懺任副司令長官兼參謀長，吳奇偉為副司令長官兼長江上游江防總司令。吳乃將江防總司令部設於三峽內之三斗坪，親往坐鎮，規劃宜昌、秭歸、興山及巴東各縣的沿江兩岸為江防區，但大部分在江南岸，北岸除沿江一帶峽區外，都劃歸第二十六集團軍（總司令蔡廷鍇）所部防守。從此，兩岸軍民固守峽門，在抗戰期間，未再撤退。[32]

---

[30] 國防部史政編譯局編纂，《抗日戰史：鄂西會戰（二）》（臺北：國防部史政編譯局，1980年再版），頁241。

[31] 〈海軍砲隊隊長方瑩呈報宜巫區要塞陣地偵察報告書並總台編制〉（海軍總司令部收到日期：1939年3月1日），見柳永琦編，《海軍抗日戰史》，下冊，頁220。

[32] 曾偶光，〈艱苦抗日守峽門——記述長江上游江防總司令部〉，《宜昌市文史資料·第4輯：紀念抗日戰爭勝利四十周年專輯》（宜昌：中國人民政治協商會議湖北省宜昌市委員會文史資料委員會，1985年5月），頁81。

日軍對石牌要塞早有覬覦之心，早在1941年（民國30年）3月上旬，就曾以重兵從宜昌對岸進攻石牌正面的平善壩，並從另一路進攻石牌側翼曹家畈。兩路日軍均遭守軍堅決阻擊，慘敗而歸。因此，日軍不敢貿然從正面奪取石牌要塞，而是採取大兵團迂迴作戰的方針，從石牌背後頻頻作出試探性進攻，企圖攻而破之。而石牌為國軍全線扇形陣地的主軸，正如1938年徐州會戰中的台兒莊，堅守旋轉軸，頂住敵軍的正面進攻，並伺機側擊敵軍，這是國軍戰略佈署中的關鍵。駐守石牌的海軍官兵共100餘人，由於石牌與宜昌幾乎處在一條線上，要塞砲台的砲火可以封鎖南津關以上的長江江面，極具威懾性，軍事委員會派重兵把守，大有「一夫當關，萬夫莫開」之勢。[33]

父親在自傳中述及他在駐守石牌要塞砲台期間的作戰梗概云：

> 率敢死士兵六人，潛入宜昌敵後，至松滋搶運高砲二門，歷經險阻，幸得達成任務運返石牌要塞，升海軍上尉連附。後日寇陷平善壩進襲石牌時，余擔任要塞指揮部衝鋒隊隊長，扼守石牌天險之天花板棧道，雖日寇傾巢來犯，時有小逞，終以奮不顧身，三失而三復之榮，獲獎拔升任海軍少校連長。[34]

父親於1941年5月1日升為海軍少校連長，此後一年間，石牌要塞戰事轉趨沉寂，他「因不願伏櫪以待，乃轉任二二集團軍步兵少校參謀」。[35]從而離開了石牌要塞砲台，也暫時離開了海軍，效力陸軍，繼續為抗戰而拼鬥。其後，1943年1月國軍第十八軍（軍長方天）轄下的第十一師師長胡璉率部接任石牌要塞防務，同年5月日軍大舉圍攻石牌，展開慘烈的被譽為「中國的史達林格勒」的石牌戰役。[36]日軍被擊退，並遭受重大傷亡。只惜父親已在一年前離開了石牌，未能躬歷此一著名戰役。

---

[33] 阮榮華，〈論石牌戰役及其戰略影響〉，《三峽大學學報（人文社會科學版）》，第23卷第4期（2001年7月），頁21。

[34] 周非，《自傳》，頁3。

[35] 同上。

[36] 有關石牌戰役的研究專著甚少，可參閱前引阮榮華的〈論石牌戰役及其戰略影響〉一文，載《三峽大學學報（人文社會科學版）》，第23卷第4期，頁20～23。羅運治的〈中國的史大林格勒─石牌戰役的探討〉一文，載《淡江史學》，第19期（2008年9月），頁171～197。

除了父親，抗戰期間在湖北宜昌至四川萬縣間各要塞砲台服務的海軍軍官為數不少，如馬尾海軍學校畢業的林鴻炳，原在中山艦為見習官，1938年10月中山艦被日機炸沉後，調至元江艦任代理航海員，不久，又調至巴萬區第三總砲台當觀測員，據他憶述：當時同在第三總台服務的馬尾海校同學有魏濟民、何樹鐸、章國輔、張奇駿、李壽鏞等，其餘老海軍均不認識。[37]

三、投效陸軍鄂、豫作戰

父親所投效的國軍第二十二集團軍，是屬於川軍系統。四川自1920年（民國9年）底，境內的滇、黔軍被川軍逐出省外之後，四川完全成為「川人治川」的局面。劉存厚、楊森、劉湘、劉文輝、鄧錫侯等川系軍閥迭起相爭，內戰頻仍。1926年7月，國民革命軍自廣州出師北伐，進展順利，川系軍閥相繼輸誠，變身為國軍將領。1928年底，東北易幟，北伐完成，全國統一。但國民政府中央勢力並未進入四川。1935年夏，紅（共）軍「長征」至四川，停留時日最長，中央軍隊尾隨追擊踵至，蔣中正亦常川駐川督導「追剿」事宜，是中央軍政勢力進入四川之始。此後至1937年7月抗戰爆發前，四川的中央化仍逐步在加強中。

抗戰爆發後，1937年8月7日，四川省政府主席劉湘在南京最高國防會議上發言說：要抗戰才能救亡圖存，才能深得民心，要先攘外才能安內。抗戰，四川可以出兵三十萬，提供壯丁五百萬，供給糧食若干萬石。此一講話得到全場讚許。稍後，蔣中正即命令四川出兵抗戰，劉湘被任命為第七戰區司令長官，長官部初定設於河南省的許昌。其戰鬥序列為司令長官劉湘，兼第二十三集團軍總司令，下轄第二十一軍（軍長唐式遵）、第二十三軍（軍長潘文華）兩個軍，此為劉湘的嫡系部隊。另有第二十二集團軍，總司令鄧錫侯，副總司令孫震，下轄第四十一軍（軍長孫震兼）、第四十五軍（軍長鄧錫侯兼）、第四十七軍（軍長李家鈺）、第四十八軍（僅一個師，軍長郭汝棟）四個軍，此為鄧錫侯、孫震的嫡系部隊。8月

---

[37] 張力、吳守成訪問，張力、曾金蘭紀錄，〈林鴻炳先生訪問紀錄〉（1997年6月24日），收入張力、吳守成、曾金蘭訪問，張力、曾金蘭紀錄，《海軍人物訪問紀錄》，第1輯（臺北：中央研究院近代史研究所，1998年），頁116～117。

26日，川康綏靖公署主任、四川省政府主席劉湘，為出川抗戰發表告川康軍民書。9月起，川軍開始踏上征途。[38]在此後的八年抗戰中，300餘萬川渝將士義無反顧地走上抗日戰爭的第一線。其裝備十分簡陋，每個士兵僅有粗布單衣2件，綁腿1雙，單被1條，單席1張，草鞋2雙，斗笠1頂。所用步槍80%系川造，質量差。每個戰士配備子彈三五十發，手榴彈二枚、大刀一把，一個團僅有幾挺機槍。儘管武器裝備較差，但川軍在各次會戰中，勇敢作戰，不怕犧牲，其參戰人數之多，犧牲之慘烈（陣亡26萬餘人，受傷35餘萬人），居全國之首。[39]2011年9月陝西廣播電視臺第一頻道首播的電視劇《川軍團血戰到底》（33集），2014年1月1日起四川衛視臺開播的電視劇《壯士出川》（又名《壯士一去》《鐵血征途》，40集），均係述說川軍在八年抗戰中英勇血戰、不畏犧牲、可歌可泣的感人故事。

委令
茲委周非為本部幹訓班少校教官此令
中華民國三十一年五月十一日

茲委周非為本部少校參謀此令
中華民國三十一年七月六日

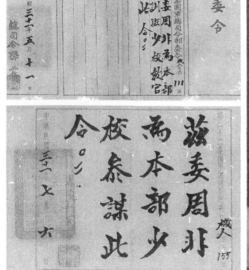

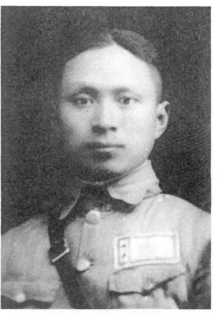

圖10（左上）：父親之國軍第二十二集團軍總司令部少校教官委任令（1942年5月11日）
圖11（左下）：父親之國軍第二十二集團軍總司令部少校參謀委任令（1942年7月6日）
圖12（右）：投效陸軍（第二十二集團軍）參加抗日作戰時期的父親

---

[38] 馬宣偉、溫賢美，《川軍出川抗戰紀事》（成都：四川省社會科學院出版社，1986年），頁17～24。

[39] 衡元慶，〈川軍在抗日戰爭中的犧牲與貢獻〉，《紅巖春秋》，2014年第4期，頁36～38。

父親是在1942年（民國31年）5月投效第二十二集團軍的，任該集團軍總司令部幹訓班少校教官。7月6日，調任該總司令部少校參謀。

當時第二十二集團軍的總司令為孫震，原係副總司令，因1938年3月總司令鄧錫侯奉調回四川，任川康綏靖公署主任，5月1日，由孫震繼任，下轄第四十一軍、第四十五軍兩個軍，歸李宗仁的第五戰區節制。[40]李宗仁自1937年9月19日任第五戰區司令長官，至1945年2月11日由劉峙接任止，擔任該職長達約7年5個月。[41]李宗仁在回憶錄中把其擔任第五戰區司令長官的時間說成6年，至1943年解職。[42]大陸學者鄧宜紅認為李憶錯時間，差了一年多，非純屬年代久遠回憶時的錯誤，是有意迴避1945年4月上旬老河口陷日的責任之嫌。[43]1939年秋，第五戰區司令長官部自襄樊遷至湖北省北部襄河東岸的商業市鎮老河口，辦有第五戰區幹部訓練班、並成立中央軍校第八分校等。該戰區所轄部隊，大半都是中央所認為的「雜牌軍」，李宗仁憶述：

> 「雜牌」部隊中，除西北軍舊部之外，尚有「川軍」鄧錫侯、王纘緒、楊森等集團軍約十餘萬人。川軍習氣較壞，官長均視物質享受為當然，不能與士卒共甘苦。各將領間，因為省內長期互戰的結果，彼此均積不相能。
> 我身為司令長官，處處設法彌補，並以大義相責，要他們先國難而後私仇，所以抗戰八年，川軍的犧牲相當大，抗日衛國之功，殊不可沒。[44]

父親在1943年（民國32年）春，至第五戰區參謀研究班第一期受訓，4月4日，修業期滿，發給修業證書，署名的是司令長官李宗仁，參謀長王鴻韶，主任楊澤民，副主任高翼雲、高松元。從其在參謀研究班的成績表，可知他的學、品成績極其優異，學科方面的等級：（1）應用戰術

---

[40] 曹劍浪，《國民黨軍簡史》（北京：解放軍出版社，2003年），頁356。
[41] 劉鳳翰，《抗戰期間國軍擴展與作戰》（臺北：國防部史政編譯室，2004年），頁62。
[42] 見李宗仁口述，唐德剛撰寫，《李宗仁回憶錄》（臺北：曉園出版社，1989年），頁510。
[43] 見鄧宜紅，〈蔣介石與第五戰區─兼論《李宗仁回憶錄》中的幾處失實〉，《民國檔案》，1996年第2期，頁111。
[44] 李宗仁口述，唐德剛撰寫，《李宗仁回憶錄》，頁522。

——乙。（2）步砲協同——乙。（3）參謀業務——甲。（4）抗戰史實——甲。（5）野戰情報——甲。（6）後方勤務——甲。（7）野戰築城——甲。（8）交通通信——甲。（9）自傳——甲。學科總平均分數為88.175。品行方面的等級：（1）操守——甲。（2）性情——甲。（3）氣度——甲。（4）儀表——甲。（5）禮節——乙。（6）交際——甲。品行總平均分數為84。學行總平均分數為87.116，名次為「No.1」。

　　1943年9月27日，父親卸除第二十二集團軍總司令部少校參謀職。次日，調任該集團軍第四十一軍第一二三師第三六七團第二營少校營長。此時，孫震以第五戰區副司令長官仍任第二十二集團軍總司令，第四十一軍軍長為曾甦元，下轄第一二二師、第一二三師、第一二四師三個師。其中第一二三師師長為汪朝濂。[45] 同年12月6日，父親調任第四十一軍第一二二師第三六六團第三營少校營長。1945年（民國34年）3月1日，升任第二十二集團軍總司令部中校參謀，直至抗戰勝利以後。

圖13（左上）：父親之國軍第二十二集團軍第四十一軍第一二二師少校營長委任令（1943年12月6日）
圖14（左下）：父親之國軍第二十二集團軍總司令部中校參謀委任令（1945年3月1日）
圖15（右）：父親之國軍第五戰區參謀研究班修業證書（1943年4月4日）

---

[45] 曹劍浪，《國民黨軍簡史》，頁708、731。

父親在第二十二集團軍任職前後共三年半。該集團軍自1937年9月1日起陸續出川,參加晉東作戰、徐州會戰之序幕——魯南之滕縣血戰(第一二二師中將師長代理第四十一軍軍長王銘章,在督部巷戰中殉職),而後向豫南轉進。1938年7月,於信陽收容集中完畢後,除以第四十一軍、四十五軍未傷亡的老兵,各編一師,受四十五軍軍長陳鼎勳指揮參加武漢會戰的信陽、羅山戰鬥外,主力接收軍政部所撥4個補充新兵團,即移襄陽、樊城整補,直至日本投降抗戰結束止,在鄂北豫南的襄樊、隨縣、棗陽、桐柏山區、大洪山區與日軍拉鋸作戰7年之久,始終以襄陽、棗陽兩地為指揮中心。[46]父親在自傳中記述他在此期間的作戰動態云:

> 參加隨縣、棗陽會戰,採有利出擊,擊破日寇據點,並參加京山、雲夢之戰,擊潰匪新四軍李先念、陳大姐部。繼參加鍾祥挺進戰役,襄陽、樊城戰役,南陽會戰及光化老河口會戰諸役。[47]

其中的光化老河口會戰諸役,亦即是國軍抗日戰史上的「豫西鄂北會戰」(1945年3月21日至5月底),與抗戰最後一次會戰——湘西會戰(亦稱雪峰山會戰,1945年4月9日至6月7日),[48]相距不及一月。第二十二集團軍所部在豫西鄂北會戰中作戰甚力,暫歸其指揮的第六十九軍(軍長米文和)傷亡營長孫子後、董志遠等以下官兵3,000餘人,第四十五軍第一二五師傷亡中校團附周啟強以下官兵2,000餘人,其餘各部共傷亡官兵4,000餘人。[49]父親對該集團軍總司令孫震欽敬有加,他在自傳中述及「最親近之師長為戰略委員孫震上將,因其昔任二二集團軍總司令時,輸忠黨國,勇敢善戰,且仁慈和藹,栽培青年」。[50]

抗戰勝利後,孫震歷任鄭州綏靖公署副主任(主任劉峙)兼第五綏靖區司令官、陸軍總司令部(總司令顧祝同)鄭州指揮部主任、徐州剿匪

---

[46] 孫震,〈八年抗戰概述〉,收入氏著,《八十年國事川事見聞錄》(高雄:高雄四川同鄉會,1985年再版),頁242～249

[47] 周非,《自傳》,頁3。

[48] 況正吉,〈抗戰最後一役:中日湘西會戰〉,《軍事史評論》,第22期(2005年6月),頁127～128。

[49] 胡臨聰,〈第二十二集團軍出川抗戰八年經過概述〉,《四川文史資料選輯》,第30輯(成都:四川人民出版社,1983年10月),頁142。

[50] 周非,《自傳》,頁9。

總司令部副總司令（總司令劉峙）兼該總部鄭州指揮部主任、華中剿匪總司令部副總司令（總司令白崇禧）兼川鄂邊區綏靖公署主任、重慶綏靖公署副主任（主任張群）兼川東綏靖司令、西南軍政長官公署副長官（長官張群），並曾當選第一屆國民大會代表，1949年12月，自四川飛抵臺灣。次年4月，任總統府戰略顧問委員會戰略顧問，1952年10月，假退役，旋改聘為總統府國策顧問。1954年2月，當選國民大會第二次會議主席團主席，旋兼光復大陸設計研究委員會委員。1958年11月，晉任陸軍二級上將。1959年2月，退為備役。1960年2月，當選國民大會第三次會議主席團主席，旋奉聘為憲政研討委員會委員。1985年9月9日，病逝臺北，年94歲。[51]父親稱孫震為戰略委員，即是因為孫來臺後曾任總統府戰略顧問委員會戰略顧問之故。

　　值得商榷的，是父親在抗戰期間曾晉升為海軍少校連長（1941年5月），及第二十二集團軍少校營長（1943年9月）、中校參謀（1945年3月）等，國民政府軍事委員會亦曾於1944年1月任命他為該集團軍參謀處少校參謀，然而1945年7月，國民政府發給他的任官狀，卻任他為陸軍步兵上尉，應係軍種資歷轉敘時的疏失所致。

　　總括父親為時三年半的陸軍生涯，對他而言，是一嶄新的經歷及嚴苛的考驗，陸軍之地面作戰與海軍之水上戰鬥迥然不同，前者的機動性及靈活度遠勝於後者，尤其父親是陸軍步兵，經常需長途跋涉，餐風露宿，以

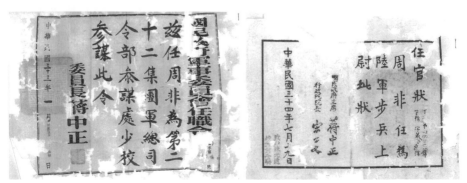

圖16（左）：國府軍委會發給父親之第二十二集團軍總部少校參謀任職令（1944年1月）
國17（右）：國民政府發給父親之陸軍步兵上尉任官狀（1945年7月19日）

51　于翔麟，〈孫震（1892-1985）〉，《傳記文學》，第47卷第5期（1985年11月），頁142。

及與日軍近距離作戰，乃至衝鋒戰、白刃戰、肉搏戰等，戰鬥的慘烈和傷亡的風險亦較甚。父親曾擔任過第二十二集團軍的營長，為時逾一年半，以一個學海軍出身的青年軍官，轉換角色而為陸軍戰鬥部隊的中級指揮官，其挑戰性必然不小，所獲致的裨益也必然匪淺。

2015年（民國104年）7月7日，中華民國政府以父親「曾參與對日抗戰，犧牲奉獻，功在國家，特頒發抗戰勝利紀念章壹座，以昭尊崇」。

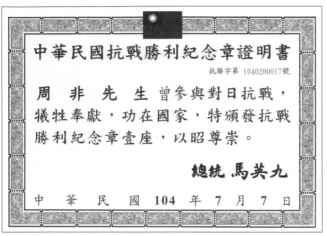 

圖18（左）：中華民國政府頒給父親之抗戰勝利紀念章證明書（2015年7月7日）
圖19（右）：父親之抗戰勝利紀念章

伍、勝利後至遷臺初期

一、重返海軍任職

　　1945年（民國34年）8月14日，日本宣佈投降，第二次世界大戰於焉結束。9月1日，國民政府在軍政部之下設海軍處，掌理海軍行政、教育、訓練、建造等事宜。處長由軍政部長陳誠兼任，調駐英學員領隊官周憲章任副處長。12月28日，蔣中正下令海軍總司令部於12月3日撤銷，一切業務交軍政部海軍處接收，並限於1946年1月31日前交代完畢。海軍總司令陳紹寬接獲撤銷命令後，只得準備交接手續。12月31日，陸軍總部派副參謀長冷欣，軍政部海軍處由副處長周憲章代表。陳紹寬於交接完畢後，暫住下關飯店，稍後返回家鄉，正式結束其投身海軍40年，主持中央海軍16年的漫長生涯。[1]

　　是時，海軍部已於1938年1月1日裁撤，如今海軍總司令部又遭撤銷，其一切業務交由軍政部海軍處接收，等於是「海軍被陸軍霸佔了」，海軍處處長雖由軍政部長陳誠兼任，但一切海軍事務交由副處長周憲章全權處理。[2]海軍處因業務繁重，編制太小，於1946年3月1日擴編為海軍署，仍由陳誠兼署長，周憲章任副署長。6月1日，國防部成立，取代了原軍事委員會。7月，軍政部海軍署改編為海軍總司令部，隸屬於國防部，由參謀總長陳誠兼任海軍總司令，周憲章為參謀長。9月7日，國民政府主席蔣中正調回駐德軍事代表團團長桂永清，任命其為海軍副總司令兼代總司令。桂氏出身黃埔軍校第一期，1940年出任駐德武官以前，一直在陸軍服務，和海軍無直接淵源。1948年8月25日，桂氏真除海軍總司令，在國共內戰的過渡時期實際執掌海軍兵符約4年。[3]桂永清初到海軍，仍著陸軍制服，

[1] 張力，〈從「四海」到「一家」：國民政府統一海軍的再嘗試，1937-1948〉，《中央研究院近代史研究所集刊》，第26期，頁303～304。
[2] 趙璵，〈陸軍接管海軍始末（下）〉，《傳記文學》，第60卷第6期（1992年6月），頁68～69。按：趙璵係海軍官校39年班畢業，曾任太湖軍艦上校艦長、中華民國駐美海軍上校副武官。
[3] 張力，〈從「四海」到「一家」：國民政府統一海軍的再嘗試，1937-1948〉，《中央研究院

也許與代總司令的「代」字有關，也許桂不便違反「陸海空軍軍官服制條例」，因為桂的兵科未變，仍為陸軍中將之故。[4]

圖20：國府軍政部發給父親之該部海軍處海軍上尉科員任職令（1945年12月6日）

父親是於1945年11月15日重回海軍，任職於軍政部海軍處供應組海軍上尉科員，旋即升為少校科長。1946年（民國35年）3月1日，轉任軍政部海軍署第一練兵營少校大隊長。當時，為養成專科士兵，造就基層幹部，海軍署於是3月分在上海、馬尾、葫蘆島等地成立練兵營，青島成立海軍訓練團，江陰成立新兵第一、三大隊，[5]其中第一練兵營設於上海。同年7月1日，父親轉任該練兵營少校副營長。練兵營即練營，海軍士兵入伍後，先為二等練兵，練兵營受兩年訓後升為一等練兵，再派登練船受訓一年，期滿後經過考試，給予證書，然後按名次順序派補各艦艇為三等兵，直到升至軍士長。此間數十年，歷階七、八級，都無再受教育機會，全賴經驗。其中能自力進修，少數有特殊功績的，亦可升為初級軍官。[6]

二、調駐左營海軍基地

中國海岸線長，為加強海防，必須建立海軍基地。1946年，召開海軍戰鬥序列商討會議，擬具海軍基地建設計劃綱要草案。預定以上海、青島、左營、榆林為中心，成立4個海軍基地司令部，直隸於海軍總司令部。其主要職掌為：（1）對外及國際間：係該區內海軍最高行政機關，基地司令為海軍總司令在該區之代表。（2）對內：凡該區海軍內所有之陸上各行政及勤務機構，均配屬於基地司令部，歸其監督指揮，適時執行補給修理勤務，以維持該區內艦艇部隊之活動。（3）該區內江防、海防之綏靖。另

近代史研究所集刊》，第26期，頁305～306。

[4] 趙璵，〈陸軍接管海軍始末（下）〉，《傳記文學》，第60卷第6期，頁69。

[5] 〈附錄（二）海軍各學校沿革〉，《中國海軍之締造與發展專刊》，頁205。

[6] 陳書麟、陳貞壽編著，《中華民國海軍通史》（北京：海潮出版社，1993年），頁491～492。

各基地司令部為遂行其職掌業務，尚配屬有巡防處、砲艇隊、警衛部隊、補給總站、造船所（工廠）、醫院（診療所）、無線電台、信號台、氣象台及島嶼管理處（東、西、南沙島）等警衛與勤務機構。1946年11月，海軍第一基地司令部在上海成立，司令方瑩，轄區為東海及黃海之一部，即管轄海州至福州一帶蘇、浙海岸。1947年3月，第二基地司令部在青島成立，司令董沐曾，轄區為黃海之一部及渤海，即管轄海州至秦皇島一帶之江蘇以北海岸。同年3月，第三基地司令部在左營成立，司令黃緒虞，轄區為臺、澎海域，即管轄臺灣、福建華南海岸。同年6月，第四基地司令部在榆林成立，司令金軼倫，轄區為南海，即管轄範圍東起福建詔安，南及東京灣、瓊州海峽與東沙、西沙、南沙群島。其中第一、第三基地司令部為甲級基地司令部，第二、第四基地司令部為乙級基地司令部。至1948年5月，海軍基地司令部改組為海軍軍區司令部，編制亦予擴大。[7]

　　1947年（民國36年），「二・二八」事變發生，在事變期間父親奉命率部自上海開赴臺灣左營。父親在自傳中記云：「三十六年率隊來台…，參加『二二八』鎮變之役，守左營並兼顧撲滅楠梓煉油廠」。[8]

　　二二八事變平息後，父親即率部駐左營。同年（1947年）夏，父親完成了終身大事，與來自四川的同鄉，亦即我們未來的母親黃繼淑女士成婚。母親出身書香門第，為小學教師，她的父親曾任小學校長、四川大足縣教育局局長。由於她班上一位聰明調皮的學生周光明，硬要把他的叔叔介紹給她，於是，母親與父親幾經通信見面，即在南京訂婚，然後在臺灣完婚。

　　同年底，馬尾練兵營裁撤，分併於上海練兵營及青島海軍訓練團。1948年1月，為求士兵訓練完整統一起見，將各地練兵營及新兵大隊陸續遷臺灣左營，合併成立海軍軍士學校（後兩度更名為海軍士兵學校、海軍士官學校），下設軍士第一、二、三大隊，新兵第一、二、三大隊。[9]父親乃改任該校之新兵第一大隊副大隊長。同年9月1日，升任該校新兵第一大隊中校大隊長，至次年7月20日卸任。

---

[7] 陳孝惇，〈國共戰爭期間海軍整建之研究（一九四五－一九五〇），《中華軍史學會會刊》，第5期（2000年4月），頁238～239。

[8] 周非，《自傳》，頁3～4。

[9] 〈附錄（二）海軍各學校沿革〉，《中國海軍之締造與發展專刊》，頁205。

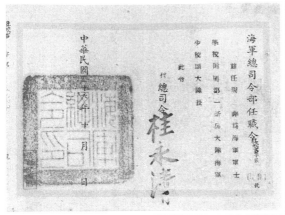

圖21（左上）：父親之海軍士校第一
新兵大隊海軍少校副大隊長任職
令（1947年10月）
圖22（左下）：中華民國政府頒給父
親之陸海空軍甲種二等獎章執照
（1948年3月）
圖23（右）：父親之陸海空軍甲種二
等獎章（編號：11308）

　　該校新兵大隊的學兵是受士兵基本教練半年才派到軍艦上去的三等兵
（相當於陸軍之二等兵）。在艦上一年後到升為下士之前，則被送到軍士
學校習專門的技術，如槍砲、帆纜、輪機、電機、雷達、聲納、航務、信
號、文書等。每人選習一門，平均半年畢業，然後再回到艦隊服務，此後
便可升為下、中士，做班長。海軍士兵學校新兵第一、二、三大隊學兵結
訓後，海軍總司令部分令各海軍基地司令部繼續招考，年齡放寬，28歲以
下，25歲以上，高小畢業以上程度，考試有國文、算術、常識、口試、體
檢。入營後一律以海軍上等兵待遇，受訓8個月後，派赴各艦艇服務。[10]

　　海軍軍士學校，是抗戰勝利後國共內戰期間新成立的三所海軍學校
之一。另兩所為1946年6月16日成立於上海的海軍軍官學校，及同年8月成

---

[10]　陳書麟、陳貞壽編著，《中華民國海軍通史》，頁494。

立於上海的海軍機械學校。[11]其中海軍軍官學校為新制海軍官校,由蔣中正兼任校長,1947年4月1日,自上海遷往青島,並將中央海軍訓練團改為接艦班,併入海軍官校。校長仍由蔣中正兼任,副校長由參謀總長陳誠兼任。同年12月,全國軍事學校改制,設專任校長及教育長等,魏濟民遂出任海軍官校第二任校長。由於抗戰以前的四所海軍學校在抗戰後期,僅餘遷至貴州桐梓的馬尾海校依然維持,並繼續招收學生。抗戰勝利後,該校遷至重慶。及新制海軍官校在上海成立,原馬尾海校學生輾轉併入該校。於是,新制海軍官校只此一家,無法再形成派系。此時,海軍試圖消除以往派系的印記,遂以新設立的海軍官校為準,進行海軍軍官學資的統一。原屬各地海校畢業之學歷,自官歷表中刪除,均冠以「海軍官校×年×月畢業」,以資區分。此項措施在討論時雖引發各校畢業生代表極大爭議,最後仍照原案訂定。[12]

三、太湖軍艦見習艦長

　　1949年(民國38年)8月30日,父親被任命為太湖軍艦的中校見習艦長。當時,太湖軍艦正在金門海域執行任務,故父親於1949年10月14日搭乘永明軍艦自左營出發,擬至金門海域登上太湖軍艦,展開見習。永明軍艦是一艘美製的掃雷艦,標準排水量640噸。係1947年12月8日中華民國政府在南京與美國政府簽訂之中美轉讓海軍艦艇協定,美國政府無償轉讓中國艦艇共計138艘中的艦艇之一,也是其中在菲律賓蘇比克灣美國海軍基地接收的34艘艦艇之一。1948年6月15日,永明軍艦移交給中華民國海軍後,由於其性能尚稱良好,因此於7月1日首將永修軍艦拖返臺灣左營軍港;後又航返菲律賓蘇比克灣美國海軍基地,於8月28日拖帶洞庭軍艦,於9月5日返回左營軍港,順利完成任務,首任艦長為謝克武(電雷學校第二期畢業)中校。[13]
　　1949年9月末,國共內戰已近尾聲,廈門國軍告急,永明艦奉命前往

---

[11] 〈附錄(二)海軍各學校沿革〉,《中國海軍之締造與發展專刊》,頁204。

[12] 張力,〈從「四海」到「一家」:國民政府統一海軍的再嘗試,1937-1948〉,《中央研究院近代史研究所集刊》,第26期,頁310~312。

[13] 陳孝惇,〈戰後海軍接收美國泊菲艦艇之研究(上)〉,《海軍學術月刊》,第36卷第3期(2002年3月),頁87~100。

馳援，於10月14日自左營軍港啟航，詎料，一場驚險萬狀、瀕臨於死亡邊緣的海上漂流劫難，行將展開。父親在自傳中曾略述其經過情形云：

後奉調太湖軍艦海軍中校見習艦長。赴職途中因所乘永明軍艦主機電機突壞，漂流海上，復遇巨型颱風二次，經十餘日，歷程七七二浬，斷食捕魚充饑，或將致死矣，尚幸遇英國海上救難船得救。[14]

可惜這段記述過於簡略，僅能讓人粗悉其梗概。至今，此事已罕為人知，所幸在漂流事件結束約兩個多月後，一位署名「漢」的作者，在海軍的雜誌上發表了〈我們怎樣飄流〉一文，憶述其親歷的漂流事件始末，詳盡、傳神而令人動容。因該文至為珍貴，故不憚其文長，照錄如下：

時間已是深秋，南國圈裡寶島的南端——左營，雖還是炎熱迫人，可是清晨裡的海風，卻帶來些微的寒意，遠處號聲和艦上廣播器不斷地響著，把我底美夢驚醒，和暖的海風不絕地從窗紗吹進，那是一個美麗的早晨，健兒們經過了半年多的期望，和三個多月血汗的勞績，終於把本艦修理稍微完竣，開始負擔任務了，當永明艦離開桃子園碼頭時候，大多數人的心裡總是抱著怎樣試試我們的身手，和憧憬著不久的將來凱旋榮歸的情形，可是命運之神卻支配著我們飄流的劫運，但當時是夢想不到的。八[按：應為十]月十四日上午八時三十五分，我艦便離開了桃子園碼頭，開往目的地廈門，為了燃料的關係，故需往高雄十四號碼頭加油，那麼我艦便向高雄進發，在出港的時光裡，主機開始發生了毛病，當時我內心裡存著將來出海會不會發生更大的毛病？同時我聯想到昨天艦長和輪機長曾告訴我們的一句話，造船所還沒有把我們的主機修理好，為了這厚[原]故，因之昨晚連夜趕工，故此我在駕駛臺上默默地想著，也許我們此行不大順利罷！但命令不可違，終於十時五三分，我們到達高雄十四號碼頭，當日艦長曾將艦內機艙情形報告總部，同時通知造船所，請他們來修理，下午四時加油。

[14] 周非，《自傳》，頁4。

十五日中午十二時本艦奉命決定駛廈門，十五分鐘後便離開了我久經熟識的高雄，出港不久風力漸大，我艦的航速七浬，在暮色蒼茫裡，人聲也漸漸地減少，駕駛臺上，只剩下了值更人員，不斷地注視他底工作，在那剎那當兒，忽然機艙裡來了一個報告，左主機停，艦長立即命令機艙人員從速修理，午夜因風力關係乃改變航向為零度，可是只有單俥前進的關係，速度當然減低啦，在十六日二時十分，舛運接續而來，右主機又發生故障，而不久經機艙人員的努力，很快修理完竣，當時風浪更大，前進速度只有一二浬，五時五十一分，天已破曉，而廈門的燈塔也在望，當時我們的內心多麼的愉快啊！可是好景不常，這久延殘軀的主機，全部告停，電機也只剩下一部，後艙進水啦，當時的情景最好拿屋漏更逢連夜雨，船破又遭當頭風來形容再恰當沒有了，中午太湖艦從金門開來營救我們，恰巧崑崙[崑]崙也從南方開來，為了任務的關係，太湖便命令崑崙拖我們到馬公，歷經艱險，終於把纜索帶上，當時人們的內心，滿以為，從此平安轉馬公啦，但精明的艦長卻命令機艙人員趕修主機，以備萬一，果然，因風浪太大且崑崙船尾太高，拖了不久拖纜斷了，那麼我們唯有發動右主機罷（左主機不能修復），老牛一樣地跟著崑崙前進，但這殘破的主機，老是不爭氣，越走越慢，崑崙的影子在那蒼茫暮景中，從海的邊沿漸漸地消失，而我底主機只是時發時停前進著。

十八日晨三時，我右主機再也不能發動了，我們飄流生涯也從此開始，無線電室不斷地向外聯絡，可幸地十九時左右知道太湖再次駛來營數[救]我們，那麼為了天太黑的關係依牠的命令我們射砲的曳光彈，表示艦位，時光一秒秒地過去，不久太湖的探照燈光也在望啦，一陣歡呼聲衝破了靜寂的海上之夜，黎司令（按：即時任海防第二艦隊之黎玉璽司令）是我們的救星，他是我的好長官，太湖是我們難中摯友，的確太湖曾二次的設盡方法營救我們，黎司令不斷地從無線電話指示我們安慰我們！我們特在這裡衷心地感謝！這天晚上太湖在我們附近一直守候我們到天亮。在十九日上午九時左右，因風浪太大，而總部電臺轉告我們普陀已經開出來救我們了，可是普陀久候仍不到，那麼太湖只有牠自己來拖，也許我們的歹運

仍未了，牠一次二次地想把撇纜帶給我們，可是風伯不做美，總使我們望洋而興嘆，最後總算幸運地拖上了，但無情的纜索繞著太湖的推進器，在那危急的當兒，普陀姍姍而來了，我們唯一的希望便放在牠的身上，為了風浪太大和時間關係（普陀沒有停俥）我們艱難地總算把纜索細好了，但艦長當時覺得拖纜太短，恐吃力太大，故用無線電話向牠聯絡，而所得的回音「只有那麼長」，我只有吩咐瞭望兵注意纜索，還有什麼辦法呢？十九日在被拖航程中過去，二十日傍晚發現拖纜略有損壞了，請普陀停車[俥]整理纜索，在修理纜索時突然接到颱風的警報，而普陀同時也告訴我們，牠怕颱風的來臨，並且沒有淡水，那時牠便加速前進，至使我們相依為命的纜索在不勝迫力下，終告斷了。那麼我們用無線電話請普陀停俥，可是牠沒有回音，徒短的時間裡燈也不見了，不幸的消息傳播著，當時艦長和我不斷地用廣播器，播送著安慰和鼓勵之音，但我內心明白風浪這麼大，同時在最近期間裡是沒有船再來救我們的，而痛苦的飄流生涯便重新開始，在那時機艙裡轉來的消息，淡水漸缺了，那麼我和輪機長規定每天每人一杯水，同時盡力節省人力，減少值更人員，盡量地分派人打機艙內進入的海水（平均四小時打三百桶），分配後，我輾轉不能入寐，我默默地祈禱著上帝，祐我們的平安。

二十一日飄流著，二十二日十二時十分從無線電話裡得知太昭離我們不遠，乃向牠聯絡，所得的結果，牠本來打算來救我們的，但為了其牠[他]關係未果，今天天氣特別壞，霧啦，雨啦，風啦，真的三喜臨門（我們當時的[口]頭禪）增加我們不幸者無限痛苦，況且鍋爐也壞了，副食的菜肉類，也因只有一部電機，電力有限，冰箱早停啦，那麼菜類也腐了，水也沒有，今天的民生問題開始發生了嚴重的變化，可是人類總有求生的慾望，在沒有辦法當中總會想出辦法來的，釣魚來維持生活，是我們唯一的辦法，因為船在飄著，故此也可以說不用釣而是鉤的，白天裡魚是少得可憐，但晚上魚兒為了燈光的吸引，數百尾連群結隊地向我艦尾追逐前進，這是我們演身手的機會，但風浪這麼大，站也站不住，只有臥掛在甲板上用人工做的魚鉤來釣，出乎意外地，三十分鐘後我們經已釣了十

多條，大概一夜功夫總有五十多尾，這是多麼有意思的事業啊，從這天起一直到我們被救那天的夜上止，我們每晚總是過著漁翁生涯。十月二十三日總部電臺告訴我們，已經派出數條艦來救我們，最近的是中訓，我們便向牠取連絡，在無線電話裡知道牠快接近我們了，但為了風浪太大，同時或許有其他原因，牠沒有能來，多麼煞風景的事啊！在那天的晚我們他們每個人的目光，[……？]不斷地發砲來表示我們的船位，一七時五十分預測我們離開東沙三十五浬，在當時風力和海流的吹向，本艦今天晚上一定觸礁啦，求生的慾望，重燃著每個人的心靈，在那時，惟有想用人力勝天的辦法，做帆也許能使我們脫險罷。中訓又不來，艦上人員五花八門地分頭工作著，電機的值更，無線電室的呼救，縫帆，打機艙水，釣魚，還有瞭望，發砲，人員不夠分配，來一個全體動員，連搭客也出動工作（接艦班分派第二艦隊四位同志，我忘了他們名字，他們幫助我們特多，發報機壞了，他們助理修復，可以說是同船共濟了）。幸運地晚上轉風，我艦平安地在東沙的邊沿飄過。

十月二十四日本艦用五○○Kc's sos向香港方面求救，在四時三十分他們收到了，這是一個好消息，港方答應先派飛機偵察我們確實的船位，同時派二艘英輪前來救我們，這時每個人都引頸而望，盼牠早點降臨，在十六時港方又來電告Siluer Cedlar及Frooty Maller二輪來，並且問我們需要什麼，當然回答的是食品和淡水啦，駕駛臺上和甲板上坐滿了盼佳音者。

經過數天來沒有飲食，大多數人站也站不起了，那麼只有坐著來瞭望，同時整理錨鍊，準備再次的拖船，好消息不斷地傳來，風力減低了，港方派出找我們的飛機在東沙島上的人員已經發現，每個人歡悅的情景未到過鬼門關邊沿的人，也許體味不出來的。午夜英輪漸漸地接近我們，並在那時我們三吋砲的照明彈曳光彈不斷地響著，大概點多鐘，英輪從我們發射照明彈的方向，知道了我艦的船位，二十五日四時半，英輪Benuyis到達我們的左側方，到了天亮的時候牠便開始從事救濟工作，淡水，乾糧，水果等物在牠甲板上隱約地可見，可惜為了風力太大，經過了人工，撤纜梯等終不能把撤纜撤我底艦上，最後牠採取順風順流把食物放在海上，牠以為

這樣的禮物我們一定可以收到了，但技術上的問題他還沒有估計到呢？食物的面積小，食風力也少，而相反的，我艦面積大，食風力強，因之我艦飄流的速度，比這批食物快得多，古人說盡[畫]餅充飢，現在我們可以說望餅充飢了，由這點說命運二字不可不信啊，命裡該您挨餓多久，一分鐘也不容許您少的。中午Frooty Molley到達，也許上蒼默佑我們這批不幸的孩子，一剎那間風浪停了，很順利地把纜索綑好便拖向香港進發，碧綠的海水，和暖底秋風，象徵著南國的深秋，二十六日的清晨我們到達了香港，十多日的辛勞給那南國迷人的景色忘卻盡了。我艦慶幸地仍由Frocty Fcller於十一月八日平安地拖回左營。[15]

這真是一篇生動而寫實的報告文學作品，雖然文中有些許錯字，尤其是英輪的名字到底是Frooty Molley？還是Frooty Maller？或Frocty Fcller？行文亦流於口語化，標點符號的使用也不盡正確，其中尚有一段文句上文不接下文，當係排印校對的疏失，但都不致影響該文珍貴的史料價值。從文中所述細節及使用的語氣，可以推知署名「漢」的作者應係永明艦的高層官長，極可能是副長？文中述及的「接艦班分派第二艦隊」的四位搭客，父親應係其中之一。被拖返左營的永明艦，由於損壞過大，無法修復，於1950年2月16日除役，並於1951年7月出售後拆解。[16]謝克武（是父親電雷二期同學）為該艦的首任艦長，也係末任艦長。

關於永明軍艦獲救抵香港的經過，當時的香港《星島日報》曾有詳細的報導，如是年（1949）10月25日載稱：

港府發言人昨宣佈七百九十五噸之中國輪船永明號於本港東南一百五十哩處遇事，正向西南方飄流。本港當局於接訊後已派出森打蘭水機一架，於昨（廿四）日上午九時卅分前赴遇事地點偵查，惟因透視度情形不佳，迄昨日下午四時仍無所獲，廢然而返。海軍驅逐艦一艘現正奉派在遇事地點附近遊弋，一有消息，當可立即馳援。

---

[15] 漢，〈我們怎樣飄流〉，《中國海軍》，第3卷第1期（1950年1月），頁17～19。
[16] 海軍總司令部編，《海軍艦隊發展史》（二），頁160。

又據舊金山方面合眾社電訊稱：環球無線電社曾接獲一永明輪發出之遇事訊號，該訊號表示該輪飄流中國海岸外已達十天之久。該輪目下之位置約在北緯廿一度，東經一一六度之間，即本港東南一百五十哩之中國海面。政府發言人表示該輪究屬何種船隻及屬於誰人一節，至今仍未查悉云。[17]

10月27日載稱：

港府新聞處前日報導關于迷失飄流於本港東南一百五十哩處之中國海軍掃雷艇永明號，已於昨（廿六）日下午六時由科士提摩拉號拖碴拖返本港，寄碇B十三號浮筒。該輪首被發現時之位置為北緯廿一度，東經一一六度，惟被尋獲時，其位置則為北緯二十度十一分，東經一一四度四十六分，飄流已達五十哩。該輪於過去十一日飄流期間，食水及糧食均早告罄，若非及時遇救，則艇上人員縱不溺斃，亦必餓死。記者於該輪抵步後即登摩拉號拖碴，訪問船長高路文氏，據謂摩拉號於駛離本港一百七十里外始尋獲永明號輪，當時海面風浪洶湧，難以靠近，惟幸視度頗佳，時為前（廿五）日下午一時廿四分，摩拉號卒使用火箭將繩帶至永明艇上，然後將之拖返。摩拉號上幸裝有方向探測器，藉之方得循本港發出之信息，順利尋得該輪，當時掃雷艇上曾發電致摩拉號謂，渠等十日來已無水無糧，亟盼先將糧食移至該輪上，但海上風浪甚大，此事卒難實現，摩拉號乃回電謂翌日即可返港，著艇上人員忍耐。兩輪於昨日上午十時半抵達，本港船灣海面停泊，於昨日下午三時始繼續駛入本港。半時後，本港自來水船即駛近，食水遂告解決。

記者於訪問摩拉號後復擬趨訪掃雷艇，但為停於艇旁之水警小輪所阻，當時適有掃雷艇上大機黃某在水師輪上，乃將此次遇事飄流經過向記者談述。據稱該掃雷艇為AM二七三號，由艦長石某指揮，於本月十四日由臺南奉命駛出，目的地未經揭露，船行兩日後，兩副機器中即有一副突告損壞，該艇一面利用另一副機器繼續前進，

17　《星島日報》（香港），1949年10月25日，第5版。該項報導之大字標題為「永明號輪港外遇事，一英艦遊弋馳援中」。

一面發電臺南海軍總部求援。十月十七日，最後之一副機器亦告損壞，該艇遂開始飄流海面。艇上各人於等待救援中乃將被單臨時縫成兩面船帆，乘風繼續前進，由臺南出發援助永明號之另一海軍船隻無法與該輪聯絡，數日後，即廿三日，永明號遂決定發出求救訊號。本港方面於接獲是項訊號後曾回電謂將立即派輪援救。黃氏復謂艇上人員於抵港後均甚快慰，惟望當局准許各人登岸，以便購買所需物品云。[18]

　　當永明艦10月杪至11月上旬在香港停留期間，中華人民共和國已於10月1日在北京成立，國府則於10月10日自廣州西遷重慶辦公，大半個中國已被共軍據有，情勢對國府極其不利，中共在香港的地下黨員甚形活躍，積極進行策反永明艦的工作。10月29日，部分信心不堅的永明艦官兵陳立輝等31人（除陳為軍官外，其他均為士兵）棄艦出走，乘輪船由香港渡海到九龍，轉搭火車至深圳投共。[19]11月2日，左傾的香港《大公報》刊登了陳立輝等31人的「起義宣言」，並以「反戈而擊，立功自贖」大字標題稱之。[20]但該艦大部分的官兵均忠心不貳，堅貞不移，於此風雨飄搖神州板蕩之際，尤顯可貴。

　　根據父親所填寫的兵籍表，述說他擔任太湖軍艦艦見習艦長的起迄時間是1949年8月30日至1950年6月15日，但他實際到任當在1949年10月底及其以後。太湖軍艦原為美國海軍Cannon級護航驅逐艦，1943年建造完成下水，排水量為：標準重1,240噸，滿載為1,620噸。大小吃水為：300（或306）×36.6×14呎，即91.4（或93.3）×11.2×4.3公尺。武器配備為：3門3吋（76公釐）50 cal（倍）AA（加農砲）砲，6門40公釐AA砲（2門為雙聯裝），4門20公釐AA砲，皆為單聯裝；6門長12.75吋（324公釐）魚雷管（MK 32式3聯裝），1組刺蝟式深水炸彈施放架。速度為：每小時21節，巡航範圍12節時可達10,800浬。人員：官員15人，士官兵201人。係1948年移交給中華民國海軍，改名太湖軍艦。[21]1949年3月5日，太湖軍艦

18　　《星島日報》（香港），1949年10月27日，第6版。該項報導之大字標題為「國軍失事掃雷艇昨已獲救拖來港」。

19　　汪世喜，〈永明艦官兵香港起義始末〉，《縱橫》，2000年第4期，頁24～25。

20　　《大公報》（香港），1949年11月2日，第4版。

21　　應紹舜，《陽泰永安（陽字號，太字號，永字號，安字號軍艦史）》，上卷（臺北：臺灣植

74　周非將軍與民國海軍

與太昭軍艦兩艦自美國東岸諾福克港啟航，經巴拿馬運河、美國西岸的舊金山，4月12日，抵夏威夷之珍珠港，4月28日，離珍珠港，5月11日，抵左營港，完成接艦使命。[22]其第一任艦長為江叔安上校（1948年8月1日－1949年6月16日），第二任艦長為張仁耀上校（1949年6月16日－1951年8月1日）。[23]

圖24：太湖軍艦（DE-25，排水量：輕載1,170噸，滿載1,615噸）

　　父親在太湖軍艦做見習艦長期間，艦長為張仁耀，他們是電雷學校第二期的同學，早已相識，在見習期間太湖軍艦且曾出任務，參與戰鬥，對父親而言，具有難得的實戰見習效應。如1950年4月22日，該艦由舟山群島的定海至岱山之高亭，載運國防部總政治部主任蔣經國及第二軍區司令董沐曾代將至高亭視察，岱山指揮部主任柳際明、翁洲縣縣長兼海軍岱長巡防處處長蕭政之陪同，拜訪民間，視察部隊，並至四平部隊及嘉定部隊致訓詞，次日晨7時，始搭乘該艦離去。同年5月間，該艦與其他同屬第二艦隊（司令黎玉璽）的艦艇，參與舟山群島之戰鬥、護航撤退及海軍部隊之撤退等任務，對父親而言，具有實戰的見習效用。如5月12日，該艦巡擊瀝港，泊港之船舶悉被擊毀。入夜，復駛往鶉鴣海面，協同137號砲艇砲擊鶉鴣及桃花島上之敵，毀敵工事多處。5月14日，該艦及寶應軍艦警戒岱山西北海面，並曾砲擊金塘，頗有斬獲。5月17日，該艦南巡至監山錨泊警戒，並清查沿途各港。次日，該艦至大陳。5月19日，全部護航任務完畢。至5月20日，由舟山撤運來臺的陸軍部隊及隨行人員，計12萬5千人，戰車121輛，馬190匹，各型車輛180輛，及各部隊裝備武器全部，均安然到達臺灣。至於海軍部隊之撤退，第一軍區於5月12日上午11時完成撤退部署，午後開始撤運海軍陸上單位。至17日下午2時，除護航艦艇外，共撤出大小艦艇、船舶共56艘，人員約1500人，眷屬260人，並將長塗、中衢、嵊泗列島陸軍各守備隊一併接運返臺。據守長塗的陸戰隊第一

物研究服務中心，2010年），頁459～460。

[22] 詹翼，〈接艦返國途中離憶〉，《中國海軍》，第3卷第3期（1950年3月），頁25。

[23] 趙雪吟等編輯，《太字春秋：太字號軍艦的故事》（臺北：國防部海軍司令部，2011年），頁154。惟江叔安似應為中校。

旅共5000餘人，於5月12日徵集帆船，15日，先完成重兵器之裝載，至16日午，部隊始逐次集結，於7時登輪完畢。然後區分第一、第二兩船隊，於17日上午先後由長塗啟碇駛臺。軍區司令李連墀率最後撤離官兵乘中練軍艦先至大陳。迄18日下午4時始離下大陳，逕駛左營。[24]

在太湖軍艦任見習艦長即將期滿時，父親曾與海軍軍官學校輪機教官鄭自林合撰《匪軍船海戰術之研究與對策》意見書上呈，俾貢獻與各級指揮官及幕僚作「戰場指揮」之參考。全文除序言、結論外共分三章：第一章—匪軍船海戰術之研究；下分五節：第一節—匪軍船海戰術之意義；第二節—匪軍船海戰術之特性；第三節—匪船編組及兵力調集運用；第四節—匪軍船海戰鬥法；第五節—匪軍船海戰術之缺點。第二章—以往我軍對「匪軍船海」之作戰檢討；下分三節：第一節—空軍；第二節—陸軍；第三節—海軍。第三章—今後我軍對「匪軍船海」之對策；下分三節：第一節—空軍；第二節—陸軍；第三節—海軍，下分三小節：甲.改良海軍戰術發揚攻擊威力；乙.實施小型裝甲砲艇之突擊戰增強海軍作戰兵力；丙.實施火海戰術粉碎匪軍船海戰術。因其全文太長（約8,000餘字），且有人曾為之作內容摘要上呈蔣中正總統審閱；故茲將其全文置於書後之附錄中（見附錄二），僅將其內容摘要抄錄如下：

> 第一章匪軍船海戰術之研究：匪船海戰術係根據「以多取勝」之原理，在船海中分為火力艇隊與突擊艇隊，火力艇隊向我海軍艦艇行壓制及牽制，突擊艇隊負責登陸衝鋒。在未真正攻擊前，先選若干目標，舉行普遍之佯渡海，隱秘主力，乘亂作真面目之渡海攻擊。其渡海部隊多係輕裝，糧彈隨帶，不顧後方聯絡線。火力艇隊因武器係固定於艇上，且人員甚少，本身無登陸企圖。突擊艇隊因負責登陸，攜帶彈藥不多，盡力避免海上火戰。其兵力運用，通常係組成多數支隊，由各方分進合擊，每支隊兵力多以一營至一團為骨幹。攻擊時機則利用夜暗，以火力艇隊圍攻我軍艦，牽制行動，不惜犧牲。突擊艇隊則乘隙密集猛進，如獲一部分登陸因無後退可能，即佔領陣地頑抗，不得已時，則以投降欺騙我軍，延遲時間，

---

[24] 張力訪問紀錄，《黎玉璽先生訪問紀錄》，頁99～102。

以待第二次突擊登陸時作內應夾擊。

第二章以往我軍對「匪軍船海」作戰之檢討：我陸海空軍歷次對「匪軍船海」戰鬥均有遺憾，茲分述之：一、空軍：對匪船集中之地，未能精密偵察，或為匪偽裝而忽略，空中照測經判讀後之結果，亦未通報陸海兩軍指揮官。二、陸軍：甲.匪局部登陸即倉皇失措。乙.輕信匪軍投降，致為欺騙，而遭突擊或夾擊。丙.匪軍一部進入側翼及後背，第一線部隊立呈動搖。丁.海岸副防禦物之設置未重視，使匪船近岸後易登陸。三、海軍：甲.攻擊重點之指向欠考慮，初發現匪火力艇隊，即集中射擊，而忽略匪突擊艇隊，致匪得完成登陸。乙.火力分佈欠計劃，一經發現匪船，即一齊集中火力射擊，使其他匪船乘機邁進，失去對匪船全殲之良機。丙.未控制適量之預備隊，每當戰鬥慘烈之際，另發現一匪突擊艇隊，無預備隊，不能殲滅阻止匪船前進登陸。

第三章今後我軍對「匪軍船海」之對策：一、空軍：甲.對匪方重要港口及通港口之道路，應熟悉其位置，尤須能在夜間識別，俾於匪軍船海戰發起之際或以前，予以致命轟炸，或殲滅後續部隊。乙.對匪軍船海及船舶集中地之轟炸，應使用巨型汽油彈。丙.空中照測及其判讀結果，應通報海、陸二軍。二、陸軍：甲.增強副防禦設備，封鎖可能登陸之地方，及通我後方之道路（陸地用人工斷岩，水地用鏈鎖形浮柵—附圖）。乙.縱匪登陸，仍應沉著應戰，乘其後續部隊未到前予以殲滅。丙.匪軍縱真投降，亦必一一捆縛，押離戰場，受降時，對防務更特別警戒。丁.側翼及背後有少數匪軍侵入，我軍仍應死守據點，以一部分協助第二線殲滅之。三、海軍：甲.改良戰術，發揚威力：1.攻擊重點指向匪軍突擊艇隊。2.控制預備隊，以應付不意之變化。3.確定攻擊方法（見各附圖）。4.澈底發揚火力，將各艦艇之大砲編號，於發現匪船明瞭射擊區域後，應依號賦予各砲之射擊目標。乙.實施小型裝甲砲艇之突擊戰：窄狹海面，我巨型艦艇活動困難，須實施小型裝甲艇之突擊戰，對匪船隊斷然執行攻擊，以迅速行動，出敵不意，於匪不預期之地點、時機，強起與之決戰，予以殲滅。關於突擊艇之設計，及其火力配備，詳見原文。丙.實施火海戰術，粉碎匪軍船海

戰術：火海戰術之意義，即利用縱火艇及爆炸艇攻擊，能將一、二千公尺之海面，瞬間造成燃燒與爆炸之真火海，予匪船海以殲滅性之打擊，此種戰術之價值：1.可彌補火力封鎖之遺憾：因火力封鎖消耗彈藥甚大，彈藥供給有困難，則火力終斷之際，即匪船海得逞之時，用縱火及爆炸攻擊，對匪船海可一舉殲滅之。2.具有連續性之毀滅威力：非如水雷一次爆炸後，不能於同一位置再布雷，作第二次之爆炸。3.不受海面寬窄之限制，且可在窄狹海面發揮奇效。關於縱火艇及爆炸艇之各種設計，詳見原文及附圖，其使用法係在距匪軍船海三千碼時，將縱火艇、爆炸艇之舵固定於中舵位置，發動小型推進機，使艇對準匪船海自行衝進，在預期之處發生燃燒與爆炸。[25]

　　這份《匪軍船海戰術之研究與對策》意見書，是1950年6月2日，由海軍總司令部少將高級參謀王道轉呈給總統府秘書長王世杰的，王道在致其師王世杰的信中謂「因感時局艱危，常慮共匪攻臺，船海戰術之可怕，如無適當對策，將予臺防以極大之威脅。茲海軍同志周非、鄭自林二君，擬就對付船海戰術對策一文，尤以使用無線電操縱之燃燒艇及爆破艇，為最有效之殲敵工具」。該文「如內容有可取之處，即懇轉報總裁，即令海軍及兵工署及技術總隊，即刻實施製造，并令海軍採行」。又「如公得暇，最好能賜延見機會，周、鄭二君特赴臺北，面謁崇階，非為利祿，純係愛國赤忱，欲以報諸國家也。至于文內海戰隊形與火力之編成，以殲滅船海，亦係經驗中得來，價值極大，并請以總統府名義，促海軍當局研究并實行……，則實有助于臺防極大也」。[26]

　　王世杰收悉王道來函及附呈的對付船海戰術對策一文後，曾細閱文中建議，隨於6月7日接見鄭自林及父親，覺「彼等為極有見解忠實有為之軍官」。並將該文送交國防部參謀次長宋鍔（海軍少將）審酌。[27]宋鍔經詳

---

[25] 「總統府秘書長王世杰呈蔣中正總統《匪軍船海戰術之研究與對策》之內容摘要」（1950年6月20日），《國軍史政檔案》（臺北：國防部藏），〈匪軍船海戰術之研究與對策〉；總檔號：00042970。

[26] 「海軍總司令部少將高級參謀王道致總統府秘書長王世杰函」（1950年6月2日），同上。

[27] 「總統府秘書長王世杰呈蔣中正總統《匪軍船海戰術之研究與對策》之內容摘要」（1950年6月20日），同上。

細研讀後，於6月9日申復意見如下：

一、奉交審核密件一件經詳細研讀後謹申復管見如左：（1）第一章第一節：說明尚屬正確而透澈。第二節：查與過去戰例頗相符合。第三節：說明匪船編組與運用情形，查與事實極相近似，惟甲項二之3，應修正如下表：大型艇（木船）約50噸，可載武裝兵50→60人。中型艇（木船）約40噸，可載武裝兵40→50人。小型艇（木船）約25噸，可載武裝兵25→30人。第四節：證諸以往戰例頗符。第五節：立論尚屬正確。（2）第二章第一、二、三各節：指出以往作戰弊病，伸手皆著瘰處。（3）第三章第一、二節：確有見地（拒馬可試造）。第三節：甲項之三、各種攻擊方法尚妥。乙項、突擊艇宜用高速快艇方可勝任，除現有低速各艇可勉強改裝編成外，應速向美國先購備8→16艘，組訓試用，不可再遲。丙項之丙、縱火艇各項設計，涉及技術問題，宜交海總部會同兵工署，指派專人研核。
二、擬辦：（1）全篇大致均屬妥當，宜密印成冊，交由陸海空軍各總部，轉發各級部隊艦艇，參照實施。（2）縱火設計極為重要，宜速飭研。（3）突擊快艇宜速購買備用。（4）該員潛心學術，著有成績，似宜優獎，以資鼓勵。[28]

6月20日，王世杰即將《匪軍船海戰術之研究與對策》意見書及其內容摘要、擬辦事項等上呈蔣中正總統，蔣閱後批示「以上意見即發交參謀總長及海軍總司令部切實研究，於一星期內具報，並抄知圓山軍官訓練團彭教育長，交該團研究」。[29]

由上述可知，父親和鄭自林合撰上呈的這份意見書，頗引起中華民國政府當局的高度重視，主要原因乃在於政府遷臺伊始，政局未穩，共軍隨時可大舉攻臺，此一莫大的威脅，使得當局格外予以正視，未敢掉以輕心。惟是年6月25日韓戰爆發，未幾，美國介入戰爭，宣佈臺灣海峽中立

---

[28] 「國防部參謀次長宋鍔呈復總統府秘書長王世杰文」（1950年6月9日），同上。
[29] 「總統府秘書長王世杰致國防部參謀總長周至柔、海軍總司令桂永清、革命實踐研究院軍官訓練團教育長彭孟緝電」（1950年7月10日），同上。

化，其第七艦隊旋進駐該海域，共軍大舉攻臺的可能性驟降，《匪軍船海戰術之研究與對策》意見書所引發的關注，亦日形冷落。

父親和鄭自林因感時局艱危，深慮共軍使用船海戰術大舉攻臺，後果極其嚴重，益以身為海軍青壯年軍官責任所繫，及愛國心的驅使，乃就一己的學養和經驗撰呈此意見書，提供當局參考，俾防範於未然。此意見書曾經過海軍宿將時任國防部參謀次長宋鍔的詳細審閱點評，予以嘉許肯定，並建議將此意見書密印成冊，交由陸海空軍各總部，轉發各級部隊、艦艇，參照實施。足見該意見書的內容，是有其專業性及正確性的。父親和鄭自林在該意見書的結論中云：

> 本文倉促寫於定海冊予山前線，正當我軍戰略轉進之際，余為海軍第一線作戰人員，寫作之本意，實欲獻身於此次絕對機密必操勝算之火海奇襲，以遂平生報國壯志，懇勿因文字簡陋而使臺灣海峽對匪軍之殲滅戰，不得實現也。[30]

四、永豐軍艦艦長

（一）永豐艦的接收和命名

中華民國海軍史上共有三艘軍艦被命名為永豐軍艦，第一艘為1910年向日本訂購的砲艦，後改名為中山軍艦，以紀念孫中山。第二艘即為本小節所指的永豐軍艦，為美國製造鋼殼的掃雷艦，第三艘則為1991年間向德國購買的獵雷艦，舷號為1301。[31]

關於第二艘永豐軍艦命名的由來，係因抗戰勝利時，中華民國海軍僅殘存艦艇15艘，且多為數百噸重的小型砲艦。[32]勝利後，接收了美、英贈租艦艇，日本賠償艦艇，以及「中國戰區」（尚包括臺灣、澎湖及北緯16度以北之越南）內所有日本海軍與汪精衛偽政權的受降艦艇；此外，海軍

---

[30] 周非、鄭自林，《匪軍船海戰術之研究與對策》，《國軍史政檔案》，〈匪軍船海戰術之研究與對策〉；總檔號：00042970。

[31] 應紹舜，《陽泰永安（陽字號，太字號，永字號，安字號軍艦史）》，下卷（光碟版），永豐艦，頁1。

[32] 陳孝惇，〈國共戰爭期間海軍整建之研究（一九四五－一九五○）〉，《中華軍史學會會刊》，第5期，頁299。

為增強戰力力，又接收或徵用招商局、海關等其他單位移交的艦艇。短短數年間，其海軍接收艦艇數量之多，為民國海軍史上前所未有，如何為艦艇命名，是當時其海軍整建的重要工作。1946年8月10日，中華民國國防部核准〈海軍艦艇命名原則〉，其中規定艦艇區別原則，500噸以上者，或300噸以上而有3吋砲之裝備者，稱為「艦」，其餘概稱「艇」。艦艇命名命名條件，戰鬥艦、航空母艦以天體名命名，巡洋艦以省、市名命名，驅逐艦（包括護航驅逐艦）以人名命名，掃雷艦艇以道德節目命名等等。但事實上，當時已成軍服勤之艦艇未必完全符合此規定。如1945年8月在美國邁阿密接收的護航驅逐艦「太康」、「太平」，並未以人名命名，「永勝」、「永順」、「永定」、「永寧」4艘掃雷艦，也不是以道德節目命名。為適應實際狀況，海軍總部於1948年2月研擬修正〈海軍艦艇命名原則〉，將驅逐艦（包括護航驅逐艦）改用「太」字為首字縣名命名，掃雷艦艇（包括掃雷、佈雷艦艇）改用「永」字為首字縣名命名等等。同年7月21日改用「太」字為首字縣名命名，國防部核准修正〈海軍艦艇命名原則〉，並規定：「貴軍各艦艇已命名者，如不符修正命名原則規定之艦艇，希即調整報核」。[33]

永豐軍艦本為美國1943年建造的Admirable級掃佈雷艦，原名為USS Prime，編號為AM-279。[34]美國在第二次世界大戰中共建造有與此同級的掃雷艦（AM）110艘，及以同樣艦體改裝的巡邏艦（PCE）42艘，在大戰時只損失了1艘。中華民國則在二戰後依「512號公法案」（即1946年7月16日，美國第79屆國會通過之法案，授權總統將溢出美國政府海軍需要的若干海軍艦艇及浮塢無償轉讓於中華民國政府）共接收了15艘。另國府海關亦接收了多艘此型艦作為緝私艦之用，其中兩艘於1949年（民國38年）5月上海撤守時被遺留於黃浦江面，由海軍拖回成軍分別命名為永豐（原海關A6號叔星艦）與永康（原海關A3號文星艦）。[35]

---

[33] 陳孝惇，〈海軍艦艇命名考察（1945-1965）〉，《海軍學術月刊》，第36卷第9期（2002年9月），頁94～95。

[34] 應紹舜，《陽泰永安（陽字號，太字號，永字號，安字號軍艦史）》，下卷（光碟版），永豐艦，頁1。

[35] 姚開陽，〈中國軍艦史系列-13：縱橫臺海的永字號〉，《全球防衛雜誌》，第27卷第3期（1998年3月），頁80～81。括號中的補充說明係分別參見陳孝惇，〈戰後海軍接收美國泊菲艦艇之研究（上）〉，《海軍學術月刊》，第36卷第3期（2002年3月），頁87～100。及應紹舜，《陽泰永安（陽字號，太字號，永字號，安字號軍艦史）》，下卷（光碟版），海關緝

永豐軍艦等永字級艦外觀短而肥胖，型似馬鈴薯，艦體長184.5呎，寬33呎，其中永泰、永興、永寧、永壽、永昌、永春為巡邏艦，其餘是掃雷艦。永豐等掃雷艦級吃水9.8呎，排水量650噸（按：此為輕載，滿載排水量因說法不一，茲採「915噸」之說）；裝有兩部八缸四衝程柴油主機雙軸推進，產生1,710匹馬力，最高速率13節，巡視8節。乘員軍官21員，士官兵96員；裝備3吋主砲1門，40公釐雙聯裝砲2門，20公釐機砲6門，及必要的掃雷裝備。無論巡邏艦或掃雷艦，皆配有反潛之K砲與深水炸彈。這些掃雷艦在當時的海軍艦隊中，做為掃雷之用的機會並不多，仍以出巡任務為主；而且由於這些艦為鋼質船殼，消磁情況不佳，即使後來加裝整磁設備也難以改善，並不適合現代掃雷任務的需求。其中只有永豐軍艦一艘於1950年改裝為佈雷艦，使用水雷對中國大陸的港口佈雷，執行封鎖任務。[36]

圖25（左上）：永豐軍艦（AM-50，掃佈雷艦，排水量：輕載650噸，滿載915噸）
圖26（左下）：永豐軍艦在1950年改裝為佈雷艦
圖27（右）：父親任永豐軍艦艦長時留影

　　私艦隊中的永字號掃雷艦，頁2、4。
[36] 姚開陽，〈中國軍艦史系列-13：縱橫臺海的永字號〉，《全球防衛雜誌》，第27卷第3期，頁81。

該軍艦的首任艦長為陳紹平中校，係1949年5月派任。次年5月，該軍艦改隸海軍第一艦隊，6月，由父親接長。[37]參酌父親所填寫的《兵籍表》及海軍總部的任命令，他擔任永豐軍艦艦長的起訖時日係1950年（民國39年）6月16日，至1952年9月30日，為時約兩年又3個半月在此期間，永豐軍艦參與的戰役、任務，他在自傳中略有述及：

> [民國]三十九年十二月十七日至十八日，匪六四師及九二師會同匪海軍華東司令員張大鵬部，企圖佔我檀頭山及南韭山，並席捲漁山而進窺大陳，余巡弋中獲知，當即馳援於檀頭山，救獲友軍二百餘名，並突入南韭山內港，擊沉匪砲艇五艘，運輸輪一艘，匪傷亡四百餘，不敢再犯。四十年十二月三日，駐防金門，單艦掩護南海部隊登陸南日島，擊沉匪巨型機帆船三艘，並擊潰其機帆船團，使友軍從容佔領南日島，俘匪四十餘。四十一年二月二十五日，單艦於浙東披山海戰，擊沉匪巨型機帆砲艇二艘，擊傷二艘，俘獲一艘，並鹵獲七公分七巨砲一門，及匪砲長一人，文件百餘種。爾後參加浙東沿海登陸突擊戰二十餘次。[38]

（二）執行對大陸的關閉政策（1950-52年）

父親甫接任永豐軍艦艦長才半月，韓戰（大陸稱之為朝鮮戰爭）爆發，由於美國總統杜魯門（Henry S. Truman）決心派遣美軍介入臺灣海峽，不但保護臺灣，也阻止國軍向大陸進行攻擊，即所謂的「臺海中立」。儘管臺海情勢因此較以前穩定，但國共兩軍之間小規模的戰鬥仍賡續進行，國軍對大陸沿岸的「關閉」政策的執行亦並未暫停中止。在國共內戰末期，中華民國政府曾於1948年12月起禁止本國船隻駛往共區。繼於1949年6月20日宣告「將自遼河口至閩江口北間之共區領水及曾經對外開放之共區港口暫停關閉，嚴禁一切外籍船舶駛入」。並聲言「採取適當措施以制止違反此項命令之外籍船舶」，且「外籍船舶因違反此命令所遭受之任何危險應自行負責」。該項命令自6月26日零時零分起生效。並於20日照會各有關國家。關閉命令的執行範圍，係以曾經宣告關閉的中國領海

---

[37] 見《永豐軍艦沿革史（四六～五五）》（未刊，臺北：海軍司令部藏）。
[38] 周非，《自傳》，頁4～5。

為限。領海之範圍，暫以三海浬為限，即為自海岸低潮點向外延伸三海浬之水域，後隨中共佔領區的擴大，中華民國政府再三以同樣性質的命令關閉了整個大陸共區領水及13個港口。[39]

中華民國政府所謂的關閉（closure），實際上乃是憑藉國軍的海空武力，勸阻各國船隻進出中共控制區及其沿海，以斷絕其經貿商務，進而對中共控制區的經濟造成破壞。這種類似封鎖（blockade）的行為，之所以採用「主權國家關閉本國口岸」的名義，憑著一通行政命令宣告實施，是為了規避國際法上關於封鎖的規範。[40]

在執行關閉政策的過程中，國軍難免會與外籍船隻產生衝突，進而引發中華民國政府與船籍國之間的外交爭端，甚而釀成國際事件。1950年代國軍在執行關閉政策時，所採用過的手段，包括了執行攔檢、原地扣留、將船隻截捕至政府控制區港口、在大陸港口佈雷、軍機攻擊等。國軍之所以能在臺海截捕外籍船隻，有人推論其背後實有美國的「默許」。[41]據統計：1949年，中華民國海軍在執行關閉過程中，總計共截阻外國籍船隻41艘，其中船隻屬國為英國23艘、巴拿馬6艘、美國5艘、挪威3艘、希臘、宏都拉斯、加拿大、埃及各1艘；另緝捕、擊沉違反關閉命令之本國籍船隻計汽船25艘、帆船300餘艘，其中緝捕之汽船計16艘、帆船27艘，擊沉、焚毀者計汽船9艘、帆船11艘。[42]

1950年（民國39年）10月9日，父親為執行關閉政策率永豐軍艦在汕頭港佈雷，一時闖入沙堆擱淺，而後方卻滿是自己所佈放的水雷，幸好水雷剛施放備炸時間尚未到達，軍艦方得以幸運倒俥退出。

圖28：永豐軍艦改裝成佈雷艦艦尾所搭載的水雷

---

[39] 黃剛，〈中國關閉中共區港口引起的國際法問題之研究〉，《政大法學評論》，第4期（1971年6月），頁255～256。

[40] 林宏一，〈「臺海中立」時期中華民國武裝部隊對大陸沿海外籍船舶的干涉行動，1950-1952〉，《海洋文化學刊》，第6期（2009年6月），頁60～61。

[41] 林宏一，〈從英方檔案看1950年代國府的「閉關政策」〉，《政大史粹》，第13期（2007年12月），頁149、150、153。

[42] 《海軍總司令部三十八年度剿匪作戰報告書》（影本），轉引自海軍總司令部編，《海軍艦隊發展史》（二），頁941。

當時，身歷險境在該艦任見習官的趙璵（海官39年班）對此過程有所憶述：

　　海軍在抗日戰爭期內，曾實施土法水雷作戰，經驗豐富，執行關閉大陸港口政策，何不採取水雷阻道？一旦敷設，虛虛實實，洋船卻步，省時省力。海軍永豐軍艦受命臨時改裝，成為當時唯一佈雷艦。佈雷目標區選定廈門和汕頭兩港。馬公庫存水雷是六號繫留雷，雷名繫留，猶同海底牽著氣球，球浮水下數呎。六號雷是巨型鐵殼球，直徑一碼有餘，永豐軍艦一次攜帶十二具。廈門港口水深、流急，潮差極大，原非理想雷區。第一次敷設繫留水雷，名符其實「石沉大海」，白費心機，未再嘗試。汕頭港由於沉沙淤塞，水淺，航道狹窄，易佈雷。缺點是水雷也容易被清掃，航道常因流沙變動，也不容易掌握。汕頭港第一次佈的雷，一艘小型英國商船翌日進港即觸雷爆炸受傷。筆者隨永豐軍艦汕頭佈雷是第二次，即一九五〇年十月九日中華民國國慶前夕。永豐軍艦摸黑由南澳島南方潛入，逼近汕頭港正面約三百碼，就雷區東北角部位，走向西南，預定一個來回，敷設兩排。

　　當第一排最後一具雷（即第六雷）入水，永豐軍艦同時闖入沙堆擱淺。周艦長用雙俥扭動艦體，雖可左右移動，卻出不了淺。他不敢後退，船尾下是自己佈的水雷陷阱。看不清指揮台每張臉的神色，卻令人感到不自在。槍砲官行伍出身，懂得如何放雷而已。周艦長一九三八年電雷學校畢業，抗戰期內大部分日子在陸軍掛單，也不記得六號雷的內臟有啥名堂。佇立指揮台作壁上觀的筆者和同期同學沈大鈞，海官剛出爐，居見習官客卿地位，不宜插嘴。可是船躺在中共門檻邊沿，像隻死鴨子，除了冒險自救，恐回生乏術，乃小心翼翼提醒艦長，說明水雷入水時辰短暫，當未進入備炸狀態（至少需要一小時），即使撞上或被車葉敲幾下，不至於爆炸。周艦長聞言，毫無遲疑，下令「雙俥後退一」。船坐灘並不堅牢，或者潮水已上漲，俥動船也動，瞬即出淺。[43]

---

[43]　趙璵，〈五十年代海軍軼事（五）〉，《傳記文學》，第62卷第6期（1993年6月），頁93。

同年（1950年）8月21日下午4時，永豐軍艦出金門港外巡弋，發現在東碇島西北附近有企圖入廈門港之不明國籍懸英旗商輪一艘，該輪發現永豐軍艦出港，當即折返南駛，經永豐軍艦追趕至兄弟島時始追趕上，知該輪由香港開往廈門港，裝載工業原料；經父親電海軍總部後，得指示為就地確實查核。經確實查照，認為該輪為英籍貨輪，即予釋放；後發現係投敵商輪改冒外籍標誌，乃押返馬公處理；經進一步查證，確認該輪為英籍，仍予以釋放。[44]

10月21日，又有類似情事發生，趙璵對此事有詳細、傳神的記述：

> 一九五○年十月二十一日，駐防金門島的永豐軍艦，白天在島的西側水頭村海軍巡防處碼頭泊岸休息，傍晚時分出海警戒。晚八時左右，天已全黑，永豐軍艦駛經料羅灣西南角，目視發現廈門港外浯嶼附近有商船航行燈向內移動，用信號燈以英文明語通知其停輪，對方相應不理，並見其旋即減燈航行。永豐艦長周非中校，下令警戒砲砲員轉移到艦首三吋砲位，並著信號士查詢對方船籍。「英國船」，閃燈回答得很快。周非艦長是四川人，稍帶袍哥作風，先咒了一句「格佬子」，接著就「開砲」！一顆三吋砲彈，尾部拖著曳光，劃過夜空，朝著英輪船首飛去，可以猜想得出，這艘英國船慌忙中開啟航行燈，續見全船燈火通明，深怕臺灣軍艦視線模糊，再發砲時會誤傷它。永豐軍艦戰情中心判斷該輪已自動停俥，再發出「跟我來」的信號，見它乖乖地轉向，同駛料羅灣錨泊。筆者以見習官身分佇立指揮台，夜暗中審視這艘英籍商船，船體油漆斑駁，象徵著大英帝國的沒落。不是嗎？廈門是帝國主義壓境時被迫開放的口岸，港內的鼓浪嶼，次殖民地年代的形象今猶在。時過境遷，英國為了向中共討生活，冒著臺灣砲火的威脅，不得不低頭。永豐軍艦接待這艘英國船毫不客氣，桅桿上的喇叭開始喊話，命該船船長攜同航行日誌及艙單，來艦受檢。這個要求稍嫌霸道，按慣例，永豐軍艦應派遣臨檢小組，登輪檢驗，商船水手人數有限，海上摸黑送

---

44 〈捕獲匪船及外輪處理案〉（1950年），國防部永久檔案作業室藏，《國軍檔案》，總檔案號：00029519。轉見於應紹舜，《陽泰永安（陽字號，太字號，永字號，安字號軍艦史）》，下卷（光碟版），永豐艦，頁5、18所引。

人過渡，十分為難。秀才遇見兵的時刻，抗辯無益，立見對方聚集甲板，迅速鬆放小艇，動作十分俐落。周艦長旋又命筆者隨他去官廳，權充譯員。他親自安排席位，準備三堂會審。

兩位槍砲士官，各持卡賓槍，分立官艙進出口。等到來客入艙，竟是一位黃臉孔、高個子、河北籍的大副先生，而非英籍船長。周艦長心中也許懊惱，可也沒有顯示出來。洋船長拒絕「出庭」，合情合理，黑暗裡外海下錨，強求船長「擅離職守」，當非「同行」本分。這艘船由香港駛廈門，艙單內列貨物皆民生實用品，另有X光機兩台，算是醫療器材。當年禁運規定，若無戰略物資，應即釋放並勸其離開。周非艦長心中另有打算，他指控X光機是軍用器材，屬戰略物質[資]，商船載運戰略物資「資匪」，違反中華民國禁令，是「經濟漢奸」，他突然冒出這麼一個罪名。大副先生自入艙後，看到武裝，已經神情緊張，周非艦長又是海軍中唯一腰佩左輪槍的怪傑，增添大副先生恐懼感，他急忙辯稱，為了生活，才被英國公司雇用。他的意思大概指英國公司應與「漢奸」扯不上關係。那曉得周艦長的邏輯直截了當，認定中國人幫洋人「資匪」就是漢奸，接著又說，「經濟漢奸」在臺灣是很嚴重的犯罪，幾天前臺北槍斃兩個「經濟漢奸」，香港報紙應有轉載等語，嚇得大副先生臉色蒼白，立即求饒。周艦長說他無權作主，須請示臺灣。當夜，可憐的大副先生被鎖在艦尾禁閉室，聽候發落。周艦長是否請示或故弄玄虛，誰也摸不清。翌日清晨，大副先生「無罪開釋」。毋庸再費口舌，一夜折磨，夠令人吊膽。英國船迅速拔錨，至少這一水是不敢闖關了。[45]

以上趙璵的憶述十分傳神，對於父親的個性和作風亦有所著墨，如謂父親「是四川人，稍帶袍哥作風」；袍哥是四川哥老會的別稱，係反清復明的祕密會社天地會（洪門）的支脈，會眾多為爽朗豪邁之士，清末，孫中山曾派其同盟會川籍會員回四川策動袍哥，襄贊革命。另謂父親「是海軍中唯一腰佩左輪槍的怪傑」；據父親說，他抗戰期間曾擔任過第五戰區

---

[45] 趙璵，〈五十年代海軍軼事（五）〉，《傳記文學》，第62卷第6期，頁92。

司令長官李宗仁的衛隊連（手槍連）連長，他習於配戴手槍，可見陸軍生涯對他的影響。至於對父親對待商船大副的描述，則顯示父親爽朗豪邁中不失機巧促狹的一面。

1951年（民國40年）8月間，永豐軍艦與太平軍艦、永壽軍艦及洞庭軍艦駐防金門。8月26日，該4艘軍艦奉令攔截外輪喬色夫莫拉號（Joseph Moller），該輪據保密局駐香港的沈益謙電報稱為敵渤政輪船公司以極祕密方式在港購得，懸英國旗，重1,300噸，船員除二名外國籍人外，餘均為華人，裝載敵方物資；於8月25日離港開福建涵江，再由涵江開往上海。該4艘軍艦奉命後，即以永豐軍艦向北巡弋，夜游泊崇武附近防其駛入泉州及興化灣，而永壽軍艦（艦長王昌銳中校）即向南巡弋，夜游泊東碇鎮海角，防其駛入廈門，洞庭軍艦在港動機待命；太平軍艦（艦長桂宗炎中校）則在興化灣一帶巡弋；永壽軍艦於27日晚10時20分原在泉州灣東海面巡弋，受命後即航向料羅灣，午夜12時抵達；27日，永壽檢查合東馬輪Fveragra號，該輪由日本駛往香港，臨檢後當即釋放，而太平軍艦於是日下午4時30分，發現商船一艘位於烏坵東南七海浬，在太平軍艦正東十海浬處，航向220，速率15節，經太平軍艦於5時40分趕上該輪，並予臨檢查詢，該輪名春生輪，掛英國旗幟，呼號VRLD，船身黑色有一白線紅色單煙筒雙桅，約3,000噸，由塘沽駛香港，經予放行，其他各艦皆無所獲，後由總部來電稱無需派專艦截捕Joseph Moller號輪，此一行動乃告結束。[46]1952年3月24日晨5時30分，永豐軍艦於大陳附近海域的大銅針島（披山西北），發現松門南有輪船一艘南駛，將入漩門灣敵港，當即發砲制止。天明後，始知係臺灣開出之南興輪，即派員護航至大陳。該輪出沒松門、玉環間海面，行動詭異，頗有資敵可能。經海軍總部飭令海軍溫台巡防處查究，據該處稱已將該輪交由大陳之江浙反共救國軍總部處理。[47]

以上是父親在永豐軍艦艦長任內，該艦在「臺海中立」期間（1950-1953年）繼續執行關閉政策在大陸東南沿海佈設水雷、截捕外輪的一些經過情形。關於中華民國政府的關閉政策，臺灣學者多持正面而肯定的

---

[46] 〈捕獲匪船及外輪處理案〉（1951-1952年）卷15，國防部永久檔案作業室藏，《國軍檔案》，總檔案號：00029533。轉見於應紹舜，《陽泰永安（陽字號，太字號，永字號，安字號軍艦史）》，下卷（光碟版），永豐艦，頁5～6、19所引。

[47] 「海軍總司令桂永清呈參謀總長周至柔代電」（1952年3月27日），《國軍史政檔案：捕獲匪船及外輪處理案》，總檔號：00029522。

看法。如黃剛就國際法的觀點認為：（1）中華民國政府頒行的關閉命令雖類似封鎖，但其法律效力與封鎖有異，並不違反國際法原則。（2）中華民國海軍為執行關閉命令，原則上只能在其宣告關閉的領水內為之，但上述限制碍容許因燃眉急迫的人道精神所採取的各項權宜措施。（3）中華民國海軍除非有十分合理的懷疑，不應在公海上濫行臨檢，但有權對闖關復出的外籍商輪實施緊追權。（4）中華民國政府得依其國內法令沒收闖關外輪的貨物。（5）聯合國大會通過的禁運案，雖不具有法律上的強制拘束力，但其法律效力已足夠成為中華民國海軍在大陸附近公海實施臨檢之根據。（6）被中華民國海軍截捕的兩艘波蘭輪船實係中共所有，中華民國政府有權依其國內法令沒收之，波蘭不得異議。（7）中華民國政府若以行使自衛權為藉詞截捕蘇聯陶甫斯油輪頗有商榷之餘地，但似乎得依平時報仇的原則以沒收處分。[48]何燿光則從理性的角度認為：整體而言，中華民國海軍奉命執行的封鎖與關閉任務，就表面的戰略目標而言，無論是防堵中共海上運輸，窒息中共經濟，或是創造反攻契機等，均不能說是已達成了預定的目標。其主因在決策階層的策略目標模糊，選擇的工具與途徑不足以達成設定的目標，將一個無法達成的目標交由海軍來執行，自無法持續。然就執行層面來看，其中亦不盡然是完全失敗的經驗。首先，就策略的轉變過程來說，各階段的執行策略，基本上都能依據前階段缺失進行補救與改進。其次，在關閉效果的運用上，亦能與對外政策造成有意與無意間的接合，為中華民國持續「存在」的事實，奠定爾後聯盟的基礎。其三，在於海軍精神的凸顯，尤其是「知其不可為而為之」的風範，更應為現今軍人武德發揚的典範。對於海軍執行關閉大陸沿海作為的評價，他誠摯地認為，就感性的層面而言，它值得頌揚；就理性的層面而言，亦值得進行探討。[49]林宏一則從中（臺）美關係上認為：國軍在大陸沿海干涉外輪的努力，不僅證明了中華民國仍然存在，同時也證明了中華民國在東亞冷戰對峙中仍有價值：從國共內戰格局中成形的關閉政策及海上行動，已經「國際化」成為美國在東亞冷戰格局中的一種可行手段，而中華民國武裝部隊也證明，縱然本身的能力（如通信、情蒐）尚有瑕疵，

---

[48] 黃剛，〈中國關閉中共區港口引起的國際法問題之研究〉，《政大法學評論》，第4期，頁271。
[49] 何燿光，〈海軍關閉大陸港口政策之研究—戡亂作戰中一個幾乎被遺忘的部分〉，《中華軍史學會會刊》，第7期（2002年4月），頁73。

但若能提供適當的指導、資源與情報，他們還是有充當白手套的能力，為美國在東亞從事代理戰爭。基於此，關閉政策並非只有「知其不可為而為之」的悲壯意象，在臺海對峙與東亞冷戰的第一線上，中華民國武裝部隊的海空行動，可說是在國共內戰之外，找到了另一種較為積極的意義，且為其後中華民國與美國之間的各項軍事合作與特種活動開啟了先聲。[50]

（三）馳援大擔島作戰（1950年7月）

父親在永豐軍艦艦長任內，除在大陸東南沿海布雷及截捕外輪以執行關閉政策外，尚多次與共軍艦艇進行海上遭遇戰，以及掩護國軍突擊登陸作戰。關於後者，基本上是以留駐外島的游擊武力為突擊登陸作戰的主力，以機帆船、小艇、漁船等作為運輸載具，而由海軍艦艇提供護航及岸轟協助，對閩浙沿海島嶼、海岸進行突擊，其主要目的大致為：（1）情報蒐集；（2）實戰磨練；（3）騷擾與宣示反攻意志；（4）游擊隊給養以及自我價值的突顯。大體上，其作戰模式係採突擊、佔領、搜獲、撤退等程序執行，多數行動在突擊登陸達到目的後即行撤返。[51]至於協助陸上友軍防守作戰，則較為少見。

1950年6月，父親接任永豐軍艦艦長後，即率艦駛赴澎湖馬公第一艦隊司令部報到。7月，奉令馳赴大擔，支援該島守軍協同作戰。該戰役是父親在永豐軍艦艦長任內首次出任務，茲略述其經過。大擔係一南北長約二公里，東西寬約〇‧五公里面積不滿一平方公里的小島，位於小金門的西南，西北與廈門隔海對峙，距離最近的白石砲臺，僅有四、五公里，西南鄰近大陸與尾仔嶼、深澳（距離均約八公里）隔海相望。自廈門陷共後，該島獨立雄峙海中，成為金門的最前哨堡壘。

1950年7月26日晚7時，共軍第29軍第84師第258團的一個加強步兵營約720人，分乘31艘機帆船，經由廈門港出發，中途因受逆風及海浪影響，船舶隊形混亂，至當晚9時許駛至大擔附近海面，經守軍砲火轟擊，隊形益亂，且頗有傷亡，其第一線部隊及營指揮官勉為相繼登陸，遭守軍反擊，傷

---

[50] 林宏一，〈封鎖大陸沿海─中華民國政府的「關閉政策」，1949-1960〉（臺北：國立政治大學歷史學系碩士論文，2009年6月），頁104。

[51] 海軍總司令部編，《海軍艦隊發展史》（二）（臺北：國防部史政編譯局，2001年），頁1032～1033。

亡重大，營指揮官李桂生（第258團副參謀長）被擊斃，第二營營長鮑成負重傷，指揮失去重心，各登陸部隊因疲勞過度，戰志消沉，至次日（27日）拂曉全部投降。此役共軍登陸部隊遭擊斃者280人，重傷61人，被俘169人；未登陸部隊遭擊斃者210人。虜獲步槍140支，卡賓槍19支，衝鋒槍20支，輕機槍31挺，60迫擊砲6門，82迫擊砲2門，火箭筒6具，手槍12支，信號槍16支。其31艘機帆船，計燒毀7艘，砲毀3艘，撞毀9艘，被俘12艘。[52]

　　當共軍進攻大擔時，海軍金門巡防處處長蘇永信奉海軍總司令部電話通知，即派巡泊水鼓附近的咸寧軍艦，駛向浯嶼、大擔間，以防廈門「匪船」進犯。是日（7月26日）晚11時，共軍已強行登陸大擔，蘇永信復派永豐軍艦於大擔、浯嶼間助戰。[53]父親於次日零時1分接蘇永信電話，當即率永豐軍艦出發馳援。[54]據父親所發的「豐艦字第一五六號代電」稱：

> 本艦於午感（按：即7月27日）一時冒風浪急駛大擔附近海面，梭巡應戰，嚴密搜索海上匪船行動，及監視匪白石及梧〔浯〕嶼砲台。當時發現匪白石砲台對我大擔發砲射擊，探照燈並不時向我方照射，大擔匪我兩軍正混戰中，未便砲擊，但大擔東南海面並未發現任何匪船，警戒至晨八時，大擔已無砲聲，始返港整補。[55]

　　可見父親率永豐軍艦首次出任務馳援大擔島，僅在該島東南海面從事警戒監視，並未發砲助戰。原因是「時島上正進行混戰，該艦與陸上友軍未能取得聯繫，敵我情況不明，目標不清，未能砲擊。同時因月黑風高，波浪強大，該島附近又有我水雷封鎖線，無法駛入大擔以西及白石砲台間進行搜索截擊。而巡防處屢向兵團部詢問戰鬥實況，亦未獲確切答覆」。[56]

---

[52] 「臺灣防衛總司令部兼總司令孫立人致海軍總司令部電」（1950年9月18日）所附之臺灣防衛總司令部第二署編印，《匪加強步兵營渡犯大擔經過之研究》（未刊手寫本，1950年9月10日）；《國軍史政檔案》，〈海軍金門島附近作戰計劃腹案〉；總檔號：00025164。

[53] 「海軍金門巡防處處長蘇永信呈海軍總部電」（1950年7月28日），《國軍史政檔案》，〈披山及大擔戰役案〉；總檔號：00025907。惟電文將「浯嶼」誤書為「梧嶼」，特予更正。

[54] 「永豐艦艦長周非呈海軍總司令部桂永清電」（1950年7月27日），同上。該電報係是日上午4時發出，11時收到，11時45分譯出。

[55] 「海軍金門巡防處處長蘇永信呈海軍總部電」（1950年7月28日）所附之該代電，《國軍史政檔案》，〈披山及大擔戰役案〉；總檔號：00025907。

[56] 「海軍總司令桂永清呈參謀總長周至柔電」（1950年8月7日），同上。

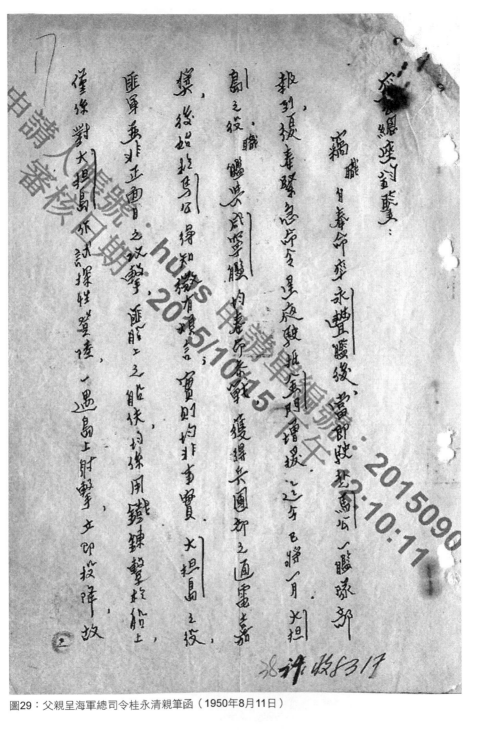

圖29：父親呈海軍總司令桂永清親筆函（1950年8月11日）

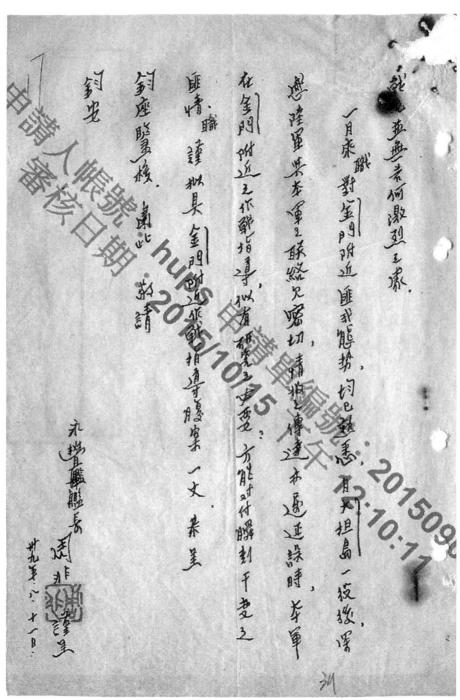

圖29（續）

大擔戰役結束後，海軍金門巡防處處長蘇永信接守軍粵華部隊「信恭字1184號批答」，對永豐軍艦協力作戰予以傳令嘉獎，蘇即以「金信人字0870號代電副本」向海軍第一艦隊司令劉廣凱呈報。[57]

8月11日，父親呈文給海軍總司令桂永清（字率真，故父親尊稱他為率公總座），向其報告接掌永豐軍艦一月來的動向云：

> 竊職自奉命率永豐艦後，當即駛赴馬公一艦隊部報到，復奉緊急命令，星夜駛抵金門增援，迄今已將一月，大擔島之役，職艦與咸寧艦均奉命參戰，獲得兵團部之通電嘉獎，後始於馬公得知微有煩言，實則均非事實。大擔島之役，匪軍並非正面目之攻擊，匪船上之船伕，均係用鐵鍊繫於船上，僅係對大擔島作試探性登陸，一遇島上射擊，立即投降，故戰況並無若何激烈之處。一月來職對金門附近匪我態勢，均已熟悉，自大擔島一役後，深感陸軍與本軍之聯絡欠密切，情報之傳達亦遲延誤時，本軍在金門附近之作戰指導，似有研究之必要，方能對付瞬刻千變之匪情，職謹擬具金門附近作戰指導腹案一文，恭呈鈞座鑒核。[58]

關於父親所擬具附呈的「金門附近作戰指導腹案一文」（即《海軍於金門島附近作戰計劃腹案》），其全文如下：

第一、方針
一、海軍為確保金門正東正南及西南海面，掩護我兵團之側翼及背後，且使作戰容易計，應集結主力於水頭港內，一部控置於料羅灣，另一部控置於東椗〔碇〕島以北海面，尋求渡海進犯之匪船主力而擊破之。
第二、指導要領
二、匪船如由圍頭向金門東側海面進犯，我以控置於料羅灣之一部，前進至北椗〔碇〕島附近海面而截擊之。

---

57 「海軍金門巡防處處長蘇永信呈海軍第一艦隊司令劉廣凱電」（1950年8月5日），同上。
58 「永豐軍艦艦長周非呈海軍總司令桂永清文」（1950年8月11日），《國軍史政檔案》，〈海軍金門島附近作戰計劃腹案〉；總檔號：00025164。

三、匪船如由澳頭、何厝向金門西北海面進犯，我以集結於水頭港內主力之一部，憑藉猛烈火力而阻擊之。

四、匪船如由石冒頭、黃厝、白石砲台一帶向我小金門、大擔西北海面進犯，我以控置於東椗〔碇〕島以北之一部，前進至大擔島東側施行側方射擊，及大擔島與二擔島之間施行間隙射擊而摧毀之。如確知其為匪船「主渡海」攻略時，則我轉運主力於此，一舉擊滅之。

五、匪船如由深澳、浯嶼、鎮海角一帶向金門及大擔島左側背海面進犯，我以控置於東椗〔碇〕島以北之一部，施行斷然果敢之側擊而殲滅之。

六、匪船如由上述之二、三、四、五項情況同時進犯，我由集結於水頭港之主力內抽調一部，擔任對石帽[冒]頭、黃厝、白石砲台方面來襲匪船之阻擊，其餘各區控置之兵力，仍遵照二、三、五項指導要領，猛勇執行之。

七、任何情況，努力搜索渡海匪船主力所在，集中我優勢兵力，一舉而殲滅之。

第三、搜索及防空

八、要求空軍隨時搜索匪軍動態及匪船集中情形，猶[尤]其匪軍主渡海方面。

九、各地區控置之艦艇，隨時巡邏，並利用雷達，搜索附近海面有無匪船活動及可疑徵候。

十、對本軍或友軍之諜報機關，須積極聯絡之，以求迅速獲得有價值之情報。

十一、各艦艇隨時注意防空。

第四、兵力部署

十二、第一隊，永字級艦一艘附砲艇一艘，守備料羅灣以東海面。

十三、第二隊，永字級艦一艘附砲艇一艘，守備東椗〔碇〕島以北海面。

十四、作戰地境線如次，線上屬第二隊：

第一隊＼
　　　　水頭——東椗〔碇〕島之線
第二隊／

十五、其餘各艦艇為總預備隊，集結於水頭港內待命。

第五、通信聯絡

十六、本軍各艦艇間，及對上級指揮部暨友軍間之聯絡，仍以密碼之無線電報電話為主。

十七、各作戰艦艇，在其守備海面，力求能與附近岸上友軍直接聯絡，藉免層層轉報，使情報過時，貽失戰機，猶[尤]以在戰鬥正進行中時，更應密切聯絡，俾能作適時適切之處置。

第六、夜航設備

十八、商請陸上友軍，於水頭岩嘴、小金門島東角及正南角，各設風雨燈二個，垂直懸掛之，作夜航之用，俾能於黑夜中，任何時間，均能轉運主力，以行決戰。

十九、商請陸上友軍，於大擔島東端，及二擔島之南端背敵方向，各設置風雨燈二個，亦垂直懸掛之，俾我艦艇能於黑夜中前進至岸上友軍陣地之前緣，對來襲之匪船，予以準確之致命打擊。

第七、補給

二十、舉凡主食、菜蔬及淡水之補充與輸送，概由金門供應分處負全責，隨取隨予，力求保持及增進本軍之活動力。菜蔬方面以由左營派艦直接補給，維繫金門附近本軍官兵之營養與健康為佳。

第八、衛生

二一、輕傷（病）者，留艦自醫，較重者由本軍金門診所負責。[59]

該計劃腹案後尚附有「海軍於金門島附近作戰計劃腹案要圖」供備參閱。

---

[59] 周非，《海軍於金門島附近作戰計劃腹案》，同上。

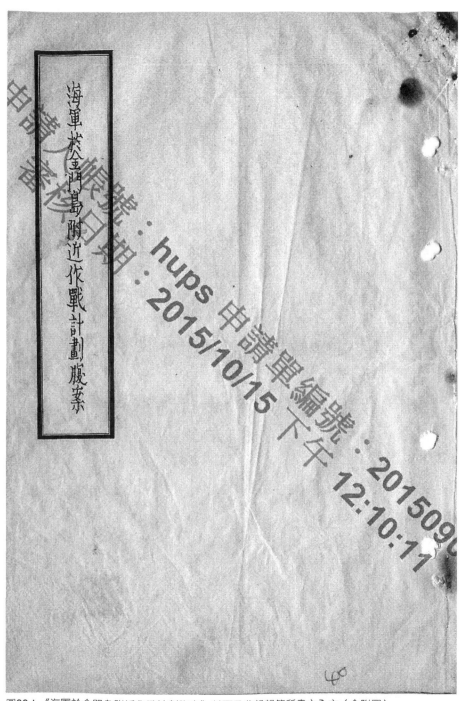

海軍於金門島附近作戰計劃腹案

圖30：《海軍於金門島附近作戰計劃腹案》封面及父親親筆所書之全文（含附圖）

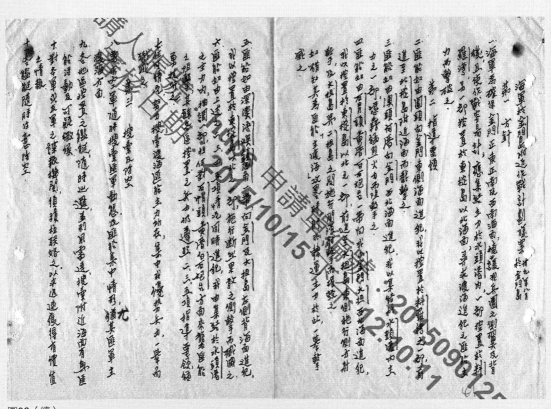

圖30（續）

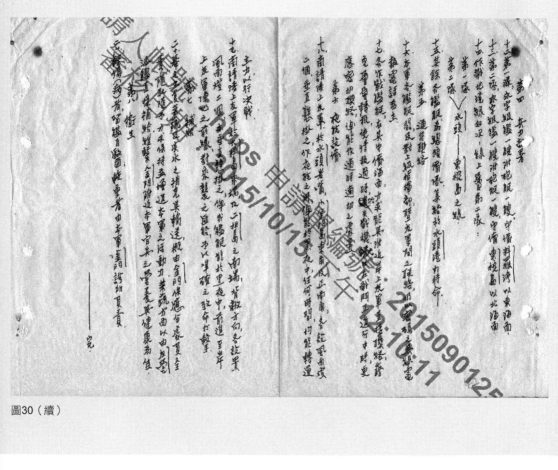

圖30（續）

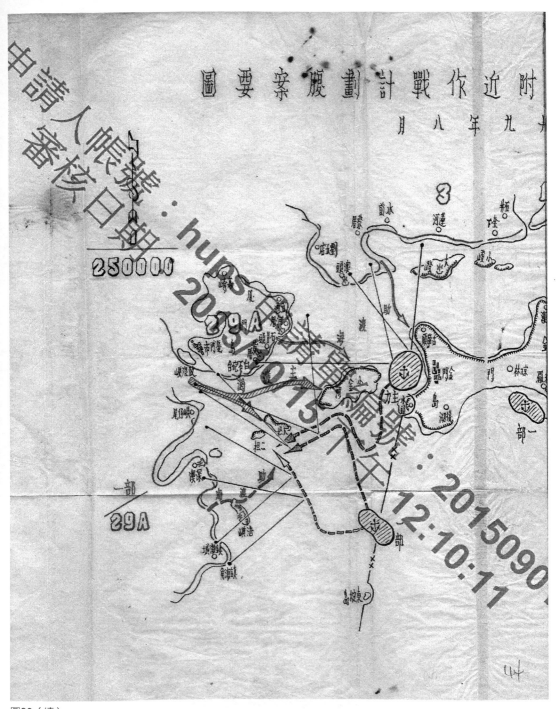

圖30（續）

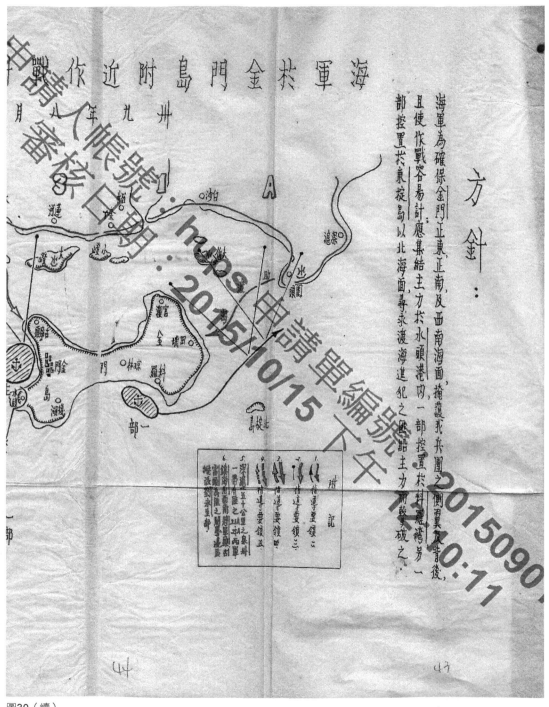

海軍共金門島附近作戰

卅九年八月

方針：

海軍為確保金門正東、正南及西南海面，掩護我共圍之側與其後，且使作戰容易計，應集結主力於水頭港內，一部控置於羅灣易，另一部控置於東碇島以北海面，尋求渡海進犯之匪船主力而擊破之。

附記

1. 指導要領二
2. 指導要領三
3. 指導要領四
4. 指導要領五
5. 深滬五十公里之泉州一帶常駐之匪兩軍。鎮海南面周圍匪部，前開西南匪之周警備基。峻依然為永基部。
6. 深滬五十公里之泉州一帶常駐之匪兩軍。

44   43

（四）檀頭山及南韭山作戰（1950年12月）

1950年12月17日至18日，共軍第64師及92師所部會同其海軍華東艦隊司令員張大鵬所部艦艇進攻國軍浙海反共游擊隊據守的檀頭山及南韭山。自1949年6月國軍京滬杭作戰失利後，江浙地區流散的小部隊、地方自衛團隊、及反共志士，分別組成游擊部隊，在敵後持續作戰，並控領浙東台州列島為基地，襲擊共軍。次年5月，國軍撤離舟山群島時，台州列島北起漁山，南至南北麂，共計有游擊12個縱隊，其兵力及義民約二萬三千餘人，但組成複雜，戰力欠強。[60]

共軍既進攻檀頭山及南韭山，永豐軍艦奉命馳援，於12月17日11時30分離港（大陳）北駛。[61]14時抵達漁山，與何卓權所部聯絡。[62]漁山屬浙江省三門縣，在大陳島北32浬處。[63]17時，何卓權率部20餘人搭乘永豐軍艦前往南韭山解圍，18時30分，抵檀頭山海面，離岸10,000碼處泊錨。[64]次日晨6時，永豐軍艦起錨，巡弋檀頭山及南韭山海面，9時40分，發現共軍L.C.V.登陸艇20餘艘，及L.C.T.1艘，乃即刻進擊，以砲火射擊，計擊毀3艘，當即起火，損壞6艘，永豐軍艦士兵2名受微傷，雙方激戰至10時40分終止。[65]13時，永豐軍艦在南韭山港外發現共方大型軍艦1艘，即予擊毀。16時，掩護何卓權部返漁山，12月19日返大陳，於上午10時40分抵港。[66]

父親於戰役結束後撰有〈永豐艦檀頭山南韭山海戰詳報〉，上呈海軍第一艦隊司令部，再轉呈海軍總司令部，可惜的是此份珍貴的海戰詳報在現今國防部史政檔案中已無法覓得，只能從1951年2月18日海軍總司令桂永清呈參謀總長周至柔的電報中略見其部分內容如下：

---

[60] 三軍大學編纂，《國民革命軍戰役史‧第5部—戡亂》，第8冊—光復大陸整備時期（臺北：國防部史政編譯局，1989年），頁75。

[61] 「海軍溫台巡防處代處長蔣宣仁呈海軍第一艦隊司令劉廣凱電」（1950年12月19日），《國軍史政檔案》，〈檀頭山南韭山戰役案〉；總檔號：00025869。

[62] 「永豐軍艦艦長周非呈海軍總司令桂永清電」（1950年12月17日），同上。

[63] 孫靜江編著，《大陳紀略》（臺中：民風出版社，1965年），頁2。

[64] 「永豐軍艦艦長周非呈海軍總司令桂永清電」（1950年12月17日），《國軍史政檔案》，〈檀頭山南韭山戰役案〉；總檔號：00025869。

[65] 「永豐軍艦艦長周非呈海軍總司令桂永清電」（1950年12月18日），同上。

[66] 「海軍溫台巡防處代處長蔣宣仁呈海軍第一艦隊司令劉廣凱電」（1950年12月19日），同上。

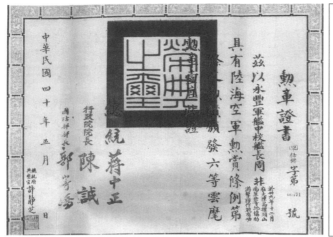

圖31（左）：中華民國政府頒給父親之六等雲麾勳章證書（1951年5月）
圖32（右）：父親之六等雲麾勳章（府廠製，編號：4015）

查該詳報內第四項第一款，建議本軍派駐大陳艦隻，以派正式作戰艦，或中、美字級艦為宜一節，尚有見地，可予參考，但目前情況似仍遵鈞部〈40〉戡戴字第011號代電指示為宜。至於第二款關於支援大陳外圍各小島游擊隊之建議，因目前本軍限於艦艇兵力無多，對於該方面之作戰，已電飭於不影響大陳本島防務原則，對外圍各小島盡力予以支援。[67]

同年5月，中華民國政府「茲以永豐軍艦中校艦長周非，於卅九年十二月，在大陳檀頭山南韮山等地協助游擊隊作戰有功」，特頒發六等雲麾勳章一座，頒發者為總統蔣中正，行政院院長陳誠，國防部部長郭寄嶠。[68]該勳章係國府所頒三軍通用的勳章，頒給對象是對國家建有勳績，或鎮懾內亂有功者，等級低於國光勳章（至今僅蔣中正、傅作義、周至柔、俞大維、何應欽五人獲頒）、青天白日、寶鼎勳章，高於忠勇、忠勤勳章。

（五）支援福建反共救國軍作戰（1951年）

1951年（民國40年），永豐軍艦的主要任務係為支援福建地區的游

---

[67] 「海軍總司令桂永清呈參謀總長周至柔電」（1951年2月18日），同上。
[68] 見該勳章證書（四十），任儲字第00471號。

擊武力（主要是福建反共救國軍）突擊作戰。如9月7日，與洞庭軍艦掩護游擊隊登陸將軍頭、果嶼等島嶼，蒐集有關敵軍情資。[69]9月8日（即齊日），永豐軍艦南巡抵菜嶼後，於0時30分護送游擊隊200餘人，在浮頭灣登陸。次日（即佳日，9月9日）1時，全部順利完成，6時，巡弋兄弟嶼一帶後，返航，17時45分，抵港。[70]對於掩護游擊隊登陸浮頭灣的經過，父親在呈海軍金門巡防處處長康肇祥的電報中有所詳述：

> 本艦前遵貴處軍蕹申齊14.10電示協助游擊隊南海部隊在菜嶼附近強行登陸，余於申佳22.10電報在案。本艦係申齊13.50出港，載該部指揮官黃參謀長炳炎及美顧問雷德曼等南航。20.00，於菜嶼東15尋獲該部永通輪及其登陸大帆船五艘，載部隊二百餘人，經密商後，本艦向東瑞嶼與菜嶼間前進，並錨泊浮頭灣117度45E23度49N處（所用日本海圖空虛四四三號），距匪岸五海浬監視警戒，用雷達搜索東北西三方水面，無船跡。23.00，月落，永通輪率船隊向浮頭灣西北下尾附近匪方大陸。01.00，雷達中視其接近大陸岸，且無槍聲及火光。02.30，雷達中視其折返本艦。04.15，永通輪及船隊到本艦東北4,500碼，向外海航行中，該輪無線電未約定臨時波長，與本艦不能通信，黃參謀長及美顧問判斷其已登陸成功。本艦在其後15海浬掩護返東椗〔碇〕島後，返水頭港。[71]

然稍後父親方知游擊隊（南海部隊）並未登陸，原因是浮頭灣一帶「匪戒備嚴密」，「刻匪為防我游擊隊登岸進入大陸，已飭沿海九縣動員戒備中」。[72]

同年9月14日，永豐軍艦又掩護馬祖游擊隊突擊湄州灣蒐集情報與補充物資。10月19日，掩護游擊隊突擊菜嶼蒐集情資。12月6日，掩護游擊隊、陸戰隊混合部隊800餘人，分乘3艘機帆船突擊南日島，總共擊沉共

[69] 海軍總司令部編，《海軍艦隊發展史》（二），頁1033～1034。

[70] 「海軍金門巡防處處長康肇祥呈海軍總司令桂永清電」（1951年9月10日），《國軍史政檔案》，〈海軍戰役案〉；總檔號：00025844。

[71] 「永豐軍艦艦長周非呈海軍金門巡防處處長康肇祥申元電」（1951年9月10日），同上。

[72] 「海軍金門巡防處處長康肇祥呈海軍總司令桂永清電」（1951年9月12日），同上。

軍船隻7艘、擊斃共軍300餘人。[73]另一記述則謂此次戰役係掩護南海游擊隊登陸南日島，擊潰共軍第28軍及機帆船團，傷共軍200餘人，俘獲26人及槍57枝。[74]。其中所提及的「南海游擊隊」，即前引父親電報中所提及的「南海部隊」，為美國派駐於臺灣的機構之一的西方公司（Western Enterprises Inc.，WEI），所培訓的駐於金門與大陳島的「南海集訓總隊」。該公司於1951年2月在美國賓夕法尼亞州匹茲堡正式註冊成立，表面上是民間公司，但實際上隸屬於美國中央情報局，是一個祕密機構。其成員為自美軍各戰鬥單位選出的七十多位精銳軍官團組成，負責訓練中華民國國軍。其總部設於臺北市中山北路圓山附近，活動基地則在大陳島、金門、馬祖等外島。該公司全盛時期是在韓戰期間（1951-1953），1955年初，結束運作，將業務轉移給另一個中央情報局派駐臺灣的祕密單位「美國海軍輔助通訊中心」。[75]

關於永豐艦參加南日島戰役的經過情形，父親於役後撰有戰鬥詳報上呈給海軍第一艦隊司令劉廣凱，該報告全文甚長，因極其珍貴，茲照錄其原文如下：

（一）作戰前匪我態勢：福建之惠安、莆西、福清一帶為共匪28A之駐地，興化灣有匪機帆船十二艘，每艘有六〇迫擊砲二門，興化灣口之南日島駐有匪軍約一營之兵力，附小砲數門，扼守興化灣之咽喉，掩護灣內匪機帆船團及匪船之活動，並監視阻止我烏坵嶼游擊部隊不得北進入大陸。十一月廿三日，本艦接金門巡防處康處長極機密之親筆所書軍壅戊梗代電，略謂「本島游擊隊擬日內天好登陸南日島，派永豐軍艦屆時自料羅灣出發，護航該隊船隻至烏坵嶼集中，並擔任登陸前後之掩護警戒等事宜」。當即與南海部隊黃參謀長炳炎密切聯絡，完成一切準備。十二月三日下午，接巡防處通知出發，風速27-33浬，巨浪，本艦至料羅灣，利用夜暗載運及掩護南海部隊黃參謀長等官兵（800）餘人，另有美顧問漢美登等

[73] 海軍總司令部編，《海軍艦隊發展史》（二），頁1034。
[74] 中國戰史大辭典—兵器之部編審委員會編纂，《中國戰史大辭典—兵器之部（下冊）》，頁850。
[75] 〈西方公司〉—維基百科，自由的百科全書（https://zh.wikipedia.org/wiki/西方公司）。

四人,機輪船三艘,向烏坵嶼前進,四日晨六時許到達,逢臺灣海峽大風警報。至六日轉為颱風警報,因人數過多,淡水、菜蔬均困難,友軍官兵多患暈船症,故當時甚為不便。

(二)氣候及兵要地誌:十二月六日(月齡初八),風向北轉東北,風速41-47浬,惟下午微雨,風力稍弱,風速減為28浬,大浪,天空微現月色。南日島在烏坵嶼北十二浬,位於興化灣口,東北與海壇島,西南與平海、湄州二灣遙遙相應,全島形勢由西北延伸向東南,面積約百餘平方公里,人口二萬餘,東部多荒石高山,西部為坵[丘]陵,較低,多村鎮及耕種地與優良港灣,唯北部水道危險,多暗礁及小島,南部水中有大沙灘及暗礁,僅西部南厝港為較優之錨泊地,亦為優良水道,一般船泊[舶]均集中於此。本島西部與大陸之石城僅一水之隔,如大陸之內河,船泊[舶]成隊往來其間,輪船可進出。

(三)戰鬥要領及部署:根據本艦與黃參謀長之協定,並得美顧問漢美登等之指導如下表:

戰鬥時期	第 一 期 (反攻準備)	第 二 期 (攻擊第一線陣地)	第 三 期 (攻擊第二線陣地)
南海部隊	午夜以後,由西部南日島之南邊淺灘秘密登陸,一舉奪取蘇湖山及南厝二高地,掩護全部登陸及展開,並向北面推進。	佔領平海樓及中央高地迄南浦頭之線。	奪取坑口高地,壓迫匪軍於北部淺灘而殲滅之。

| 永豐軍艦 | 在西部南日島之南邊海面警戒，必要時，火力支援及掩護，待登陸已完成，即向南日島西水道巡弋。 | 搜索南厝港內匪軍機帆船，而擊滅或捕捉之，並火力掩護北進我軍之前進。 | 向北巡弋，經南浦頭、坑口以西航道活動，於本島西北海面，火力支援並阻止北部匪軍之逃逸，及截斷西及北方大陸方面匪船之增援，與友軍合力殲滅殘匪。 |

（四）戰鬥經過：一.護航載運及集中：十二月三日：一八四〇，本艦奉到赴南日島作戰之命令後，即離金門水頭港北航。二〇五二，抵料羅灣拋錨，與南海部隊聯絡。二一一〇，南海部隊黃參謀長炳炎偕美顧問漢美登等四人，並率該部之一部約二五〇人登艦，請託本艦代運。二二四五，離料羅灣護航該部機輪船三艘，北駛烏坵嶼。十二月四日：〇六三三，本艦率各輪安抵烏坵嶼南拋錨。〇七五八，駛赴小坵，收集帆船，借得二艘。〇九〇六，返泊大烏坵原錨地，會合黃參謀長、美顧問及各隊長洽商，戰鬥部署。一五三六，氣候突轉惡劣，風速大增，本艦移錨位於避風處。十二月五日：〇六〇〇，氣象報告有巨風警報，烏坵一帶風速增至四二浬，天氣惡劣，海面猛浪，航行受阻。十二月六日：一〇〇〇，發現美軍驅逐艦一艘，距本艦一萬碼，由南向北航行。連日因南海部隊約八〇〇人，淡水消耗甚鉅，本艦現存數已無多，所帶菜蔬已將盡。一四〇〇，氣象報告，颱風警報，中心位於菲律賓東南，向西北移動，烏坵非避颱風之處，不便久留。黃參謀長、美顧問圍及本艦艦長密商後，決心爭取時間，冒強風速戰速決。二.掩護登陸南日島：二三四三，本艦完成一切準備，載該部官兵二五〇人，拖二帆船，率該部機輪船三艘，以備戰巡行之部署，航速四浬，航向零度，向南日島匪軍陣地開進。十二月七日：〇一三〇，本艦臨時用之無線電話，獲聽得南日島匪軍電台以山東語通話，「本台廿分鐘

前已發現敵情，報告首長，首長令以第二項計劃處置之」，本艦已知匪軍有準備。〇三四五，本艦在南日島西部以南五千碼之海面，東經一一九度二九分，北緯二五度〇九分拋錨，利用二支（隻）帆船載南海部隊逐次登陸，往返頻繁，本艦任掩護。〇五〇〇，全部登陸完畢，展開戰鬥。〇六三〇，本艦起錨，航向二七〇度、九〇度，往來於該島南邊海面，逼近掩護。三.南日島海港激戰：〇七三八，本艦向該島西水道北進，航向350°，往撲南厝港匪機帆船泊地，未發現。〇七五六，砲擊匪陣地之右側背，支援我軍前進。復深入興化灣內港，追襲潰退之匪軍，截斷其逃逸。〇八三八，航向五〇度，發現匪巨型機輪一艘，在南日島北方海面，本艦全速追擊，以三吋砲發射，該匪輪受傷後向東北群小島中逃逸，水道困難，我不能接近。〇八四五，復於港之西北方發現匪機帆船一艘，滿載匪軍，當即跟蹤追擊，本欲俘獲，該匪艇以重機槍及迫砲頑抗，追至象城以北港面，本艦以二十糎及四十糎砲射擊，予以擊沉。〇八五一，象城北部小島旁，滿載匪軍潛伏之匪機帆船十三艘蜂湧來襲，本艦改航向三〇〇度，加速逼近激戰，匪重機槍彈落本艦甚多，六〇迫砲彈[落？]本艦左右舷及艦尾，艦尾鐵旗桿連同國旗被炸去。〇九一〇，轉航向一七〇度，進入Clam Island西北淺水際（東經一一九度二三・五分，北緯二五度一六分），逼近射擊。〇九一五，匪機帆船由縱隊變橫隊，本艦[停？]俾激戰，集中火力，向其猛擊。〇九一九，匪領隊之機帆船二艘被我擊沉，船尾沉入水中，另四艘被我擊毀，隨流飄浮至象城沙灘，本艦仍不斷轟擊。〇九三六，匪機帆船變為二隊，左右分馳，本艦仍不斷轟擊，四艘復被我重傷飄流，內二艘掛帆逃向沙灘擱淺，匪軍傷亡慘重，僅見十餘人逃出狂奔。一〇〇一，匪機帆船大部均飄浮海面，搖擺不定，該區域水淺，本艦不能駛進停出。一〇〇九，登陸友軍要求火力支援，砲擊南日島北部高山匪軍陣地，本艦便棄被擊毀之匪船，改航向一一〇度。一〇二五，砲擊南日島北部高地匪軍陣地。一〇三五，友軍來電已轟毀匪軍陣地，本艦各砲停放，航向一五〇度。一〇四五，友軍來電南日島南部草湖匪軍猛撲，我上校副總隊長李某陣亡，要求本艦火力制壓，改航向二二〇度，全速駛往。一

一一〇，友軍開陽輪靠本艦，黃參謀長率留艦之官兵轉載該部，本艦掩護其登陸支援。一一一二，改航向一八〇度。一一三六，改航向90°支援草湖友軍，本艦四十糎砲射擊過多，重換新砲管。一二四三，登陸友軍電告，北部匪軍機帆船十七艘滿載部隊登陸增援，情況緊急。本艦改航向260°，全速駛往支援，後改航向5°，向西水通（道）急進，發現石城以東海面匪機帆船廿餘艘來襲，距離甚遠，近處復有一大帆船，當即砲擊，逼其靠左舷檢查，係居民，放去，遠處之機帆船聞砲聲，四散逃逸。一三一五，本艦趕至南日島北部，砲擊匪機帆船，彼等倉惶（皇）向東北列島中逃逸。一三二五，登陸友軍要求射擊匪方碉堡及堅強陣地帶，本艦主砲當即射擊，並以四十糎齊放，將碉堡及陣地數處擊毀，友軍攻克後告我匪死亡狼藉。

（五）掩護撤退：一四二〇，友軍殲滅匪主力後，任務完成，告我將撤退，本艦折而南返，沿島火力掩護撤退。一五一〇，登陸友軍要求在南部沙灘火力掩護撤退，復據報撤退中受殘匪攻擊甚熾，本艦全速駛往。一五五七，匪機槍及迫砲直射沙灘，友軍撤退困難，本艦三吋砲再開始射擊，摧毀匪陣地。一六三七，登陸友軍撤退完畢，本艦各砲停放，接運受傷友軍官兵，並代為急救醫療，整理各船編隊。一七〇三，率南海部隊機輪船三艘，所俘大帆船四艘，向烏坵嶼返航，航向185°。一八一五，全部安抵烏坵錨泊。一八四〇，友軍機輪船送受傷官兵來艦，本艦醫務室代為開刀取破片，並割左臂一支。二一〇〇，由烏坵嶼起錨率各輪船返金門，航向230°。十二月八日〇六三〇，本艦安返金門水頭港錨泊，黃參謀長、美顧問率南海部隊一部及其傷兵離艦上岸，返原駐地。

（六）戰果：一.匪軍傷亡：本艦砲火擊沉匪巨型機帆船三艘，擊毀四艘，重傷四艘，每艘均載有六七十人之武裝部隊，並擊毀匪碉堡一座，重機槍及迫擊砲陣地數數（？）以上，約斃匪三百餘人。二.本艦傷亡：人員無傷亡，見第一號附表。三.械彈損耗：耗損情形見第二號附表。四.俘獲：無。

（七）戰鬥檢導（討）：一.匪軍島嶼戰計劃之研究：本艦掩護南海部隊於烏坵嶼集中之後，由友軍情報電台通知，「南日島匪軍自

十二月四日後其電台即未對外發布電報，惟莆西、涵江匪軍與廈門匪軍電訊頻繁」。七日○一三○，本艦掩護南海部隊船支（隻）向南日島前進之際，於距該島二浬時，收聽得南日島匪軍明語電話「已有敵情，報告首長，首長依第二計劃處置」，當時本艦已知匪軍有備，惟與黃參謀長及美顧問漢美登研判之結果，認為匪軍或係撤退。登陸戰爭展開後，方知匪軍對島嶼防守戰鬥係採用「後退配備」，將預期我軍登陸之沿海邊兵力全部撤退至後方高地，憑碉堡及工事固守，以28軍所屬船管隊團全部使用，每船載一連人所挑選之精銳官兵約六七十人，在附近港灣停泊潛伏，乘我軍登陸後誘我深入，以船團截斷我軍海上退路，再登陸包圍而捕捉我軍。故我軍爾後如攻島嶼，必先努[力]搜索附近匪情匪船活動狀況，確保海上聯絡線，始可期其成功。二.匪機帆船之性能：往者在各海上所遇之機帆船，均係以民間大帆船加裝機器而成，此次所遇之四十餘艘，全係同一型式，前桅粗大（僅一桅），船身長，微帶黑式（色？）（恐係塗料所變色），兩舷外面裝有防彈設備，係用大南竹整根直破為粗大之竹片，合細成柱狀密排，此多數之竹片柱用鉛絲編成竹簾，懸掛兩舷以禦砲彈破片及機槍彈。船身由前向後視之，為一類似潛艇之圓柱狀，非一般木船之扁平狀，故甚為牢固。每船可載官兵七八十人，裝有重機槍或半吋口徑小砲，通常均有六○迫砲數門，在船上移動射擊，搭乘之部隊亦可同時射擊。單用機器航行，時速為六、七浬，機器與風帆並用，可增至十浬以上。三.我軍戰場通信之改良：一般以為密電碼能保密電文內容，接近戰場愈收發電報頻繁，匪軍即利用偵察台測知某一海面或某一島嶼電信頻率之情況，判斷我軍集中之企圖而早為準備，故攻擊時前應力求避免電報頻繁之現象，海軍艦艇之定時報位，於接近敵人時亦應暫停為當，如能出匪不意，一舉而攻略之。四.「反情報」技術之運用：我軍作戰行動因部隊必須集中轉運，故為匪諜偵察我企圖之最佳機會，雖每次行動力求機密，仍不免予匪以判斷之資料，故我軍爾後凡有行動，出發前應偽造消息傳播，以誘匪軍判斷，明係向東，必偽言向西，明係作戰，必偽言演習，明係集中，必偽言調訓，使匪軍無從測知我行動為上。

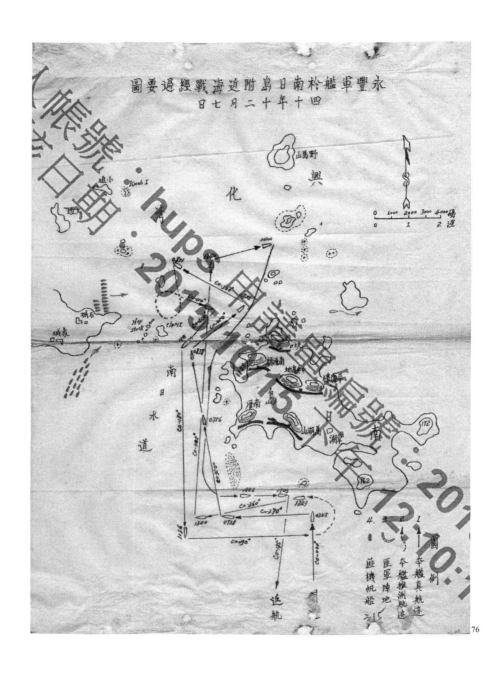

永豐軍艦於南日島附近海戰經過要圖
四十年十二月七日

76 周非，「海軍永豐軍艦南日島戰鬥詳報」（1951年12月15日），《國軍史政檔案》，〈南澳（日）島戰役案〉；總檔號：00025859。

父親在戰鬥詳報後所附之第一號附表，是此役「永豐軍艦死傷表」，內容為戰鬥參加人數計軍官佐21員，士兵90名，官兵死、傷、生死不明均無。第二號附表，是此役「永豐軍艦武器彈藥耗損表」，內容為消耗彈藥計三吋砲45顆，四十公釐砲1,250發，二十公釐砲1,100發；附記：四十公釐砲砲管兩根磨耗過甚，四十公釐砲砲管後退指示針折斷一個，二十公釐砲退殼鉤損壞四個。[77]足見戰況的熾烈。至於父親在戰鬥詳報中所提及參與此役的美籍顧問漢美登，全名為Edward Smith Hamilton（縮寫作Ed Hamilton），係西方公司派駐金門的負責人，1939年西點軍校畢業，美軍退休中校，是此役計劃的草擬者。[78]

大陸出版的論著，對於此役的記述則十分簡略，然亦可參酌作為對照：

> 1951年12月7日凌晨，海匪「福建省反共救國軍南海縱隊」參謀長黃炳炎率4個中隊500餘人，在南日島岩下登陸，分五路向解放軍八十三師二四九團偵察排扼守的尖山及167.2高地發起攻擊。解放軍偵察排臨危不懼，堅守陣地，阻擊了敵人的多次進攻。6時30分，二四九團二營和一營二連渡海進行增援，與偵察排共同向海匪實施大規模的有力的大反擊，殲滅敵人150餘人。[79]

1952年（民國41年）4月，中華民國政府因擔任海軍永豐軍艦海軍中校艦長的父親，「於四十年十二月間掩護南海部隊登陸南日島作戰英勇戰果豐碩」，著有功績，茲依陸海空軍獎勵條例規定，給予「甲種二等干城獎章」一座。署名的是總統蔣中正，行政院院長陳誠，國防部部長郭寄嶠。[80]

---

[77] 同上。

[78] Frank Holber. Raiders of the China Coast: CIA Covert Operations during the Korean War.（Annapolis, Maryland: Naval Institute Press, 1999）p.28, 52.該書作者Frank Holber，美國哈佛大學畢業，為西方公司昔日成員，在金門待過10個月，茲現身說法，撰就該書，對西方公司的緣起和所作所為，作了第一手的透露和報導。《中國時報》駐美國特派員傅建中曾撰有〈我軍襲共CIA一手策劃：《中國海上突擊隊》一書大揭半世紀前秘辛〉一文，介述該書，並有中肯的析論，文載《中國時報》（臺北），2001年2月5日，第3版。

[79] 劉幹才編寫，《海上盾牌—發起東南沿海反登陸反竄擾作戰》（北京：藍天出版社，2014年），頁107。

[80] 見該獎章執照，執照編號為佩字第02376號。

圖33：父親在永豐軍艦上瞭望南日島情況（1951年12月7日）

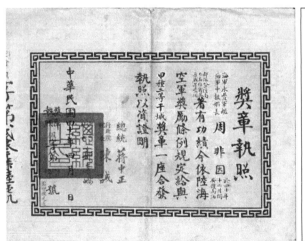

圖34（左）：中華民國政府頒給父親之甲種二等干城獎章執照（1952年4月）
圖35（右）：父親之甲種二等干城獎章（編號；3162）

　　與父親一同獲獎的永豐軍艦官佐為中尉副長沙榮生（乙種一等干城
獎章）、上尉輪機長吳怡（同前）、中尉艦務官郁文弼（乙種一等光華
獎章）、槍砲上士喬正權（乙種二等干城獎章）、輪機上士袁克昌（同
前）、電機上士張庭梧（同前）、槍砲中士郁仁麟（同前）、槍砲中士卞

鍾林（同前）、帆纜中士仲崇偉（乙種二等光華獎章）、中尉醫官羅廷吉（記功一次）、少尉航海官羅耀南（同前）、少尉通信官蒲昌國（同前）等共20員。[81]

（六）支援江浙反共救國軍作戰（1952年）

同年（1952年），永豐軍艦的主要任務則為支援胡宗南將軍的江浙地區游擊部隊突擊作戰。自從1950年5月舟山群島國軍因後勤補給不易，主動撤守臺灣後，浙東方面國軍據守較大的島嶼僅餘大陳列島。所幸1950年6月韓戰爆發，共軍於同年10月參戰，無力於浙東方面再生事端。然而1953年中，韓戰參戰各方已有結束戰事的共識，共軍於是轉移歷經韓戰磨練的三軍兵力於浙東方面，大陳乃再度面臨共軍威脅。[82]

大陳列島位於浙江省台州灣口，分成上、下大陳及周圍附屬小島，距大陸最近者僅14海浬，但南距基隆則有230海浬，島嶼幅員狹小，缺乏機場，在補給及空援上均有緩不濟急的缺點，以空軍當時的F-47型飛機，自臺灣起飛，僅能在大陳上空停留15至20分鐘。此外，大陳居民教育程度不高，均賴打魚為生，僅有少數農產，水質亦不佳，島上山路崎嶇，僅賴步行。可見大陳在先天上不是一個優良的軍事基地。[83]

1951年（民國40年）3月17日，黃埔軍校第一期畢業，曾經顯赫一時，擔任過西安綏靖公署主任等要職人稱「西北王」的國軍著名將領胡宗南，突奉蔣中正總統命令整理指揮沿海游擊部隊，胡卒以此舉有進軍大陸的機會，毅然受命出任大陳「江浙反共救國軍」總指揮。後來胡在致國防部總政治部主任蔣經國函中提及「弟之所以來大陳，為欲求一可死之地，免在臺灣而陷於自殺的悲慘之局，為共匪所笑！」

圖36：胡宗南將軍

[81] 見「海軍總司令馬紀壯致第一艦隊司令部代電」（1952年5月3日）所附國防部核定之永豐艦於南日島作戰有功官兵給獎表，《國軍史政檔案》，〈海軍總部官兵勳獎案（三十九年）〉；總檔號：00016197。

[82] 楊晨光，〈韓戰爆發後國共在浙東島嶼的軍事對抗〉，《中華軍史學會會刊》，第7期（2002年4月），頁139。

[83] 張昭然，〈大陸逆轉前後國軍在浙江沿海島嶼的經營（一九四九年五月～一九五五年二月）〉，中華民國建國八十年學術討論集編輯委員會編輯，《中華民國建國八十年學術討論集》，第1冊—政治軍事史（臺北：近代中國出版社，1991年），頁568。

「弟自知罪孽深重,但在大陸邊緣策動作戰,可死之機會正多,而贖罪之願望可達」。[84]同年9月9日,胡宗南率同副總指揮鍾松(前國軍第三十六軍軍長)、政治部主任沈之岳、總參議兼代參謀長馮龍等自基隆港乘登陸艇北駛,次日,抵下大陳。時為保密,以國防部視察組名義掩人耳目,胡宗南化名秦東昌,沈之岳化名王明。[85]胡之化名秦東昌,以示不忘當年駐節所在的西安東倉門故居,和失敗的教訓,立志雪恥復仇。[86]

當時在中練號軍艦任航海官的梁天价,曾憶述胡宗南赴大陳之行及他到大陳之初的一些情形云:

> [1951年]九月裡,艦泊在基隆六號碼頭,晴朗的下午,奉令駛去大陳,艦長許承功中校命令我擬訂運補的航行計劃,和準備有關大陳的航行錨泊資料,並說還有高級長官要乘坐本艦出海巡視,啟航前,梯口站滿了梯侍和儀隊。這也真是一次很出色的航行吧!第三軍區司令曹開諫少將,於一時許,陪同國防部總政治部主任蔣經國將軍及便衣人員登艦,開航前,蔣主任及曹司令離艦,只留下了穿著便衣的人們在艦。
>
> 呈閱航行計劃時,在艦長室遇見了一位短胖精幹的便衣人。艦長向我介紹稱:「這是國防部視察組秦組長」,他隨即遞給我一張名片。作簡單航行計劃簡報後,我便退出,準備就進出港部位,啟航出港。離去後,一見名片為國防部「秦東昌」組長,很多人都不知道這個名字,也許是秦德純將軍的別名吧?大家這樣揣測。如果不是,為什麼蔣主任曹司令都來送行呢?在禮節上,又似乎比蔣主任又資深一級呢!大家都狐疑不定地想著。
>
> 次日,天氣晴朗,海風和暢,中練艦準時航抵大陳錨泊。艦長指示梯口:「本艦官兵不准離艦,除艦長特准外,不准艦艇傍靠」。視察組即日就艦長室,召開大陳、披山地區游擊隊司令幕僚指示會

---

[84] 胡宗南著,蔡盛琦、陳世局編輯校訂,《胡宗南先生日記》,下冊(臺北:國史館,2015年),頁324,1953年7月28日條。

[85] 胡宗南上將年譜編纂委員會編輯,《胡宗南上將年譜》(臺北:編輯者印行,1972年),頁278。

[86] 陳建中,〈胡宗南先生在西北〉,收入胡故上將宗南先生紀念集編輯委員會編輯,《胡宗南先生紀念集》(臺北:編輯者印行,1963年),頁159。

議，內容不詳。視察組一直住在艦上，秦組長也很少離開艦長室。每晚副長和我同到艦長室，陪組長玩橋牌，多少天來，幾乎成為慣例，秦組長與副長許江興一組，艦長和我一組。就牌技而言，秦組長和我，只是開始練習階段，艦長較好，副長最佳，四人中，副長最認真，且心直口快，在玩橋牌時，好勝心強，常常因秦組長出錯了牌時，而當面責備，令人非常歉憾。可是，那位秦組長只是笑而不語。每次就膳時，秦組長坐在艦長席，在我的對面，所有的官員就座等候他，他總含笑而來，坐下後又愛常對我說：「你好！你很精神！」散席時，輪機長張軼群上尉也幽默的對我說：「你好！你很神經」。

到大陳一週了，全艦人員在不准離艦的禁令下，苦守艦中，不知所以。視察組人員，來去都是便服。有一位李組員，據說昔日在大陸曾當過軍長的，對組長報告，亦執禮甚恭。

記得八月中秋節的晚上，艦上聚餐，全艦官兵在艦尾住艙歡迎秦組長講話，他站起身來，舉杯向領袖恭祝政躬康泰，祝海軍大家好，最後附祝桂永清同志好。只稱同志，而不稱呼桂總司令或將軍，又一次秦組長的身分被人們關懷著。一天，官廳來了一位大陳巡防處的政工官員，談到了秦組長，他說：「那是胡宗南將軍！」「不！那是秦東昌組長！」我們堅持著說，「他的名片還在這兒呢！」。「確是胡宗南將軍，在花蓮時，我親眼見過他！」他說。他的話，打破了我們多日的謎，也許由於尊敬，也許由於拘泥，再度打牌和見面時，我們也不像往日那般隨便，副長也一變以往的爭執和語調了。後數日，大陳漁民從匪區溫州帶回來報紙，其中則有「胡宗南更名秦東昌，已到大陳籌劃指揮！」視察組離艦下地後數月，胡宗南將軍即發表接任大陳防衛指揮官，但公文來往，仍用「秦東昌」代名。[87]

上引憶述文字，寫實、生動而傳神，並極具史料價值。惟謂胡宗南後即發表接任大陳防衛司令官，則誤，應係江浙反共救國軍總指揮，並兼浙

---

[87] 梁天价，〈浙海遊龍〉，中國海軍之締造與發展專刊編輯委員會編輯，《中國海軍之締造與發展專刊》（臺北：海軍總司令部，1965年），頁145～147。

江省政府主席（日後才設大陳防衛司令部，首任司令官為劉廉一中將）。胡宗南在大陳兩年多，前後親率部隊，展開游擊戰，大小戰30餘役，其中以洞頭、白沙、黃礁、金鎮衛、沙埕、鹿羊、積谷山等戰役為尤著。[88]永豐軍艦參加的戰役約有：

1.披山戰役（1952年2月）：1952年2月25日，永豐軍艦巡弋於浙江披山近海溢頑灣時，與共軍砲艇1艘、機帆船4艘遭遇，進行海戰，共擊潰共軍機帆船4艘，俘獲1艘及戰利品甚多。[89]其經過詳情約略如下：披山屬浙江省的玉環縣，面積二·三平方公里，位於大陳島以南30浬處，與大麂山相對峙。[90]據父親1952年2月25日所拍發之呈海軍第一艦隊司令劉廣凱電稱：是日9時40分，永豐軍艦得披山游擊隊情報通知，溢頑灣海面發現共軍機帆船5艘，向披山方向航進。永豐艦當即起錨，會同游擊隊機動艇1艘前往迎擊。[91]10時30分，發現係共軍小砲艇1艘，大型機帆船2艘，中型2艘，各掛上紅下白方旗。10時48分，雙方遭遇於溢頑灣海面，相距3,000碼，共方向永豐艦砲擊，內有巨砲彈10餘發落於該艦附近及超過該艦。永豐艦當即以3吋及40公釐砲轟擊，壓制對方大砲。11時，雙方相距1,500碼，共方大型機帆船1艘被擊傷，飄流海面，人員放艇下水，復被砲彈擊中，該艇全部炸毀。不久，其小砲艇及大機帆船先後被我擊中潰敗。11時20分，共方艇船向西沙山小港隨戰隨逃，永豐艦追至芳草海面猛擊，游擊隊機動艇亦趕至協擊，共軍棄船跳海，船漂至淺灘，永豐艦無法接近，乃砲擊之。11時30分，永豐艦返航溢頑灣，捕捉共方漂浮之船1艘，俘13式8公分山砲1門，砲彈8發，砲兵鍾順發1名，手榴彈20餘顆，中共共青團團旗一面，相片及書報百餘本，隨將該船拖返披山。該船屬共軍第105師指揮，原係海門機帆船大隊，重約80餘噸，木殼，裝美式十輪卡車引擎二部，雙俥葉，航速8浬，配有80山砲1門，另2公分砲1門，輕重機槍數挺（為共軍棄船時投海中），經常往返於洞頭、海門、石浦、舟山等處。[92]

---

[88] 鍾松，〈在大陳〉，胡故上將宗南先生紀念集編輯委員會編輯，《胡宗南先生紀念集》，頁250～251。

[89] 中國戰史大辭典—兵器之部編審委員會編纂，《中國戰史大辭典—兵器之部（下冊）》，頁850。

[90] 陳仁和編著，《大陳島：英雄之島》（臺北：編著者印行，1987年），頁27。

[91] 「永豐軍艦艦長周非呈海軍第一艦隊司令劉廣凱電」（1952年2月25日11時25分發），《國軍史政檔案》，〈將軍頭及披山戰役案〉；總檔號：00025745。

[92] 「永豐軍艦艦長周非呈海軍第一艦隊司長劉廣凱電」（1952年2月25日21時發），同上。

此役，戰鬥激烈，永豐軍艦亦遭80山砲砲彈擊中，惟損傷輕微。據父親電呈中彈的情形：（1）左舷水線上5公尺第8、9船骨間穿入一彈，通過槍砲庫、輪機艙、帆纜庫中間彈藥庫，經右舷上甲板穿出，共穿破鐵壁裂口大小4處。（2）右舷船尾雷軌末端穿入一彈，經船殼、舵機艙、輪機配件庫（電扇一只被毀），至85及86船骨間主甲板穿出，裂洞長1尺半，寬5寸。[93]

2月27日，海軍總司令桂永清以該戰役永豐艦官兵「忠勇奮戰，擄獲匪艇，殊堪嘉尚」，「特電慰勉，并希速報戰鬥詳報憑轉」。[94]3月7日18時，海軍第一艦隊在大陳島太和軍艦官廳舉行永豐軍艦披山戰鬥檢討會議，由第一艦隊司令劉廣凱為會議主席，出席者：有父親，永豐艦副長沙榮生，太和艦艦長劉德凱，永泰艦艦長鄒堅，溫台巡防處處長招德培（姜宗周代），第一艦隊司令部政治部副主任孟甦，參謀吳錚、賀一群。首先由主席報告，謂永豐軍艦此次披山戰役意義甚大，海軍總部及國防部對此非常重視，蓋此次戰役對反共抗俄戰爭的影響有三點：（一）關係大陳之保衛戰。國防部的方針是要確保大陳，作為保衛臺灣的前哨及反攻大陸的跳板，並策動江浙人民反共武力，因此派胡宗南先生這樣一位有威望的人坐鎮大陳，指揮和整訓游擊部隊，大家就可以想到大陳的重要。（二）這次戰役對共軍機帆船的性能裝備得到一個瞭解，對俘獲人物而得到共軍的訓練及一般情形。（三）由這次戰鬥可以得到共軍船團的戰法。接著，由父親大略述說披山戰鬥的經過，並提出三點報告：（一）「我們一向估計匪機帆船無大砲，但現在已證明是有的，而且在浙江方面共有裝7.5砲機帆船十二艘，匪軍叫做打兵艦船」。（二）「這種所謂打兵艦船裝上的砲，只能俯仰，不能旋轉，完全靠舵操縱，所以我們以後與這類船交戰，避免正面接觸」。（三）「與這種船接觸，不可太近，因為匪船短程火力甚強，除輕重機槍外，有擲彈筒、火箭筒，可射600碼至1,500碼，我們最好在六千或五千（碼）用空炸彈殺傷他艙面人員為最妙」。此外，父親有三點建議：（一）「保衛大陳，必先鞏固大陳外圍據點。由此可加強情報及監視匪船動態，並設立烽火制度，如發現匪船，即舉烽火為信號，軍艦見烽火後，可立即出動，如以電報發譯後，即失時效。惟烽火制

---

[93] 「海軍總司令桂永清呈參謀總長周至柔電」（1952年2月29日）所轉報之永豐艦丑儉電，同上。
[94] 「海軍總司令桂永清致溫台巡防處并轉永豐艦電」（1952年2月27日），同上。

度應召各島負責者加以訓練，以免錯誤」。（二）「採取制先奇襲。事先察知匪船之企圖及必經之航道，以快速艦艇奇襲，以收澈底覆滅之效，以打擊匪士氣」。（三）「突破封鎖——近來匪軍利用機帆船隊封鎖我各島游擊部隊，可說是囂張已極，海軍應協助游擊船隻黑夜進入匪港突擊，如匪船來襲，即擊滅之，以提高我游擊部隊士氣，自然向大陸深入，奠定反攻大陸勝利之基礎」。接著，由鄒堅艦長及沙榮生副艦長報告，報告要點為：（一）與游擊隊船隻聯絡甚感困難，應研究一具體辦法，達到協同作戰，而不致發生誤會。（二）游擊隊所報匪情，時有捏大現象，實況不如所報者之緊張。再下來，進行綜合檢討，所得的意見：「我方」的優點為（一）我艦時速及火力優越，操縱靈活。（二）周艦長指揮若定，迫近接敵，具絕對殲滅「匪船」決心。（三）官兵在周艦長卓越指揮及平時督導下，深知為誰而戰，為何而戰，故戰志堅強，士氣旺盛。劣點為（一）我艦須迫近接敵，艦體目標較大，易遭命中。（二）與「匪船」作戰，最良武器為40公釐砲，永豐艦每舷40公釐砲僅1門可發射，故感火力不夠，致使未受傷之「匪船」逃至岸邊，而未能澈底毀滅。（三）作戰地區接近「匪岸」，受「匪」岸砲及水淺之限制，減少機動性。「匪方」的優點為（一）「匪船」因係木質，且有優良隔堵設備，無桅，目標小，時速可及8浬，不易命中，不易擊沉。（二）船底平厚，便於搶灘登陸，所有槍砲易於移動，可隨時移作登陸之用。（三）善於欺騙蒙蔽，訏說富於控制，使兵士愚聽，不明真相，真以為我方軍艦不能與戰。劣點則為（一）船殼木質，易於著火燃燒，舵係笨舵，操縱不靈活。（二）砲不能旋轉，靠舵操縱失靈。（三）海上作戰經驗欠缺，一經正式交戰，即隊形混亂。（四）士兵因受指戰員歪曲宣傳，真以為我軍艦無抵抗能力，及至我予以猛烈轟擊時，即抱頭鼠竄。最後，由會議主席作指示謂：各位的意見很好，關於保衛大陳，鞏固外圍據點，有此需要，可據實向江浙總部提供意見，並提報國防部。採取奇襲，應配合確實情報，與游擊隊船隻聯絡及負責執行烽火制度者加以訓練問題，由溫台巡防處研究，訂定一具體有效辦法，呈請江浙總部通令實施以外，對「匪船」性能及戰術，本部將根據各種意見及材料綜合研究，再另行轉知。[95]

---

[95] 劉廣凱主持，賀一群紀錄，〈海軍第一艦隊永豐軍艦披山戰鬥檢討會議紀錄〉（1952年4月1日），同上。

此次披山戰役，其最大特色乃在於俘獲了共軍大型機帆船1艘，[96]這在中華民國政府遷臺初期國共間的歷次海戰中較為少見，且尚有俘虜1名及各類戰利品，故國軍海軍當局頗予重視，並針對此次戰役，加以檢討研究，擬具對付共軍機帆船隊之道，提供給海軍艦艇。如指出：

> 一、匪特以此類機船活動沿海，若遇我艦艇，即由其大口徑砲先向我射擊，待我艦艇還擊時，即行遁去，以消耗我艦艇彈藥為目的。二、匪機船所裝山砲係陸軍砲，並不固定裝於船上，可以移動。沿海則島嶼羅列，匪軍可能俟機將砲移置島上，遇我艦艇經過時，由機船引誘我艦艇貼近島嶼，在其島上砲火最有利的射程內向我射擊，陸海作戰。又出我不備，復因海上目標暴露，我方無疑居於劣勢。三、我艦艇如不幸被其擊中，不能運用時，匪之機船必將竄出圍攻我艦艇。四、匪之機船如被我擊沉或俘獲，其損失並不嚴重，因機船上並無良好之設備及眾多之人員，由此可知匪用心叵測，欲以小本營大利。以上各點，本軍艦艇應加以提防，遇匪船時，運用智慧，極易將其擊毀或俘獲，但勿為匪之鬼計所中。[97]

至於此次戰役所俘獲的機帆船，准溫台巡防處所請，留大陳修理後撥充該處交通艇，俘虜1名則如江浙總部所請，仍留大陳繼續訊問，其餘日造七‧七山砲1門（附配件），砲彈8發，及書刊百餘冊，均由海軍第一艦隊司令劉廣凱攜返臺灣。其中山砲除瞄準器外，餘均完備良好。書刊亦甚有研究價值，而極難獲得者。[98]稍後，海軍總部呈報國防部，以是役永豐軍艦官兵「忠勇用命，擊毀匪船多艘，俘獲匪軍一名，機帆船一艘，山砲一門，砲彈、手榴彈及匪旗章、書報、信件等。其特別有功官兵周非等二十三員名，經本部人評會評議通過，擬請分別核敘勛獎，以資激勵」。[99]

---

[96] 此役俘獲的機帆船，究竟是大型的，抑或中型的？僅《海軍大事記》稱係「俘大型機船一艘」。見海軍總司令部編，《海軍大事記》，第3輯（三五～四六年）（臺北：編者印行，1968年），頁92。

[97] 〈健字11號抄件〉（1952年4月10日），《國軍史政檔案》，〈將軍頭及披山戰役案〉；總檔號：00025745。

[98] 「海軍第一艦隊司令劉廣凱呈海軍總司令桂永清電」（1952年3月10日），同上。

[99] 「海軍總司令馬紀壯呈參謀總長周至柔電」（1952年7月21日），《國軍史政檔案》，〈海軍總部官兵勛獎案（四十一年）〉；總檔號：00016201。

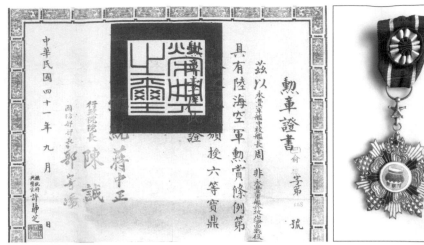

圖37（左）：中華民國政府頒給父親之六等寶鼎勳章證書（1952年9月）
圖38（右）：父親之六等寶鼎勳章（編號；752）

　　1952年9月，中華民國政府「茲以永豐軍艦中校艦長周非，永豐軍艦
於披山海面戰役，具有陸海空軍勳賞條例第五條之勳績，頒授六等寶鼎勳
章壹座，此證」。頒發者為總統蔣中正，行政院院長陳誠，國防部部長郭
寄嶠。[100]該勳章係國府所頒三軍通用的勳章，頒給對象是捍禦外侮或鎮懾
內亂有功者，其等級僅低於國光勳章及青天白日勳章。其一至四等頒授予
將等官，三至六等頒授予校等官，四至七等頒授予尉等官，准尉及士兵則
頒六至九等。

　　2.白沙山戰役（1952年3月）：1952年3月28日，江浙總部總指揮官秦
東昌等，分乘永豐、永泰兩艦自大陳出發，在一江島附近集合突擊部隊所
屬小型船艇編組完成後，航抵白沙山，在艦砲支援下實施突擊登陸，次日
上午，兩艦再掩護登陸部隊安全撤退，返抵大陳[101]關於白沙山戰役，父親
在3月29日拍發給海軍溫台巡防處處長招德培的電報中云：

　　　　寅儉（按：即3月28日）17.00，本艦及永泰艦由秦先生指揮，掩護
　　　　江浙游擊隊，於23.00登陸，突擊白沙山。本艦及永泰以猛烈砲火
　　　　支援，完成任務，匪傷亡甚眾，本艦無損傷，於艷（按：即3月29

---

100 見該勳章證書，（四一），俞佩字第608號。
101 海軍總司令部編，《海軍大事記》，第3輯（三五～四六年），頁93～94。

日）11.00掩護安全撤退返陳。[102]

另外，父親尚撰有是役的「戰鬥詳報」，詳述其經過云：

第一、戰鬥前匪我態勢：浙東台州灣內之海門，為匪62D之駐地，匪21A軍部在臨海，海門港內有匪機帆船一大隊約十六艘，北與三門灣石浦之匪第一砲艇隊密切連繫，台州灣口之白沙山為匪之海防前進據點，經常為一加強連，監視我游擊部隊在台州灣海面之活動，並阻止我情報人員潛入大陸。三月二八日，本艦與永泰艦奉江浙人民反共救國軍總指揮部命令，利用夜間領導及掩護突擊艇隊與登陸船隊進襲白沙山。

第二、氣象及兵要地誌：三月二八日（月齡初二），風向東北，時速十五－二〇浬，能見度10-20浬，海面微浪。白沙山在大陳島西北二二浬，位於台州灣口，控制台州灣及三門灣間之海面交通，灣內有港口海門港，為靈江之出口處，乃天然良港，港內水深，可泊貳千餘噸之巨輪，惜港口為沙汙塞，僅高潮時可進出，港內為匪機帆船大隊及小砲艇之根據地。白沙山附近，島嶼羅列，東北有金門島（姜兒岙）及高島（田岙），東有頭門山（竹嶼）及東磯山，東南有一江、百夾二島，各島僅有少數居民及耕種地，往昔均為我游擊隊之根據地，今則除一江、百夾二島外，均成匪我兩不管之真空狀況。

第三、戰鬥要領及部署：本艦為掩護艦隊（含永泰艦）之領隊艦、領航及掩護江浙總部之突擊艇隊與登陸船隊，到達白沙山以東四千碼之登陸錨泊地後，本艦移位於白沙山南三千碼之海面，永泰艦移位於白沙山東北四千碼之海面，各就戰鬥位置，要領及部署如下表：

---

[102] 「永豐軍艦艦長周非呈海軍溫台巡防處處長招德培電」（1952年3月29日），《國軍史政檔案》，〈將軍頭及披山戰役案〉；總檔號：00025745。

戰鬥時期	第一期 (攻擊右翼陣地)	第二期 (攻擊中央陣地)	第三期 (攻擊左翼陣地)
江浙總隊 （部） 登陸部隊	一、三月二八日二二〇〇，由白沙山東端水際秘密登陸，一舉攻奪取東部第二號高地。二、掩護全部登陸及展開。	一、奪取白沙山中部之第三號高地。二、力求壓迫匪軍於西部之第四號高地。	一、包圍匪軍於西部之第四號高地而捕捉之。
永豐軍艦	一、在白沙山南三千碼之海面警戒，必要時火力支援，制壓山上匪軍重火器及砲兵。	一、火力制壓匪軍。二、阻擊海門港方面之匪機帆船隊而殲滅之。三、火力遮斷白沙山匪軍與大陸之交通線。	一、二、三、同左之第二期要領。
永泰軍艦	一、在白沙山東北四千碼之海面警戒，必要時火力支援，制壓山上匪軍重火器及砲兵。	一、火力制壓匪軍。二、阻擊三門灣、白帶門方面之匪機帆船隊而殲滅之。三、火力遮斷白沙山匪軍與大陸之交通線。	一、二、三、同左之第二期要領。

第四、戰鬥經過（附戰鬥經過要圖）：一.護航及掩護集中：三月二八日：一六〇三，江浙總部指揮官胡及美顧問雷德曼、樊爾孫等十四人來艦。一六四〇，本艦奉命出發，為主掩護艦任領隊職責，起錨離上大陳，經一江島向白沙山前進。一八二六，於一江島之東

側，利用島嶼之隱蔽，集中各突擊艇隊及登陸船隊編隊，就行軍序列。一九一五，日暮天黑，本艦領隊向白沙山潛進。二一二○，利用雷達率隊前進至白沙山東南四千碼處，就登陸錨泊地位置，永泰艦錨泊白沙山東北四千碼之戰鬥位置。二二三○，我登陸部隊開始利用夜暗登陸白沙山東端水際。二二五○，本艦起錨航往白沙山南三千碼之海面，就警戒及火力支援之戰鬥位置。二、白沙山砲戰：二三○三，我登陸部隊佔領白沙山第一高地，並攀登第二高地中。二三一○，我登陸部隊與匪軍接觸，火戰開始，匪火力猛烈，前進困難，要求支援。二三一三，本艦三吋主砲開始射擊，制壓匪軍火力。二三一六，本艦近迫白沙山南麓，以四十糎各砲開始射擊，摧毀匪軍陣地。二三五○，白沙山第二高地之匪軍砲聲沉寂，僅少數步槍及機槍聲，本艦三吋砲及四十糎砲暫停射擊。三月二九日：○○一○，我登陸部隊佔領第二高地，正肅清附近殘匪中。○○四五，白沙山第三高地匪軍集中火力，掩護其部隊向我第二號高地猛烈逆襲，與我登陸部隊激戰中。○○四六，本艦四十糎機關砲再興射擊，匪軍傷亡甚眾，潰退第三高地，與我登陸部隊憑陣地對峙中，雙方戰鬥暫時沉寂。○一一○，本艦暫停射擊。○一四三，本艦解除備戰，拋錨警戒。○八○○，我登陸部隊再發起對匪軍第三高地攻擊，本艦起錨備戰，待機掩護。○八一八，我登陸部隊與匪展開激戰，匪火力猛烈，海門港內復有匪機帆船十六艘向白沙山方面駛出，前來增援。○八二二，本艦三吋砲開始射擊，阻擊匪船，並制壓白沙山匪砲及重兵器。○八二五，白沙山第三高地之匪二‧五公分之機關砲一門被我擊燬，匪軍傷亡於該砲附近，匪向西端第四高地撤退，傷患擔架不斷於小道上發現。○八二八，海門港內匪船群被我三吋砲阻擊受傷，四散逃回海門港內躲藏。○八三一，匪軍七百餘人，附山砲一門，由白沙山西北之上盤市乘低潮之際，分三路涉水增援白沙山，形成包圍我登陸部隊之狀態，我登陸部隊要求阻擊。○八三二，本艦與永泰艦密切協同，一齊開始射擊，以四十糎各砲摧毀白沙山匪軍陣地，以三吋砲超越白沙山射擊通過淺灘之匪密集部隊，一時匪軍死亡狼藉。○九一○，匪軍傷亡甚眾，仍繼續由上盤市涉水經淺灘來援白沙山，部分匪軍已竄上第三高地，

與困守之匪軍會合，協力抵抗我登陸部隊之攻擊。〇九四五，本艦與永泰艦以猛烈砲火摧毀第三高地之陣地，我登陸部隊乘勝佔領，迫匪退守第四高地之最後陣地。一〇一〇，匪傾巢由上盤市來援白沙山，本艦及永泰艦努力截擊，上盤市與白沙山間之淺灘匪軍伏屍累累，約三百餘具。三、掩護撤退：一〇三〇，總指揮官胡因見於突擊任務已達成，下令登陸部隊撤返艇上，本艦及永泰艦迫近於白沙山南面掩護撤退。一〇四三，匪軍山砲一門，潛移至山下叢樹內，乘我接近之際，突然射擊，本艦及永泰艦周圍落彈各約十發，本艦與永泰艦同以四十粍砲連發制壓之，匪砲沉寂。一一〇五，我登陸部隊全部撤返，本艦在後掩護各突擊艇及登陸船隻，向門頭山集中。一一二五，本艦備戰解除，領航各艇隊返大陳。一三五一，入港錨泊。

第五、戰果：一、匪軍傷亡：本艦砲火擊燬匪二‧五公分機關砲一門，迫擊砲及重機槍陣地幾近全毀，白沙山上斃匪約百餘，各淺灘增援之匪約二百餘名，戰後數日，由海門匪區來大陳之居民報稱，白沙山一戰，匪軍前後共係一個團，傷亡四百餘人，強徵民伕抬運一日，往海門城內處理。二、我軍傷亡：江浙游擊部隊共傷亡官兵二十餘員名，本艦無傷亡（見第一號附表）。三、機彈耗損（見第二號附表）。四、俘獲（無）。

第六、戰鬥檢討：此次登陸突擊，原計劃夜間奇襲，惜未能充分利用夜間一舉登陸，獲得戰捷，謹檢呈今後登陸突擊在戰術上應有之改良如次：一、夜間登陸突擊匪軍之要領：攻擊之先必盡諸般手段，如利用及偽裝漁民，進出匪區之小販等，偵知匪軍陣地狀況、兵力部署，以訂攻擊計劃。且攻擊應以夜間奇襲為主，利用夜間一舉登陸，迫近匪軍，乘其由夢中驚醒倉皇失措之際，我揮白刃投手榴彈，以行決戰，不待天明，即解決全部戰鬥，完成突擊任務。切忌於夜間先敵開始射擊，即暴露企圖，復演變為敵我陣地戰之態勢，徒損我突擊之銳氣，而逸失戰機。二、登陸突擊戰兵力使用之原則：此次夜間登陸突擊，係逐次登陸，每次登陸相隔時間過長，陷於逐次使用兵力之弊，使突擊缺乏鋒銳，予敵以準備及增援之時間，今後應集中優勢兵力，一舉登陸，近迫匪軍，以求決戰，突破

其陣地,而包圍殲滅之。三、登陸突擊必確保海上交通之自由:浙江沿海匪軍均配有機帆砲艇隊,作轉移兵力及截擊我登陸部隊海上交通線之用。白沙山一役,其海門港內已有十六艘機帆砲艇欲外出參戰,據情報三門灣亦駛出三砲艇及六機帆船,因遙見永泰艦而退避入白帶門港內,故今後登陸突擊必與海軍密切聯繫,確保海上交通之自由,方有戰捷之希望。

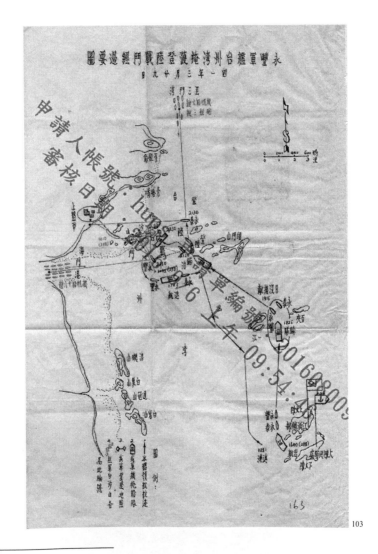

父親在戰鬥詳報後所附之第一號附表，是此役「永豐軍艦死傷表」，內容為戰鬥參加人數計軍官佐18員，士兵95名，官兵死、傷、生死不明均無。第二號附表，是此役「永豐軍艦武器彈藥耗損表」，內容為消耗彈藥計三吋砲彈17顆，四十公釐砲彈470發。[104]

共方的相關論著對於此役的記述，則謂是日胡宗南命令呂渭祥、王樞兩位上校指揮官，率領1,000多名反共救國軍在黑夜的掩護下，分乘23艘機帆船，9艘海軍艦艇向海門鎮東北岸大約5公里的白沙山島發起突襲，負責掩護登陸的海軍艦船亦開砲猛烈射擊。該島守軍為共軍一個警衛連，難以抵禦，放棄既設陣地，退至147.5高地進行頑抗。共方華東軍區海軍砲艇大隊長陳雪江和台州軍區機帆船大隊長戴玉生，奉命率領各自的艦、船大隊全速前往救援，但由於天氣相當惡劣，大霧彌漫，都迷失了方向。至次日上午8時30分，戰鬥仍舊在繼續中。是時，共軍第一八六團第二營從上盤涉水上島增援，而陳雪江率領的海軍砲艇第二次來到白沙島海面，與國府艦船展開激烈的砲戰。反共救國軍指揮官呂渭祥、王樞見共軍砲艇火力猛烈，而且有兩艘機帆船被共軍砲艇擊沉，乃發覺自己已經被包圍，於是一面指揮艦、船繼續與共軍砲艇對戰，一面命令登陸部隊快速撤退。在救國軍撤退中，共軍砲艇以火力進行追擊，擊沉機帆船一艘。並謂救國軍此役共損失200多人。[105]可見國共雙方對此役的記述頗多出入，惟上述的共方論著並無註釋，史源不明，非為嚴謹的學術研究成果，可信度不高。

關於父親擔任永豐軍艦艦長從事支援江浙反共救國軍突擊作戰期間，與胡宗南之間的互動，胡在其日記中曾有所記述，如：

[1952年3月28日]下午三時半與Mr.Redman、招德培等離大呑而上50兵艦（按：永豐軍艦艦號為50號），五時，艦向一江，攻擊船隊跟進，似有另一種氣象。七時半轉向白沙，十時半登陸，然因登陸人數過少，故無成績，一夜未睡。[106]

---

[104] 同上。

[105] 劉幹才編寫，《海上盾牌—發起東南沿海反登陸反竄擾作戰》，頁100～102。

[106] 《胡宗南先生日記》，下冊，頁239，1952年3月28日條。

次日上午10時，胡由白沙海岸回大陳，下午3時到達。[107]4月20日，胡記云：「50艦長周非論襲擊匪船事」。[108]。4月23日記云：「周非論大陳之海戰及捕捉匪船方法」。[109]5月25日，胡致函蔣經國云：

> 此行多承協助，至感私衷，茲有懇者：前曾面報總統，擬於六月十五日至七月三十日止，以四個野戰大隊，約四千人，作大陸突擊工作，屆時懇暫時借撥海軍永字號二艘，內一艘盼指定為永豐兵艦，艦長為周非，美字號一艘，小登陸艇四艘，當時已蒙睿允，盼弟臺代作請求，預作部署，為感，專此敬頌，侍安。[110]

胡在函中特別指定要借撥永豐軍艦，應是出於對父親的器重及對該軍艦作戰能力的信賴。

同年（1952年）4月21日下午6時正，永豐、信陽兩艦由江浙反共救國軍總部派員率領，掩護該軍游擊隊員突擊三門灣之牛咀頭，由於當時風浪太大，未能登陸。[111]4月27日（卯寢）晚，永豐軍艦利用黑夜，掩護江浙游擊隊員登陸三門灣南有殿角一帶，捕獲共軍士兵4名，游擊隊員於任務完成後，安全撤退。[112]6月，父親調任信陽軍艦艦長，仍率艦繼續支援江浙反共救國軍的突擊作戰。原永豐軍艦則服役至1973年5月1日除役。

總括父親在永豐軍艦艦長任內，是他海軍生涯中出任務、親歷戰鬥次數最多的時期，當時的永豐軍艦雖然噸位與火砲口徑均較大於共軍艇、船，惟其缺點為位於艦首的美式三吋（76公釐）主砲，係完全依靠人力操作，瞄準速率慢，射速亦不夠快，最重要的是沒有穩定裝置，行駛於海上，搖晃嚴重，很難瞄準，而且對付快速小型艦艇的效果不佳。其6門20公釐的機砲，射程與火力都不足，只有位於艦尾的40公釐雙聯裝砲最為有

---

[107] 同上，頁239，1952年3月29日條。

[108] 同上，頁239，1952年4月20日條。

[109] 《胡宗南先生日記》，下冊，頁239，1952年4月23日條。

[110] 同上，頁249，1952年5月28日條。

[111] 參見「海軍總司令馬紀壯呈參謀總長周至柔電」（1952年4月22日），及「海軍溫台巡防處處長招德培呈海軍總司令馬紀壯電」（1952年4月22日）；《國軍史政檔案》，〈海軍戰役案〉；總檔號：00025846。

[112] 參見「永豐軍艦艦長周非呈海軍第一艦隊司令劉廣凱電」（1952年4月28日），及「海軍總司令馬紀壯呈參謀總長周至柔電」（1952年4月28日）；同上。

效，但射界並不理想，最高航速僅13節，更是一大缺失。惟儘管如此，相對於共軍主戰力的小型艇、船，永豐軍艦仍居相當的優勢。

五、信陽軍艦艦長

（一）信陽艦的接收和命名

信陽軍艦原為日本改丁型（改松級或橘級）驅逐艦「初梅」號，是第二次世界大戰末的急造艦種，名為驅逐艦，實際只是護航艦等級，品質比松級驅逐艦還差，全艦都是用普通鋼板建造。負責建造的係舞鶴造船廠，完工於1945年6月18日。排水量1,580噸，尺寸為328×30.7呎，吃水11呎，2座燃重油鍋爐推動2部渦輪主機產生19,000匹軸馬力，最高航速27.8節，乘員編制210人。[113]裝備（至1955年2月改裝以前）有4.7吋主砲兩門，25糎（公釐）砲8門，13糎（公釐）砲4門。[114]

然該艦完工後未及兩月，日本即宣佈投降。中華民國鑒於抗戰時期海軍及港灣設備悉遭破壞，1945年10月11日，軍令部曾函請外交部向有關盟國洽商，希望將日本現有的殘餘海軍艦艇，由中國接收，作為抵償損失之一部。惟美國已決定處理辦法，也就是將日本「戰鬥艦及巡洋艦均將予以毀壞（75萬噸主要艦船），驅逐艦及較小艦艇，則由中、美、英、蘇四國共分」。1947年（民國36年）6月28日，中、美、英、蘇四國均分日艦會議在日本東京駐日盟軍最高統帥部禮堂舉行，中國派海軍上校馬德建為政府代表。[115]另派海軍上校姚嶼為隨員，連同鍾漢波（時任中華民國駐日代表團海軍少校參謀）、劉光平（海軍上尉），共四位海軍軍官與會。[116]會議將四國分配日本軍艦92艘中之第一批32艘，均分成四份，抽籤順序中國為第二，抽得第三份，計8艘共10,460噸。美國抽得第四份，計8艘共9,220噸；英國抽得第一份，計8艘共9,340噸；蘇聯抽得第二份，計8艘共9,520

[113] 姚開陽，〈中國軍艦史系列-5：接收日本償艦50周年〉，《全球防衛雜誌》，第26卷第1期（1997年7月），頁82～83。

[114] 見《海軍信陽軍艦歷史》（收入韓祥麟主持，《海軍歷史文物數位典藏—陽字型驅逐艦數位典藏計劃（Ｉ）》。臺北：行政院國家科學委員會，2007-2009），〈一、概述〉。

[115] 陳孝惇，〈戰後日本賠償艦艇之接收編組及其意義〉，《中華軍史學會會刊》，第6期（2001年8月），頁175、177。

[116] 鍾漢波，〈不死鳥的傳奇：海軍首批陽字號驅逐艦〉，《中外雜誌》，第64卷第5期（1998年11月），頁79。

圖39：接收日本賠償軍艦典禮及升旗儀式在上海舉行時的場景（1947年7月6日）

噸。以噸位而言，中國抽得最大，性能亦最佳。[117]該8艘軍艦的艦別、艦
名、噸位、建造完成年份為驅逐艦雪風號（2,490噸，1938年）、驅逐艦
初梅號（1,580噸，1945年）、驅逐艦楓號（1,530噸，1945年）、護航艦
四阪號（1,020噸，1944年）、護航艦六七號（1,020噸，1945年）、護航
艦二一五號（1,020噸，1945年）、護航艦一四號（900噸，1945年）、護
航艦一九四號（900噸，1945年）。[118]

　　以上8艘日本賠償軍艦，據當時國府海軍總司令桂永清上呈的報告：
（1）「各艦多戰時產物，構造簡陋，鐵板薄，木質多，油漆太薄」。
（2）「主要機器及航行儀件等尚可用，無線電機待檢驗試用，通訊及雷
達機件不能使用」。（3）「武裝已被全部拆卸，毫無作戰能力」。（4）
「料件配件奇缺，燃料少餘存，亟待補充」。認為「擬儘速驗修機器，裝
置火砲，及訓練官兵，俾能次第加入戰列」。[119]

---

[117] 〈接收第一批日艦紀事〉，《中國海軍》，第4、5期合刊（1947年9月），頁14。

[118] 《新聞報》（上海），1947年7月4日，第4版。當時各報刊雜誌對該8艦噸位數的報導均略有
不同，只有上海《新聞報》所記述8艦噸位的總和，全然符合總噸位數字，故採信之。

[119] 〈薛岳呈報桂永清報告首批日艦性能摘要〉（1947年7月31日），《蔣中正總統文物》，〈特
交檔案—一般資料—呈表彙集（一一二）〉；典藏號：002-080200-00539-094。

該8艘軍艦旋由駐日盟軍總部飭令日本駕駛員送至上海，並派「若鷹」號輸送艦護送，由盟軍總部派美海軍上尉高沙及中國海軍少校鍾漢波共同押運來華。七十二小時後若鷹艦則載日本海員返日，鍾漢波亦乘該艦返東京復命。7月1日，8艦與若鷹艦自日本佐士保啟碇開駛，7月3日下午2時抵上海吳淞口外，3時，過黃浦灘，約5時半駛抵高昌廟，即停泊於基地司令部碼頭。7月6日上午9時，接收日艦典禮及升旗儀式在高昌廟海軍江南造船所舉行。[120]

　　次日起，各大報紙對此意義重大的接收典禮及升旗儀式多有詳細的報導，其中以《中央日報》駐上海記者黃丹所撰寫的〈黃浦江畔看日落〉一文，最生動感人，茲轉錄其主要文字如下：

七七前一天，天氣十分晴朗，上午九時，海軍江南造船所的碼頭上，舉行了一個「接收日本賠償軍艦升旗典禮」。八艘日賠償軍艦，除「雪風」號停泊於江南造船所的碼船塢外，其他七艦，均停泊在江心。典禮舉行前，……各艦仍高懸日本旗及俘虜旗。

「接收典禮莊嚴肅穆」：舉行典禮的司令台設在岸上，正對著「雪風」號，週圍滿綴著五色的海軍通話旗，台前以國旗兩面分懸左右。台左旁掛以白底紅字，上書「接收日本賠償艦升旗典禮」之布條，佈置莊嚴肅穆。

八時許，禮場前面已擠滿前往觀禮的群眾，裡面有海軍官兵千餘人，來賓百餘人，各報社記者攝影員數十人。被邀參加典禮的本市各機關首長有市黨部主任委員方治、吳市長代表張彼德等。八時五十代表海軍總司令桂永清主持典禮的海軍第一基地司令方瑩、江南造船所所長馬德驥、副所長陳藻藩等均先後到達。方司令御全白色海軍少將制服，胸前佩以二排五色勳章，壯麗眩目。九時典禮開始，由方司令致詞，九時十八分，行升旗禮，司儀高呼「下日本旗」，於是太陽旗從桅桿的高處被拖了下來，八艘艦一齊升起了青天白日滿地紅的旗幟；日本人默默地站在甲板上，他們有些曾在中國作威作福過，他們畢竟也親眼看著他們自己的艦隻高掛著

[120] 〈接收第一批日艦紀事〉，《中國海軍》，第4、5期合刊（1947年9月），頁14。

被俘虜的旗號,駛回這塊「熟悉的」地方,然後再把太陽旗拉了下來……。

[破壞的痕跡]:升過旗後,日本人都給趕下了船,擠坐在事先預備好了的小火輪上,小船上堆著許多行李,年輕的日本水兵們無言地坐著,望著黃浦江水——幾十年後再來一次麼?或者,是不是追念那些過去的日子,那些曾在上海縱橫不可一世的時光?賠償八艦中最大的一條驅逐艦「雪風」號停靠著活動躉船旁邊,那是一艘一九三八年下水,排水量二千四百九十噸,骯髒而破舊的艦隻。除全艦所有的武器規定拆去外,日本人更拆去並破壞了武器以外的許多東西;從駕駛台上層最高的指揮台到全艦最低的機器艙都可找到被破壞的痕跡。日本人僅僅在機器艙裡留下粗大的,不常用的十幾件工具。舉行接收典禮的清晨,我們在黃浦江面,檢到沒有下沉的日本書籍和航行時所必需的日本海圖。

[公理永遠存在]:砲火指揮塔裡銹蝕成一片深黃色,地道遺留著未乾的積水和一張散發著臭氣的草蓆,骯髒而發臭的廚櫃子上丟下一盒沒有用完的日本製造火柴,軍官住的小房間裡留下牙粉和空的口琴盒,這些東西的主人已在把太陽旗降下來的當天中午坐著另外一條日本船走了。日本的太陽旗將會再升掛這些艦隻的桅頂麼?那些曾把他們的東西丟下在船上的日本海軍們將會再為這些船艦的主人麼?日本人也許會作這樣的夢,但是這是絕對不可能的!公理非強權所能變更,過去幾十年中,日本的軍艦曾縱橫海上,不可一世,然而我們今天卻在黃浦江邊看著太陽旗從八艘軍艦被拖了下來,這就是最好的例子,證明真正的公理永遠存在![121]

這一天,實為中華民國海軍光榮的一日,讓人認識到兩點,即「公理不是強權所能變更的」,「和平是用互助才能維持」的。[122]上海《新聞報》的社評,亦語重心長地論云:

---

[121] 黃丹,〈黃浦江畔看日落〉,《中央日報》(南京),1947年7月9日,第7版。
[122] 王白虹、汪宗藩,〈我國海軍光榮的一日〉,《中國海軍》,第4、5期合刊(1947年9月),頁11。

這一次接收的日本賠償軍艦，是我們八年抗戰，億萬生命財產所換取得來的戰利品，代價之大，堪謂空前，八艘日艦的接收，其意義與價值，不是物質上的估計，而是精神上的意義，甲午到今天五十四年的恥辱，今天又是一個湔雪的紀念，接收了八艘日艦我們要想到五十四年來沒有海軍的恥辱，今天國家又在戡亂與建國，建國必需建軍，建軍不能忘了海軍，海軍在未來對我們的國防與經濟發展上有重大的關係，在今天接收典禮中，我們祝望中國新海軍的建立，祝望東太平洋是中國的海軍湖。[123]

當時該八艘軍艦並未予以命名，僅依接收先後順序暫定其名為「接一號」至「接八號」，其中「接二號」即為原「初梅」號。各批日償艦的正式命名，自1948年5月1日起實施，原「接」字號同日廢止（惟其中撥交行政院的6艘接字號軍艦名稱依舊）。依據修正的〈海軍艦艇命名原則〉，各驅逐艦、護航驅逐艦、佈雷艦之命名係採用各省之縣名。如接一號（原雪風號）命名為「丹陽」（江蘇省縣名），接二號命名為「信陽」（河南省縣名）等。[124]1950年4月，海軍總部再次修正〈海軍艦艇命名原則〉，另擬具〈海軍艦艇船舶命名規則〉，其中規定驅逐艦取中國具有「陽」字縣名，護航驅逐艦取具有「太」字及「安」字縣名。[125]

（二）遷臺後的信陽艦

父親擔任信陽號軍艦艦長（係第三任艦長，第一、二任為白樹綿、雍成學）的起迄時間是1952年（民國41年）10月1日至1954年（民國43年）3月1日，為時1年5個月。他在自傳中曾略述他任該艦艦長期間的一些動態云：

> [民國]四十二年五月二十四日，率信陽艦威力搜索浙東三門灣，與匪六吋雙聯裝主砲雷達瞄準之巨艦對戰，掩護永壽艦安全脫離。發

---

[123] 〈社評：接收日本賠償軍艦〉，《新聞報》（上海），1947年7月6日，第5版。

[124] 陳孝惇，〈試論海軍接收日本賠償艦艇之意義及其功能（上）〉，《海軍學術月刊》，第36卷第5期（2002年5月），頁80、83、84。

[125] 陳孝惇，〈海軍艦艇命名考察（1945-1965）〉，《海軍學術月刊》，第36卷第9期，頁95。

現此重大匪情，有利於日後海軍之作戰。同年六月十九日至二十一日，參加浙東鹿山、羊嶼戰役，以巨砲摧毀匪方重砲及陣地，匪死傷狼藉，使友軍得以登陸，獲得鹿羊大捷。[126]

　　以上所述，過於簡略，未能涵蓋此期間信陽軍艦的動態。該軍艦係1948年3月1日成軍，改名信陽軍艦，編號DD15，直屬海軍總部。1950年1月1日，改隸海軍第一艦隊。1952年9月1日，改隸海軍第二艦隊。1955年3月，改隸海軍巡邏艦隊，並改編號為PF82。[127]據曾在信陽軍艦服務過的杜福新（海官39年班）回憶，1952年8月其留美回臺後，到基隆水產館海軍第二艦隊部報到，任訓練參謀兼副官。當時艦隊司令為齊鴻章代將，參謀長為張仁耀中校。杜氏曾陪齊鴻章司令登信陽軍艦視察，父親為該艦艦長，指導官為張天祥中校。上下艦都由號兵吹軍號，始知全海軍只有丹陽、信陽艦編制有號兵，起床、吃飯、立正、稍息、戰鬥、就寢、熄燈都用吹號，人人精神飽滿集中，不用美式電動廣播器。杜氏10月底調左營第三艦隊部訓練參謀兼管演習校閱，即找「周非艦長」借信號兵，到艦隊部歡迎國防部參謀次長宋鍔蒞臨，以壯威嚴軍容。[128]

　　同年11月8日，信陽艦在基隆（時該艦編號為DD-15）停泊時，留越國軍管訓總處司令官黃杰曾登該艦參觀，黃杰在當天的日記中記云：

圖40（左）：信陽軍艦（舷號DD-15，驅逐艦，排水量：輕載1,289
　　　　　　噸，滿載1,580噸；後改為巡防艦，舷號PF-82）
圖41（右）：父親任信陽軍艦艦長時留影

---

[126] 周非，《自傳》，頁5。
[127] 《海軍信陽軍艦隊史》（收入《海軍歷史文物數位典藏—陽字型驅逐艦數位典藏計劃（I）》），〈壹、組織遞嬗〉。
[128] 杜福新，《信陽艦之戀》（臺北：冠志出版社，2004年），頁4。惟張仁耀似應為上校，而非中校。

九時三十分由唐守治、羅振西、沈思魯三同學陪同至基隆港參觀。
梁華盛同學偕往，十時三十分至基隆市政府拜訪謝貫一市長，在市
府參觀平面地形圖。十一時至基隆要塞司令部由副司令姜繼斌（司
令譚鵬因校閱公出）陪同參觀要塞，並鳥瞰海港一般形勢。下山
後，至海軍第三軍區司令部參觀，由軍區司令曹開諫陪同參觀十五
號戰艦（一八○○噸）並乘小艇在港內遊覽一週。[129]

　　黃杰是國軍著名將領，黃埔軍校第一期畢業，曾任集團軍總司令、國
防部次長、兵團司令官、湖南省政府主席等。1949年12月，率部三萬人自
雲南撤入越南，羈居富國島，此時短暫回臺，至基隆參觀訪問，日記中提
及同往的幾位同學，有直書其姓名或姓氏字號者，都係黃埔軍校畢業的將
領。如唐守治為第五期，時任臺灣北部防區司令；羅振西，即羅奇（字振
西），為第一期，時任陸軍副總司令；梁華盛為第一期，曾任吉林省政府
主席、兵團司令官、東北剿匪副總司令等，時任總統府國策顧問。日記並
誤記信陽艦重1,800噸。海軍軍區安排黃杰等人登信陽艦參觀，足以顯示
海軍對該艦的重視。可能是因為該艦是當時海軍僅有的已整備成軍的兩艘
陽字號驅逐艦之一（另一艘係同為日製的丹陽軍艦），彌足珍貴。1953年
1月，美國租借給中華民國海軍兩艘Benson級驅逐艦，命名為「洛陽」和
「漢陽」號軍艦，這是中華民國首次獲得美國製造的驅逐艦。[130]該兩艘軍
艦成軍返抵國門，當時中華民國海軍艦隊的主戰兵力即為四陽（洛陽、漢
陽、丹陽、信陽）、五太（太康、太和、太倉、太湖、太昭），事實上太
字型艦只是護航驅逐艦而已！嗣後陸續從美國接收了咸陽、南陽、安陽、
昆陽，驅逐艦隊乃成為當時最具堅強戰力的艦隊。[131]

　　當年海軍曾有順口溜：「窮洛陽，富漢陽，駐防是信陽，碰船是咸
陽，靠碼頭是丹陽」。此乃因信陽艦出任務最多，丹陽艦靠碼頭多於駐
防。可見信陽艦不是花瓶艦，也非水上飯店。[132]與上述海軍的順口溜略有
不同說法的，是遷臺初期左營基地碼頭上流傳的一首歌謠：「窮洛陽，

---

[129] 黃杰，《留越國軍日記》（臺北：國防部史政編譯局，1989年），頁484。

[130] 臧持新，《中華民國海軍陽字級軍艦誌》（臺北：老戰友工作室軍事文粹部，2008年），頁6。

[131] 伍世文，〈海疆揚威一甲子：陽字級驅逐艦籌獲成軍戰鬥史略〉，《中外雜誌》，第79卷第4
期（2006年4月），頁36。

[132] 杜福新，《信陽艦之戀》，頁2。

富漢陽，吊兒郎當是咸陽，又碰又撞是南陽，要駐防，上信陽，靠碼頭，是丹陽」。據曾擔任過惠陽軍艦第三任艦長的黃宏基（海官43年班）的解讀：洛陽、漢陽同時在美國接收、受訓、返抵國門，洛陽狀況最好，漢陽卻經常赴菲律賓、日本修船。當時國內修護能力不足，如果出國修船，官兵依規定可領國外加給，官員每天美金8元，士兵折半，美金的黑市價是1比40，所以一天的國外加給比國內一個月的薪水還多，因之，洛陽與漢陽就有了「窮」、「富」之分。咸陽接艦艦長陳慶堃，為人「講義氣，重承諾，訓練落實，談笑用兵」，惟「生活不拘小節，蠻不在乎」。南陽艦的第三任艦長葛敦華是海軍飽學之士，曾留學英國，畢業於皇家海軍大學，惟離靠碼頭時，對俥舵的運用時有落差，不但費時，而且經常會「吻」上碼頭。信陽經年「駐防」前線，丹陽自1953年後因缺乏配件支援，輪機狀況一直不佳，長年停泊碼頭。[133]以上順口溜及流行的歌謠，都顯示信陽艦出的任務最多。

據當年曾在信陽艦服勤過的劉昌颿憶述：

> 我在民國四十一年初，分發到信陽軍艦服勤，當時的級職是中尉文書官，艦長為周非中校。信陽艦的艦艏及艦艉各有一門五吋的主砲，另外還有三門二‧五吋砲及高射砲，是一艘擁有強大作戰能力的軍艦，也是我國海軍四十年代的主力戰艦。我在信陽軍艦服勤期間，曾參加大陳島撤退任務及一江山戰役，往後本艦更多次在馬祖海域與中共艦艇遭遇，並發生激烈的海戰，由於全艦官兵在艦長的領導下，抱持同舟一命，視死如歸的精神，每次都重創敵艦，獲得勝利，因此在信陽艦服役的官兵可以說是個個勇猛善戰。[134]

以上憶述中的5吋主砲，應為4.7吋。杜福新則謂：在駐防大陳的任務艦隊8艘軍艦中，最著名的就是信陽艦，其4.7吋口徑主砲是最大的，比太字號、永字號、江字號主砲3吋砲大，有效射程15,000碼多遠了一倍，航

---

[133] 參見黃宏基，〈憶信陽軍艦─回首話滄桑之二〉，《傳記文學》，第81卷第3期（2002年9月），頁74～75。及黃宏基原著，劉台貴、彭大年編輯，《黃金歲月五十年：黃宏基將軍憶往》（臺北：國防部部長辦公室，2007），頁375～376。

[134] 海軍艦隊司令部編輯，《老軍艦的故事》（臺北：海軍司令部，2006年3版），頁17。

圖42：父親與信陽軍艦獲獎官兵合影，身後的四點七吋主砲是
當時國府海軍最大的艦砲

速最大28節也快約一倍。其綽號為「黑寡婦」，人人都敬畏她。[135]可惜的
是信陽艦係為日製，材料及零件補充日益困難，乃奉令自1961年12月1日
起除役，其編制表同時作廢。[136]

就有限的資料顯示，父親在信陽軍艦艦長任內至少曾參加過三門灣、
鹿羊、積谷山等戰役，茲分述如下。

（三）三門灣戰役（1953年5月）

1.戰役的始末

1953年4月3日，國府海軍第二艦隊司令齊鴻章代將，率同信陽軍艦自
基隆前往大陳，視察防務。[137]4月5、6日兩日，第二艦隊所屬的信陽、永
壽、寶應軍艦，在浙東檀頭山（為共軍石浦港東方屏障）附近海面執行威
力搜索任務，與共軍海軍艦艇、岸砲有所激戰，共擊傷共軍砲艇四艘，摧

---

[135] 杜福新，《信陽艦之戀》，頁3～4。

[136] 「海軍總司令黎玉璽帷絹字第675號令」（1961年11月16日），《國軍史政檔案》，〈海軍總
部備忘錄（五十年）〉；總檔號：00011147。

[137] 「海軍第二艦隊司令齊鴻章呈海軍總司令馬紀壯印煌卯江10.00電」（1953年4月3日），《國
軍史政檔案》，〈三門灣戰役案〉；總檔號：00025686。

毀狗頭山巨型碉堡一座，南嘴頭山草棚一座（可能係工事偽裝），自身則無損失。[138]

4月9日下午6時，齊鴻章率信陽軍艦離大陳，返航基隆。[139]赴大陳巡視的國防部總政治部主任蔣經國亦同乘信陽軍艦回臺。[140]4月22日，齊鴻章在駐地基隆上呈所擬就的「海軍威力搜索實施計劃」之（四）、（五）兩種與「海軍攻略檀頭山及掃蕩石浦當面砲艇實施計劃」一種，呈給海軍總司令馬紀壯，以備實施。[141]5月18日，信陽軍艦隨太和軍艦（齊鴻章座艦）自基隆抵大陳。旋即與其他駐大陳各艦展開威力搜索行動。5月21日上午9時30分，齊鴻章電呈海軍總司令馬紀壯，略云：

> （一）印煌辰皓17.30電計呈。（二）各部隊均於辰馬（按：即5月21日）晨照原定計劃施行搜索，惟迄至08.30，天候轉劣，尚未發現匪艇。（三）08.40，飭信陽艦駛經三門灣、白帶門一帶搜索返大陳，其餘各艦及機帆船駛漁山返大陳。[142]

5月23日上午10時30分，齊鴻章致電太和軍艦艦長雍成學等各艦艦長，指示威力搜索行動與部署：（1）太和軍艦率領永壽軍艦搜索三門灣至白帶門一帶海面。（2）信陽軍艦率領寶應軍艦搜索牛鼻山水道至檀頭山一帶海面。（3）均定是日晚8時出發。（4）返航時間另電飭遵。（5）希遵照具報。[143]然同日稍後，齊鴻章因其本人赴披山視察地形，前項計劃略予改變，即：（1）太和、寶應二軍艦威力搜索停止。（2）信陽軍艦率永壽軍艦改赴三門灣、白帶門一帶搜索。[144]信陽軍艦即率領永壽軍艦前往

---

138 齊鴻章，《海軍第二艦隊四月五日韭山至石浦附近威力搜索戰鬥詳報》（1953年4月）及《海軍第二艦隊四月六日石浦至三門灣附近威力搜索戰鬥詳報》（1953年4月），《國軍史政檔案》，〈檀頭山南韭山戰役案〉；總檔號：00025869。

139 「海軍第二艦隊司令齊鴻章呈海軍總司令馬紀壯印煌卯偉1810電」（1953年4月9日），《國軍史政檔案》，〈三門灣戰役案〉；總檔號：00025686。

140 《胡宗南先生日記》，下冊，頁305，1952年4月9日條。

141 見「海軍第二艦隊司令齊鴻章呈海軍總司令馬紀壯文」（1953年4月22日）所檢附之計劃三種，《國軍史政檔案》，〈三門灣戰役案〉；總檔號：00025686。

142 「海軍第二艦隊司令齊鴻章呈海軍總司令馬紀壯印煌辰0930電」（1953年5月21日），同上。

143 「海軍第二艦隊司令兼指揮官齊鴻章致太和軍艦艦長雍成學等各艦艦長印煌辰梗1030電」（1953年5月23日），同上。

144 「海軍第二艦隊司令兼指揮官齊鴻章致太和軍艦艦長雍成學等各艦艦長印煌辰梗1600電」（1953

三門灣、白帶門一帶從事威力搜索，因而發生三門灣戰役。身為信陽軍艦艦長的父親曾於戰役後撰呈有《海軍信陽軍艦率永壽艦於三門灣附近威力搜索及戰鬥詳報》，極其詳實而珍貴，茲照錄如下：

第一、戰鬥前匪我態勢：浙東三門灣、白帶門一帶，陸上為匪58D之駐防地，三門灣北之石浦港為匪海軍之根據地，有二百餘噸之新型快速瘦長砲艇八艘，及遠洋拖輪改裝之砲艇二艘，機帆船數十艘，為匪海軍第一砲艇隊所轄。三門灣內健跳所港，有匪砲艇一隊，三門灣南之白帶門港，經常駐有匪砲艇一隊及機帆船十餘艘。除石浦港砲艇因本艦四月六日與彼遭遇戰於檀頭山，得知其形狀性能外，其餘各港匪砲艇情形均不詳知。惟經常活動於海上，障碍我海上游擊部隊之活動，並曾進窺我漁山基地。據五月五日情報，得知匪海軍第六艦隊已竄駐舟山，有PG十艘，以長治艦（現匪改名南昌艦）為旗艦，匪定海基地司令部直轄PG二艘，不明型艦一艘，惜不明型艦不知究係何狀。本艦五月十八日奉命隨太和艦抵大陳，並經常擔任威力搜索任務，搜索三門灣、檀頭山水道一帶。

第二、氣候及兵要地誌：五月廿四日（月齡十二），風向不定（或東北風），風速十一－十六浬，海面輕浪，天象晴曇，浙江大陸沿海岸薄霧，能見度四〇〇〇－一〇〇〇〇公尺。海面較晴朗，能見度一〇〇〇〇－二〇〇〇〇公尺。附海軍總部氣象報告表。三門灣在大陳島北北西三二浬處，為浙東之天然良港，水深港闊，航道紛歧，北連石浦港，可經牛鼻山水道而至定海，南毗白帶門，與台州灣呼吸相通，為匪艦艇經常出沒之地。灣口有五子島及三門島，將水道分為南北二口，北口為南田島，南田舊縣地在焉。附近菜花岐、彌陀島、風兜礁、泥螺礁，艦艇均可利用，以為對敵方之掩蔽。其北方之檀頭山，更極佔時勢，居高臨下，通覽無遺，匪軍在其上駐有步兵營，山砲四門，以掩護其石浦港之艦艇。白帶門在三門灣南相鄰，至近港口，水深，僅出口處水淺，約八百噸以下艦艇可自由出入，即永字級艦，亦可經南澤、北澤、慎礁山，而自由入

年5月23日），同上。

港。口外島嶼羅列，東有小鵝冠，東南有金門島、高島、東磯山，南有竹嶼，此五島均在我方控制中，為大陳外圍之屏藩，中隔一江、百夾二島，與大陳島遙遙相應，其間海面及水道，對於海戰之價值及大陳之防衛，至為重要。

第三、威力搜索要領與部署：信陽艦奉命率永壽艦擔任三門灣、白帶門一帶之威力搜索後，即通知永壽艦廿三日夜在小鵝冠東北海面擔任三門灣及檀頭山方面之搜索，信陽艦在小鵝冠附近擔任青塘咀、白帶門及三門灣海面之搜索，右接永壽艦搜索區域。搜索之目標為匪海軍砲艇。搜索之主要目的：一、欲確認匪海軍砲艇主力之所在。二、欲確認匪海軍砲艇之企圖。三、欲確認匪海軍砲艇之性能配備及諸設施。四、欲確認匪海軍砲艇兵種、兵力、隊號。五、欲確認匪海軍砲艇戰鬥準備之程度。六、欲獲取情報之資料，更相機捕捉匪砲艇，以供情報之參考。

第四、威力搜索及戰鬥經過（附威力搜索及戰鬥經過要圖）：（一）出航：五月廿三日一六一〇，奉司令齊印煌辰梗一六〇〇電，令信陽艦率永壽艦於二〇〇〇赴三門灣、白帶門一帶威力搜索。二〇〇〇，信陽艦率永壽艦離上大陳出航，向三門灣前進，並通知永壽艦搜索區域為三門灣，信陽艦在小鵝冠附近搜索白帶門。二三〇〇，抵三門灣。（二）搜索三門灣、白帶門一帶：五月廿四日，〇一〇〇，發現三門灣、白帶門一帶海面有帆漁船三百餘艘，當即電報司令齊，惟當夜無異狀。〇七二〇，續巡邏三門灣一帶，發現有帆漁船三批，自灣內外出，略計一千餘艘。（三）與匪砲艇群戰鬥：一一四〇，發現南澤島麓有不明艦一艘，信陽立即前往審視，為匪新製之巨型砲艇一艘，大小及形狀均如我寶應艦，概略噸位在三百噸或四百噸間，尾部略較寶應艦高，一時瞭望兵有謂安字級艦者，有謂係或我嘉陵艦前往白帶門偵察者，不能斷定。信陽續前進偵察，又發現另有一艦在南澤島東端水際，遂斷定其為匪砲艇無疑。一一四五，信號通知，在小鵝冠與金門島間錨泊之永壽艦，囑立即起錨，與本艦協力前往南澤島海面捕捉該匪艇。一二一〇，本艦駛近南澤約六千五百碼時，該匪艇即向南澤、北澤之西北對白帶門轉進，同時由北澤山後又駛出同型匪艇三艘，兩艘在前，一艘

在後，共計五艘。一二一二，本艦即以四‧七吋之主砲開始轟擊，匪艇還擊，與我砲戰甚烈。永壽艦正由南澤西南海面向北（白）帶門前進中。一二一四，匪砲艇一艘逃竄至南澤西南永壽艦當面，永壽艦即開始射擊。一二一五，匪砲艇向白帶門逃竄，本艦逼近追擊。一二二○，本艦距北澤二千五百碼時，突受北澤山上匪軍山砲之猛烈射擊。山上約有七五砲二門，發彈約十餘發，本艦船舷低，砲彈均從本艦甲板以上空間通過，僅一彈落於右舷後部五碼處爆炸，破片飛上甲板。本艦猛烈還擊北澤山上匪砲。一二二五，本艦乘火力制壓北澤山上匪砲之際，乃轉航駛向距北澤五千碼處，續向匪砲艇轟擊，匪艇一艘尾部受傷冒濃煙。一二二八，永壽艦亦在青塘咀與匪艇及岸上匪砲激戰。一二三○，匪艇不支，隱蔽於南澤、北澤匪砲兵陣地之後，時隱時現，誘我接近，俾山上匪砲便於射擊。本艦洞燭其奸，乃活動於北澤東南海面六千碼處，對匪砲艇嚴密監視中，砲戰暫停。一三三五，本艦發現白帶門又有六艘匪艇出外，瞭望距離過遠，本艦僅監視之。一四三○，白帶門匪艇二艘，大膽至南澤島東邊，本艦仍巡弋監視其誘敵行動。（四）與匪長治型艦戰鬥：一五一五，本艦發現匪巨型砲艇六艘在前，八艘在後，共計十四艘，由白帶門突出，蜂湧向我小鵝冠、金門島方向進襲。時永壽艦已返航至小鵝冠、金門島之間水道，同時永壽艦亦已發現並通知我注意。一五一七，本艦以為決戰良機已至，立即再備戰，轉頭向匪砲艇群駛進，以期乘其失去南澤、北澤隱蔽及山砲掩護時，一舉猛襲而擊滅之。一五二二，本艦正轉頭時，駕駛台右舷七碼處突落巨砲彈一群，係聯裝砲彈兩發，水柱飛越舵房及駕駛台上瞭望座之信號燈，槍砲官及瞭望兵與舵房之舵手，均飛沾水花及黑火藥之殘渣。卅秒後，本艦艦首十碼處，復落巨砲彈一群，兩聯裝砲彈兩發，單砲彈一發。一五二三，本艦首八碼處續落三發之巨砲彈一群，始發現巨砲彈來自本艦左舷之檀頭山方向。卅秒後，第四砲彈群落本艦左舷十碼處，砲彈入水爆炸振動之柱面積直徑約十公尺，才發現左舷遠處海面有閃灼火光，數人以望遠鏡視之，發現有巨型匪艦一艘，外形異常笨拙，艦首駕駛台係重疊之多邊形突出物，艦尾後望台亦係重疊之多邊形突出物，烟囪係向後傾斜式，以

射彈群雙聯裝二發，單裝彈一發判斷，頗似長治匪艦。其後另有一艘安字級艦（事後方知尚有一巨型砲艇，共計三艘），在距離本艦二萬三千碼之菜花岐附近，望遠鏡觀測，不能看清桅桿，僅辨別係淺灰色，油漆略發粉白，正向我猛烈轟擊中，亙戰鬥全局，從未聞砲彈出口聲，可知距離之遼遠。一五二四，本艦立即以四‧七吋主砲用最大射程向匪艦猛轟，雙方激烈砲戰。當時匪面向斜日觀測之弊，本艦背向斜日觀測較易，惟匪艦射擊之精確，實堪驚人程度，兩萬碼外不行試射，即每發彈群均係命中彈，決非普通瞄準器，必為雷達瞄準器。一五二五，匪艦高速南下向我迫近攻擊，與南澤、北澤方面突進之匪巨型砲艇企圖協力圍攻我於高島與小鵝冠之間海面。一五二七，本艦艦首及駕駛台左右八碼處，復落彈四群，水花飛逝，前主砲及前望台砲位士兵衣服均溼（後於後甲板拾得彈片一塊，經實量弧度係五吋以上者，究為何國所製，已留待專家化驗）。永壽艦因三吋砲射程不夠，對匪艦未發射一彈。本艦此役艦首前望台及駕駛台左舷、右舷十碼以內共中巨砲彈廿三發，均係命中彈。事後，永壽艦告知本艦，當時本艦自艦首向艦尾三分之二艦身均被水柱蔽沒。一五三〇，本艦因見該匪艦裝備優良，射擊準確，聯合砲艇攻我，絕對優勢，且以威力搜索之任務已達成，乃通知永壽艦先向東磯山群島間轉進，並在永壽艦後遠距離，且戰且走，以行掩護。一五三九，匪長治型巨艦率安字級艦高速南下，向東磯山截擊，本艦乃通知永壽艦即改向金門島、高島間水道轉進。此時，匪砲艇群已趕至小鵝冠以西向我方截擊中。一五四二，本艦通知永壽艦，菜花岐發現一長治型艦率艦向我追擊中。一五四九，永壽艦已入金門島水道，本艦已高速脫離匪艦之彈幕，駛向金門島水道。一六一二，本艦進金門島，向其南端西水道嚴密警戒，以備匪艇群之截擊。一六三〇，本艦及永壽艦已至竹嶼東端海面島群之中，擬在此待匪艦及砲艇群追來時，由金門島水道至高島南端暗礁四伏水道極險處密集，發現時，兩艦以全艦火砲近距離直接瞄準猛烈轟擊而摧毀之，或迫使匪艦因轉舵避彈觸礁擱淺而沉沒。一六五三，匪艦及砲艇群未追來，本艦及永壽艦距大陳十浬，深慮匪長治型艦率艦經東磯山南二二浬奇襲大陳港內各艦，僅一小時即可到。

欲用電報報告司令,收發翻譯決在一小時以上。本艦遂斷然率永壽艦除電報司令外,逕航大陳報告,以期預為準備。一六五九,過竹嶼南部白沙山,匪砲向我遙擊。一七五八,進大陳港,會合旗艦太和及寶應。一八〇九,本艦復奉命率永壽艦出港,隨太和、寶應北上三門灣搜索匪艦艇踪跡,匪艦等已逸去無蹤。

第五、威力搜索及戰鬥成果:(一)獲知大陳當面匪海軍確有新裝備之巨艦:此次在三門灣與本艦對戰之長治型匪艦,究係長治艦或係日本春月號驅逐艦,由蘇帝裝配後交共匪,或係蘇帝軍艦竄此擾亂,尚不能斷定,因其艦首艦尾非如我海軍之高安、德安二艦型,故知非元培匪艦,且元培匪艦四月以來潛伏石浦港。依理論之,如該長治型巨艦係元培匪艦,則五月廿三日夜(月齡十一日)月光甚明,本艦率永壽艦活動於三門灣口,永壽艦更巡弋於菜花岐以南,附近匪艦並未攻擊。廿四日上午,太陽由東向西,本艦近大陸,匪艦如由東方來攻我,背向太陽射擊有利,我則面向太陽,瞄準不確,匪艦計不出此,仍未前來攻擊。彼我砲戰之正確時間為一五二二,已受面向斜日瞄準不確之不利,可見該匪艦係來自定海,復與海總部五月五日情報定海匪海軍有不明型艦一艘相符。該巨型匪艦之外形、噸位、速率、武器、砲儀及戰力之判斷如次:一、外形:在小望遠鏡中發現為長厚笨型,艦首艦尾均成直角。二、噸位:一五〇〇-二〇〇〇噸。三、速率:每小時十八浬以上。四、武器:艦首雙聯裝五點一吋巨砲一座,艦尾單裝五點一吋巨砲一座。五、砲儀:配有最精確之砲火指揮儀及雷達指揮儀。六、製造:俄國製。七、戰力判斷:以美國新式驅逐艦可與之對抗,為我海軍之勁敵。(二)獲知大陳方面匪海軍主力所在:當面匪海軍之主力為元培艦(廣州艦),係據廿三日夜三門灣漁民所稱,經常潛伏石浦港不敢外出。匪海軍砲艇之主力一在石浦港,一在白帶門,三門灣僅為其往返之過道。三門灣內之健跳所港,亦僅為匪砲艇之臨時寄泊地而已。(三)獲知大陳當面匪海軍之兵種兵力:一、石浦港內匪海軍砲艇係瘦長輕快,裝三點七公分小砲數門,外形如我太字級艦之縮影,噸位約為二〇〇噸,航速十二浬,約有八艘,另有遠洋拖輪改裝之砲艇二艘,元培匪艦常川駐石浦。二、白帶門匪海軍砲

艇，係我實應艦型大小相同，艇首裝有七五砲一門，艇尾有二五砲二門，噸位約在三〇〇－四〇〇噸，航速十二浬，約十四艘，曾同時出現於戰場，此種砲艇應稱為小型艦，不應以砲艇名之，否則紊亂上級指揮官對匪情之判斷，更因其性能在海上已能代替小艦之用，故以下改稱小型艦。（四）獲知大陳當面匪海軍之配備及設施：匪海軍以十四艘小型艦駐白帶門，企圖與我海軍對抗，以砲艇駐石浦港，掩護定海、石浦間運輸，復以元培匪艦常川駐石浦港內，任保護之責。然元培匪艦自知係由商輪改裝而成，不敢與我海軍對抗，故經常匿伏石浦港內不出。前數次我海軍之巡邏牛鼻山水道，使匪海軍大受威脅，始於定海調來長治型匪艦助戰，以振士氣。（五）獲知大陳當面匪海軍戰鬥準備之程度：依當面年來所發現匪海軍之兵力裝備，先由機帆船之自衛，進而為二〇〇噸小砲艇之出海巡邏，再進而為四〇〇噸小型艦之對戰，復以此次雷達瞄準五吋以上聯裝巨砲之長治型艦助之，其戰鬥準備程度，已能與我駐防大陳艦艇舉行決戰。（六）獲知大陳當面匪海陸軍之企圖：匪海軍增強水上武力，封鎖我沿海各島嶼據點，協助匪陸軍實施逐次攻略，待機在其巨艦掩護下進略我大陳基地，遂行其掃蕩之目的。

第六、威力搜索及戰鬥之檢討：（一）重新估計匪海軍實力：往昔我海軍均抱匪海軍為機帆船或幾十噸之小砲艇，對砲艇之意義為「小艇而裝砲者砲艇是也」，今日已成三〇〇噸至四〇〇噸備有七點五公分砲之小型艦，應直稱之小型艦，以免貽誤上級指揮官之判斷。除砲艇群、小型艦外，匪所有安字級艦，據五月五日情報，均已換裝五點一吋之俄式海軍砲，故不宜忽視之。（二）認清匪長治型艦之戰力：此役所發現之長治型匪艦，我海軍現有任何艦單獨取勝，均屬難能。該匪艦二萬碼外精確之命中射擊，可擊敗本軍任何艦，如確係長治匪艦，則匪僅此等艦一艘，如非長治匪艦，則此種艦外尚另有一勁敵。長治匪艦不問其是否俄艦來此擾亂，來日戰場必與該匪艦遭遇，我海軍將士應嚴加注意，尤須認清今日打共匪就是打俄帝，今日打共匪海軍就是打俄帝海軍。（三）認清我國劃時代之海戰已開始：中國自有海軍迄今近一百年，軍艦在海上互相戰鬥，均係在萬碼以下砲戰，雖曾耳聞美、英海軍三萬碼巨砲決戰之

事實，我海軍無一艦有此雷達瞄準之設備，無一人曾有此種海戰之經驗。此次三門灣海戰，確係雷達瞄準之二萬碼外巨砲決戰，凡我海軍將士應變更以往對海戰之觀念，八千碼或一萬碼開始砲戰，僅徒受消滅而已，尤可惜者，被消滅之前匪艦形狀均未看清。（四）對匪海軍戰術之研究：匪海軍係利用小型艦群及砲艇群，引誘我艦之追擊，並利用地形及島嶼與我頑抗，拖延時間，完成對我艦之「拘束」，以此長治型巨艦自遠海迂迴截斷我歸路，於我不預期之地點，不預期之時機，而對我「打擊」，更與匪砲艇群及小艦群協力對我「捕捉」。（五）對我海軍積極增強戰力之建議：一、增強武器及砲火指揮儀：今日對匪艦戰鬥，非五吋以上巨砲、雷達瞄準或極精確之砲火指揮儀，不能予匪艦以痛懲，應速商請美方迅撥五吋海軍六十五倍巨砲，安裝於我艦上。如無五吋以上巨砲，日式四點七吋之巨砲決不可換為三吋美式砲，應速裝修其砲儀，或換新砲儀，並要求兵工署作技術上之協助。二、增強觀測器材：日本艦之觀測器材極差，即望遠鏡亦年久耗損失修，視距減短，物像不清，應速增發觀測用巨型望遠鏡。本艦此次出發戰鬥，僅日式之小型手用望遠鏡四付，前後主砲砲長均無望遠鏡，兩萬碼外從何能發現目標，從何能修正彈著，從何能迅速擊毀匪巨艦，是應深切改良。復查馬公倉庫曾一度收藏日艦巨型望遠鏡甚多，可速飭專員監工修理備用。三、增設信陽艦艦內通信設備，速發堵漏、救火、救生、鋼盔等器材裝備：信陽艦艦內通信為日軍移交時所破壞，接收後從未修復，艦內通信多用大聲呼叫及跑步傳令，堵漏器材、救火、救生均缺少，機艙救火設備全無。鋼盔為作戰必用之裝備，日式破爛者均不夠，美式更全無，極應迅速責成專員監督增設及補發。四、迅速裝備丹陽、信陽、泰安、成安、臨安、正安等日艦：往者均不重視日式艦，三門灣一役，即知日式艦在戰場上之戰力，應迅速修復及增強裝備，尚能於短期內建立一戰場之主力。（六）對我海軍供應醫藥裝修上之改良：一、前方基地有使用重油之艦艇時，必派駐重油運輸艦一艘，以便隨時補給，適合戰場需要，俾使用重油之艦艇，不因重油缺乏而減少活動力與戰力。二、前方基地應成立戰地流動手術組，海軍在大陳應貯存作戰急救藥品。三、凡有關航行及

火砲之裝修，決不可因國防部款未撥到而遲延或停止裝修，致減少戰力，且需力求手續簡單，事半功倍，方可把握時間，爭取勝利，力行就是革命，快幹就是克難，否則臨戰之際，噬臍莫及。（七）對我海空軍聯合作戰機構之建議：我國海軍無飛機，空總在臺北雖有空援申請中心之設立，因海戰為時極短，故仍感難應海戰之需要，以五月廿八日為例，我空軍來情「北箕附近發現匪千噸之軍艦一艘，率三百噸之砲艇十餘艘，航向360°」。此情報到大陳第二艦隊司令閱讀時，已在發現匪艦之後五小時，匪艦已入溫州灣，無法可截擊。為適應海戰之需要，空軍應指定一隊為海軍支援隊，隨時在機場待命，其電台亦設在機場，專與前線各基地及海軍指揮官前線各艦連絡，其波長呼號密碼力求簡便，每日呼叫試通，一遇申請空援，立即起飛，方可達海戰之要求。（八）對漁山增設海軍瞭望台之建議：漁山位於大陳東北三十浬，為大陳島之外圍基地，屹立海上，乃浙東天然之瞭望台，對三門灣、檀頭山及南韮山海面一覽無遺，凡匪海軍有所行動，均先得知。游擊部隊雖常見匪海軍艦艇往來，惜因觀測器材不足，對艦形不能認識，使情報徒減價值。五月廿四日三門灣一役後，五月廿八日漁山復發出情報「匪艦二艘在漁山附近巡邏」，不知究係何種艦，我海軍極應使用漁山原有燈塔設備，安置巨型艦用望遠鏡二付，派海軍情報官兵五六人，配電台一部，或借用空軍電台及游擊隊電台，即可每日搜集匪海軍艦艇種類數目活動情形，供作戰之參考。（九）對我軍大陳基地增設重砲之建議：大陳基地目前之重要，不僅為臺灣之前哨，反攻大陸時之跳板，亦且為全國士氣有關，影響世界聽聞之地。自匪長治型巨艦出現後，亟宜於大陳島上增設一五五口徑之美國野戰重砲，及一〇五口徑美國野戰中口徑砲，加強其防衛力，並可為海軍基地之掩護。（十）對我軍大陳各島嶼緊急匪情電報之建議：定海匪海軍艦艇距我甚近，大陸邊緣匪軍及匪砲艇在望，故各島嶼間敵情，瞬刻萬變，我軍之電報一字一密，翻譯發收再翻譯，常延遲至數小時之久，匪情以迅速達到指揮官為主，過遲則全失價值，甚至誤事。改良方法，大陳島設一中心電台，二十四小時收聽各島緊急匪情，波長、呼號、密碼先行規定，密碼以極簡單之二位數字固定代之，如

地點、方位、距離、匪之軍種、數量、動作、我之要求等依次發出，詳細匪情由爾後之電報報之，例：

電文	密碼	電文	密碼
漁山	六一	披山	六二
東	一三	西北	一八
五浬	○五		○○
匪艦	二二	匪軍	三三
二艘	○二	二百	○二
巡邏	四一	登陸攻我	四二
我要求軍艦來此	五四	我要求陸軍支援	五七

第七、全部密碼不超過五十組，均係固定意義，指揮官甚至不需譯電，亦可讀出而通曉匪情，爭取時間，作神速之處置。（十一）我海軍駐防前線應有之注意：一、凡在大陸近岸發現匪機帆船及小砲艇，必先審視周圍有無匪巨艦之潛伏，而後前往捕捉。二、凡在大陳港出海北巡，必先瞭望及以雷達搜索遠海及島嶼後有無匪巨艦之潛伏，力求在三萬碼以上發現匪巨艦踪跡而監視之。三、夜間在港內遇有匪機帆船及小砲艇來襲擾時，出港追擊之先，應以雷達先搜索遠海面有無匪巨艦踪跡，免俾誘我出港，遭匪雷達指揮之巨砲轟擊。四、巡邏應採取不定時間不定地點之突擊方式，切不可久留匪區海面之某一區域，遭匪艦之奇襲。（十二）我海軍戰術上應有之改良：一、中國海軍兩萬碼外不見匪艦，不聞匪砲聲，而遭受匪艦巨砲命中射擊之劃時代海戰已開始，我海軍應加強瞭望及雷達搜索，務期於三萬碼外必發現匪長治型艦之踪跡，而完成備戰以待之。二、對匪砲艇應在五千碼開始射擊，對匪小型艦在九千碼應開始射擊，對匪長治型艦在兩萬碼即應開始射擊，如火砲射程不夠時，須利用天侯、島嶼之隱蔽，力求接近匪艦而猛襲之，愈接近則匪我火砲之威力愈近於相等，且愈為有利。三、如無決戰必要時，匪長治型艦應保持在二萬五千碼以外監視之，待其疲勞懈怠之際，使用多數航行速率高，火砲射擊速度快之艦群分進合擊，而撲滅

之。四、對匪長治型艦決以利用島嶼地形及狹窄水道迫使其戰鬥為有利，務避免在廣闊遠海面與其決戰。五、積極成立魚雷快艇隊，潛伏於島叢，我再以軍艦誘該匪艦出追，而待機奇襲擊沉之。六、海上凡有水道可利用之島嶼，如大陳島以北之高島、金門島、竹嶼等，我均需商請友軍，全部設防控制，以為我海軍艦艇依托隱蔽，待機襲敵之用。七、一經與長治型匪艦接觸，應力求迅速通知臺北空援申請中心，迅派機轟炸之。（十三）匪艦等不敢跟踪南下至大陳之分析：一、匪艦經我猛烈砲擊，可能有我部分砲彈係命中彈，且係匪我海軍主力艦首次海戰，雙方均存戒心。二、匪艦見我從容入島叢危狹水道，深畏我誘其接近島嶼，受我巨砲之致命轟擊，或觸礁沉沒。三、匪艦初次臨戰，深畏我大陳有海軍主力，不敢孤軍突入。四、匪艦從無海戰經驗，企圖心不旺勝（盛）。五、匪艦可能係俄艦，不敢近距離戰鬥及南下至大陳，暴露其真面目。（十四）此次威力搜索戰鬥成功之分析與建議：一、分析：1.處置恪遵威力搜索原則：全部處置恪遵總統頒布之作戰綱要第一部第一一五、第一二三、第一四五之指示，威力搜索既非前衛，亦非在搜索區防禦，更非決戰，猶（尤）非持久戰。威力搜索乃為探知確實敵情，以威力為直接搜索之手段，獲得情報以後，設法與敵脫離，迅速返報指揮官。2.行動符合戰術之要求：全部行動遵作戰綱要第一部第一四五中二之指示，本艦（率永壽艦）兵力部署及行動，使敵誤認為真攻擊，而暴露其兵力配備主力所在、戰鬥準備程度，及其巨艦之性能與戰法。3.奮起苦戰，完成任務，發揚軍人精神及武德：本艦遭遇絕對優勢之長治型匪艦及另一安字級艦，於二萬碼外受其雷達瞄準之命中彈廿三發，處於最困苦危險之境，仍毅然奮起，以劣勢裝備猛烈激戰，偵得匪海軍重要情報，使我軍避免日後之重大損失，在與匪海軍作戰之戰史上尚屬首次成功。當本艦遭猛烈砲火轟擊時，本艦猶為通知永壽艦先行轉進，己艦在後任掩護，待永壽艦已入島群後，本艦方脫離匪艦之彈幕，充分發揚軍人精神及武德。4.臨機果斷，處置神速，保存信陽、永壽二艦：本艦被優勢匪艦重創，在轉瞬間之際，除奮起苦戰還擊外，因見威力搜索已完成，斷然決心率永壽艦脫離戰場，避免二艦受重創而影響士氣人

心及世界觀感，實為最大之成功。5.堅苦卓絕，繼續奮鬥：本艦率永壽艦脫離敵人，經金門島、高島間危險窄狹水道，迅速返報指揮官後，並立即加入主力，再返三門灣，自五月廿三日至廿六日繼續巡弋，堅苦奮鬥，發揚最高戰鬥精神。二、建議：使用威力搜索部隊之考慮：1.遵作戰綱要第一部第一四五中四之指示，為行威力搜索而用強大兵力攻擊時，應於高級指揮官統一指揮下行之，其主力須有應機加入戰鬥之準備，以免遭受強敵之掩襲，及支援威力搜索部隊，不使受強敵之殲滅，務須不失時機「有利的」利用搜索之結果。2.高級指揮官對所派出之威力搜索部隊所報敵情，有需再偵察時，以另派威力搜索部隊再搜索為宜，勿冒然輕進，致遭強敵之掩襲，且宜聽取威力搜索部隊之報告後，再定戰策。3.高級指揮官派遣威力搜索部隊時，出發前應明示搜索計劃遵作戰綱要第一部第七七之指示：（1）根據我軍任務既得敵情與爾後所欲知之敵情，而定搜索目的。（2）根據搜索目的範圍、重點時機等，而部署兵力。（3）指示各部隊之搜索之正面搜索起止點、搜索時機，並應注意之目標及事項。（4）達成搜索目的之手段。（5）達成特殊目的之方法。（6）在戰況不利時達成搜索任務之手段。（7）第二任務（掩蔽、掩護）之考慮及其實行之方法。4.高級指揮官收到前方威力搜索部隊之緊急電報請示時，宜迅速明示，俾威力搜索部隊有所遵循，以期適合高級指揮官之意圖，如高級指揮官決心支援威力搜索部隊時，以向其航路必經之海面接應為宜，俾能立時澈底集中兵力與匪艦等遂行戰鬥。5.高級指揮官之位置關係軍隊之指揮，其離開旗艦前宜通知爾後所在之艦，於威力搜索部隊移至所在艦後，宜與威力搜索部隊電信試通，俾威力搜索戰鬥之全局，威力搜索部隊，均能與高級指揮官聯絡暢通。

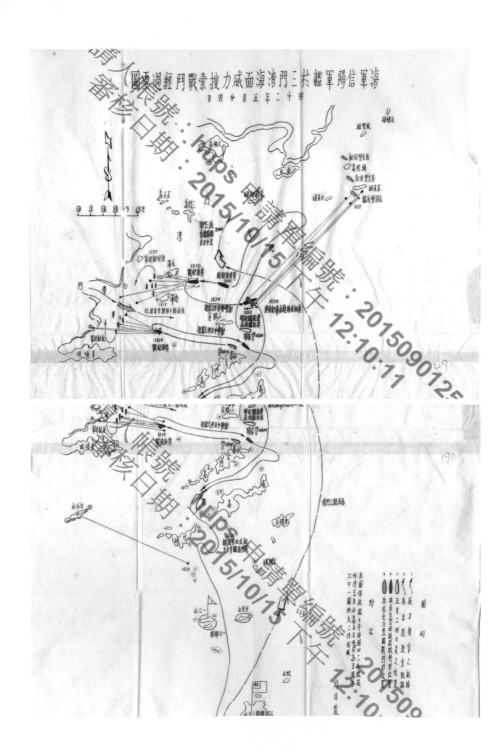

海軍信陽軍艦突三門灣海面威力搜索戰鬥經過要圖
四十二年五月廿四日

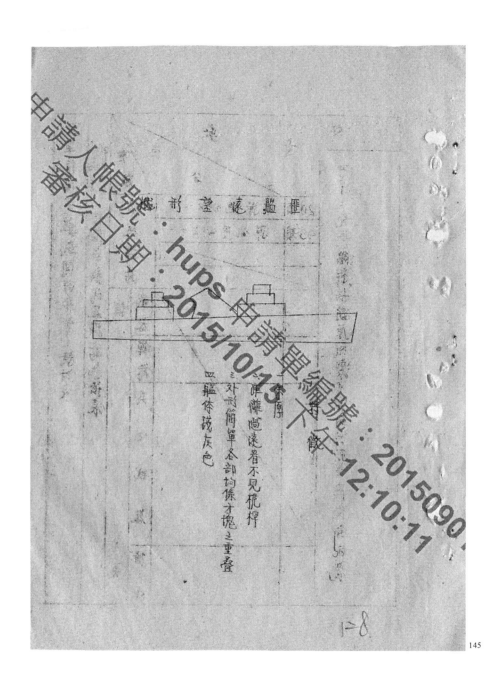

---

145 周非，《海軍信陽軍艦率永壽艦於三門灣附近威力搜索及戰鬥詳報》（1953年6月），同上。

伍、勝利後至遷臺初期　151

據該戰鬥詳報所附之第一號附表「信陽軍艦死傷表」，記戰鬥參加人數為軍官佐19員，士兵149員，官兵死、生死不明均無，僅傷士兵2員；在附記中作補充說明，謂「本艦參加戰鬥，受極輕傷戰士二員，經數日即愈」。第二號附表「信陽軍艦武器彈藥耗損表」，記消耗彈藥計十二公分砲彈20顆，二十五公釐砲彈43顆；附記則謂「四七—二砲壓縮桿插梢原配製不當，射時跳出，應從新配製」。[146]

由上述三門灣戰役的經過可知其戰鬥過程雖不熾烈，但對身歷其境的信陽軍艦而言，則驚心動魄，危險萬狀，幾遭不測。父親勇敢善戰，沉著機警，決不逞一時血氣之勇而不顧全艦及友艦（永壽軍艦）官兵的安危，此需當機立斷，不得稍有猶豫，遂能掩護友艦，迅速脫離戰場，並將此重大情報稟告上級。

2.戰役的歷史意義

此役的歷史意義至為重大：中共原無海軍，隨著國共內戰的局勢轉變，1949年開始有大批的國府海軍船隻與人員因投共、遭到拋棄或被俘，轉成為共軍最早的海上力量。[147]然而這些船隻多數都相當陳舊落後。中共建政後，於1950年2月14日與蘇聯政府簽訂貸款協定和貿易協定，規定將其中一億五千萬美元作為購置海軍武器裝備之用，具體項目有各類艦艇、飛機、火砲及其他設備器材。後因韓戰爆發，中共中央決定將上述貸款的絕大部分移用於購買支援韓戰物資，因而海軍只從中獲得為數不多的裝備和器材，[148]所花費的金額僅兩千萬美元。[149]

1950年8月11日至30日，中共在北京召開海軍建軍會議，將全面仿傚蘇聯海軍的路線予以制度上的確立，另由於1950代之中國大陸與1920年代蘇聯建國時期的狀況相去不遠，都是剛結束長時間的內外戰爭、國內經濟狀況惡劣、欠缺人力與物力資源去維持配備大海軍的情況。故「數量多、

---

[146] 同上。

[147] 據統計，1949年國府海軍至少曾發生18次叛變，有97艘艦艇與3,800人投共（不包含被俘、遺留、被燬的艦艇）；見姚開陽，〈中國軍艦史系列-24—國府投共艦艇全集PART-Ⅰ：重慶艦叛變50週年〉，《全球防衛雜誌》，第29卷第3期（1999年3月），頁82。另一項統計，稱國府海軍船隻投共、被俘、遭遺棄者計183艘，43,268噸；見海軍史編委會編，《海軍史》（北京：解放軍出版社，1989年），頁25。

[148] 《海軍史》，頁37。

[149] 沈志華，《毛澤東、斯大林與朝鮮戰爭》（廣州：廣東人民出版社，2004年），頁275。

噸位小」的輕型船艦為主力的海軍兵力結構，遂成為該海軍建軍會議的結論。[150]至1953年6月4日，中共當局與蘇聯簽訂協定，其項目中才有較大船艦的購買，包括4艘蘇聯於1937年至1941年間建造的07型驅逐艦（後被稱為鞍山級，排水量2,166噸），[151]及4艘用蘇聯技術、材料裝配製造的「里加」級護衛艦（後被稱為成都級，排水量1,320噸）等。[152]故而在此以前，中華民國海軍因大噸位的軍艦遠多於共軍，火砲口徑相對亦較大，顯居優勢；又益以韓戰的爆發，使中共建國初期的國家安全戰略和東南沿海防衛戰略發生了變化：即在戰略方向上從東南轉向東北；在戰略重點上從積極進攻轉為積極防禦。[153]以致國軍艦艇縱橫於閩、浙沿海，來去自如，其最大的威脅乃係共軍岸砲的射擊。

及至1953年7月，韓戰結束，中共的戰略重心從東北重回東南。次年，「六四協定」中的4艘驅逐艦組建成軍，其魚雷快艇部隊亦準備大舉出擊，中華民國海軍在大陸東南沿海的海上優勢，遂逐漸消退。惟儘管如此，歷年國共間海戰（1950年至1965年）似乎很少大型艦艇編隊進行有組織的戰鬥，其主因乃為早期的中共海軍，在戰略思想、技術裝備方面均受到蘇聯的影響。由於蘇聯海軍在1990年代以前一直執行所謂的「小艦隊、小戰爭」理論，把海軍作為陸軍的戰術支援系統之一，注重輕型水面艦艇、潛艇、以及近岸海軍航空兵、海岸砲兵等近岸作戰力量。這對於一直師法蘇聯紅軍的中共產生了直接影響，中共海軍長期以來所秉承的「飛（飛機）、潛（潛艇）、快（快艇）」建軍原則，可以說是蘇聯「近岸海軍」軍事理論的翻版，只能發揮12浬領海護衛隊的作用。[154]故1954年及其以後的國共間海戰，共軍仍多以小型艦艇如魚雷快艇、砲艇為攻擊主力，俾充分發揮其以小博大，以眾擊寡，以快制慢，不易被擊中的功效，配合靈活戰術的運用，致國府海軍付出了不小的代價，如1964年11月14日太平

---

[150] 吳尚書，〈中國海軍海上遏阻戰略研究（1950-2006）〉（臺北：國立臺灣大學政治研究所碩士論文，2007年7月），頁63、64。

[151] 姜忠，〈半個世紀的藍水情結—中國海軍驅逐艦發展之路〉，《艦載武器》，2003年第9期，頁23～24。

[152] 王崇，〈人民海軍護衛艦的發展歷程〉，《艦載武器》，2004年第3期，頁38。

[153] 林曉光，〈朝鮮戰爭與建國初期我國東南沿海防衛戰略的轉換〉，《黨史研究與教學》，2003年第5期，頁34。

[154] 蕭雨生，〈迎向藍水—走出近海的中共海軍〉，《全球防衛雜誌》，第25卷第2期（1997年2月），頁36。

軍艦遭魚雷擊中沉沒，副長宋季晃中校（福州海校第八期）等官兵殉職，為其顯例。

3.「巨型匪艦」之謎

　　至於三門灣戰役中的「巨型匪艦」，究竟係何艦？父親在三門灣戰役戰鬥詳報中曾提及的計有：（1）1949年投共的長治艦經整修裝有五點一吋砲，時為共軍華東軍區海軍第六艦隊旗艦的南昌艦。[155]（2）1949年由元培客輪改裝後改名的廣州艦。[156]（3）是原日本春月號驅逐艦，由蘇聯裝配後交予中共海軍者。[157]（4）蘇聯軍艦。父親就元培艦同型軍艦的外觀等方面判斷，認為「巨型匪艦」並非元培艦；認為係長治艦的可能性較大，故稱該「巨型匪艦」為「長治型匪艦」。關於此事，中華民國海軍當局極為重視，因當時國府海軍主力戰艦為陽字號驅逐艦及太字號護航驅逐艦，陽字號驅逐艦僅兩艘，係日製的丹陽艦及信陽艦，丹陽艦常需修理，鮮少出任務，最具戰力的就是信陽艦（1953年，美國決定將兩艘美製驅逐艦交予中華民國海軍，即漢陽艦及洛陽艦，次年，兩艦方駛抵國門成軍），此次三門灣戰役信陽艦竟首度遭遇裝備居絕對優勢的「巨型匪艦」，並與之遠距離對戰，處境極其不利，實令海軍當局震駭。

　　1953年8月4日，海軍總司令馬紀壯（青島海校第三期）令海軍總部政治部：

> 一、查信陽艦前於本（42）年五月廿四日率同永壽艦赴三門灣、白帶門一帶實施威力搜索，當日15.20在菜花岐附近發現長治型艦一艘，距離二萬碼（根據信陽所報），即對信陽行極準確之射擊，彈群落信陽四邊，並高速南下追擊，信陽艦一面還擊，一面掩護永壽循高島、金門間水道返大陳。另據永壽艦報稱，所發現之匪艦型

---

[155] 長治艦原為日本海軍之宇治號軍艦，排水量1,350噸，二戰後賠償給國府，1949年9月投共，旋被國府空軍炸沉於長江水域，次年2月，經打撈起，加以整修後，改名南昌艦。

[156] 元培艦係二戰中加拿大建造的英國「城堡」級護衛艦，標準排水量1,077噸。1947年拆除武器後售予招商局輪船公司，成為「元培」號快速客輪。1950年春，中共海軍將之改裝成護衛艦，改名為廣州艦，亦裝有五點一吋砲。

[157] 春月號為日製秋月型驅逐艦，標準排水量2,701噸。1947年8月，日本賠償給蘇聯，改名Pospeschny，1969年報廢。

式，似屬元培型。二、查長治艦過去所裝配為4.7砲，艦首雙聯裝一座，艦尾單裝一門，惟在渤海灣作戰時，艦首砲一門炸裂，不能使用，其最大射程約為18,000碼，有效射程約10,000碼，據信陽所報距離，則匪艦砲彈似不可能落在信陽四邊，且該兩艦所報艦型又不一致，極應查明真象。三、希即派員向各有關單位及軍艦密查下列各點：（1）該匪艦是否確屬長治或係元培？（2）信陽於小鵝冠東北所遭受之彈群是否即該匪艦砲，抑為岸砲所射擊。（3）信陽艦當時何以不與該匪艦繼續戰鬥，以便判明究係何艦。四、茲檢附信陽、永壽詳報（用畢寄還三署）一份，希即遵辦具報。[158]

同年11月14日，海軍總部政治部主任趙龍文（中將），副主任汪震（少將）聯名呈文總司令馬紀壯，具報密查結果：（1）5月24日信陽艦在菜花岐附近所發現的巨型「匪艦」，並非長治艦，亦非元培艦。（2）信陽艦在小鵝冠東北所遭受之彈群，確是該「匪艦」所射出。（3）信陽艦脫離戰場的原因，據該艦周艦長10月29日函，略以信陽艦奉命係威力搜索，根據作戰綱要及海軍作戰綱要之指示，係以搜索為目的，威力為手段，以佯攻偽攻欺騙敵人，使敵誤認為真面目之攻擊，而暴露其主力。獲得敵情後，即應以迅速巧妙之方法，脫離戰場，返報指揮官，並無「必須奉命始能脫離戰場」之規定。信陽艦於敵情已明，且險遭「匪艦」擊沉之際，猶奮起戰鬥，並通知永壽艦先行轉進，由該艦在後掩護，始脫離戰場。[159]

以上密查結果，認為該「巨型匪艦」並非長治艦，亦非元培艦，惟未述說其根據為何，如無根據，何敢遽作此論斷？如確非長治、元培二艦，則係蘇聯軍艦（驅逐艦）的可能性大增（原春月號艦蘇聯應並未交與中共海軍）。是時，韓戰行將結束（1953年7月27日在板門店簽署停戰協定），戰事已不復激烈，蘇聯軍艦自北方抽身南下巡游至三門灣，適逢其會，亦係合理的臆測。多年後曾聽父親說，該「巨型匪艦」應係蘇聯軍

---

[158] 「海軍總司令馬紀壯（42）北宇盟肖文字第2843號令」（1953年8月4日），《國軍史政檔案》，〈三門灣戰役案〉；總檔號：00025686。
[159] 「海軍總司令部政治部主任趙龍文、副主任汪震呈海軍總司令馬紀壯文」（1953年11月14日），同上。

艦，其所發射的4組彈群共23發巨彈，均落於距信陽艦10碼之內，爆炸聲響極巨，使正在艦橋上指揮作戰的父親耳膜遭到震傷，聽力受損，每況愈下，致未屆六旬，即需購置助聽器備用。

值得一提的，是事隔約一年之後，國府海軍又遭遇到一次類似三門灣戰役的情事，兩者可以參照比較。這時，大陳特種任務艦隊司令輪到由海軍第一艦隊司令劉廣凱少將擔任，據當時在第一艦隊任上尉作戰官的葉昌桐（海官38年班，後曾任海軍總司令）憶述：

> 有一次，太康、太和與2艘PC艦出海實施威力搜索，由大陳往北方的漁山海面巡弋，三門灣就在對面。可能是距大陸海岸稍近，對面出來了2艘艦船，我從望眼鏡中看得很清楚，那是屬於俄製的瑞加級驅逐艦（FS）。
>
> 該艦裝有5.1吋艦砲，我們那時還是3吋砲。雙方距離逐漸接近，在我艦3吋砲射距未到時，敵艦的艦砲便射擊過來，砲彈落在我們駕駛台兩邊的海中，此時我艦3吋砲的射程還差得遠呢！劉司令和我都在駕駛台上，我向他報告：「我們若要打他，要快速前進接近他，否則只有挨打的份。現在先不要射擊，因為射程還不到，開砲都是浪費砲彈」。我建議兩個方案：（一）是加速前進，拉近敵我距離，以便還擊；（二）是立即撤退，保持戰力。他下令艦隊高速前進接敵。
>
> 在海上作戰，艦砲若是口徑小，射擊距離短，就注定要失敗。陸軍還可以利用地形、地物掩護，海上沒有掩護，只憑胳膊長、拳頭大，在對方拳頭還來不及反應時，就要打倒對方。艦艇裝口徑大的砲，才能打得遠，大砲必須大艦裝，所以艦艇的噸位就要大，為了應付日益增大的艦砲，艦艇的排水量越來越大；這是二戰前的情形，飛彈出現後，已打破此一現象……。
>
> 我們以縱隊前進一段時間後，雙方態勢並未改善，情勢仍舊對我不利。艦隊除旗艦外，其餘各艦射角都受限制，我向劉司令建議轉向90度，他下令艦隊向左轉成梯隊。這時敵艦又一次齊放，砲彈落在我們艦艇四周，旗艦船身微損，太和較嚴重，彈片貫穿右舷醫務室，所幸無人受傷，可是我們仍舊無法打到他們。我向司令報

告，我們主要的任務是保衛大陳，並非殲滅敵艦，建議迅速撤離。司令接受了我的建議，下令艦隊轉向返航，才逐漸離開敵艦的攻擊範圍。

可能是中共海軍剛剛接收瑞加級驅逐艦，對我們也不瞭解，見我們離開，也就回港。現在回想起來，敵艦回港可能原因有三：第一、中共海軍剛成軍不久，艦上官兵不少是中華民國海軍所訓練出來的，對這些人員的忠貞程度，並無太大把握，若兩艦在岸砲距離外，擔心他們會跑走；第二、他們的艦船，遠海操作技術不夠熟練，有岸砲的掩護及支援，才比較安心；第三、受了俄國「要塞海軍」的影響，海軍僅是陸軍戰略側翼的掩護者，不可離岸太遠，只要防衛陸軍側翼，不受來自海上的攻擊即可。[160]

從上述可知，當時國府海軍太字號的三吋主砲遠不能與共方驅逐艦的五‧一吋砲對抗，即連信陽艦亦相形見絀。父親在他上呈的三門灣戰役戰鬥詳報中曾深自檢討信陽艦裝備上的缺失，如欠缺雷達瞄準或極精確之砲火指揮儀，觀測器材極差，即望遠鏡亦年久耗損失修，視距減短，物像不清，艦內通信多用大聲呼叫及跑步傳令，堵漏器材、救火、救生均缺少，機艙救火設備全無，即作戰必備的鋼盔均破爛不足等等，都亟待改善。並剴切建議國府海軍增強武器及砲火指揮儀：認為「今日對匪艦戰鬥，非五吋以上巨砲、雷達瞄準或極精確之砲火指揮儀，不能予匪艦以痛懲，應速商請美方迅撥五吋海軍六十五倍巨砲，安裝於我艦上。如無五吋以上巨砲，日式四點七吋之巨砲決不可換為三吋美式砲，應速裝修其砲儀，或換新砲儀，並要求兵工署作技術上之協助」。於是信陽艦乃於1955年2月19日換裝美式5.38吋主砲兩門，副砲40糎砲7門，20糎砲6門；2月27日，換裝51型指揮儀2座。次年1月又加裝雷達、聲納儀等電子設備。[161]惟至1960年3月，美方始同意將太字號各艦的三吋主砲換裝為兩座38倍徑的五吋主砲，1968年並加裝了兩組三聯裝21吋魚雷發射管。[162]以提升國府海軍的戰力。

---

[160] 鄧克雄、林海清，《葉昌桐上將訪問紀錄》（臺北：國防部史政編譯室，2010年），頁74～76。

[161] 括號內的補充說明係參見《海軍信陽軍艦歷史》，〈六、重大興革事項〉所載。

[162] 姚開陽，〈中國軍艦史系列-12：驍勇善戰的太字號〉，《全球防衛雜誌》，第27卷第2期（1998年2月），頁81。

（四）鹿羊戰役（1953年6月）

　　1953年（民國42年）4月29日，信陽、永壽、寶應3艦於石浦海面重創共軍砲艇3艘。[163]當時，江浙反共救國軍披山（在大陳南32海浬處）地區司令為馮龍，披山之西有大小鹿山，再往西有雞冠山，西北方則有羊嶼，均靠近大陸，向無守軍。同年5月下旬，共軍以一營之眾佔領雞冠山，進據大小鹿山、羊嶼諸島，並在大小鹿山設置砲兵陣地，每日轟擊披山。胡宗南以其影響南部各島之安全，乃部署反攻大小鹿山及羊嶼。[164]

　　關於大小鹿山及羊嶼的攻防，大陸方面的相關著述甚少，稱之為「浙東四島」（加上雞冠山）爭奪戰。據其記述：參加5月29日攻佔四島的共軍分別為陸軍第六十師、公安第十七師及海軍溫台巡防大隊所部。其中的第六十師，曾先後隸屬於新四軍、山東野戰軍、華東野戰軍、中國人民志願軍。參加過抗日戰爭、國共內戰、韓戰，1952年10月甫自朝鮮歸國，南調浙東，「是一支能攻能守、敢打敢拼、功勳卓著的英雄勁旅」。公安第十七師的前身是濟南戰役中投共的整編第九十六軍獨立旅，1948年10月改編為共軍第三十五軍第一〇五師，1952年4月改編為公安第十七師。海軍溫台巡防大隊的前身是1950年3月成立的華東軍區江防砲艇大隊第一中隊，同年9月，改編為溫台巡防大隊。1952年6月，該大隊進駐浙江省黃巖縣海門鎮，接收了由江南造船廠設計製造的8艘50噸新型砲艇，編為兩個中隊，每個中隊4艘。新砲艇與原來的25噸日製老砲艇相比不僅速度快，而且火砲口徑也大，37、25、20毫米的都有。此次攻打四島，係由第六十師政治委員汪大銘、參謀長王昆、公安第十七師副師長劉金山、溫台巡防區主任兼巡邏艇大隊長陳雪江共同指揮。決定由第六十師第一七九團第一營負責攻打大、小鹿山兩島，公安第十七師第五十團第三營負責攻打羊嶼、雞冠山兩島；溫台巡防大隊則以8艘砲艇火力支援陸軍登陸，堵截敵海上退路，阻擊敵增援艦艇。戰鬥於5月29日下午6時展開，先以岸砲猛轟，繼而登陸，四島守軍僅200多人，外援阻絕，奮戰至是晚9時，戰鬥全部結束。共軍據有四島，「全殲守敵239名，其中斃敵分隊長以下53名，俘敵縱隊司令何卓權以下186名，擊沉敵帆船2艘，繳獲火砲3門、機槍1挺

---

[163] 海軍總司令部編，《海軍艦隊發展史》（二），頁1041。惟其將石浦誤書為石蒲，特予更正。
[164] 《胡宗南上將年譜》，頁291。

和其他物資一批」。攻佔四島的陸軍第六十師部隊在肅清殘敵以後，即把大部分兵力撤出到寨頭，進行攻佔積谷山的準備工作。王昆率領5個砲兵連由海上運到九洞門，選擇攻打積谷山的陣地。陳雪江也帶領8艘砲艇撤回到海門港休整，準備配合第六十師進佔積谷山。大、小鹿山由第一七九團第一營兩個連駐守，羊嶼由公安第十七師五十團第九連駐守，兵力較為薄弱。[165]

5月31日，胡宗南乘太和軍艦與美籍友人Barrow、Gray，及海軍第二艦隊司令齊鴻章同往披山海面，然「反攻大鹿因與海軍協定未洽，未成」，6月4日，返回大陳。[166]6月9日，國防部派海軍副總司令黎玉璽、第三廳副廳長李學炎、大陸工作處第三組組長羅果為等乘專機抵大陳，攜來國防部部長周至柔給胡宗南的命令，與胡面商。周至柔在命令中關於大陳方面作戰的指示約略為：（1）「以大陳為中心，對大陳以北迄南北漁山，現領有之各島嶼，及對大陳以南披山、南麂島、北麂島各島嶼，均應堅強守備，不能放棄」。（2）「今後該方面之發展在大陳以北可暫取守勢，在大陳以南區域應採以攻為守手段，機動作戰」。（3）「大鹿山、小鹿山各島應準備規復，但其規復時機由貴官自行選定」。（4）「海軍兵力不再增加，一切依現有兵力妥為部署運用，海軍第二艦隊司令齊鴻章著暫歸貴官指揮，貴官對於海軍兵力之運用，應經過齊司令行之」。[167]

6月16日，齊鴻章、鍾常青（即鍾松，江浙反共救國軍副總指揮）、招德培（海軍溫台巡防處處長）等會議，決定6月19日反攻鹿、羊，關於海陸聯繫亦已協定。[168]6月17日晚，胡宗南等開第七十九次高級會議，決定江浙總部戰時之編組為總指揮：秦東昌（胡宗南），副總指揮：Barrow、鍾常青（鍾松），秘書長：錢永復，參謀長：Gray，副參謀長：招德培、黃瑞誠，作戰組長：胡復威，後勤組長：林其華，通信組長：濮存祥；突擊指揮官：李奇英，副指揮官：雷振；運輸艇隊司令：杭志國。[169]6月19日，攻擊大、小鹿山、羊嶼。下午6時，胡宗南與Barrow、Gray、招德培、錢永復、胡復威等乘太平軍艦，向披山前進。其兵力區分

---

[165] 蔡朋岑，〈浙東四島爭奪戰〉，《艦載武器》，2007年第12期，頁62、63、65。
[166] 《胡宗南先生日記》，下冊，頁310，1953年5月31日條。
[167] 同上，頁311，1953年6月9日條。
[168] 同上，頁312，1953年6月16日條。
[169] 《胡宗南先生日記》，下冊，頁312～313，1953年6月17日條。

為：（1）陸軍：第一登陸支隊、第五突擊大隊（欠兩個中隊）、第二登陸支隊、第四突擊大隊。預備隊：第一突擊大隊。砲兵隊：砲兵第三隊、一區隊、42迫砲兩門。（2）海軍：艦隊：第一戰隊：太平、信陽，第二戰隊：永壽、寶應，第三戰隊：洞庭、嘉陵，第四戰隊：永昌、雅龍、美頌。艇隊：第一運輸艇隊：藍天使、突擊號、小華安、義安、遠征；第二運輸艇隊：順慶、新永順、漁粵、海蛟五號、公字二號。[170]據胡宗南記稱：是役參加戰鬥的計官佐419人，士兵1,925人（海軍未列入）。[171]可見其規模之大，為江浙反共救國軍歷次出擊行動之最，尤其是動用了9艘軍艦參加戰鬥，更係空前，較之鹿、羊共方守軍的兵力，顯居甚大的優勢，能否一舉收復鹿、羊，將攸關大陳的軍心士氣。

關於是役的過程，江浙反共救國軍總指揮部曾撰有戰鬥詳報，述戰鬥經過，簡明扼要：

> （1）六月十九日22.00，運輸船團進入預定泊地後，登陸部隊即行換乘，并在艦砲有力掩護下，向預定灘頭急駛。（2）22.05，各艦砲即對目標點行制壓射擊，掩護登陸部隊接岸運動。（3）23.50，第一登陸支隊於羊嶼10、17、18號諸點登陸成功後，即向11號匪據點攻擊，遭匪抵抗，激戰數小時，匪始不支，分向7、15號高地潰竄。二十日02.00，我攻佔11號據點，後續分向7、15號匪陣地攻擊。斯時，匪曾紛由坎門、寨頭、雞山等處不斷增援反撲，均為我艦砲火力所制壓。12.20，7號高亦為我所攻佔，匪除被殲者外，餘悉就俘，但15號之匪仍憑險負隅頑抗。14.00許，乃以第一突擊大隊一個中隊增加，於艦砲有力支援下向匪猛攻，反覆沖殺，戰鬥極形激烈。18.00，卒將該點之匪盡行殲滅，迄19.00，全部佔領該島。為加強對大鹿山方向之攻擊計，遂將羊嶼部隊於20.00先後撤離。（4）二十日00.45，第二登陸支隊於小鹿登陸成功後，即向26號高地匪之核心陣地攻擊，經激烈戰鬥，06.00將該點之匪圍殲，全部佔領小鹿。斯時，大鹿之匪以砲火掩護，向小鹿南端高地三次猛撲，均為我殲滅。09.30，我復以一部攻佔大鹿30號高地，繼向

---

[170] 同上，頁313～314，1953年6月19日條。
[171] 同上，頁316，1953年6月21日條。

45號高地攻擊。詎是時潮水高漲，大小鹿山中間之接續部徒涉困難，後續部隊無法通過，而舢舨運動又受阻礙，艦砲掩護不便，且匪使用烟幕，進展不易，當即堅守30號高地。（5）迄16.00，增加突擊第一大隊兩個中隊，於20.30乘低潮以第四突擊大隊全部再興攻擊，我官兵忠勇奮發，再四猛衝，卒因匪方地形險峻，工事堅強，火力熾盛，我傷亡慘重，不得已撤回小鹿，整頓態勢。斯時匪曾尾隨猛追，當經擊退。至是我以苦戰兩夜，部隊饑憊，彈藥殆盡，為保存既獲戰果，廿一日06.00，乃於艦艇砲火掩護下安全撤離，戰鬥終止。[172]

另外，我們在臺北的中華民國國史館所庋藏尚未刊印出版的《蔣中正總統文物》檔案中，找到了一份註有「極機密」字樣的《大鹿山、小鹿山及羊嶼戰鬥詳報》，應為胡宗南重要幕僚所撰，上呈給蔣中正總統的，內容較為詳盡，茲照錄如下：

一、六月十九日午後十時，我海軍艦艇八艘（驅逐艦15號、驅逐護航艦22號、摩托砲艇101、103、104、106、49及51號）開始向寨頭村、大鹿山、小鹿山、羊嶼及坎門等地轟擊，激烈之砲火迄十一時始停止，登陸指揮官當即將登陸時間延至午後十一時，海軍又於十一時十五分至十一時三十分行制壓敵火射擊。
二、第五大隊兩個中隊於十一時三十分按登陸計劃於羊嶼登陸，遭遇匪之抵抗，不甚激烈，匪之兵力為十七公安師第五十團三營之第九連，附砲兵一排。但登陸部隊向島內推進時，遭遇匪之頑抗，隨後匪後撤至第11號高地，藉預先準備之良好工事——碉堡、交通壕及各種重武器之掩體——繼續抵抗，并與我第五大隊游擊隊發生白刃戰多次。第一大隊一中隊於二十日晨二時登陸，於二時五十分攻佔第11號高地，匪曾力圖增援該島達四次，但匪軍所乘機帆船均為我海軍及島上火力所擊退。但於三時正，匪軍四十人第五次增援，

[172] 「江浙反共救國軍總指揮秦東昌致海軍總司令馬紀壯電」（1953年7月31日）隨電檢送之《江浙反共救國軍總指揮部鹿羊戰役戰鬥詳報》，《國軍史政檔案》，〈海軍戰鬥詳報及要報彙輯〉；總檔號：00025996。

乘機帆船一艘，登陸成功，位置於第六號標記，登陸匪援軍於攻佔第7號高地後，隨即向第11號高地反攻，時為晨三時三十分。海軍依照要求給予火力制壓及支援，戰事延續六月二十日全日，第11號高地終於午後七時又為匪攻佔。迄當晚八時，我游擊部隊開始反攻，并即攻佔第11號高地，殲滅全部匪軍。第五大隊及第一大隊之一部，乃於九時開始撤退，匪又於同時登陸佔第11號高地，并向我撤退部隊攻擊，幸由我海軍51及103砲艦以火力制壓掩護，我軍乃於十時二十五分安全撤退完畢。是役計斃匪二〇〇名，俘匪二名。

三、六月二十日零時四十分，第四大隊兩個中隊於小鹿島第21號地點登陸，遭遇匪強烈之抵抗，據匪俘之供稱，小鹿山戰役初期，匪軍防禦力量為一七九團第一營第一連之一排，迫砲一排（附八一迫砲四門），六〇迫砲二門，五七糎無後座砲一門，三七糎戰防砲一門，及七二‧六糎砲二門。我方由於缺乏舢舨，故四大隊其餘部隊未能同時一次登陸，以迄晨四時（六月二十日）始登陸。海軍曾以火力轟擊26號高地，但匪之砲火及迫砲火力亦繼續增強。登陸小鹿山部隊於二時四十二分向26號高地攻擊，此時海軍火力即轉向大鹿山方面，小鹿山戰況始終異常激烈，直至第四大隊全部登陸，於五時四十二分攻佔26號高地後，稍趨沉寂。至六時，我部隊於海軍火力支援下，仍不斷向大鹿山28及30號兩點攻擊。六時四十三分，匪之第一連二、三排，第三連及迫砲（八一糎）二門，施行反攻，佔領小鹿山29號高地山麓地區，我軍沉作應戰，迄八時三十分將匪之攻勢擊退，匪遭受重大傷亡後，仍向大鹿山方面撤退。八時四十分，我第四大隊全部及第一大隊之第三中隊開始向大鹿山攻擊，四大隊之兩排進展至30號高地。至九時十八分推進至47及48號高地山腳地區，遭受匪之頑強抵抗，匪以刺鐵絲捲、手榴彈、地雷及手榴彈向山下投擲，致我遭受重大死傷，乃不得已停止攻擊。至午後四時，該兩排之殘餘部隊向小鹿山撤退。六月二十日午後八時三十分，再度向大鹿山攻擊，但仍為匪所擊退。至二十一日晨一時十分，匪於猛烈砲火支援下，反攻小鹿山，攻勢極為銳利，但終為我軍於海軍猛烈火力支援下，擊退來犯之匪。第一、四大隊於二時半奉命撤離小鹿山，撤退於四時三十分開始，以帆船及海軍247小型

登陸艇輪運撤退部隊，於海軍火力掩護下，乃於五時五十八分撤退完畢。

四、游擊部隊損失：落水淹斃六〇名，陣亡一〇三名，受傷二四一名。匪方損失：擊斃七〇〇名（估計），被俘六一名。俘獲及破壞匪之武器裝備：（一）羊嶼：81糎迫擊砲四門，60糎迫擊砲二門，30重機槍一挺，輕機槍三挺，7.26糎俄造砲二門，7.26糎砲砲彈二〇〇發，57糎無後座力砲一門，37糎戰防砲一門。（二）小鹿山：7.26糎俄造砲一門，30重機槍二挺，30輕機槍三挺，60糎迫擊砲二門，57糎無後座力砲一門，3.56糎火箭筒二挺。游擊隊艇隊損失：71號船被擊沉，51及81號船損壞，漁粵及藍天使損壞。註：詳細損失情形另報。

五、參加是役雙方兵力：游擊隊總數一八〇〇人，實際參加戰鬥一二〇〇人，匪方兵力總計一一〇〇人。

六、戰鬥結束後，所有參加行動之登陸部隊及各級指揮官及幕僚人員曾作澈底之檢討及評論，於六小時之檢討會議中頗有價值之各點：（一）登陸技術方面：對於使用舢舨所發生之缺點，由於一部分舢舨（確數不詳）之傾覆，致使六十名游擊隊及十八名僱用船伕遭淹斃，舢舨係由機帆船73、88、68及漁粵拖曳，至距灘頭約二〇〇碼處，而第51號拖船於八〇〇－一〇〇〇碼處即將拖曳之舢舨繩索割斷，而59號根本不管任何事，因此於部隊登陸後，所有僱用之船伕多向別處逃避，為初僱用者為八十艘舢舨，至而至撤退時所剩舢舨僅二十隻。由於此種混亂之情形，破壞各部隊戰術上之統一，而延誤我方預備隊之使用。（二）控制及協調：控制及協調之不適當，為各級指揮機構極明顯之現象，此種現象對任務之達成及情況之報告之受害，自無再加說明之必要。（三）通信計劃：我方於行動前所妥善佈置之通信計劃於戰鬥進行中為匪所獲，顯然我方戰術無線電員將整個計劃隨身攜帶，進入戰鬥，故當我部隊撤退後，匪方立即發現有關通信計劃之資料，而能依據該項資料獲悉我方發報之內容。本人察覺於六月二十二日午後由於海軍旗艦與胡總部之無線電通訊，有關胡總指揮於披山之位置應負遂後即向披山發射7.26糎砲彈二五〇發之責。另一次亦係因通信上洩露，匪又向胡

總指揮乘坐之藍天使號發射十二發砲彈。自此以後我方即發覺而加以糾正。（四）海軍砲火之協同：行動之全期，海軍始終給予極有效之火力支援，但由於海軍與部隊之推進協同欠缺，致火力支援反減損攻擊之功效。（五）海軍火力：海軍於行動之全期，給予極佳之火力支援，前已述及。但以匪工事堅固，致海軍火力效能亦受限制，海軍最大口徑砲為三吋砲，其威力於幾乎不可能摧毀之匪防禦工事相較，實屬有限。（六）射擊軍紀：射擊軍紀極壞，致造成浪費彈藥之後果。

七、於全盤檢討會議中，可斷定游擊隊之士氣極佳，而且於戰役中充分表現彼等勇往直前之精神及作為，而於極端危急之情況下，將許多負傷人員撤出，殊為難得也。

八、此次行動由於兵力上之懸殊，及遭遇諸多障礙，以及下列各情形：（一）匪之兵力較預期者為多。（二）舢舨及登陸之困難問題。（三）匪之工事極為堅固，裝備極佳，作戰經驗優越（判斷該匪軍曾參加韓戰）及戰鬥意志堅強。（四）匪之火力萎弱。（五）前述友軍不能密切配合要求。因此吾認為小鹿山及羊嶼之攻佔、殲滅及俘獲該兩島大部之匪軍，確是一種奇蹟之戰果。本人從未見及國軍與匪之戰鬥（相當此處行動之兵力）無論在大陸或其他地點有如此激烈。以當時大鹿山匪之兵力部署，友軍之傷亡及彈藥之缺乏之諸因素，攻佔實屬不可能之事，但胡總指揮極為堅定，命令部屬繼續攻擊，及至幕僚多方建議，始下令撤退。如吾人再繼續攻擊，則不問戰果如何，而傷亡必極為慘重也，即使我能攻佔大鹿山，但所剩殘餘亦無法有效防守該島。因此吾人絕對認為撤退為當時正確之決心，而就突擊之觀點而言，游擊隊仍屬勝利。

九、在本戰報內，必須提及者為此次海軍優越之協同，以及在戰鬥之全期海軍處處表現堅決及自發之精神，打擊匪軍，砲火支援，密切而密集，而制壓住匪陸上之砲兵，并以火力阻止匪數次增援之企圖，更強而有力的巡邏目標區附近海面，而對於支援登陸部隊之要求，始終未有躊躇或拒絕之表示。[173]

---

[173] 「大鹿山、小鹿山及羊嶼戰鬥詳報」（1953年6月27日），《蔣中正總統文物》，〈特交檔案：分類資料—軍事：金馬及邊區作戰（二）〉；典藏號：002-080102-00101-094。

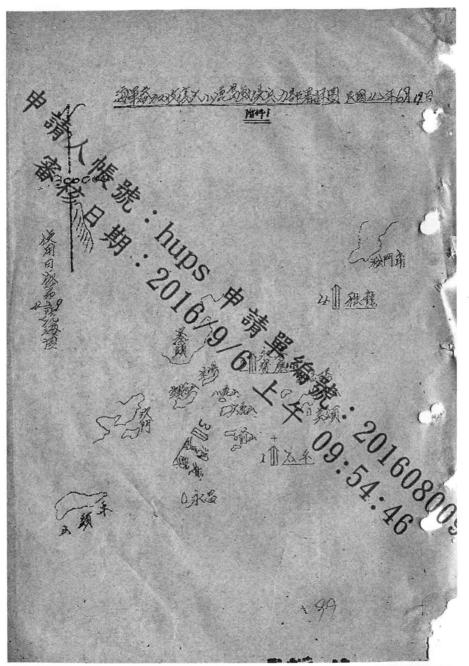

圖43：海軍參加鹿羊戰役兵力部署詳圖（1953年6月19日）。下載自《海軍第二艦隊寶應軍艦參加
收復大小鹿島戰役戰鬥詳報》附圖，《國軍史政檔案》，〈海軍戰鬥詳報及要報彙輯〉，
總檔號：00025996。

綜觀該戰鬥詳報所述亦係著重於江浙反共救國軍的登陸、向島內推進攻擊及撤退的歷程，對於海軍參加戰鬥予以支援掩護的情形則記述甚少。海軍方面，是役參加掩護反共救國軍進出鹿、羊作戰的雅龍號軍艦代艦長梁天价曾憶述其經過情形，惟甚為簡略，且將是役的時日誤記為9月9日至11日，將富陵軍艦（舷號107，後改名閩江）誤列為參加是役的9艘軍艦之一，漏列了美頌軍艦。[174]另外當時在永壽軍艦擔任航海官的趙璵，對此役亦有所憶述，但失之片面，且有錯誤，如謂游擊隊未曾登陸羊嶼，登陸大鹿島的游擊隊則未要求軍艦支援，艦砲似乎一砲未發，均與事實不符。而且參加作戰軍艦應為9艘，趙璵則記述為4艘等等。[175]可信度最高、最具參考價值的當屬該戰役甫結束後所撰就的戰鬥詳報，令人慶幸的是現今國府國防部的國軍史政檔案中仍保存有海軍三一一九部隊（即海軍第二艦隊），及歸其指揮的太平（舷號22）、信陽（舷號15）、永壽（舷號49，後改名秣陵）、永昌（舷號51，後改名臨淮）、寶應（舷號101，後改名鄞江）、洞庭（舷號103，後改名靈江）、嘉陵（舷號104，後改名沱江）、雅龍（舷號106，後改名渠江）8艘軍艦參加鹿羊戰役的戰鬥詳報，其中除永昌、嘉陵兩艦外均留存有該戰役的檢討會議紀錄。至於美頌軍艦（舷號347）則缺戰鬥詳報，只有檢討會議紀錄；都是至為珍貴的第一手史料，茲依序酌量轉錄如下，或可一覽國府海軍參與鹿羊作戰的全貌及詳細過程。

1.海軍三一一九部隊

該部隊部隊長（即第二艦隊司令）齊鴻章代將在鹿羊戰役中駐於太平軍艦上，指揮所屬各艦作戰，於是年7月撰有《海軍三一一九部隊六月十九日羊鹿戰役戰鬥詳報》，著重於通盤性的報導，全文如下：

> 一、作戰前匪我態勢：（一）匪軍於辰儉（按：即5月28日）晚進犯羊嶼、雞冠山兩真空島嶼，艷日（按：即5月29日）1900-2015，先後以機帆船十五艘，砲艇、帆船若干艘，及以兩個營兵力竄踞大

---

[174] 梁天价，〈浙海遊龍〉，《中國海軍之締造與發展專刊》，頁145～147。
[175] 趙璵，〈胡宗南化名秦東昌指揮海軍登陸〉，《傳記文學》，第63卷第1期（1993年7月），頁47。

小鹿後，迄巳刪（按：即6月15日）陸續於羊嶼、鷄冠山、大小鹿增設遠射程砲四—五門，又於大鹿配置戰防砲與迫擊砲五門，小鹿三門，羊嶼二門，鷄冠山五門。洞頭、松門、楚門一帶有匪砲艇十五—二十艘，機帆船四十餘艘，海門以北三門灣、石浦、南韭一帶海面，匪艦間有三—四艘出沒，海門至溫州沿海運輸頻繁。（二）我披山駐軍（略）。本軍主力控制於大陳，自辰艷（按：即5月29日）2330迄巳皓（按：即6月19日）1200，每日派軍艦兩艘駐守披山，與駐軍密切協同，並經常搜索披山東北、西南、羊鹿一帶海面，阻匪船艇活動及間常砲擊羊鹿匪砲陣地與防禦工事。

二、氣候及兵要地誌：（一）巳月份浙東早晚多霧，少颱風，間雨。（二）潮汐：巳皓1351，大披山高潮，潮高1.9公尺（東經120°平時計）。（三）月齡：初九。（四）風力：2-3級。（五）海浪：中浪。（六）地形空間及航道：1.羊嶼、鷄冠山距大鹿4,000碼，寨頭距羊嶼4,000碼，坎門距大鹿12,000碼，小鹿與大鹿之間低潮時可徒步通過。2.大、小鹿除北部狹仄吞口可供登陸外，其餘環島皆絕壁，無法攀登。3.大、小鹿四圍海面及羊嶼、寨頭間航道常佈有漁網，妨碍航行。

三、戰鬥要領及部署：（一）第一戰隊：太平（旗艦）位於披山西南附近海面指揮作戰，相機支援。信陽位於披山西北4,000碼附近海面，掩護登陸羊鹿及控制鷄冠山、寨頭、羊嶼附近海面。第二戰隊：位於羊嶼、小鹿北端相連之線以東3,500-4,000碼附近海面，永壽掩護登陸羊嶼，實應掩護登陸小鹿。第三戰隊：位於大鹿山、鷄冠山南端相連之線以南3,500-4,000碼附近海面，控制鷄冠山、大鹿西南及其附近水道。第四戰隊：永昌位於平頭山東端五浬附近海面，監視七口洋一帶海面及候令支援第三戰隊之戰鬥；雅龍位於披山正北五浬附近海面，監視松門角一帶海面及候令支援第二戰隊之戰鬥。美頌位於披山美人吞，待命支援及擔任救護工作。（二）掩護射擊開始時間：皓日（按：即19日）2200時，初期第二、三戰隊各對其目標行制壓連續射擊35-50分鐘，同時登陸部隊進距登陸點500碼時，暫停射擊，爾後再行接近目標，或延伸火力直接支援登陸部隊之戰鬥，並以火力封鎖鷄冠、寨頭、羊嶼之間水道，阻絕匪

船艇增援。（三）撤離部署，候令行之。（四）一旦戰鬥全期，如發現匪機或匪艦，則以攻擊匪機或匪艦為主。

四、戰鬥經過：（一）戰鬥時間：巳皓2203—馬（按：即21日）0656。（二）戰鬥地點：羊鹿、鷄冠山外圍附近海面。（三）戰鬥經過：1.各戰隊均於皓2200到達指定位置。2.2203，第二、三戰隊掩護登陸，對指定目標開始連續射擊。2245，暫停射擊。奉令再對原目標連續射擊三十分鐘，2315，開始，2345，暫停。爾後，各戰隊支援射擊、掩護撤離射擊，均應登陸部隊之要求及指揮官之命令行之，對匪船艇之阻絕，則自行射擊，至戰鬥行動等，見各艦戰鬥詳報。3.哿（按：即20日）晨1000，據報發現匪艦四艘，由黃礁向南行駛，似有向披山行駛模樣。1020，奉准令信陽駛披山以東及東北附近海面搜索。1033，再令洞庭率領嘉陵、寶應、雅龍於披山西南附近海面集合，成單縱隊待命，預於披山以東海面率領截擊匪艦，同時仍令永壽、永昌繼續支援羊鹿戰鬥。1300，復令信陽向石塘附近搜索，均未發現匪艦。1430，令雅龍艦錨泊中呑附近待命及救護受傷友軍戰鬥員十三人，洞庭、嘉陵、寶應迅即加入支援。4.哿，美頌臨時奉令裝載部隊駛泊硯互嶼附近增援。5.馬日0550，掩護登陸部隊裝載撤離小鹿。0610，掩護運輸部隊及美頌駛離小鹿泊地。迄0830，各戰隊及運輸部隊相繼安全返抵披山。

五、戰果：（一）匪傷亡及被我俘獲人數、武器彈藥、器材等（見江浙總部巳梗2045維紹電）。（二）匪砲陣地防禦工事被我砲火擊燬及人員傷亡數字，無法詳細調查（概括數字見各艦戰鬥詳報表）。（三）擊沉匪大運輸船乙艘，重傷大型機帆船兩艘，可能沉沒，傷船艇十四艘。（四）永壽右舷中彈穿孔，直徑1呎3吋，裂縫2呎5吋，另三處中彈，表面被擊四，戰士三人輕傷。嘉陵右舷為彈片擊穿2.5吋及3.5吋孔洞兩個，主甲板欄鋼索被擊斷。

六、戰鬥檢討：（一）優點：1.戰鬥部署與行動週密，各艦均遵照施行，確收奇襲之效果。2.艦砲制壓及摧燬匪陣地工事，準確有效。3.通信靈活，確保命令迅速傳遞。4.陸海戰時協同密切融洽。5.自始至終確保登陸泊地之安全。6.據報發現匪艦南下時，洞庭等艦於披山西南集合待命，動作迅速。7.官員、戰士用命，戰鬥紀律

良好。8.士氣旺盛，果敢奮勇。9.接近射擊，距離2,000-4,000碼作戰，全部艦砲發揮威力。10.受傷或故障艦均能沉著應付，固守崗位，繼續戰鬥。11.適時救護登陸部隊受傷戰鬥員。12.政工人員對保密、鼓勵士氣及撫慰工作，均甚良好。（二）劣點：1.登陸部隊因登陸工具落後及受風浪影響，較預定登陸羊嶼時間延遲五十分，小鹿延遲一小時又四十五分，以致連續射擊時間過長，增多彈藥消耗量。2.登陸部隊與各艦通信常失聯絡，支援射擊每每須經由旗艦通知，未能適時射擊與修正彈著，協同支援效率因而減低。3.通信話密不夠使用，若用明話易洩機密。4.鋼盔、救生衣不全，損害管制器材不全，少數艦砲火指揮儀電話線路不良，望遠鏡不佳。

七、附記：（一）戰鬥要圖（見各艦戰鬥要圖）。（二）彈藥消耗統計表一。[176]

　　據該戰鬥詳報所附之「海軍三一一九部隊鹿羊戰役彈藥消耗統計表」：太平軍艦計消耗3吋砲砲彈425發，40糎砲砲彈1,546發，20糎砲砲彈2,450發；信陽軍艦計消耗4.7吋砲砲彈367發，25糎砲砲彈4,710發，13糎砲砲彈1,740發；永壽軍艦計消耗3吋砲砲彈349發，40糎砲砲彈6,552發，20糎砲砲彈5,300發，重機槍子彈1,920發，輕機槍子彈950發（按：永壽軍艦則記述為954發），衝鋒槍子彈581發；永昌軍艦計消耗3吋砲砲彈197發，40糎砲砲彈2,578發，25糎砲砲彈520發；寶應軍艦計消耗3吋砲砲彈214發，40糎砲砲彈1,503發，20糎砲砲彈3,514發；嘉陵軍艦計消耗3吋砲砲彈347發，40糎砲砲彈1,282發，20糎砲砲彈3,149發；洞庭軍艦計消耗3吋砲砲彈218發，40糎砲砲彈3,225發，20糎砲砲彈5,271發；雅龍軍艦計消耗3吋砲砲彈230發，40糎砲砲彈1,213發，25糎砲砲彈539發；美頌軍艦計消耗40糎砲砲彈594發，20糎砲砲彈630發，重機槍子彈520發。以上9艦合計共消耗4.7吋砲砲彈367發，3吋砲砲彈1,980發，40糎砲砲彈18,493發，25糎砲砲彈5,769發，20糎砲砲彈20,314發，13糎砲砲彈1,740發，重機槍子彈2,440發，輕機槍子彈950發，衝鋒槍子彈581發。[177]

---

[176] 齊鴻章，《海軍三一一九部隊六月十九日羊鹿戰役戰鬥詳報》（1953年7月），《國軍史政檔案》，〈羊嶼及大鹿島小鹿島戰役案〉；總檔號：00025961。
[177] 同上。

同年（1953年）7月3日下午二時，國府海軍三一一九部隊在大陳港太平軍艦之士兵餐廳舉行鹿羊戰役的檢討會議，由齊鴻章主持，金城紀錄，出席的有參與該戰役的各艦艦長、代表等二十餘人，父親及信陽軍艦屬員崔震、劉治西與會，其會議紀錄的主要內容為：

五、檢討：商參謀長報告：（1）情報：甲.優點：1.傳遞快。2.此次攻擊及登陸時間之擇選均合利用天時之原則。乙.缺點：1.當時對匪軍裝備未依編制估計，不夠詳確。2.陸軍地圖與原地形不夠正確。3.羊鹿、雞冠山匪軍火力情報不確。4.空中照相未向第三階段，判讀匪軍砲位工事不詳盡。5.沒有審訊當時俘虜，了解當時情況。6.作戰計劃內沒有情報計劃，僅有情報資料。丙.匪情判斷：A.缺點：運用判斷不確。B.優點：利用少數兵力引誘我軍脫離戰場。胡參謀報告：（2）作戰：甲.優點：1.戰鬥與行動週密，確實收到奇襲效果。2.陸海協同作戰時密切融洽。3.自始至終確保登陸泊地安全。4.匪艦南下情報傳遞後，我洞庭等艦集中迅速。5.戰鬥紀律優良。6.士氣旺盛，將士用命，達成預期效果。7.接近2,000-4,000碼距離射擊，艦砲發揮最大威力。8.負傷或故障艦仍能沉著應付，固守崗位，繼續戰鬥。9.適時救護友軍戰鬥員。10.政工人員協助作戰，鼓舞士氣，發揮戰力。11.通信靈活，命令迅速傳遞。乙.缺點：1.登陸部隊工具落後，受風浪影響，延遲登陸時間，致連續射擊時間過長，增加彈藥消耗量。2.登陸部隊與各艦通訊常失連絡，致未能適時支援登陸部隊。3.通訊話密不夠使用，若用明話，容易洩密。4.鋼盔、救生衣不齊全，損害管制器材不齊全，望遠鏡不佳。（3）計劃內容與實施效果：一、陸海輔助信號不完備，影響協同效果。二、正面攻堅對我登陸部隊極為不利。三、砲艇與機帆船不能配合軍艦作戰。四、作戰區域魚網未能全部清除，妨碍軍艦運動。五、登陸部隊使用兵力過少，且缺乏登陸工具，致未能及時增援。六、僅有情報資料，缺乏整個情報計劃，對匪兵力判斷不正確。七、美頌艦裝載增援部隊駛入泊地，未列入計劃之內，僅臨時奉命裝載，駛至硯互嶼西北附近錨泊下卸，小鹿撤離時又裝載部隊及戰利品返披，幸能達成任務。八、上級指示目標，範圍太寬。

九、增援部隊尚未下卸，傷兵已來，影響士氣。十、作戰計劃沒有注意到後勤，如彈藥、口糧、配件等。十一、通訊沒有整個計劃，指揮系統很亂。十二、由於通訊關係，未能達到協同作戰之理想效果，兵力部署尚須改進。十三、指揮系統零亂，戰隊長未能指揮屬艦。十四、夜航未按次序。十五、對於匪情欠明瞭，情報計劃須再加強。十六、通訊受干擾，應設法改良。（4）匪戰法（綜合）：（一）不到目標點不射擊。（二）利用地形掩蔽陣地。（三）經常利用佯動，引誘我軍。（四）利用地形，集中火力，持久頑抗。（五）各兵種配合使用。（六）吸引法：1.以輕型火力引吸我艦靠近其射程以內射擊之。2.以一陣地吸引我砲火，他陣地之砲火乘我不備而射擊之。（七）欺騙法：1.當我砲火猛烈射擊時不還擊，使我惑疑，迨我停止射擊時，即對我集中火力猛烈射擊。2.善利用地形，不隨意暴露目標。（5）建議（綜合）：一、來日艦隊出發，後方兵力仍須加強，以免遭受襲擊。二、匪岸砲對我猛烈射擊時，應改曲線航行，使其射擊難以命中。三、小勝勿驕，仍須儘量努力，爭取最後勝利。四、射擊技術仍應更進一步，努力使彈無虛發。五、不打沒有情報的仗。[178]

2.太平軍艦

　　該艦是海軍三一一九部隊的旗艦，此次鹿羊戰役胡宗南、齊鴻章即登駐該艦，指揮全盤作戰。該艦艦長桂宗炎中校於1953年6月22日撰就《海軍太平軍艦四十二年六月十九至廿一日支援突擊大小鹿島及掩護友軍撤退戰鬥詳報》上呈，全文如下：

圖44：太平軍艦（DE-22，護航驅逐艦，排水量：輕載1,150噸，滿載1,430噸）

　　一、作戰前匪我態勢：（一）據六月六日綜合匪情要報，匪軍於上月廿九日連續攻竄我游擊隊前哨據點大小鹿島、鷄冠山、羊嶼諸

---

[178] 齊鴻章主持，金城紀錄，《海軍三一一九部隊羊鹿戰役檢討會議紀錄》（1953年7月3日），《國軍史政檔案》，〈羊嶼及大鹿島小鹿島戰役案〉；總檔號：00025961。

島，並即加築工事，設置重砲。竄陷各島匪軍約二營兵力，另於洞頭駐匪1,500人，舟山駐匪艦隊之一部，海門匪砲艇及機帆23艘，另於寨頭、坎門設有105重砲。（二）我江浙總部為收復大小鹿島及羊嶼，決行奇襲登陸，以捕捉匪軍而殲滅之，遂集中突擊大隊三，以駐大陳海軍艦艇太平、信陽、永壽、永昌、洞庭、寶應、嘉陵、雅龍、美頌各艦為支援掩護，向預定目標攻擊。

二、氣候及兵要地誌：（一）月色清朗，於廿日零時四十九分下山，視界良好，西南風，自十九日2351至廿日0630退潮，最大流速1.5節，廿日0630以後漲潮，最大流速1.6節，方向西南。（二）戰地形勢：各島附近2,000碼外，水深足夠我艦艇活動，惟於大鹿之南4,500碼附近及大鹿以東4,000碼與6,000碼附近有漁柵漁網多處。

三、戰鬥要領及部署：（一）本艦為此次攻擊艦隊之旗艦，於披山西南海面，全域機動指揮作戰，並相機支援羊嶼、大小鹿山之登陸，及截擊可能發現之匪船艇。

四、戰鬥經過：（一）戰鬥時間：（甲）支援登陸：自十九日2230—廿日1540。（乙）掩護撤退：廿一日0200至0630。（二）戰鬥地點：披山西南，前山以東及大鹿南暨以東海面。（三）戰鬥經過：（甲）本艦於十九日2220駛抵披山西南海面備戰，駛近距大鹿南4,000碼處，以三吋砲、四十糎、二十糎砲，作掃蕩之往復轟擊，匪無還擊，於2245應友軍之請，暫停轟擊。後於2315起，應登陸友軍之請，繼續支援轟擊半小時，於2350停放。於披山西南沿東南、西北方向往復航行，並以雷達不停搜索海面匪艦艇行蹤。是夜，匪艦艇未敢行動。廿日，天亮時發現兩俥葉受漁網所絆，迅即解脫，於0650駛赴大鹿以東，用三吋砲距5,500碼轟擊匪在大鹿山頭所築之堅強陣地，匪砲此時曾向我反擊十餘發，均落本艦附近，但無命中。0814，因得友軍通知，大鹿匪軍大部衝至小鹿，向我登陸軍猛烈反撲，本艦即北駛小鹿，於0820距離6,000碼處，向小鹿最南端匪砲兵陣地用三吋砲猛轟，匪亦還擊七、八發，彈落距本艦20碼處一發。本艦立即退出至距離8,000碼處，再以三吋砲彈群擊原陣地，遂將陣地摧毀，而我軍接踵衝上，佔領該陣地。本艦應友軍之指示，遂停止攻擊。0936，本艦復應友軍之請，向大鹿島匪陣

地距3,500碼處以三吋砲、四十糎、二十糎砲，構成密集火網，予以掃射。復於0938再接近至3,200碼處，再以四十糎、二十糎各砲轟擊，於0940應友軍之請而停放。復於大鹿東7,000碼距離以南北向之航向來回航行，指揮對羊嶼之支援作戰。於1540解除備戰，1841，至披山西北角下錨警戒，并補充友艦彈藥。（乙）廿一日，我軍撤退各島，本艦復於0205起錨，0300，抵達距大鹿東6,000碼附近遊弋，指揮各艦之掩護撤退作戰。0550，本艦距大鹿3,500碼處，以40糎、20糎向友軍指示目標轟擊，迄於友軍全部撤下為止。0605，友軍全部撤離大小鹿及羊嶼，並沿途掩護友軍機帆船至披山基地。

五、戰果：（一）大鹿島上匪軍陣地工事大部摧毀，砲擊島上著煙起火者三處，傷斃匪數百人。（二）本艦無損傷。（三）彈藥消耗如附表。

六、戰鬥檢討：（一）我艦最初於夜間面向月光接近大鹿島，以果決行動，與盛熾火力，對匪轟擊，使匪無法觀測我艦位置，故無從還擊。（二）此次本艦以三－五千碼之距離對匪射擊，使全艦砲火發揮最大威力，故對陸上戰鬥，以夜間為最有利。（三）彈藥補充未事前準備，為此次戰鬥之最大缺憾，今後作戰艦隻應能適時輪流補充彈藥，以維持旺熾之火力。（四）通信方面，使用無線電話頗為迅速，惟陸上友軍對戰場情況未能全部把握，故要求支援射擊，未臻理想。（五）士氣極為旺盛，戰場紀律優良。（六）匪情研判尚欠確實，匪軍實力較預計者為大。

七、附件：（一）戰鬥詳圖。（二）彈藥消耗表。

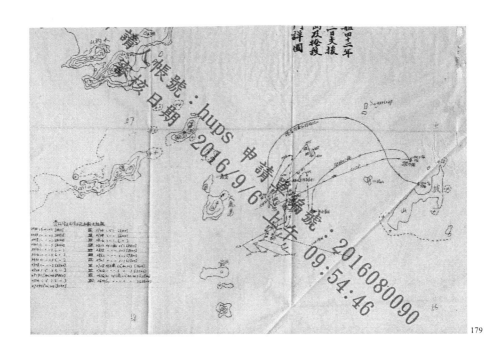

179

　　由上述戰鬥詳報所述，可知太平軍艦因身為旗艦，胡宗南、齊鴻章親駐該艦指揮全盤作戰，為維護長官的安全，該艦經常徘徊於距離大鹿山4,000碼開外，乃至5,500至8,000碼的海面上支援作戰，最接近的一次是距離3,200碼。據參加此次戰役的趙璵憶述並誌感云：

> 這次登陸戰，虎頭蛇尾，草草收場，形同夭折。值得一提的是齊鴻
> 章司令，似乎沒有摸清胡將軍心思，旗艦終日遠離大鹿4,000碼。
> 4,000碼目視大鹿，像是隔層霧，總指揮欲與游擊健兒共生死，海
> 闊天空不著邊。齊司令維護長官安全的一片好心腸，才是胡宗南的
> 最大悲哀。當年決戰中原，甚或崩潰川、康道上，數十萬大軍的死
> 活，及個人的命運，全掌握在這位「西北王」手中，由他主宰。今
> 日浮槎於海，任憑海軍小老弟們擺佈，無置喙餘地。反觀其兩度興
> 兵突擊登陸共軍島嶼，俱非層峰策動或誘發，胡宗南為什麼要陷自

179　桂宗炎，《海軍太平軍艦四十二年六月十九至廿一日支援突擊大小鹿島及掩護友軍撤退戰鬥詳報》（1953年6月22日），《國軍史政檔案》，〈海軍戰鬥詳報及要報彙輯〉；總檔號：00025996。

身於失控的困境？豈是交出性命，讓上蒼去處理。[180]

　　至於太平軍艦是役彈藥消耗數量為三吋砲砲彈425發，四十糎砲砲彈
1,546發，二十糎砲砲彈2,450發。[181]

　　6月23日晚7時40分，太平軍艦全體官員在該艦官廳舉行參加鹿羊戰
役之檢討會議，由艦長桂宗炎擔任主席，李顯煜負責紀錄。[182]由於其會議
紀錄全文冗長，且內容與戰鬥詳報中的檢討事項多所重複，故不再贅舉之
（以下各艦均同此）。

3.信陽軍艦

　　身為該艦長的父親，於是年7月撰有《海軍信陽軍艦掩護登陸克服羊
嶼大小鹿山戰鬥詳報》上呈，全文如下：

> 一、戰鬥前匪我態勢：自匪軍攻佔我大小鹿山後，匪砲每日轟擊
> 披山，彈落中呑、南呑及披山東北附近海面，我披山守軍與民眾
> 受其威脅甚大，海軍艦艇錨泊地亦遷移於披山東北外海。更因大
> 小鹿山部隊長何卓權壯烈殉國，使我大陳島海陸軍將士莫不悲憤填
> 膺。匪軍之一加強營，附7.62砲一門，8.2迫擊砲數門，進據大小鹿
> 山，匪軍一連，附10.5砲一門，8.2迫擊砲數門，進據洋嶼（按：亦
> 名羊嶼），匪軍二連，附砲一門，進據雞冠山之北邊山、南邊山、
> 前呑、後呑。又匪一連，配十公分加農砲二門，進據雞冠山南端之
> 大义山大坪頭，一時瘋狂已極，揚言赳日攻我披山。自六月七日以
> 來，連夜洋嶼、大小鹿山、松門角，匪軍燈號及信號彈聯絡不綴，
> 竟敢以信號燈潛進至披山西北附近之大小銅針島，兇燄逼人。
> 二、氣候及兵要地誌：六月十九日（月齡初九）、廿日（月齡初
> 十）、廿一日（月齡十一），風向西南風，時速十七－廿一浬，海

---

[180] 趙璵，〈胡宗南化名秦東昌指揮海軍登陸〉，《傳記文學》，第63卷第1期，頁47。

[181] 桂宗炎，《海軍太平軍艦四十二年六月十九至廿一日支援突擊大小鹿島及掩護友軍撤退戰鬥
詳報》（1953年6月22日）所附之「海軍太平軍艦彈藥消耗表」，《國軍史政檔案》，〈海軍
戰鬥詳報及要報彙輯〉；總檔號：00025996。

[182] 桂宗炎主持，李顯煜紀錄，「海軍太平軍艦四十二年六月十九至廿一日支援突擊大小鹿島作
戰檢討會議紀錄」（1953年6月23日），同上。

面中浪。披山在大陳島西南卅浬，玉環島東十一浬，居民約三千餘人，控制台州灣與溫州灣間海上交通，予匪以致（至）大之威脅。島之北部有小灣港名中岙，可避東南風，島之南部有闊港曰南岙，為北風及西北風時之良港。八年抗戰時日軍曾泊驅逐艦於此島，島形險要，現為江浙總部之披山地區司令李奇英部防地，亦為大陳島之南方屏障。披山西北之洋嶼與鷄冠山，均各房屋鱗毗（比），居民各三千以上，與下大陳島類似，且島上富庶，耕種地甚多，為匪我間之真空地帶。洋嶼隔水與砦頭相望，控制漩門灣之咽喉，鷄冠山隔水與坎門對峙，遙制漩門灣及坎門鎮。披山西之大鹿山、小鹿山，均極佔形勢，為披山西方之屏障，特以大鹿山居高臨下，俯瞰四方，一覽無遺，其南之前山（海圖曰小鹿山），為披山西南之屏障。

三、戰鬥要領及部署：六月十七日上午，奉到江浙總部（42）蓬威二字第三〇五三七號命令，本艦十九日二二〇〇到達披山西北四千碼附近，即大小銅針島迄小披之線，開始以四點七吋主砲對洋嶼、小鹿山行制壓射擊，連續發射一小時。爾後，再行接近，並對砦頭、砲台山及洋嶼、鷄冠山間水道行制壓射擊，並阻絕匪出援船艇。

四、戰鬥經過（附戰鬥前砲擊及搜索要圖暨各時期戰鬥經過要圖）：（一）戰鬥前對匪軍陣地及砲位之摧毀與匪諜之搜捕：六月十一日：奉司令齊巳真印煌電，飭本艦轟擊匪大小鹿山及洋嶼之陣地與砲位。六月十二日：〇三四五，雷達中發現銅針島附近有目標，當即起錨，前往搜索，捕獲西沙山漁船一艘，拖回披山，詢問當面匪情。〇九〇〇，與李司令奇英協商，自當夜起砲擊匪軍，並請設砲兵觀測所於披山西端韭菜岙最高峰，李司令率砲科軍官親自觀測，修正彈著。二三〇〇，率五三號突擊艇，並掩護其登陸搜索大小銅針島，未發現匪踪。六月十三日：〇〇一九，砲轟洋嶼、大小鹿山匪陣地及砲位，收奇襲與震恐之效。〇八五〇，本艦位於銅針與小披間錨泊，利用朝陽照射匪陣地，我背向太陽之有利位置，精確轟擊洋嶼、大小鹿山匪陣地及砲位，彈著命中，一時濃煙與火光籠罩匪軍陣地，匪被我制壓，自始至終，未敢還擊。披山軍民群聚山頭觀望，士氣鼓舞（李司令曾報江浙總部，後奉司令齊巳寒電令嘉獎）。六月十四日：二二〇〇，率洞庭艦夜間轟擊洋嶼、大小

鹿山匪陣地及砲位，予以摧毀。（二）戰鬥之直前對前山（海圖上小鹿山）匪砲位及陣地之逼近偵察與砲擊：六月十九日：奉司令齊印煌巳皓電，飭本艦確實搜索前山匪砲位及陣地並擊毀之。一四三五，起錨南航前山，逐次逼近至二千五百碼搜索島上確無匪陣地及砲位，並砲擊之，亦未見還擊。一六四〇，返航披山。（三）就掩護登陸戰鬥位置：二一一五，起錨離披山，東北向銅針島西南前進。二二〇〇，到達指定位置。（四）制壓洋嶼、大小鹿山匪陣地及砲位，並掩護友軍登陸：二二〇一，本艦向洋嶼、大小鹿山匪陣地及砲位轟擊，此時，各艦亦同時開始射擊，本艦逐次接近至五千碼轟擊之，歷時近一小時，掩護友軍登陸。二二五〇，匪重砲自雞冠山發射，彈落小鹿山以東海面，阻止我友軍登陸，本艦猛烈制壓匪砲火。二二五三，本艦請示轉前山以南轟擊雞冠山及坎門匪砲位未果，繼續接近，轟擊雞冠山、小鹿島。二三一八，各艦集中砲火，向小鹿山射擊，本艦接近小鹿轟擊之，並制壓雞冠山砲火。六月廿日：〇〇二四，逼近大小鹿山，並延伸砲火制壓雞冠山、坎門、寨頭之匪砲，完成掩護登陸之任務。（五）摧毀洋嶼匪陣地，使友軍登陸得以迅速完成：〇一〇一，駛洋嶼，猛烈轟擊洋嶼匪第七號、十一號、十五號高地之陣地，掩護友軍迅速登陸佔領（後據匪俘稱，七號匪陣地762砲一門亦遭本艦重砲摧毀）。〇二五〇，接獲洋嶼電話，知已佔領一半。（六）摧毀雞冠山匪陣地及重砲位，並封鎖洋嶼水道：〇三一五，駛前山以西，制壓雞冠山匪軍重砲，射擊目標為雞冠山北端匪陣地及封鎖雞冠山、洋嶼間水道，並向北延伸射程，遮斷砣頭水面。〇四一五，射擊開始，雞冠山匪重砲與我對戰。〇五二〇，我前後主砲向雞冠山匪砲位猛烈轟擊，並射擊其64號高地，匪砲沉寂。〇六〇八，坎門頭及大義、大坪頭匪重砲，向接近雞冠山之我寶應、洞庭二艦轟擊。本艦當即予以制壓，掩護寶應、洞庭二艦脫離匪重砲火網。〇六五四，本艦奉命轉駛洋嶼附近，轟擊洋嶼匪第七號高地，逼近射擊，彈著準確，將七號高地全摧毀，並砲擊寨頭。〇七〇〇，我軍佔領第七號高地。〇七二七，本艦轟擊洋嶼第十五號高地。〇七四三，雞冠山匪重砲再度向我轟擊，本艦猛烈還擊，迄〇八〇〇，我發彈五十餘發，匪砲

被我制壓而沉寂。○八一○，本艦四・七吋前主砲之砲管高熱發紅，油漆焦烈，前主砲射手梅靖波，遭砲膛向後之曳火燒毀上半身軍服，左臂受灼傷，前主砲不得已暫停射擊，僅後主砲向大鹿山轟擊。此時，四・七吋砲已發彈二四○發。○八四四，各艦開始向雞冠山匪陣地猛擊，我友軍機帆船亦於同時登陸小鹿山增援。○九○五，本艦接近大鹿山，各砲向大鹿山猛擊，制壓匪火力，掩護已登陸友軍前進。（七）警（緊）急北航三蒜山石塘山搜索及截擊匪南下艦艇：一○二○，司令齊命令，發現匪艦四艘由黃礁南下，著本艦迅即駛披山以東海面，向北至石塘山搜索匪艦而截擊之。司令並下令寶應、嘉陵向永壽報到，成戰鬥隊形展開。一○二一，本艦立即離開大鹿海面，向石塘山前進，執行任務。一一三七，本艦未發現匪艦蹤跡，報告司令，復奉命令，繼續搜索，至一三二○，仍未發現匪艦（後據積谷山守軍陳新華隊長告知，當時確有匪永字型艦二艘，另一小艦一艘，經積谷山西海面，沿大陸島叢中南下，向松門角前進，後潛入松門角，未敢至披山）。一三二五，奉令駛披山東北。（八）再航洋嶼轟擊十五號高地，制壓雞冠山匪重砲及阻擊匪增援之砲艇：一五三○，洋嶼李司令電話告急，要求本艦速返轟擊十五號高地，本艦囑其逕報齊司令，撤除本艦對匪艦之搜索截擊任務，另下令本艦立即返洋嶼。一五五○，本艦奉命即返洋嶼，轟擊十五號高地。一六一○，旗艦通知轟擊雞冠山六十四號高地匪重砲位。一六一五，本艦主砲猛擊六十四號高地，予以準確之澈底摧毀。自此次轟擊後，迄戰鬥全局，該匪砲未再發射，或係轟毀及撤退。一六二五，抵洋嶼附近，轟擊十五號高地。一六五○，逼近洋嶼，主砲及二・五各砲齊放，轟擊十五號高地，匪陣地及迫砲多被我摧毀。一七五○，奉命停止射擊，於聲步機中問詢洋嶼匪情，得知十五號高地已為我佔領，不必再射擊，本艦射擊暫停。一八一二，匪砲艇一艘自坎門增援，經我主砲猛擊，狼狽逃竄。一八三○，洋嶼電話告知本艦，匪機帆船二艘，拖舢舨二艘，至十五號高地北緣來撤運潰退之匪兵。一九三八，接永昌報告，稱匪艦四艘自溢阮（頑）灣駛寨頭方面，請本艦處理之。二○○○，本艦率雅龍前往，並未發現匪艦。二○○八，友軍通知，坎門匪砲艇三艘駛向

小鹿山，請本艦監視之。二○二九，砲擊自雞冠山增援小鹿山之匪砲艇一艘，匪艇不支，回竄雞冠山後。（九）轟擊大鹿山匪陣地，掩護小鹿山友軍進攻：二○一五，奉命即向大鹿山四十七、四十八號高地轟擊，配合友軍總攻擊，當即轉告雅龍、洞庭隨同前往。二○三九，本艦主砲及二五各砲，向大鹿山四十七、四十八號匪陣地猛擊。二○四一，本艦接近大鹿山至最近距離猛轟，雅龍、洞庭、永昌亦逼近大鹿山至最近距離射擊。二一二五，奉命射擊大鹿山，自山底向上1/3處，本艦遵命射擊。同時洋嶼電話告知本艦，前來十五號高地撤運潰兵之機帆船靠近岸後，反登陸之匪殘兵，于十五號高地再行戰鬥並反撲。（十）再轟擊洋嶼十五號高地，掩護友軍安全撤退：二一二七，本艦轉報司令請示，是否需要前往支援，奉示不去，仍轟擊大鹿山。二一二九，奉命可往洋嶼轟擊十五號高地，當即迅速前往轟擊。斯時發現我軍數艦向洋嶼十一號及七號高地間鞍部猛擊，本艦甚為詫異，以步聲機詢問洋嶼匪情，始知友軍已全部撤離至洋嶼東南邊水際，所有高地均可射擊。本艦即猛烈射擊之，掩護友軍安全轉進。（十一）再轟擊大鹿山匪陣地：二一四五，奉命率永昌、洞庭、雅龍集中火力轟擊大鹿山四七、四八號及1/3處高地。二二○○，本艦逼近小鹿山三千碼處，向大鹿山轟擊，掩護友軍總攻。六月廿一日：○○五五，制壓大鹿山向小鹿山進攻之匪軍。○一五○，迅速轟擊大鹿山三○號高地之匪陣地。○二三七，轟擊四七、四八號高地匪軍。○五二五，奉命向雞冠山六四號高地以四‧七吋主砲發彈三發。○六○五，奉命掩護大小鹿山友軍轉進。○六二五，各艦停止射擊，掩護友軍機帆船轉進披山。（十二）受命率寶應、雅龍立即北航大陳，指揮海軍防務：○九一○，奉司令印煌巳馬電，本艦率寶應、雅龍即返大陳，並負責指揮大陳海軍防務。查連日以來，我海軍主力全調離大陳，參加大小鹿山戰役，據友軍通知及本軍大陳巡防處來息，確有匪艦南下窺我大陳，匪砲艇亦出現於大陳外圍，本艦深知任務重大，立即率寶應、雅龍北駛大陳，完成防務之新部署，以期予來犯之匪艦艇迎頭猛擊。

五、戰果：（一）制壓洋嶼、大小鹿山匪砲及摧毀匪陣地，掩護友軍順利完成登陸任務。（二）制壓坎門、寨頭匪岸砲。（三）制壓

並摧毀鷄冠山及大义山匪重砲。（四）封鎖鷄冠山、洋嶼及砦頭水道，兩次擊退匪之增援砲艇。（五）摧毀洋嶼七號、十一號、十五陣地及砲位。（六）摧毀小鹿山廿六號匪陣地及砲位。（七）摧毀大鹿山三〇號、四七號及四八號匪陣地及砲位，並封鎖大小鹿間之鞍部。（八）搜索南下之匪艦，掩護我軍側背之安全。（九）阻止且消滅再犯我之匪援軍。（十）掩護友軍安全轉進。（十一）協助友軍登陸殲滅匪，戰果輝煌，擄獲匪六〇餘人，斃匪約千餘，毀7.62俄砲二門，獲八二迫砲六門，無後座力砲三門，37戰防砲一門，輕武器彈藥甚多。

六、戰後之檢討：（一）匪軍之裝備及戰鬥力：1.匪海軍：此役匪海軍出現於洋嶼、砦頭、鷄冠山間水道者，僅一或二艘小砲艇及數艘機帆船，裝備不佳，戰鬥力弱，經我海軍之射擊，均受傷逃竄。廿日，一度有匪艦三艘經黃焦前後沙鑊山南下之情報，本艦奉命立即前往截擊，未遇，後於積谷山戰役中於戰場上遇積谷山守軍之一隊長陳新華云，知廿日確有匪艦經黃焦過積谷山前後沙鑊山間水道南下，係永字艦二艘及大砲艇（小型艦）一艘，至石塘後，即潛入松門角，未出，可知其因見我海軍在披山之壯大陣容而潛隱。2.匪陸軍：匪係二十軍六十師之一部，該匪師先為匪陳毅之親信部隊，入韓參戰後，即在元山擔任海防，專門憑藉海岸工事，對抗美國海軍艦隊之猛烈轟擊，故有海防經驗。其工事構築亦特異，於交通壕內分溝斜交，於交通壕溝內再掘有狐洞式掩蔽部，遇海軍砲擊，則藏入狐洞，各砲彈落交通壕亦不致受殺傷，砲擊停止，重出狐洞，再憑交通壕之工事戰鬥，從事頑抗。匪之機槍及平射小砲陣地更有特異者，係將山地穿鑿成一洞，洞後類似隧道，通於交通壕，槍機及平射小砲置洞口射擊，非我軍砲彈直接命中外，不能摧毀，遇海軍砲火猛轟時，則退入隧道內，轟擊停止，再出隧道戰鬥。（二）我軍之優點：1.此役海陸軍之聯合作戰，敏捷確實，出敵意表，為他日反攻大陸之先聲。2.海軍迫近匪陣地戰鬥，殺敵無數，臨陣奮勇驚人。3.裝備及訓練均不佳之游擊隊，戰勝匪在韓專任海防之勁旅，實屬難能，予我軍士氣以至大之激勵。4.此役予匪軍以慘痛之打擊，驚破匪膽，粉碎其進窺我浙東基地之迷夢。（三）我軍之缺

點：1.海軍：（1）指揮系統似紊亂：作戰命令將現有軍艦分為四個戰隊，每隊有隊長，臨戰之際隊長從未負該隊指揮之責，均由旗艦臨時指定某一艦指揮某數艦，或忽又改變另指揮其他數艦，或被指揮之數艦突奉旗艦命令，調去担任其他任務，指揮艦反未獲旗艦通知，莫所適從。（2）兵力部署似欠佳：第四戰隊長為永昌艦，位於前山西南，其所屬之美頌艦，則在相距十二浬之披山南吞，其所屬之雅龍艦，又在相距十八浬之松門角，均互為島嶼遮蔽，各面對不同之匪情，擔任不同之任務，戰隊長何能作情況判斷，而下決心與處置。故自戰鬥開始，亘戰鬥之全局，永昌艦均未指揮美頌艦及雅龍艦。（3）射擊位置未明確劃分：各艦之射擊位置，均聽從旗艦之指揮，互不關連。尤以夜間在後艦之射彈，落在前艦附近爆炸，各未發生傷亡，實影響戰鬥及射擊至鉅。（4）夜航未按次序：各艦全聽從旗艦之指揮，互不關連，常發生數艦相聚在一處打轉碰撞之危，迫於眉睫，特以夜間為尤甚。2.陸軍：（1）匪軍頑抗，友軍輕敵，致未獲全功：洋嶼第十五號高地匪軍砲位及陣地，均遭本艦重砲及各艦之火力摧毀，匪死亡狼藉，已斷然撤退，友軍未乘勝佔領，致其後由岩頭來十五號高地撤退匪軍之機帆船，得以乘機重佔十五號高地頑抗，星星之火，爾後竟使洋嶼卒告放棄。（2）友軍總預備隊似未能適時適切使用：鷄冠山匪105重砲二門，遭本艦重砲制壓後，我美頌艦已載總預備隊進至硯石嶼後，本係用於進攻大陸（鹿）山之用，因大小鹿山間潮水未退，不能徒步通過，等候退潮至六小時之久。此時，如使用總預備隊於洋嶼，先攻佔十五號高地，非僅完成洋嶼全部佔領，且可待潮退後再轉用於大鹿山，而獲全功。（3）攜行戰鬥糧不當用白米，致因飢餓減少戰力：友軍所帶攜行糧為白米，登陸後戰況激烈，且係荒島，既無燒飯之家具，亦無容許炊飯之時間，更無容許炊飯之地點，戰事綿亘一日以上，官兵飢餓乏力，銳氣挫頓，致攻擊不能奏效，予匪以死灰復燃之機。（4）登陸工具惡劣，轉運兵力困難：友軍登陸工具僅賴小木船，沿途拖行，十壞其三，近岸碰撞，又壞其三，遇風傾覆，人舟俱亡。登陸既不易，如欲轉用兵力，更有老牛笨車，徒嘆奈何之感。3.通信：海陸軍所共用之步聲機中，未注意保密，致將

各艦彈藥已缺乏之消息洩出，或為大鹿山匪軍所竊聽，頑抗求生之心劇增，死灰復燃，竟至我軍屢攻不克，終至放棄而轉進。（四）建議：1.大陳各島應增加105中口徑砲，以增強防務：砲兵為陸軍諸兵種之骨幹，特以海島攻防戰無重砲不足以拒匪於遠距離，或摧毀其進犯之船團。今日匪軍皆以重砲控制沿岸，逐島向我海上基地推進，如我方島嶼有重砲，不僅可擊破匪之企圖，且激勵我方士氣，並能掩護前方各島之海軍寄泊地，而增強戰鬥力。2.軍艦應試用105中口徑砲，以增強戰力：（1）戰場上之需要：匪艦已裝有俄製五·一吋之巨砲，我三吋砲因射程較小，逐漸失去戰場上之優勢，特以對陸地匪軍之射擊，為其巨砲之拒止，深感不利，美國又不以五吋砲與我海軍，迫於戰場之需要，我海軍亟應奮起自救，採用105野砲，以增強戰力。（2）任務上之需要：艦砲以對水上目標、空中目標為主，對岸上轟擊，實非今日我國海軍所能勝任，艦砲之過度耗損，無異全艦戰鬥力之喪失，且得野砲易，得艦砲難，如於信陽、安字艦等之艦尾試置105野砲，以巨練（鍊）繫留其腳架，不使於大風浪中傾側，即可協助海戰，且掩護登陸突擊時，對岸山匪砲之制壓，匪陣地之轟擊，均有特效。

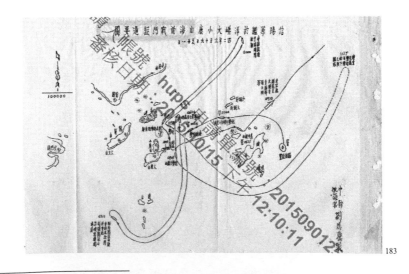

[183]

[183] 周非，《海軍信陽軍艦掩護登陸克服洋嶼大小鹿山戰鬥詳報》（1953年7月），《國軍史政檔案》，〈海軍戰鬥詳報及要報彙輯〉；總檔號：00025996。

據該戰鬥詳報所附之第一號附表「信陽軍艦死傷表」中，記戰鬥參加人數計軍官佐20員，士兵166員，官兵死、生死不明均無，僅傷士兵1員；並在附記中作補充說明，謂「前主砲高溫自砲閂向左後方曳出，射手槍帆二等兵梅靖波衣服燒焦，左小臂受傷」。第二號附表「信陽軍艦武器彈藥耗損表」，記消耗彈藥十二公分砲彈367顆，二十五糎砲彈4,710顆，十三糎砲彈1,740顆，；附記則謂「前主砲砲閂及退殼鈎燒壞（尚能用），二五砲退子鈎口斷兩根，撞針斷一根」。[184]

7月7日晚8時30分，信陽軍艦在該艦大官廳舉行的鹿羊戰役檢討會議，提出不少的建言。出席會議的有父親、劉恩慶、李岫岩、武翔、趙伯郊、藍聚章、劉柱、叢逸夫、王春賀、李錚、劉景瑞、劉贊功，由父親擔任會議主席，陳崇智紀錄。[185]

圖45：永壽軍艦（PF-49，排水量：輕載640噸，滿載915噸。該照片係其在美海軍股役時所攝，舷號為AM-276）

4.永壽軍艦

該艦艦長黃揭掀少校於1953年6月24日撰就《海軍永壽軍艦收復大小鹿山羊嶼戰鬥詳報》上呈，全文如下：

> 一、作戰前匪我態勢（一）我方兵力部署：秦總指揮：登陸部隊指揮官李奇英——第一登陸支隊（突擊第五大隊）、第二登陸支隊（突擊第四大隊）、預備隊（突擊第一大隊）、砲兵隊。掩護部隊指揮官齊鴻章——第一戰隊指揮官桂宗炎（太平、信陽）、第二戰

---

[184] 同上。

[185] 周非主持，陳崇智紀錄，「海軍信陽軍艦洋嶼大小鹿山戰役檢討會議紀錄」（1953年7月7日），《國軍史政檔案》，〈海軍戰鬥詳報及要報彙輯〉；總檔號：00025996。

隊指揮官黃揭掀（永壽、實應）、第三戰隊指揮官雷泰元（洞庭、嘉陵）、第四戰隊指揮官黎世（士）榮（永昌、雅龍、美頌）。運輸部隊指揮官杭志國——第一運輸艇隊（66、68、71、73、88號艇）、第二運輸艇隊（51、53、56、59、61、65、85號艇）。（二）匪方兵力部署：羊嶼、大小鹿島匪進佔後，已積極建築工事，配置重砲。羊嶼有十公分砲一門，迫擊砲及37砲多門，駐匪約三百餘人。大小鹿有十公分砲一門，75砲二門，迫擊砲及37砲多門，駐匪約六百人。

二、氣候及兵要地誌：（一）十九日迄廿一日，南風四級，中浪無湧。（二）羊嶼及大小鹿島均係岩岸，登陸地點之灘頭亦係岩岸，惟坡度較小而已。（三）各島除硯瓦嶼內端有暗礁外，附近均水深，航行安全無虞。（四）羊嶼及大小鹿島除各島匪軍防禦工事頗堅固外，且各該島嶼均在坎門、雞冠山及寨頭方面匪重砲射程控制之內，并有利於寨頭、坎門及雞冠山方面匪船之增援行動。（五）登陸時潮流向岸，上弦月懸於西方，有利我艦艇及登陸部隊之行動。

三、戰鬥要領及部署：（一）登陸部隊及其他各戰隊戰鬥要領及部署（略）。（二）第二戰隊（本艦長為戰隊指揮官）於六月十九日十七時自大陳啟航，於2200時到達羊嶼、小鹿山北端相連之線以東距離3,500-4,000碼附近海面。2200，以密集火力對羊嶼、小鹿山行壓制射擊，連續轟擊五十分鐘，候登陸部隊距登陸點500碼時即行暫停射擊，爾後再行接近，并延伸火力向大鹿山東北部匪陣地及羊嶼與雞冠山之間水道射擊，封鎖匪增援船艇。（三）此次戰鬥勝利之保證，悉賴我海軍陸軍之密切配合，尤以海軍第二戰隊各艦應與登陸部隊切取連繫，并不避艱險，力為接近，以高度熾盛火力摧毀匪陣地，以支援登陸部隊之戰鬥。（四）羊嶼及大小鹿山攻戰（佔）後，主力撤離，候令行之。

四、戰鬥經過：（一）戰鬥時間：六月十九日2200—廿一日0830止。（二）地點：浙江省披山當面羊嶼及大小鹿島。（三）戰鬥經過：1.19/6：2149，本艦率實應由大鋼（銅？）針向羊嶼駛進，本艦備戰，并通知實應艦就射擊位置，實應距本艦艦尾1,000碼。

2.2203，本艦距羊嶼6,000碼，實應在本艦艦尾800碼。該艦開始以3"/50砲射擊小鹿山，本艦仍以255度航向，駛近羊嶼。3.2211，本艦距羊嶼3,600碼，開始以三吋砲及四十糎砲連續向羊嶼作全面轟擊。4.2233，本艦來回輪翻（番）轟擊羊嶼，并逐漸接近，此時，距羊嶼2,500碼，20糎砲亦開始射擊。2246，距羊嶼2,300碼，距寨頭3,800碼。羊嶼經本艦熾烈砲火射擊後，全島各點均中彈纍纍，匪未還砲，旋奉旗艦命令，停止射擊。此時，登陸船團一批距本艦4,500碼真方位125度，向小鹿方向推進。6.2252，羊嶼距離2,500碼，寨頭4,900碼，本艦留守該處海面，除監視羊嶼動靜及寨頭、羊嶼間水道及羊嶼、小鹿間水道外，并等候第二批登陸船團動作（第二批登陸船團此時在本艦真方位080度，距離4,900碼，正向本艦接近）。7.2304，第一批登陸船艇正向小鹿前進中，第二批登陸羊嶼船艇，仍在本艦東面2,200碼，逐漸接近本艦。8.2321，距羊嶼2,700碼，小鹿3,200碼，第二批登陸船艇在本艦正北方，距羊嶼2,900碼，向羊嶼進發。本艦奉令再開始以三吋砲繼續射擊羊嶼5號灘頭，掩護我登陸船艇行動。9.2325，本艦四十糎砲亦開始猛烈射擊5號灘頭。10.2335，本艦距羊嶼2,300碼，20糎砲亦開始猛烈射擊羊嶼5號灘頭及附近匪陣地，匪未還擊。11.2345，距羊嶼2,000碼，距小鹿1,850碼，本艦仍以三吋砲、40糎、20糎砲兩舷輪流轟擊羊嶼，由山頂至山腳，全島均在本艦火海籠罩中，匪軍傷亡慘重，當可判定，旋射擊停止。12.2348，羊嶼2,000碼，小鹿1,700碼，登陸船團已接近5號灘頭，羊嶼匪槍砲齊發，船團為登陸軍之安全計，不得不紛紛後退，本艦再前進至距羊嶼1,500碼，轟擊匪砲陣地，并領導船團登陸。13.20/6：0004，本艦停止射擊，友軍已向羊嶼登陸。14.0012，登陸小鹿船團亦已接近小鹿山21灘頭。0100，本艦距羊嶼2,000碼，寨頭3,500碼，負責監視羊嶼，并搜索阻截寨頭及松門之匪增援船艇。15.0157，登陸羊嶼友軍尚未佔領11號高地，但不需本艦支援。16.0247，羊嶼11號高有烟火，表示該處已被我佔領。17.0252，本艦報告旗艦，大鹿方面是否需要本艦駛進支援，旋奉命令，囑仍在原位候令。18.0325，奉旗艦命令，向羊嶼7號高地射擊，本艦當即遵命，駛近羊嶼。19.0335，

本艦以三吋砲開始向羊嶼7號高地射擊匪陣地。20.0344，羊嶼距離2,000碼，四十及二十糎砲同時開始射擊7號高地，因距離近，射擊準確，匪軍可能死傷無數，匪未敢還擊。21.0349，我對7號高地射擊準確，但未知何艦，位於本艦左舷遠處射擊羊嶼，彈著不準，恐對友軍有損傷。22.0409，雅龍艦向本艦接近，本艦以雷達通知該艦應取航向，應與本艦距離，并阻止該艦發照明彈。23.0417，射擊停止，本艦距羊嶼1,800碼。24.0513，由羊嶼南方距羊嶼2,000碼，本艦繼續射擊羊嶼5、7號之間匪砲陣地。25.0520，羊嶼7號陣地匪砲向我射擊，我繼續向該處密集射擊，匪砲息止。0550，小鹿山我已完全佔領。26.0610，本艦不懼匪岸砲射擊，雖已天明，本艦仍奮勇前進，迫近7號高地2,000碼處，以三吋砲、四十及二十糎砲密集射擊，企圖毀滅該處頑強匪軍。27.0640，友軍通知7號高地仍未佔領，并稱該處有匪砲三門，射程各五千碼左右。旋匪向我射擊甚猛，各艦及羊嶼、小鹿附近之我機艇紛向後避，我仍冒匪砲火之險前進至2,000碼，以20糎砲壓制，匪砲彈多落本艦附近。28.0724，本艦繼續以三吋砲、四十及二十糎砲瞄準羊嶼7號高地，作毀滅性射擊。29.0732，本艦深恐登陸友軍受威脅，并深恨匪軍頑固，乃再度前往轟擊，距大鹿、羊嶼各僅2,000碼，兩島匪砲因附近未有他艦及機艇，乃集中向本艦射擊，本艦兩面受敵，附近落彈甚多，致使右舷第72肋水線處中彈，穿孔直徑一呎三吋，裂縫二呎半，其他水線下有三處中彈，僅擊凹鐵板，未穿孔，人員除駕駛台戰士一員額頭受破片擦傷外，別無損傷。30.0740，本艦中彈後，立即堵漏，但因中彈處裂縫過長，復因風浪影響，中彈處仍繼續進水，本艦乃一面抽水，一面戰鬥，並以密語呈報旗艦，且一再申明無妨碍，蓋恐擾亂指揮官之思想，而影響戰局也。唯當時情形，本艦固仍從容沉著，而在戰場之各艦及機艇均驚嘆不已。31.0758，本艦仍須繼續抽水，復向羊嶼衝進，繼續砲轟7號高地，支援友軍進攻該高地，并掩護我機帆船第二批向羊嶼登陸支援。我艦官兵因本艦之中彈更加痛恨匪軍，因而激勵敵愾心，愈戰愈勇。機艇見本艦如此奮勇，與以莫大之鼓勵，齊向前進。32.0818，奉令暫停射擊。33.0832，重又開始射擊羊嶼5、7號之間匪砲陣地。

34.0903，停止射擊，本艦向大鹿山駛去，準備射擊大鹿山45、47匪陣地。35.0933，本艦距大鹿東南3,700碼，開始向45、47高地射擊，彈著準確。36.0946，本艦射擊大鹿山，以各艦距離遠，彈著不確，首先奮勇衝近至1,700碼，以二十糎砲掃射，其他各艦亦相繼向前進，實應曾隨本艦深入射擊，大鹿山匪陣地人員當已受重創。37.1017，奉命截擊由雞冠山增援大鹿、羊嶼匪船，本艦當即駛往指定位置搜索。38.1040，本艦距羊嶼僅1,700碼，未發現有匪船向羊嶼增援。39.1055，寨頭方面有匪船三艘活動，終因本艦扼制寨頭與羊嶼間水道匪船不敢向羊嶼方面接近，轉向漩門方面隱進，本艦距羊嶼1,200碼。40.1110，羊嶼西北方發現匪大運輸船一艘，砲艇四艘，向羊嶼增援，經有兩艦向其射擊，匪仍向前進，本艦乃駛近4號1,000碼，因距離近，瞄準準確，彈著均中，三吋砲三發即將大運輸船擊沉，一發直接擊中該船，四艘砲艇尚在猶豫，我三吋砲再四發，恰中四匪艇之間，匪艇迅即掉頭向漩門灣逃去，嗣後至戰鬥終了，未敢復出，當經詳細觀察，4號及7號均無匪踪。41.1237，羊嶼15號附近匪砲向我射擊，落彈本艦左右，本艦無損傷，仍奮勇作戰。42.1240，本艦搜索11號高地之北，並無匪支援船。43.1332，本艦再以三吋砲、四十及二十糎砲轟擊羊嶼5號及15號匪陣地，彈著準確。44.1358，距離羊嶼2,300碼，岸上無反響，本艦停止射擊。45.1405，奉司令令，停止射擊，注意匪船艇增援，並令本艦指揮永昌、嘉陵。46.1408，匪機帆船三艘向羊嶼，企圖增援，本艦因彈藥已盡，已不能出力，請旗艦另派他艦向匪船截擊，旗艦令本艦指揮永昌、嘉陵前往截擊。47.1423，寨頭匪岸砲向本艦射擊，射程約454碼。48.1530，奉命返披山中澳錨泊待命，本艦解除備戰。49.1553，錨泊披山中澳。50.1906，起錨，靠旗艦搬運彈藥。51.2035，由旗艦撥給本艦三吋砲四十發，四十糎砲600發，本艦離旗艦。52.2049，仍泊披山中澳待命。53.2225，奉命速即駛羊嶼，集中火力射擊15號高地。54.2300，本艦備戰。55.2322，本艦由羊嶼及硯瓦嶼之間駛進，距15號3,800碼，三吋砲向15號射擊一發，本艦繼續向裡深入，本艦航行時仍須抽水，然以本艦已受傷，而匪仍如此頑固，痛恨萬分，滿腔興奮之熱血，

恨不能立即殲匪，乃不顧航道狹，礁石多及匪砲射擊，而必衝至最近距離，打個痛快。56.2328，距15號高地2,700碼，本艦以40及20糎砲向該高地作火海性集中射擊。57.2392（？），本艦已進入硯瓦嶼以西，距15號高地2,100碼，各砲集中射擊15號高地。予匪致命打擊，本艦由此深入射擊，匪絕未曾料想也。58.2358，15號高地距離1,700碼，羊嶼最近距離900碼，以20糎砲轟擊15號高地。當時該地有我機艇三艘，見我艦如此深入，航道、礁石、匪砲、匪槍，實在太危險，初則驚嘆不已，繼見我砲火射擊準確，咸鼓掌歡呼，該地太狹，迴旋不便，機艇均一面歡呼，一面讓出航道。59.21/6：0012，距15號1,000碼，匪始終未還擊。15號高地經本艦致命摧毀後，已無反抗能力，本艦仍由羊嶼與硯瓦嶼之間駛出，停止射擊。60.0054，旗艦命令，大鹿山31號附近有匪機帆船增援，速即截滅。本艦奉命後，立即駛往搜索。61.0135，本艦駛進大鹿與姜莽山之間，由大鹿之西北向31號射擊匪增援之船隻。62.0151，距31號正面1,700碼，本艦即以40糎開始射擊。該處未見有匪船，本艦奉命向30、43、45號匪陣地射擊，阻匪向我小鹿反撲。63.0154，距大鹿西北1,300碼，20糎砲亦開始射擊，匪因本艦出奇轟擊，措手不及，既未向本艦還擊，亦不敢繼續攻擊小鹿，且因本艦砲火之接近射擊，匪當傷亡甚重。64.0225，本艦距雞冠山東面僅2,000碼，距小鹿1,200碼，雞冠山匪砲并未向我射擊。此時大鹿山南端西邊海面發現小目標一個，距離1,600碼，本艦向該目標接近。65.0234，本艦已接近該小目標，并以信號燈照射，發現係風船，船上約有匪軍二十餘人，以其服裝態度，似係高級幹部，腰間懸手槍，見本艦照射，均倒下躲避，本艦立即令其下帆投降。66.0243，該風船不願下帆，並轉向大鹿山，本艦即以輕機槍及衝鋒槍，以及20糎射擊，船上匪軍均痛苦呻吟，判已擊斃大部分，未被擊斃者亦當已重傷無救，唯該船似已無人操縱，仍順風勢向大鹿漂去，本艦見其未沉，乃加伸直撞該船兩次，船當即破裂。此時，本艦離大鹿山腳僅700碼，未便再駛近，該船破裂後，半浮半沉，順風（風勢甚大）向大鹿方向浮去，船上匪軍判定全部死亡。67.0300-0500，本艦密切監視雞冠山水道，迄未發現增

援匪船。68.0535，奉命射擊45、43、40及30號各匪陣地，該地向小鹿反撲，本艦復加俥向大鹿島西北接近。69.0551，距雞冠山東2,000碼，距大鹿西北2,000碼，本艦開始以20及40糎射擊30號匪陣地，該處匪軍除有工事外，另有軍用帳篷十餘座，均被本艦毀滅。70.0557，本艦為節省彈藥射擊準確計，並限（阻？）匪之反撲，乃接近30號至700碼，匪即以一公分小鋼砲及機槍紛向我猛擊，本艦落機槍彈、小鋼砲彈甚多，彈落如雨，擊至甲板之聲如擊鼓，事後檢查彈痕累累，並拾得彈頭，幸人員無損傷，而本艦當時士氣激昂，奮勇萬分。本艦以輕機槍、重機槍、衝鋒槍及20公厘砲向匪展開激戰，匪槍砲人員無法抬頭，相繼停止射擊。71.0605，雞冠山匪砲及30、47號匪迫擊砲開始向本艦密集射擊，附近落彈二十餘發，除有破片飛上甲板外，本艦未被擊中，人員除二戰士受輕微皮擦傷外，餘無損傷。72.0611，旗艦命令各艦掩護友軍機艇撤離，本艦以該地無機艇，乃停止射擊，向前山駛去。73.0629，旗艦命令各艦掩護友軍機艇轉進披山。74.0656，解除備戰。75.0830，本艦奉命由前山南面駛返披山錨泊。

五、戰果：（一）摧毀羊嶼山頭山腹及灘頭匪陣地，掩護登陸部隊順利登陸羊嶼，未遭遇抵抗。（二）支援登陸部隊毀滅羊嶼第7號及第15號高地匪砲陣地。（三）擊傷寨頭方面向羊嶼增援之匪船，先後計八艘。（四）擊滅大鹿山30號高地向我小鹿山反撲之匪陣地。（五）擊斃匪重要幹部十餘人，及擊碎匪幹乘坐之風船一艘。（六）順利完成任務，掩護登陸部隊撤離。

六、檢討：（一）派駐本艦步聲機組與羊嶼登陸部隊連絡欠佳，此為此次戰役中本艦最大之缺點。（二）掩護部隊少數艦隻未能接近目標射擊，經常彈著太近，且目標錯誤，并有向我已佔領之高地射擊者，易生危險。尤以射擊羊嶼第15號高地為甚，因本艦深入15號南面，眼見有我掩護部隊射擊11號高地者，即使有彈著較高亦飛越11號上空，未能擊中15號，而落於背後海面，并有危害本艦安全。（三）如掩護部隊均能接近瞄準射擊，戰鬥之進展必更見順利。（四）本艦士氣之旺盛，射擊之準確，均已臻最高標準，本艦對作戰之信心，已有絕大把握。（五）本艦雖以待修之艦，僅一部半電

機，臨時奉命駐防達四個月餘，而在此次戰役中，各項機器均未發生故障，三吋砲、四十糎砲亦毫無故障，而利用雷達觀測彈著，更為雷達使用之上乘，故本艦各項設備均能發揮其性能，實為難得。（六）本艦中彈後，各項處置均恰到好處，全艦鎮靜沉著異常，且不向司令叫苦，及一再申明無妨碍，實為軍人在戰場之美德，事實上則仍是一面抽水一面戰鬥，實為奇蹟。（七）黑夜航至最狹兩旁全是暗礁之羊嶼與硯瓦嶼之間水道，來回戰鬥，船艦操縱技術允稱優異。（八）接近大鹿島700碼，以機槍、衝鋒槍與匪機槍激戰，開海戰之新例。（九）事實上，本艦不僅是勇敢，而是善戰。（十）本艦的戰法是「不至近距離不打」，「不找著目標不打」，「觀測不到彈著不打」，「不到發射的時機不打」。（十一）游擊隊依賴海軍太深，其實海軍也不是萬能的。

七、附記：（一）彈藥消耗：1.三吋砲三四九發。2.四十糎砲彈六五五二發。3.二十糎砲彈五三〇〇發。4.輕機槍子彈九五四發。5.衝鋒槍子彈五八一發。6.重機槍子彈一九二〇發。（二）本艦檢獲之匪砲彈破片及槍彈，另案呈報。（三）本艦除右舷第七十二肋處中彈當即堵漏處理外，本艦尚有其他損失，另文具報。（四）戰士潘佐予左額受機槍彈皮擦傷，賴家穎左肘，李光明下頦受砲彈破片輕微皮擦傷外，其他人員均無恙。（五）附要圖乙。

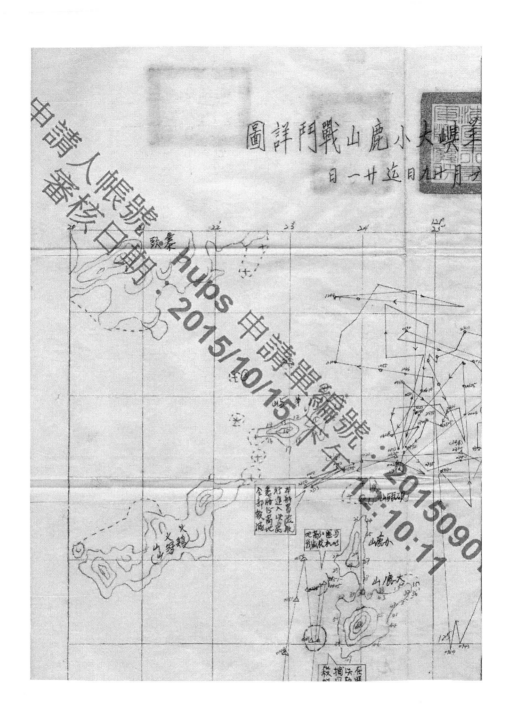

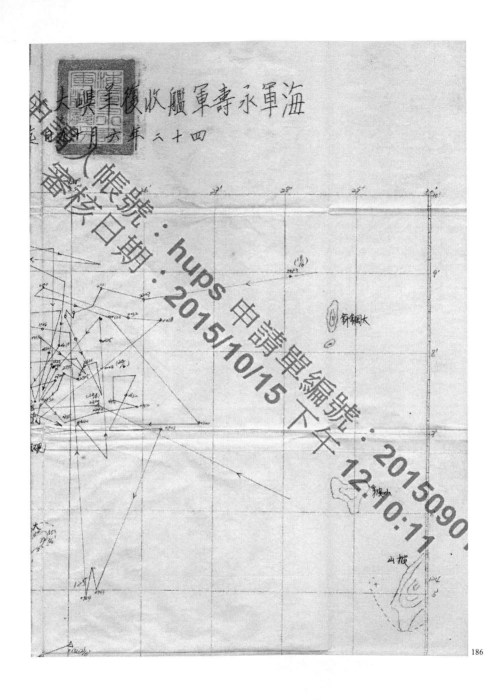

海軍永壽軍艦收復大小嶼

四十二年六月廿四日

186

---

[186] 黃揭掀，《海軍永壽軍艦收復大小鹿山羊嶼戰鬥詳報》（1953年6月24日），《國軍史政檔案》，同上。

由是可知永壽軍艦在此次戰役中表現極為勇猛，經常駛至距敵岸
2,000碼以內射擊作戰，最接近敵岸時距離僅700碼，故易遭岸砲擊中，據
當時任該艦航海官的趙璵憶述云：

> 海軍4艘軍艦，劃地為營，各自為政，登陸軍既不要求支援，軍艦
> 也落得躲開。只有永壽艦艦長黃揭掀中校（按：應為少校）勇氣百
> 倍，黎明前囑航海官趙璵雷達導航，鑽進明目嶼與大鹿之間的狹水
> 道，擺在共軍指揮所跟前數百碼，東方泛白，搜尋游擊隊的前鋒部
> 位，希望薄盡棉力，支助一臂。沒想到山頂一門迫擊砲，躲在槍眼
> 背後，不偏不倚瞄準打死靶，第一發砲彈擊穿永壽艦船屁股水線，
> 在後士兵住艙爆炸，艙下是彈藥庫，未受波及。艙內有修理班士官
> 兵5人，亦因夜間糟蹋彈藥，清出20多個鐵殼空砲彈箱，堆置住艙
> 未入庫，變成守護神，擋住全部破片，毫髮未損。[187]

6月22日，永壽軍艦全體官兵在該艦上舉行該戰役的檢討會議，由董
愈之擔任會議主席，申春江負責紀錄。[188]

5.永昌軍艦

該艦艦長黎士榮少校於1953年6月24日
撰就《海軍永昌軍艦四十二年六月十九至廿
一日參加登陸大小鹿戰役戰鬥詳報》上呈，
全文如下：

一、作戰前匪我動態：（甲）我方兵
力區分：①海軍分四戰隊（掩護部
隊），第一戰隊太平、信陽，第二戰
隊永壽、寶應，第三戰隊洞庭、嘉
陵，第四戰隊永昌、雅龍、美頌。

圖46：永昌軍艦（編號為PF-51，
排水量：輕載640噸，滿載
915噸）

---

[187] 趙璵，〈胡宗南化名秦東昌指揮海軍登陸〉，《傳記文學》，第63卷第1期，頁47。
[188] 董愈之主持，申春江紀錄，「海軍永壽軍艦參加收復羊嶼大小鹿戰役檢討會議紀錄」（1953
年6月22日），《國軍史政檔案》，〈海軍戰鬥詳報及要報彙輯〉；總檔號：00025996。

旗艦為太平，由齊司令鴻章指揮。②友軍登陸部隊包括三個突擊大隊及一個砲兵隊，指揮官為李奇英。運輸部隊計有機帆船51、53、56、59、61、65、66、68、71、73、88等十一艘，指揮官為杭志國。③總指揮官為秦東昌。（乙）匪方兵力：①羊嶼及大鹿兩地約兵力五百餘人，小鹿六十餘人，雞冠山約有一個營。②寨頭增有一個加強連。③坎門匪窩有機帆船五艘及帆船若干。④羊嶼匪有砲七門（100×2，37×3，82×2），大鹿匪有砲六門（100×1，75×2，35×3），小鹿匪有砲三門（100×1，37×2）。

二、氣候及兵要地誌：（甲）氣候：①潮高時00h-51m，高度2.9米，14h-00m，高度2.6米。②低潮時，07h-30m，低度1.6米，19h-43m，低度1.8米。③氣壓：2,980毫米，風向西南，風力一級，微浪。（乙）兵要地誌：①羊嶼及大小鹿島位於披山西部，二地海面寬度計五浬，水深五米、八米不等，島嶼附近有礁石及漁網。②羊嶼橫臥於大小鹿北端，與大陸木杓山接近，西端與雞冠山相連，南端鄰近小鹿。③大小鹿相連一起，大鹿為一突峰，有二百卅五公尺高，小鹿較低，且四週平坦，西部距雞冠山及坎門最近。④坎門及寨頭匪砲可控制及掩護大小鹿及羊嶼。

三、戰鬥要領及部署：（甲）戰鬥要領：①掩護部隊：（a）適切掩護部隊之安全。（b）制壓匪砲。（c）摧毀匪工事設施。（d）阻擊匪船增援。（e）支援陸上戰鬥。（f）掩護撤退。②運輸部隊：（a）運輸登陸部隊。（b）以火力近岸支援。③登陸部隊：（a）搶戰（佔？）要點，擴大灘頭陣地。（b）砲兵隊隨第二登陸部隊登岸攻擊。（c）部隊戰（佔）領羊嶼後，以一部確保，主力視情況使用於大鹿。（d）小鹿攻佔後，即行大鹿繼行攻擊。（e）佔領大鹿島後，以主力確保。（f）羊嶼及大小鹿攻佔後，主力撤離，候令行之。（乙）部署：①第一戰隊於D日H-60'到達披山西北4,000碼附近海面，對羊嶼、小鹿攻擊。②第二戰隊於D日H-60'到達羊嶼、小鹿山北端相連之線以東，距3,500-4,000碼附近海面，對羊嶼、小鹿山攻擊。③第三戰隊於D日H-60'到達前山、大鹿山南端相連之線以南，距3,500-4,000碼附近海面，對雞冠山及大鹿山西南部匪砲陣地攻擊。④各戰隊於卅分鐘攻擊後，即行接近并伸延火

力，分別封鎖寨頭、羊嶼及雞冠山之間水道，大鹿島東北部及羊嶼與雞冠山之間水道，及坎門及雞冠山與羊嶼間水道出援之船隻。⑤第四戰隊雅龍艦於D日H-90'到達披山正北五浬附近海面警戒，監視松門角一帶，并候令支援第二戰隊。永昌亦於D日H-90'到達平頭山東端五浬附近，監視七口洋一帶，并候令支援第三戰隊。美頌於D日H-90'到達披山南岙，待機出動支援及擔任救護工作。

四、作戰經過：①本艦於六月十九日按原計劃，封鎖七口洋一帶海面。是晚，無可疑目標發現。②廿日晨0830，奉命駛進羊嶼東端，以砲攻擊羊嶼5、6、7及大鹿45、47間之匪砲陣地，匪亦以砲回擊，復經本艦以密集砲火制壓。③0930，截擊由漩門灣向羊嶼登陸匪機帆船六艘，經本艦集中火力痛擊，匪船終負創回竄。④1130，我空軍臨空盤旋，偵察匪動態。⑤1530，發現匪砲艇由漩門灣駛出，企圖支援羊嶼，本艦即盡量接近匪艇，以砲射擊，彈著均在附近，匪艇改竄雞冠山，因附近佈有漁網及礁石，活動不便，故未能如意命中。⑥1900，本艦再行摧毀羊嶼匪15號迫擊砲陣地，以三吋砲連續射擊，截擊匪增援部隊。該地中彈冒煙，匪軍狼狽逃竄，後奉命停止射擊，友軍亦發出綠色信號彈一顆，以示該地為友軍佔領。⑦1917，發現大岙山及芳草山間有匪砲艇四艘，形似雅龍，企圖偷擊，本艦發現後，即電呈報，并加速截擊，匪見攻擊，即逃竄大岙山海灣內。⑧廿日晚，友軍主力部隊登陸大鹿47、48匪陣地，本艦與信陽等艦以砲掩護後，奉命駛大鹿西南警戒坎門、雞冠山、羊嶼間水道。⑨廿一號早晨，掩護友軍照原定計劃，安然轉進披山。

五、戰果：①擊退匪支援機帆船六艘。②摧毀羊嶼匪15號迫擊砲陣地。

六、戰鬥檢討：①優點：（a）全體官兵均能勇敢協力，不辭艱危，達成掩護友軍登陸任務。（b）此次登陸戰使敵不備，達成奇襲目的。（c）海軍均能按預定計劃順利進行。②劣點：（a）海軍與友軍連繫不夠，應每一戰艦派一友軍負責介紹地形及通信連絡，以收更大效果。（b）海面活動範圍太小，且有礁石及漁網影響航道，無法消滅由漩門灣一帶匪之支援部隊。

七、附記：①附收復大小鹿戰略圖一份。②附大小鹿附近島嶼圖一份。③共消耗彈藥計：三吋砲197發，四十糎砲2,578發，廿五砲520發；人員安全，艦體無損害。

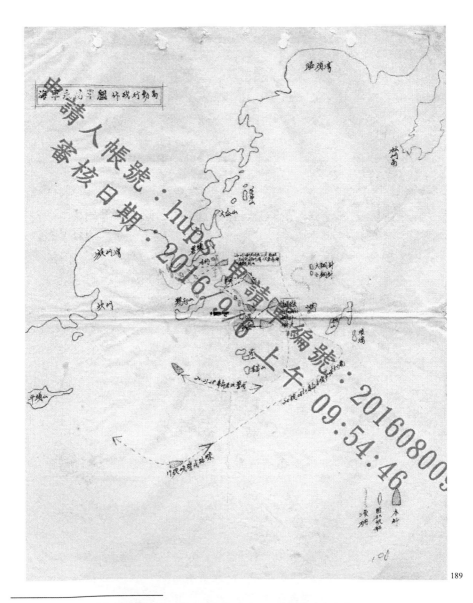

[189]

---

[189] 黎士榮，《海軍永昌軍艦四十二年六月十九至廿一日參加登陸大小鹿戰役戰鬥詳報》（1953年6月24日），同上。

6.寶應軍艦

　　該軍艦的戰鬥詳報係由艦長汪傳賢上尉呈上，惟未標明撰就於何時，全文如下：

圖47：寶應軍艦（PGM-101，巡邏砲艦，排水量：輕載270噸，滿載357噸）

　　（一）作戰前敵我態勢：1.共匪：（1）匪軍自五月廿九日佔領雞冠山、羊嶼、大小鹿島後，即積極加強該島上之防禦工事，以正面威脅披山，所配砲火多為重型者，一則防我反攻，配置重兵駐守，並日常砲轟我披山，威脅我守軍之精神。（2）大小鹿島匪駐兵力為一個加強營，羊嶼駐一個加強連，雞冠山駐一個加強營，所有各島上之大小山頂與尖端均築有砲兵陣地或機槍陣地，據估計此數島配有105榴彈砲八門，37戰防砲十五門以上，60及80迫擊砲廿門以上，其他輕型火力不詳。2.我軍：（1）掩護部隊以第二艦隊兵力為主力，另受指揮者有一、三及登陸等三個艦隊之軍艦共九艘，共分四個戰隊，各艦作戰均有規定位置，主要任務為掩護友軍登陸及支援前進。（2）登陸部隊分為兩個登陸部隊、一個預備隊及一個砲兵隊，以先期登陸羊嶼及小鹿，另待時機登陸大鹿島。（3）運輸部隊共轄機帆船十二艘及帆船八十餘艘，擔任運輸及近岸支援。

　　（二）氣候及兵要地誌：1.六月十九日，晴，西南風，中浪，上弦月，月色皎潔，無雲，我艦均面向月，島嶼間距離尚寬闊，水深均在二托至五托以內，少暗礁及漁網，利於我艦行動。2.六月廿日，陰，西南風，大浪，上弦月，月色昏暗，時有薄霧，空中常顯烏雲，部分島嶼之近岸處有漁網，但我艦活動尚不受限制。

　　（三）戰鬥要領及部署：1.要領：（1）任務：①確切掩護運輸部隊海上機動之安全。②制壓匪砲。③摧毀匪防禦設施。④斃傷匪軍以減少登陸部隊登陸時所受之威脅與抵抗力。⑤掩護友軍登陸，建立灘頭陣地。⑥支援陸上戰鬥。⑦阻擊匪增援船艇。⑧戰況逆轉時安全掩護友軍撤退。（2）行動：①以第一、二、三戰隊掩護登陸部隊到達登陸點，建立灘頭陣地，以後視戰況轉移繼續支援及掩護撤離。②以第四戰隊擔任警戒及相機支援第二、三戰隊之作戰。

③互戰鬥時期如發現匪機或匪艦，則以攻擊匪機或匪艦為主。2.部署：本艦與永壽艦為第二戰隊（隊長黃揭掀），負責掩護及支援友軍登陸小鹿島與羊嶼，而本艦則負責攻擊小鹿島之匪砲陣地與掩護登陸，並相機支援羊嶼，射擊位置距岸不得超越四千碼，並來往轟擊匪砲至規定時間後即停止射擊，俟登陸部隊登陸後再行適切支援其前進，至確實全部佔領控制後，再行聽候命令支援他處。

（四）作戰經過：1.時間——六月十九日1700至六月廿一日0600。2.地點——大小鹿島、羊嶼海面。3.經過：（1）六月十九日：1709，發航，隨永壽艦向披山進駛。2119，抵達披山東北，續向小鹿島航駛。2151，備戰，測定船位，在小鋼（銅？）針附近西北方，距小鹿島約一萬碼，並於2200電話通知信陽艦注意我艦方位。2204，航向235度，三吋砲開始向小鹿島山頂射擊，距離為八千碼。2208，40米厘砲開始向小鹿島山頂射擊，距離為六千碼。2212，至規定之卅分鐘時間內，本艦左右兩舷各砲以猛烈火力向小鹿島山頭匪主陣地及南北兩尖端小高地之匪小砲陣地與機槍陣地來往連續轟擊半小時以上，距離不及四千碼，彈著均中目標，使匪感受精神威脅甚大。其砲火還擊亦甚猛烈，砲彈均落於本艦廿碼以內之海面爆炸。2315，旗艦命本艦向原目標再行射擊三十分鐘，2323，乃駛近小鹿島距離約三千碼處，以兩舷各砲往復向山頂及左右尖端之匪砲陣地射擊，至2352各砲暫停射擊，并駛至小鹿島東北距離六千碼處排除二十公厘砲故障，換四十公厘砲砲管，同時清潔整理各砲及補充彈藥。整備期中，則見友軍機帆船三艘拖帶帆船十餘艘，由大小鋼（銅？）針源源向洋嶼、小鹿島各登陸點進駛。（2）六月廿日：0001，各砲均已備便，惟雙管二十二砲因有一彈簧鬆弛不能使用，僅單管備便。0017，登陸部隊用電話告知本艦，並用信號（紅黃信號彈）表示已到達目的地。0100，旗艦命本艦向小鹿島二十六號高地南部射擊，以掩護友軍登陸。0115，又令我注意右邊之登陸部隊，並注意彈道目標必須精確。0120，本艦即駛進距約三千碼處，以三吋、40米厘、20米厘各砲向小鹿島山頂偏南猛烈射擊之。0130，復命本艦注意與登陸部隊聯絡。0129，40米厘砲發生故障，繼續用20米厘砲射擊。0159，登陸部隊與本艦聯絡，請

本艦向大鹿島四十五號高地射擊，本艦即以三吋砲及20米厘砲向該高地射擊（0210，單管四十米厘砲（右管故障），亦向大鹿島四十五號高地射擊）。但當登陸部隊提出此項要求後，本艦除立作支援外，然以本艦任務係須確切支援小鹿島之登陸部隊，現小鹿島是否已建立灘頭陣地或完全佔領，友軍均未告知，而登陸部隊提出此項要求，顯係小鹿島已完全佔領。本艦為欲明白小鹿島之戰鬥實況，以便作有效之支援計。故於0207與登陸部隊聯絡，問小鹿島是否完全佔領，請以規定信號回答，又大鹿島是否已在登陸中。0230，旗艦亦命本艦向大鹿島四十五號高地射擊，本艦除仍繼續向該高地射擊外，並推測可能係我友軍已佔領小鹿島26號高地，而遭匪在大鹿島45號高地之砲射擊，故登陸部隊要求支援制壓於先，而旗艦復命令射擊於後。0245，旗艦並告知本艦，謂本艦射擊很好，料係26號高地之匪砲已為本艦摧毀，事後即證屬實。0240，登陸部隊以電話告知本艦，謂洋嶼之11號高地已為我軍佔領。至0315，又告知大鹿島尚未登陸，小鹿島已全部佔領，至此，益信本艦前所推測之情況確實。至0320聯絡時，本艦始知洋嶼之第七號高地仍為匪據守中。0410，本艦因友軍已全部佔領小鹿島，大鹿島45號高地之匪砲亦為本艦壓制，支援掩護之目的可謂初步達成，而本艦40米厘砲右管故障尚未排除，乃報告旗艦擬請准修理，排除故障，並繼續指示下一射擊目標，旗艦答命本艦速排除故障，下一射擊目標應候命。0500，本艦因40米厘砲右管故障無法排除，乃電告旗艦。0506，旗艦命本艦暫停射擊，在原部位候命。0515，整理彈藥，並調查後俾全盤配合其酌節使用，及作再戰之準備（40米厘尚存一千四佰餘發，三吋砲存八十餘發）。0542，旗艦又命本艦向大鹿島之45、47兩高地射擊。0545，本艦駛近大鹿山腳，但因三吋砲彈所存不多，乃以40米厘、20米厘砲向目標強烈射擊，匪砲火乃戢。0550，本艦航進至大鹿島東北尖端約六千碼處，該處之40號高地匪砲向本艦還擊四發，距離均超越本艦，彈著點均在本艦右舷約四十碼。此時，本艦即以全部火力向該砲陣地轟擊，匪砲亦為我制壓。0556，40米厘左砲管又發生故障，一時又無法排除，乃即電告旗艦（此時本艦40米厘砲已完全不能使用）。0605，旗艦又命本艦射擊45、47兩高

地，本艦乃以三吋砲向該兩陣地精確瞄準射擊，但因三吋砲存彈太少，而40米厘又不能發生威力，乃報告旗艦請示，准本艦暫離崗位，前往較安全地區，排除故障。至0713，旗艦命本艦暫離崗位，排除故障。0715，解除備戰，清潔各砲，整理彈藥，40米厘砲經檢查，係退子鈎及撞針鍵橫閂折斷，本艦無該項配件，無法修復。0717，登陸部隊與本艦連絡，謂小鹿島放烟幕處之後方有匪增援部隊，本艦將匪增援情況轉報旗艦。0730，又得知匪增援部隊有機帆船數艘，已由坎門到達小鹿山海面，請速支援。本艦乃急報旗艦，旗艦即派嘉陵、洞庭兩艦前往迎擊。事後據嘉陵艦報告旗艦，該區海面並無匪增援機帆船。0756，復備戰，向大鹿島航進。此時，友軍已登陸大鹿島，並建立灘頭陣地。0805，又據登陸部隊告稱，28、31、32等呑口與29高地有匪之增援部隊，本艦即以20米厘砲在約二千碼之距離內射擊，並以望遠鏡觀測，但未發現匪增援部隊。0906，登陸部隊又要求本艦向大鹿島38高地射擊。本艦乃駛進四千碼之距離內，以三吋砲瞄準精確射擊五發，即已命中。0942至1000止，本艦與永壽艦均駛進大鹿島東約二千至二千五百碼距離內用20米厘砲猛烈射擊匪45、47兩高地砲位，匪始終未敢還擊。1015，登陸部隊告稱，大鹿山已無匪砲，現正捕捉匪俘虜中。1018，旗艦命本艦至雞冠山與大鹿山之間截擊匪機帆船。至1020，本艦即駛向雞冠山西南角六千碼處，向山頂64號高地及匪船射擊，匪船乃轉向逃竄。1022，旗艦告信陽，有匪艦四艘由黃礁向南行駛，命該艦前往搜索。1032，旗艦命本艦與雅龍艦向披山西南海面駛進，與洞庭、嘉陵兩艦成戰隊航行序列（旗號1.以前之信號作廢。2.距離五百碼。3.航向120度。4.隊形180度）。本艦與該三艦作戰隊航行半小時後，1200、1205，太平命嘉陵、雅龍離開隊伍，增援洋嶼15號高地。該兩艦離隊後，僅由洞庭率本艦在披山西南海面巡邏。1435，旗艦命洞庭與本艦往披山中呑下錨待命。1517，本艦錨泊披山後即向永壽艦借來40米厘砲配件（修復40米厘砲一門），並靠旗艦右舷加裝三吋砲彈五十發，40米厘砲三十七箱（五百九十二發）。2212，旗艦命命永壽與本艦前往洋嶼第四、五號呑口阻擊匪船增援。2220，本艦起錨前往。2250，備戰。2255，40米厘砲向洋嶼11

號高地、7號高地間之第五號吞口射擊。2300，20米厘砲亦向第5號吞口射擊，但第二十六砲砲管爆炸，戰士孔德銀左眼眉尖被破片擦傷，當即急救醫治。2315，信陽艦來燈號，稱請注意匪船。本艦同時以四十厘、廿厘砲向第4、5號吞口及後草嶼（匪於本日臨時設有迫砲）猛烈射擊，距離約二千碼，但因視界不良，無法確定該處究竟有無匪船增援。惟後用照明彈照射時並未發現匪船及登陸情事。2356，本艦40米厘又發生故障，且情況甚重，無法修復，並電告旗艦。（3）六月廿一日：0005，旗艦命永壽、洞庭與本艦向洋嶼十五與十一高地間之匪沙灘陣地射擊，本艦以20米厘砲、三吋砲對該地區於距離三千碼時作精確射擊。蓋因15號高地友軍尚未攻下，而匪藉陣地砲火之掩護向11號高地猛撲。0140，旗艦謂大鹿島30號高地匪軍向小鹿島反撲命信陽、永壽、洞庭與本艦速向該地砲擊。0147，本艦於距離大鹿島西北三千碼處以三吋砲向30號匪陣地射擊。0200，於距離二千碼時，20米厘砲亦向大鹿山腳匪陣地射擊。0230，二十五砲發生故障，槍管爆炸與彈夾飛下海去，射手王復生右手背被破片擦傷。0250，各砲暫停休息。0315，旗艦命本艦向大鹿島匪30號陣地射擊。0320，又改為28低地，同時洞庭亦來支援。至0345，駛至大小鹿島距離約一千五百碼處，以二十米厘向28低地及30匪陣地來回射擊約十分鐘。0428，據友軍報告，本艦與洞庭射擊匪28及30等地，匪損失甚重，現我軍正搜索前進中。0444，復命本艦與洞庭儘量射擊小鹿島第28號窪地。

（五）戰果：1.擊毀小鹿島26號高地匪主要砲兵陣地兩座，毀24號低地機槍陣地及29號高地小砲陣地兩座。2.擊毀匪砲兩門，機槍兩挺，迫砲一門（據調查實情不詳）。3.斃傷匪軍百餘名，俘虜二十餘名（據調查實情不詳）。4.友軍在該島上所俘獲武器數量類別不詳。5.使匪感受精神威脅甚大，不敢還擊，士氣大受斲傷。6.在小鹿島登陸友軍所受匪砲火威脅與抵抗甚少，登陸異常順利，人員傷亡亦少，且為我軍最先全部佔領之一島。

（六）戰鬥檢討：1.敵我戰法之研究及其優劣點所在：（1）我能運用雷霆萬鈞之力，採取迅雷不及掩耳之手段，在規定時間內同時對一固定地點集中火力向匪砲陣地射擊，使匪無法推測我之行動與

目的，並威脅其精神，使受制於我猛烈火砲之威力而不敢抵抗。
（2）我能利用敵人火砲有效射程與死角間之真空位置及敵人輕武器射程又無法達到之距離內，但使本身火砲能發揮充分威力之距離內橫面來往射擊，又利用匪火砲角度旋轉之困難與因我艦遊弋不定而使其瞄準無法達到精確點之情況下而往復轟擊，敵人火力為我制壓時，我即低速航行，精確瞄準射擊，當敵人還擊時，我即高速航行，以火力制壓之，無論敵人之火力是否被我制壓均採用不規則不定時之轉向與速度，又可使敵人無法預行瞄準我將到達之某點而受其砲擊。（3）敵人應用在韓戰場所受聯軍火力之經驗，每一陣地或作戰人員之掩蔽，均築有深溝高壘以減少火力之威脅，當火力熾盛時，敵人均藏匿於溝壘中，不予還擊，除可達減少傷害之目的外，並可不暴露其陣地，以免為我轟擊，當火力減低或我不予轟擊時，敵則能充分利用我緊張情緒後之鬆弛心理，用猝不及防之方式而向我還擊，故我應隨時隨地均應提高警覺，切不可以制壓或臨時擊潰為滿足。（4）敵人所築之溝壘除有掩蔽之優點外，且利於彈藥與火砲之運輸，故雖明知某一處之匪砲陣地為我擊毀，但我艦當離此處若干時間後再來時，仍應嚴密戒備，因匪火砲與人員之補充甚為容易，並不必需平坦大道或在光明之下方可運輸，黑暗之溝壘與地道內同樣可運輸也。（5）敵人明知我之火力較其熾盛無法制壓，故在其射程以外絕不盲目射擊，一定到達其距離以內時射擊之，故當視界良好或利於敵人觀測我目標時，我艦於就射擊位置前或離去射擊位置時，我艦均不可循定航道定速或定時轉向來去，須採用迂迴屈（曲）折之航向航道及不定速度，但當視界惡劣或視界於我有利時，情況當屬有別。（6）又敵人善於利用輕型火力以吸引我艦之注意力，當此輕型火力向我射擊時，如我艦意圖駛進撲滅，其意圖固善，但仍應注意附近其他火砲，如不予注意，當我艦射擊之情況正緊急時，附近未注意到之匪砲即向我艦奇襲，在此情況下定會遭到重大損失。2.戰備規定是否確實遵行：（1）有關戰備事項：①各砲射手均勇敢沉著。②武器彈藥現狀尚適合作戰要求，僅三吋砲望遠鏡、瞄準器因夜光設備之燈泡已壞，晚間瞄準不易，輪機、通訊、雷達均適合作戰要求，航海因望遠鏡僅有一個，

方位圈、平行尺損壞，對觀測及測算船位頗感困難，並受極大限制。③備戰部署隨時改進並演習。④燃料、淡水、彈藥、糧秣均適時補給，除糧秣外均長時保持滿載情況。⑤鋼盔已全部破爛，並無內盔，三分之一人員無鋼盔，救生衣與救生帶全無，木塞木板大部腐爛，且所存數量極少，木支柱全無，洋灰已起分解作用，不能發生堵塞凝固效力，水龍頭全艦僅有三個，兩個僅係單用水龍頭（非用者），二氧化碳滅火器大部為空瓶，僅有之三、四瓶重量均不足，手提抽水機僅有一個可用，P-510抽水機未配吸水管，無法應用，水龍帶大部已破損漏水，致出水壓力不夠，隔堵門部分橡皮已腐爛，無法水密。⑥艙面保持靜肅有碍射擊之物品，均已先行除去。⑦救生工具不全，僅有小型救生筏二個，而配備均不完善。⑧砲位及修理班電話不全，部分電話接頭盒已爛，無時間及電線無新品修換，致作戰時砲火指揮頗感困難。又砲火指揮儀損壞無法應用，對晚間目標之觀測不甚精確。（2）有關機動事項：①隨時準備行動，未延誤時間。②未靠碼頭，在港內下錨，加強保防組織，不放假，不准人員請假下地，不准外人登艦。③臨時停泊期間加強哨戒，值更人員未少於三分之一。（3）有關警戒事項：①嚴密燈火管制。②入暮後移錨位，以免匪艦艇突襲，晚間禁止任何不明船隻或不事先通知之船隻靠本艦。③通過匪區及情況不明之區，均係備戰航行。（4）有關戰鬥事項：①戰鬥時全艦官兵均有堅忍不拔之毅力與旺盛之企圖心，並能確守部署，團結一致，充分發揮合（和）衷共濟、同仇敵愾、克敵致果與忠勇奮發之精神。②本艦官兵均恪守命令服從指揮，能遵照上級意旨，把握戰機，施行雷霆萬鈞之一擊，摧毀匪陣而奠勝利之始基。③戰鬥位置之選擇大部均有利於砲火威力之發揮，射擊目標之選定大部都正確，並未傷及友軍而達制壓摧毀支援掩護之功。惟對彈藥之樽節使用，在當時戰鬥激烈之情況下未及予考慮。④對匪來援之船艇已盡撲滅之力，如廿日2315攻擊羊嶼第四、五號呑口時，僅數分鐘即使匪潰散。⑤未奉上級命令未脫離戰場一步，射擊時均超過有效距離而有餘。⑥本艦輕傷人員均係由艦砲發生故障或排除故障時所傷，而傷者經救治後均回原崗位工作，並未脫離戰場。⑦船體未受損害。3.通信異常迅速

確實，保密完善，全部行動期間無線電話均開啟收聽，任何艦之行動與旗艦對任何艦之行動指示均有詳細紀錄，致艦長對全般各地區戰鬥進行情況與我軍友軍及敵人之行動均瞭若指掌，而能作預期之準備與行動。及至戰鬥位置後，對當面我友敵軍之情況與艦艇運動之關係位置均有適當之判別與處理方法。但本艦無線電話則儘量保持靜肅，不至萬不得已時，絕對少與旗艦或其他艦連絡，發現任何情況，立即報告旗艦，並通知鄰艦與友軍注意。4.對航行安全特別注意，充分利用本艦具有之優良性能而作靈活操縱，對作戰地區之水道異常嫻熟，為達成掩護支援與阻擊之實效，勇敢細心通過狹窄水道及淺水水道，以阻擊匪船，均完成任務，安然返航。5.與友軍協同作戰，只要不影響作戰位置及任務，任何支援、阻擊與掩護均已充分達成任務，射擊之彈著絕未傷及友艦與友軍，凡遇友軍請求，即義無反顧不加考慮前往執行，故自戰鬥開始至結束，雖頻頻與友軍連絡，未聞友軍云及支援、阻擊或掩護有絲毫錯誤發生。6.戰鬥進行最激烈時及有故障發生或有輕傷時，副長與指導員均親往此地區代表艦長對戰士備加撫慰，而戰士均爭先恐後不息不休，且更加努力而積極，無任何怨言與牢騷發生，而戰士間亦彼此冒險互助，此等高昂之士氣實不可多得。

（七）附記：1.海軍參加收復大小鹿島戰役兵力部署詳圖。2.海軍實應軍艦參加收復大小鹿島戰役戰鬥詳圖。3.海軍實應軍艦參加收復大小鹿島彈藥消耗及作戰損失統計表。

190

　　據該戰鬥詳報所附的彈藥消耗及作戰損失統計表所載：該艦三吋砲彈原有數為624發，現有數為410發，損耗數為214發；三吋砲彈送藥筒4發。40米厘砲彈原有數為5,375發，現有數為3,872發，損耗數為1,503發。20米厘砲彈原有數為18,934發，現有數為15,420發，損耗數為3,514發。彈夾損壞數：2個著烟丟海，2個損壞不能用。20米厘預備砲管損壞數（MK4. mod2號）：一根因膛炸送入海，一根因砲管口炸壞已不能用，二根管內被彈殼阻塞無法取出，來福線已損壞，一根槍管制上螺絲損壞。三吋砲：運轉把手簧鏈一條損壞，Sear planger簧一個震損。40米厘砲：砲膛桿及砲膛刷一付損壞，退殼鈎橫栓左、右砲各一損壞，撞針鍵一根損壞，砲閂旋轉桿一根損壞，撞針拐2個折斷，退殼鈎（左砲）一付折斷，退殼鈎舒放把手制B197107號一個破裂。20米厘砲：Brecch face piece.MK2號8個損壞，Brecch pawe spring 6根損壞（OE, 1329, MK4號），砲膛根6付通砲管內彈殼時損壞，砲膛刷8個損壞，Brecch face piece remaving tool（367516-3）3把損壞。通訊隊損壞：六吋活動扳手一個，鐵鎚一個，駕駛台防風玻璃2塊。[191]

---

[190] 《海軍第二艦隊寶應軍艦參加收復大小鹿島戰役戰鬥詳報》，同上。
[191] 同上。

6月25日晚7時，寶應軍艦全體官兵在該艦後士兵艙舉行該戰役的戰鬥檢討會議，艦長汪傳賢列席，由副長擔任會議主席，孫秋萍、陳孝生記錄。[192]

7.嘉陵軍艦

該艦艦長卓祖馨上尉於1953年6月26日撰就《海軍第二艦隊嘉陵軍艦六月日掩護友軍登陸羊嶼及大小鹿島戰鬥詳報》上呈，全文如下：

圖48：嘉陵軍艦（PC-104，驅潛艦，排水量：輕載270噸，滿載357噸）

> 一、作戰前匪我態勢：大鹿位於28°05'N，121°24'E，即披山以西五浬，小鹿（海圖上之小鹿實係前山及姜莽山，本島海圖上未標地名）位於大鹿西北，與大鹿相連。羊嶼位於大鹿西北偏北，距大鹿兩浬。雞冠山又名火叉山，位於大鹿以西兩浬，羊嶼西南一浬。大鹿駐匪一個加強營，含步兵連四，機砲連一，共約八百人，配大型山砲五門，射程達披山以東之南岙，小鹿島配37戰防砲三門，羊嶼駐匪加強連一個，配37砲一門，67.2加農砲一門，射程達一萬四千碼，雞冠山駐匪約一個加強營約八百人，配射程約一萬三千之火門（砲型不詳）五門，各島高地及環島要津均築有堅強工事及壕溝，坎門東沙燈塔匪設砲一門，射程一萬二，坎門、鷹捕岙、瓜子、金山頭匪砲四門，射程同，寨頭及白馬岙均設匪砲，砲型不詳，射程控及羊嶼、小鹿。五月廿九日，匪以優勢兵力一鼓侵佔我大小鹿、雞冠、羊嶼各島，我方一面加強披山陸上守備，積極部署反攻，一面由海軍嘉陵、寶應兩艦星夜馳援。三十日，兩艦威力搜索各島，並相機予敵痛擊。其時我陸上部隊之反攻部署尚未完成，披山地區由海軍第二艦隊齊司令坐鎮，大陳增派兵力輪替警戒，以期確保並相機予敵創傷。我方部署期間匪不分日夜在上述各島加築工事，增駐兵力，加強火砲配備。至六月二日，大鹿、羊嶼之匪砲已可射

[192] 孫秋萍、陳孝生記錄，「海軍寶應軍艦參加大小鹿島戰役戰鬥檢討記錄」（1953年6月25日），同上。

至披山南呑，其久佔大鹿進擾披山之企圖至為明顯。為確保披山收復大小鹿、羊嶼、雞冠各島計，奉層峰核定大陳區三軍兵力統由江浙總部秦先生指揮調度，海軍第二艦隊司令齊代將並率各型艦共九艘，擔任運輸支援護航等任務。六月十九日，江浙總部下達第（42）蓬威（二）字第3057號作戰命令暨計劃，本軍九艦在齊代將指揮下分別於十九日廿一時及廿二時到達作戰位置，完成對匪殲滅戰之勢態。

二、天候及兵要地誌：天候：六月十九日，天晴，薄雲有月，月出時約為1311，月落時約為2427。開始作戰時月色微明，西照。潮汐高潮時為1133，低潮時為0542。風向西南，風速午後約20-25節，入晚漸微為十五節左右，披山以東地區大浪，披山以西地區入晚風浪轉平，視界清淅（晰）。六月二十日，天晴高雲，日出約為0609，月出時為1406，月落時為次日0100。潮汐高潮時1242，低潮時為0630、1843，風向西南，風速十五節，中浪，視界良好。兵要：大鹿、小鹿、羊嶼、雞冠各島高地均係匪工事陣地，各島匪兵力配備詳第一項，大鹿東岸係懸崖，南岸係陡坡，均不可登陸。大鹿島僅北部及西北部有兩口適合登陸，唯在小鹿、羊嶼、雞冠之敵火控制範圍內。坎門至雞冠山，雞冠山中段至大鹿島及姜莽山南端、大鋼（銅？）針與小披山間有大量漁柵，密佈海面，軍艦航過時有為漁柵糾纏俾葉，影響機動力之顧慮。

三、戰鬥要領及部署：本艦隊之任務為於十九日廿二時準時到達指定部位，適即掩護運輸部隊之安全，制壓匪砲，摧毀防禦設施，阻擊匪增援，支援友軍陸上戰鬥及掩護退撤。海軍指揮官由齊代將擔任，下設四戰隊，第一戰隊含太平、信陽兩艦，太平桂艦長為戰隊長，第二戰隊含永壽、實應兩艦，永壽黃揭掀為戰隊長，第三戰隊含洞庭、嘉陵兩艦，洞庭雷代艦長為戰隊長，第四戰隊含永昌、雅龍、美頌三艦，永昌黎艦長為戰隊長。以第一、二、三戰隊掩護登陸部隊到達登陸點，建立灘頭陣地，以後視戰況轉況轉移，繼續支援及掩護撤離。以第四戰隊擔任警戒及相機支援第二、三戰隊之作戰。一旦戰鬥時期如發現匪機或匪艦，則以攻擊匪機艦為主。太平艦於D日H-60'時到達披山西與附近海面，相機支援羊嶼、大小

鹿山之登陸部隊及截擊匪船艇。信陽艦於D日H-60'時到達披山西北4,000碼附近海面，H-45'時，主砲對羊嶼、小鹿山行壓制射擊，連續發射三十分鐘。第二戰隊於D日H-60'時到達羊嶼、小鹿山北端相連之線以東距離3,500-4,000碼附近海面。H-45'，以密集火力對羊嶼、小鹿行壓制射擊三十五分鐘，候登陸部隊進距登陸點500碼，即行暫停射擊，警戒匪後援部隊。第三戰隊於D日H-120'時到達前山附近偵察該山及其附近島嶼，如發現匪跡，應先行擊滅，並於D日H-60'時到達大鹿山、鷄冠山南端連之線以南距離3,500-4,000碼附近海面，同時以密集火力對鷄冠山及大鹿山匪砲陣地行壓制射擊，連續二十-三十分鐘，爾後經復轟擊并嚴密截擊匪坎門及鷄冠山及羊嶼間出援之船艇。第四戰隊於D-1日前護送運部隊到達披山錨泊。雅龍於D日H-90'到達山正北五浬監視松門角一帶匪船艇活動。永昌於D日H-90'時到達平頭山東端海面監視七口洋匪船艇後援。美頌於D日H-90'到達披山南岙待機出動支援及救護。登陸部隊共三突擊大隊、一砲兵大隊，第一登陸支隊兩大隊分兩路登陸，第二登陸大（支？）隊為砲兵大隊及另一大隊，留指定泊地距登陸點1,700碼預備。登陸部隊於D日H-126'時由披山南岙啟航，經韮菜岙南側向目標進發，於H-30'前進入距登陸點1,700碼處換乘舢舨（並以信號示掩護部隊），一大隊向羊嶼灘頭登陸，一大隊向大鹿島灘頭，向羊嶼登陸部隊攻佔陣地後，除以一部確保外，其主力向小鹿、大鹿方面攻擊，如小鹿攻佔時，即對大鹿山繼行攻擊，攻佔大鹿山後，以有力之一部確保之，該島等攻佔後主力撤離，候令行之。

四、戰鬥經過：1.起止時日：六月十九日二十一時至六月二十一日九時。2.戰鬥時間：（甲）轟擊時間六月十九日二二〇〇。（乙）友軍登陸時間六月十九日二三〇〇。（丙）登陸地點：羊嶼、小鹿、大鹿。3.戰鬥經過：六月十九日一二〇〇，集合全體官兵在中甲板，艦長講解此次未來大鹿島登陸作戰之意義及目的。一七〇四，本艦起錨，依戰隊序列隨洞庭出港後，基本航向220°，時速十六浬，向披山前進。二〇四五，航向288°，駛向前山。二一〇二，抵前山備戰，部署警戒，搜索前山，未見匪跡，繼續偵察，大鹿、羊嶼、鷄冠山、坎門，匪無動靜。二一五四，航向330°，航速九

浬，向規定射擊線航駛。二二〇〇，到達規定射擊線以內，前山方位100°，雞冠山正前距離四千碼，繼續向西北航進。二二〇三起，二二四五止，三吋砲第一發於二二〇三向雞冠山匪陣地射擊，其餘各砲亦同時發揮最高火力，向雞冠山匪陣地作制壓毀滅性射擊（時各艦亦同向指定目標開始砲擊）。本艦在洞庭之後保持縱隊隊形，慢速巡航於大鹿、雞冠聯線之南，距離保持四千碼以內。姜蓔山方位保持在100°以上，同視船位之轉移分別以全力持續向雞冠山及大鹿輪番作摧毀性之轟擊，並間發照彈以偵察監視雞冠山、羊嶼間之水道中有無匪船出援。二二四五，奉司令電話，飭各艦暫停射擊。二三一九，司令電話，各艦仍照原定目標射擊三十分鐘，如匪砲還擊時各艦可先擇目標瞄準擊燼之。二三二五，三吋砲射擊雞冠山匪陣起火。二三四二，各砲轉向大鹿射擊。二三四九，奉司令命各艦停放，本艦遵命停放，仍在原射擊線警戒，監視坎門、雞冠山及雞冠山、羊嶼間有匪增援部隊出現。六月二十日〇〇三四，奉司令電令，嚴密監視匪船，如有出援企圖，即予擊毀。〇〇三六-〇一四〇，本艦監視雞冠山及大鹿匪砲火之出現，並以各砲瞄準射擊之。〇一四二，洞庭通知本艦轉向小鹿砲擊，本艦主砲轉移目標。〇一四四，本艦發現雞冠、羊嶼間有可疑目標，迅即以主砲發照明彈一發，彈落雞、羊水道上空，水道全部在照明效力內，各砲集火力猛擊之，可疑目標旋即消失。〇一五〇，司令于查明該照明彈為本艦所發後，以電話讚許。〇二〇五，匪砲向本戰隊還擊，各砲復轉向雞冠山、大鹿山射擊。〇二四〇，三吋砲故障停放。〇二四二，三吋砲故障排除，繼續向雞冠山、大鹿山射擊。〇三〇五，洞庭通知本艦停止射擊，本艦向南移位，繼續監視岸匪。〇四二五，發現雞冠山匪砲位，本艦東北航向大鹿山接近，三吋砲向匪砲制壓射擊。〇五一五，三吋砲故障。〇五一七，三吋砲故障排除。〇五二〇，各砲向大鹿山射擊，以單俥進一速度向大鹿接近（見附圖航跡一）。〇五三五，三吋砲向雞冠山匪陣地轟擊，雞冠山匪砲向我還擊，落本艦右舷一百五十碼處，共三發。〇五四一，三吋砲故障暫停，其餘繼續向大鹿島射擊，本艦轉向南駛。〇五四五，奉司令諭，向大鹿島最高點轟擊。本艦向大鹿接近，各艦集火轟擊最高地

匪陣。○五五○，匪砲落本艦首二百碼處，共二發，並分火向洞庭射擊，本艦以40mm、20mm密集射擊制壓之。○五五一，匪砲落本艦正前一○○碼處，共三發。○五五八，匪砲共四發，落本艦左前方。○六○○，各砲停放，匪砲二發落本艦尾約三十碼處，本艦奉命轉移至大鹿山東南，砲擊大鹿山山頂匪陣地，支援進攻友軍（見附圖航跡四）。○六三○-○七一四，本艦第一次沿大鹿東側距離一千碼處北航，除三吋故障外，其餘各砲齊向大鹿島匪陣地掃射，三吋砲員繼續排除故障。○七二三，匪砲落本艦左舷，共六發。○七二五，奉司令電令，各砲停放。○七三一，奉司令電令，據報有匪船自鷄冠山北端向小鹿反撲，令本艦前往襲擊，本艦繞姜莽山以南至大鹿與鷄冠山間，至漁柵前始停俥。○七三八-○八○五，距鷄冠山、大鹿山各三千碼，匪鷄冠山砲落本艦左右舷一百碼內，共三發。本艦艦首右舷水線上被擊穿寬二吋半，長三吋半破洞一個，無損傷人員器材，第一修理班動員堵塞，五分鐘竣事。三吋砲仍在故障中，其餘各砲齊向鷄冠山掃射，於確實偵知並無匪船後，即據實報告旗艦，並轉向西南航行（見航跡附圖二）。○八一二，鷄冠山、坎門匪砲向我艦射擊，彈落艦尾，最近一彈相距約十碼，彈片飛至甲板及機艙（彈片已檢具樣品呈第[二]艦隊部檢查參考）。○八一四，鷄冠山、坎門匪砲集火向本艦射擊。○八一五，匪砲二發落艦尾二十碼。○八二五，匪砲落艦左舷二百碼，共五發。○九○○，三吋砲故障排除，試砲一發，情況良好。各砲向鷄冠山、坎門射擊。○九二六，艦隊部命令本艦駛向大鹿山東與向大鹿山匪陣地射擊，支援登陸友軍。○九三○各砲停放，轉向經姜莽山南端駛大鹿山東南。○九三五，於大鹿島東南處四千碼，三吋碼（砲）、40mm砲開始向大鹿島匪陣地射擊，並以南北向航逐圈駛近至大鹿島千餘碼，兩舷20mm分別加入射擊（見附圖航跡五）。○九四六，奉司令電話，鷄冠山東南灣祖發現匪機帆船數艘，命立即駛往截擊。○九四七，各砲停放，轉駛鷄冠山截擊匪船（見附圖航跡三）。一○○○，本艦距鷄冠山約七千碼處，未見鷄冠山東南海灣有匪船，旋即發現匪大型機船四艘於鷄冠山以西，三吋砲開始向匪機船射擊，並以雙俥進三航速向鷄冠山接近（見附圖航跡三）。一

○○五，鷄冠山匪砲向我射擊，以掩護匪艇，本艦以40及20糎砲向鷄冠山匪陣地掃射，三吋砲繼續打艇。一○○六，本艦距鷄冠山四千碼時，轉向使三吋砲、40mm、20mm均可向匪集火射擊，未幾，三吋砲即直接命中，擊毀匪機船之一艘，頓冒黃烟，另一匪船駛靠拖曳圖逸，本艦主砲旋即命中另一匪船，使其受傷，失去航行能力，本艦繼續集火射擊。一○一二，是時，坎門及鷄冠山匪砲向我艦發射甚夥，彈落本艦四週，七五穿甲彈一顆由本艦船舷彈出，未致損傷。匪砲火網中盤旋向匪船集火射擊，匪機船初尚還擊，旋即沉寂，並隱入鷄冠山西北灣內，未見再出。本艦為地形死角所限，即轉移目標向鷄冠山匪砲制壓射擊。一○一六，匪彈落艦首25-30碼。一○一七，匪彈落艦首左舷五十碼，艦砲以高速度向鷄冠山射擊。一○二一，發現坎門匪砲位，本艦轉向西南航行，各砲轉目標向坎門匪陣地射擊。一○二六，三吋砲命中坎門頭距離最近之匪砲位，匪砲立即沉寂。一○三六，各砲停於（放？）。一○三八，奉司令電話，命本艦駛向披山西南海面集合，成戰鬥隊形隨旗艦行動。一一一○，洞庭艦任指揮艦，旗號通按戰鬥序列成單縱隊，本艦在洞庭之後，本艦之後依次為寶應、雅龍，距離五百碼，航速十節，航向120°T。一一二○，太平懸空襲信號，友機兩架過頂。一一四○，解除備戰。一二○○，奉司令電話，本艦立駛往羊嶼，向羊嶼南端高地頑匪掃射，距離應在兩千，務求以熾盛火力，遍轟匪據點，完成最後任務，並問本艦現存彈藥量。一二○八，備戰部署。一二一○，電話報告司令，本艦現存彈藥三吋砲三十五發，40糎20箱。一二三七，到達距羊嶼一千碼，距匪陣地二千五百碼處，因前方密佈漁網，未克再進，遂停俥。各砲向匪陣集火轟擊，所有彈著均落匪陣。一三一六，匪砲落本艦尾二十碼，共三發，本艦轉向外兜一小圈，又回到原地。一三五○，各砲繼續向羊嶼匪陣地射擊。一四一六，三吋砲彈藥告罄，暫停射擊，僅以40、20糎各砲繼續射擊，並呈報旗艦。一四二五，匪鷄冠山砲彈落本艦首尾，共六發。一五○七，40mm彈藥告罄，奉司令電話停止射擊，原地待命，本艦即隨永昌、永壽在附近巡弋。一五一○，駛離匪砲火區外，解除備戰，警戒海面。一五一四，發現有三匪機船，由寨頭駛

向羊嶼，並即報告司令。一五五九，報告司令有匪機船二艘，由寨頭駛向羊嶼，本艦[無？]砲彈可射，請派艦截擊。一六三一，奉司令電話，本艦即返披山中岙拋錨待命。一七一七，拋錨披山中岙。二二一二，奉司令命靠太平艦，加補砲彈，共加補三吋砲彈40發，40mm41箱。六月二十一日〇〇一二，本艦離太平，奉司令命，在太平西北方拋錨待命。〇九〇〇，奉司令命，即駛南箕駐防。〇九〇九，起錨駛往南箕，航向225°，航速16節。

五、戰果：1.俘匪六十二名，其中匪黨員十餘人。2.俘獲武器：37戰防砲一門，81迫擊砲四門，57無後坐砲三門（昆明廠），破壞二門，76重砲一門，50機砲壹挺，俄式50自動步槍及步槍共百餘支，手榴彈無數。被我艦隊砲火擊毀之匪匪碉堡工事甚夥，經艦隊砲擊斃匪詳數亦因肢體零落破碎不勝計也。另匪大型機帆船兩艘為本艦密集砲火擊中，頓冒濃烟，祇（至）少已失戰力，或有沉沒可能。

六、戰鬥檢討：1.戰備方面：本艦平時戰備尚稱充分，此次奉命參加戰役，能週密考慮，從容部署，戰鬥進行中一切進展均能符合上級計劃要求，惟乾糧雖備饅頭，有限於環境，備量稍微欠缺，如在戰前以各單位人數日食量發給戰備乾糧罐頭等，再自備饅頭以充戰備食用，則更理想。有限於國家財力，艦上尚有部分裝置不夠戰備條件，如各砲故障排除用具欠缺，尤20mm、40mm為甚，損害管制器材及工具尤缺，一旦艦體遭嚴重損害時，損害管制之效率難達理想。2.敵我戰法：我艦利用黑夜予敵以壓制之奇襲為有利，日間艦在海上無法隱避，目標顯著，而岸上匪砲之位較難發現，以隱蔽而言，海面艦艇自屬不利。航海術由於事先多次偵察，有關官兵對匪陣地形熟習，故作戰時得用目測保持航行安全，不必藉用其他儀器及一般航海法。對於距離測量，除逐投以陸標為準均予正確之預計外，並能藉雷達助測之，故能充分發揮機動性能，把握機先，予敵重創。由於平（？）訓練充分在砲術上，每個員無論是射擊故障的排除，均能達其要求水準。通訊傳遞迅速確實，各艦間之話報均有紀錄，奉規定於作戰開始後可用明語，雖無保密可言，惟以通訊內容均有極短促之時間性，無碍當時作戰，且通訊諸元均係脫離本軍原通訊系統，另行規定臨時使用諸元，故對全軍通訊保密亦無

影響。本艦首被匪彈擊穿洞一個，經修理班迅予堵塞，無碍航行及戰鬥力。以此觀之，如損傷管制裝備能如規定配賦時，本艦管制效能當能達理想要求。由於事先能使全艦官兵澈底明瞭上級命令之要旨，故能上下一致，人人用命，發揮最高之戰鬥力，達成任務。備戰部位二十小時中，各官兵均能不避饑疲，堅守崗位，達成任務。

附件：一.戰鬥詳圖一份。二.本艦彈藥存量加補消耗統計

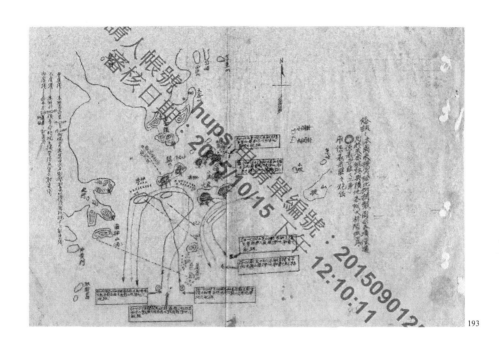

193

根據該艦戰鬥詳報所附是役之彈藥消耗表載稱：三吋砲砲彈原有361發，消耗347發，現存14發。40mm砲砲彈原有1,758發，消耗1,282發，現存416發。20mm砲砲彈原有16,179發，消耗3,149發，現存13,030發。該表並附記：「三吋砲於二十日一八00前除照明彈外全部打光，後奉司令命令至披山拋錨，2100，靠太平補充計三吋砲彈40發，40mm砲彈六百四十發，此項彈藥不在本表內」。[194]

---

[193] 卓祖馨，《海軍第二艦隊嘉陵軍艦六月日掩護友軍登陸羊嶼及大小鹿島戰鬥詳報》（1953年6月26日），同上。

[194] 同上，所附之「海軍嘉陵軍艦四十二年六月十九日至六月二十日大鹿登陸戰彈藥消耗表」。

8.洞庭軍艦

　　該艦代艦長雷泰元少校於1953年6月下旬撰就《海軍第二艦隊洞庭軍艦四十二年六月十九日大小鹿山羊嶼鷄冠山戰役戰鬥詳報》上呈，全文如下：

圖49：洞庭軍艦（PGM-103，巡邏艦，排水量：輕載270噸，滿載357噸）

　　作戰前匪我態勢：一、匪自進佔大小鹿島後，在附近各島嶼（即大小鹿島、羊嶼、鷄冠山）裝有100公厘戰防砲，不時向披山轟擊，給我方以莫大之威脅。二、匪於洞頭結集砲艇與機帆船70-80艘，海門20艘，日夜往返，頻繁補給，自北南運洞頭、寨頭一帶。三、由種種跡象推斷，匪可能以龐大兵力進攻披山，另以一部分海軍牽制我艦隊前往支援。四、為解除披山之威脅，必先收復大小鹿島及羊嶼。五、此次戰鬥由海軍軍艦九艘擔任掩護，以兩個登陸支隊、一個預備隊、一個砲兵隊之兵力，向羊嶼、大小鹿山發動不意之攻擊，並一鼓而佔領之。

　　氣候及兵要地誌：一、氣候：天晴，視界尚佳，有微雲，風向南，時速15浬，海面中浪。二、戰地形勢：大小鹿島及羊嶼、鷄冠山駐有匪軍，匪在島上安有岸砲，并構築工事，前山情況不明，坎門在大小鹿島之西，寨頭在大小鹿島之西北，均裝有匪砲，可直接威脅羊嶼及大小鹿山西部海面，匪軍隨時可自該處向羊嶼及大小鹿山增援，北部臨頑灣及西南部七口洋之匪艇，亦可自側背予我方直接之威脅。戰鬥要領及部署：一、本艦奉命於十九日二一〇〇率嘉陵艦到達前山附近巡邏，如發現匪踪，即行擊滅之。二、於十九日二二〇〇到達鷄冠山與大鹿山南端相連之線以南，距離3,500-4,000碼附近海面，以密集火力向鷄冠山與大鹿山西南部匪砲陣地行壓制射擊卅分鐘，爾後往復射擊，並嚴密截擊由坎門及鷄冠山與羊嶼間水道出援之船艇。三、任務完成後保持機動，聽候命令，適時截擊匪軍增援船艇，並以全力消滅之。四、以最近距離掩護羊嶼及小鹿山之登陸部隊前進，並以有效火力摧毀匪軍砲兵陣地。五、於任務達成後，

掩護登陸部隊及運輸部隊撤退。六、兵力部署如附圖一。

戰鬥經過：一、戰鬥時間：六月十九日二一〇〇至二十一日〇六四五。二、戰鬥地點：大小鹿山、羊嶼、雞冠山及前山附近海面（見附圖二）。三、戰鬥經過：本艦於十九日2100率嘉陵艦到達前山附近偵察巡弋，距離該島1,500-2,000碼，未發現匪踪，乃駛往雞冠山與大鹿山南端連線距離3,500碼處，於2230以全部火力首向雞冠山，繼向大鹿山匪軍陣地猛轟30分鐘，匪因懾於本艦熾盛之砲火，未敢還擊。2245，奉令停止射擊，遂減速於大鹿山及雞冠山以南海面巡弋，監視匪軍行動，並清理彈藥。2317，復奉命射擊原目標30分鐘，本艦乃復迫近大鹿山及雞冠山，與嘉陵艦往返輪番向匪軍陣地猛攻。2342，坎門匪軍向本艦射擊。2346，本艦停止射擊，復在雞冠山南3,000碼處巡弋搜索，無發現。0208，雞冠山匪砲向本艦射擊，本艦立予還擊。0230，與嘉陵艦轟擊雞冠山64號高地，距離4,000碼。0248，停止射擊，登陸部隊佔領羊嶼11號高地，本艦在大鹿與雞冠山之間往復巡弋。0412，奉命與信陽、嘉陵等艦協同向雞冠山東邊缺口射擊。0434，停止發射。0544，又與嘉陵接近大鹿山，向47號高地匪陣地猛烈射擊。0548，登陸部隊佔領小鹿島。0557，坎門匪砲向我射擊，本艦以主砲還擊。0625，清理彈藥。0658，據友軍報告，15號高地有匪軍機帆船三艘登陸，乃報告旗艦派艦出擊。0731，全部火力向大鹿山猛轟。0738，本艦奉命與嘉陵艦前往截擊坎門匪機帆船四艘，乃停止轟擊大鹿山，向坎門方面搜索前進，匪船未待我方艦隻駛至，即向雞冠山後面逸去，本艦以全速追擊。此時雞冠山匪岸砲立即向我艦集中射擊，以資掩護，砲彈紛紛落於前後各處，本艦急駛至距離雞冠山8,000碼處，以三吋砲還擊。0858，友軍報告大鹿島47、48號高地需要支援，經請示後率同嘉陵艦自前山駛向大鹿山東南500碼，於0910開始向47、48號高地射擊，全部命中目標。0935，轉轟38號高地。0945，坎門發現匪機帆船七艘增援，本艦又奉命前往截擊，本艦趕至時，匪船已向雞冠山北方逸去。1025，據報匪大型砲艇十餘艘掩護大批船隻自北南下，本艦奉命率嘉陵、寶應、雅龍往披山以南巡邏，列陣以待，但無發現。至1432，奉命至披山與小披間錨泊，及駛至該地，又奉

命至羊嶼接替永壽艦任務。1500，抵達，乃緩速巡弋羊嶼東北海面。1600，友軍報告15號高地尚未攻佔，請求援助，本艦乃駛近予以猛烈轟擊，全部命中目標。1830，奉命截擊由寨頭到羊嶼匪增援船隻。1906，於西沙山附近發現匪砲艇一艘，本艦乃以3″、40mm砲集中火力射擊，砲彈紛紛落於匪艇前後，極為接近，內中數發可能已命中，匪艇慌忙以全速向西沙山西南灣內逸去。1925，又奉命射擊15號高地，由信陽指揮。至2030，隨信陽艦砲擊大鹿島47、48號陣地。2050，停止射擊。2117，復奉命與信陽、永昌、雅龍集中火力射擊47、48號高地，乃隨信陽轉到大小鹿山東面射擊。2343，奉命至羊嶼協助永壽、實應向15號高地射擊，本艦即馳往，遵照指示，集中火力向11號及15號間沙灘射擊。二十一日〇一四〇，匪向小鹿山反撲，奉命協同信陽、永壽、實應向30號高地射擊。0235，停止射擊。0330，奉命與實應向大鹿島28及38號高地射擊，以20mm封鎖大鹿與小鹿間之沙灘。本艦接近至2,000碼處，以20mm封鎖該地，匪軍重創後退，乃轉移目標射擊47、48號高地。隨後，復以20mm向28號陣地射擊，阻截匪軍前進。0453，轉移目標向43、45、47號陣地射擊，掩護友軍撤退。0552，又與信陽、雅龍、實應集中火力加強射擊43、45、47號陣地，本艦駛至500碼處，以40mm及20mm猛轟匪陣，至0628停止射擊，掩護機帆船返回披山。

戰果：（一）匪軍傷亡情形：1.匪軍雞冠山64號高地及東部南部陣地經本艦轟擊後，損傷情況不明，減輕匪砲對我登陸部隊之威脅。2.匪軍大鹿島30、43、45、47、48號陣地經本艦20mm及40mm接近密集射擊後，匪軍傷亡頗重，匪主要陣地全毀。3.匪軍羊嶼15號高地經本艦數次猛烈攻擊，澈底摧毀。4.可能擊傷匪砲艇一艘。（二）本艦情況良好，人員、艦體無損傷。（三）共發彈3″/50砲彈218，40糎砲彈3,225，20糎砲彈5,291，共耗彈8,714。

戰鬥檢討：一、本艦全體官兵戰鬥精神極為旺盛，並能日以繼夜堅守崗位，圓滿達成任務。二、事先準備充分，作戰時應付裕如。三、各砲均能及時發射，發揮最大威力，故障排除迅速，彈藥補充迅速。四、發砲命中率甚高。五、通信聯絡良好，能及時傳遞命令及情報，不誤時間，機件無故障。惟與艦上友軍電台聯絡時缺少聲

力電話，費時較長。六、輪機無故障，隨時保持機動。七、望遠鏡情況不佳，應補充新品或加以檢修。八、無線電話用明語及順序之呼號洩密堪虞，應建議改善。九、作戰時間較久，無法燒飯，請多發口糧。十、機帆船白晝未用識別信號，易生誤會。

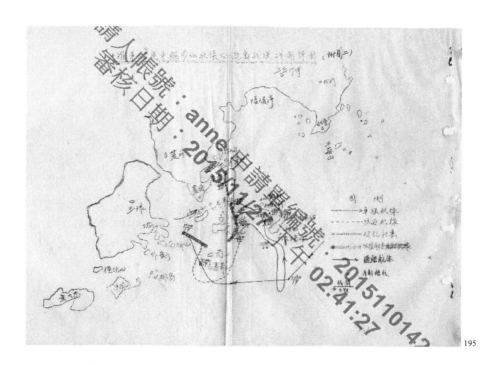

195

6月23日晚8時半，洞庭軍艦全體官員在該艦官廳舉行該戰役的檢討會議，由代艦長雷泰元擔任會議主席，王學毓紀錄。[196]

9.雅龍軍艦

該艦代艦長梁天价上尉於1953年6月24日撰就《海軍第二艦隊雅龍軍艦戰鬥詳報》上呈，全文如下：

---

[195] 雷泰元，《海軍第二艦隊洞庭軍艦四十二年六月十九日大小鹿山羊嶼鷄冠山戰役戰鬥詳報》（1953年6月），同上。

[196] 雷泰元主持，王學毓紀錄，「海軍洞庭軍艦突擊羊嶼大小鹿山戰役戰鬥檢討會紀錄」（1953年6月23日），同上。

一、作戰前匪我態勢：甲.匪據大小鹿島、羊嶼等，上置輕重兩數（？）岸砲及機槍，並有雞冠山、寨頭、坎門、南排山及松門角等地之重砲掩護。乙.我有DD、DE、LSM各一，PCE計二，及PGM四，共九艦，分置各適當地點。

二、氣候及兵要地誌：甲.天氣晴明，西南風，上半夜且有月光，視界尚佳。乙.戰鬥開始我藉夜色掩護發動攻擊，敵據地理優勢予我還擊。

三、戰鬥要領及部署：甲.本艦及永昌分擔披山東北西南之警戒工作，防止匪船增援及偷襲。乙.太平、信陽分別位於戰場東南及東北，以主砲壓制敵砲。丙.寶應、永壽猛攻羊嶼及大小鹿之東。丁.洞庭、嘉陵猛攻大鹿之西及雞冠山。戊.各艦隨時注意截擊匪機帆船、帆船。

四、戰鬥經過：十九日2130，本艦航至披山以北五浬海面附近，擔任監視七口洋一帶匪船之活動，未發現匪船踪。廿日0330，本艦奉令增援第三戰隊，于0345本艦至永壽右前方距羊嶼3,000碼，開始用三吋砲、40粍砲射擊羊嶼島上匪軍陣地。本艦向羊嶼東北高地射擊約二分鐘之久，予匪以重大打擊，嗣後則繼續向羊嶼東面匪陣地發射，並奉令航至羊嶼海面截擊匪增援機帆船。本艦曾用三吋、40粍向羊嶼以西北海面射擊，使匪無法增援。0421，本艦射擊第七號高地。0518天亮後，本艦接近羊嶼1,000-1,500處，用三吋、四十粍、25粍全艦火力向羊嶼匪陣地射擊。0555，本艦用全艦火力向羊嶼東北高地射擊。0600，本艦距羊嶼東北約1,000處，于0625羊嶼東北小山上匪以25粍向本艦射擊七彈，甚多落于本艦四周，幸人員無死傷，然本艦仍繼續接近向匪砲陣地還擊，數分鐘後，即無

圖50：雅龍軍艦（PGM-106，巡邏砲艦，排水量：輕載420，滿載460噸）

還砲。以後一直也未發現該砲向本艦及我軍射擊，可能被本艦砲火所燬。0635，本艦航至大小鹿山之間約2,500處，以三吋砲、40糎向匪陣地射擊，大鹿東北四處曾還迫擊砲發射，然均落本艦四週海中。0652，本艦奉命帶友軍機帆船五艘到19號高地登陸，并以砲掩護以使安全登陸，圓滿達成任務。當時本艦曾接近匪陣地前1,000-1,500處，并以全艦火力支援友軍登陸。0724，本艦又駛至羊嶼，向765號匪陣地射擊。0823，在寨頭、羊嶼之間發現很多匪帆船，本艦則接近用三吋、四十糎砲射擊，發現數艘向寨頭角逃去，其餘數艘則零星散於海面漂浮。本艦仍向其餘發射，一面則向羊嶼匪陣地發射，後本艦接近羊嶼東北海面，寨頭之匪工事以及房屋則大見，于是本艦即用三吋砲向寨頭發射，除數彈落于海中，其餘均命中。0900，本艦繼續支援羊嶼，監視匪船。于0942，本艦奉令開大小鹿，于1005，本艦搶救友軍受重傷戰士十三員到艦急醫，據友軍稱，小鹿已克復，大鹿還未佔領。後本艦一面救護，一面仍接近大鹿向匪陣地發射。1035，本艦同寶應、洞庭、嘉陵奉令到披山西南，成戰鬥隊形隨旗艦行動。1210，因負傷人員（友軍）有數員傷勢甚重，本艦及（急？）靠太平接醫官來艦醫治，于1303，本艦因負傷友軍關係，奉令拋錨於披山東北。1634，負傷友軍戰士交與永壽後，本艦即開至羊嶼接替嘉陵艦，于1648，寨頭方面有匪軍砲艇一艘、機帆船四隻增援羊嶼，本艦奉令盡可能接近後，本艦以三吋砲、40、25糎砲全部火力向匪船隻射擊，見其巡移及漂浮于本艦火力有效射程以外，本艦才停止射擊。1320，本艦奉令即駛大鹿以西截擊匪船，本艦為了要達成此項任務，冒險經大鹿前後附山之間危險小道，經過距大鹿800碼左右（大鹿仍為匪軍佔領）至大鹿西南鷄冠山海面一帶，但大鹿以西無匪船，故本艦又冒匪彈由原水路而返。于1749，本艦至大小鹿之間向大鹿東南凹處以三吋、四十、25糎射擊之。1831，本艦奉令仍冒險經大鹿前後附山航至鷄冠山、大鹿之間搜索甚久，匪大鹿、鷄冠山曾發砲射擊本艦，均落四週海面，搜索大鹿、鷄冠山之間確無匪船後，則返大鹿東南向匪陣地射擊。1924，本艦協同信陽并接近15號高地，向匪陣地用40、25糎砲射擊之。2010，本艦又經大鹿水道航至鷄冠山海面截擊匪從坎門出

來向大鹿以西進行之三隻帆船，本艦以忠勇達成任務。2031，本艦奉令航至大鹿約1,500-2,000砲擊大鹿47、48匪軍陣地以後，并接近島岸約1,000碼，以全艦火力向匪射擊，予匪重大打擊，并來往不斷射擊。于2236，本艦至大鹿以西2,000處，擔任搜索鷄冠山海面一帶。2326，本艦奉令航至大鹿東北海面警戒，并不斷來回砲擊大鹿匪陣地。廿一日0052，發現大鹿匪軍用砲向小鹿密集射擊，本艦則近到1,500-2,000處用全艦火力猛烈向匪陣地射擊，壓制匪砲，小鹿友軍均稱本艦射擊準確，請繼續發射。十分鐘後，匪無還擊，我友軍得以圓滿前進。0233，各艦奉令停止射擊，本艦則用低速航行于大小鹿、羊嶼之間。0505，本艦航至小鹿以東以（與？）洞庭取得連絡，并靠近500-1,000碼左右向43、45、47各匪陣地用25糎猛烈射擊之。0540，本艦并向30高地射擊之。0610，本艦用全艦火力蔽（庇）護友軍撤離。0628，本艦護送友軍返披山。

五、戰果：一.匪軍羊嶼重砲陣地，東南小山25mm砲陣地，以及寨頭匪方工事被本艦所燬。二.匪大小鹿間山凹處其陣地經本艦數次火力猛擊，可能被燬。三.本艦單獨帶領友軍機帆船五隻到19號登陸，用砲猛擊以達成任務。四.砲燬傷匪砲艇一艘，機帆船四艘，以及帆船數艘，使其匪無法增援與撤退。五.匪寨頭、羊嶼以及硯互嶼、大小鹿陣地經本艦全部火力射擊後，傷亡頗重。

六、戰鬥檢討：甲.陸海合作尤以我猛烈砲火及游擊健兒英勇精神，得以克制頑敵，登陸羊嶼、大小鹿島等，摧毀匪砲陣地，打擊匪軍士氣，得以殲滅匪軍數百，俘匪數十。乙.大鹿匪據堅固工事，未能使其澈底被殲俘確切佔據各島。

附記：甲.本艦無冰箱，致儲菜不便，官兵平日營養欠佳，艱苦經久之戰鬥頗顯難于支持。乙.本艦無雷達，致使夜間行動困難（雨霧等視界不良亦是），摸索向匪，益感艱難。丙.登陸部隊與艦艇間聯絡欠缺，指示信號不夠，致難判匪我所在。丁.大小鹿、羊嶼各島未能確切久控，可能不久再為匪襲取，裝砲威脅披山。

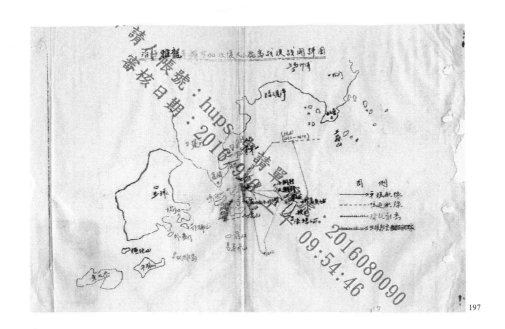

197

雅龍軍艦並撰呈有參加該戰役之射擊經過報告表，包括射擊紀錄、彈藥消耗量、射擊經過及檢討三部分。其中彈藥消耗量為三吋砲砲彈230發，四十糎砲砲彈1,213發，二十五糎砲砲彈539發，十三糎砲砲彈270發。射擊經過及檢討：（1）「收復大小鹿島戰鬥本艦最初擔任警戒，採取行動後，本艦奉命加入戰鬥，以各砲向寨頭、洋嶼及大小鹿島射擊，掩護友軍登陸及撤退」。（2）「本艦能夠接近目標射擊，未蒙損害，並且彈著均能達到目標附近，實覺任務圓滿達成」。[198]

7月7日下午3時，雅龍軍艦在該艦官廳舉行該戰役的檢討會議，出席的有禹國球、張秉英、張楨、楊寶田、周孝煌、王希發、李其明、梁序鑑、黎靜溪。由禹國球擔任會議主席，陳從恭負責紀錄。[199]

---

[197] 梁天价，《海軍第二艦隊雅龍軍艦戰鬥詳報》（1953年6月24日），同上。

[198] 「海軍第二艦隊雅龍軍艦射擊經過報告表」，同上。

[199] 禹國球主持，陳從恭紀錄，「海軍雅龍軍艦四十二年六月十九日參加收復大小鹿羊嶼戰役檢討會會議紀錄」（1953年7月7日），同上。

10.美頌軍艦

該軍艦參加鹿羊戰役的戰鬥詳報已無法覓得，只存有該艦關於是役的檢討會議紀錄，會議時間是1953年6月22日，地點為上大陳該艦之官廳，由艦長賀大杰少校為會議主席，張文榮負責紀錄，出席的有朱良鐸（副長）、蕭瑟（指導員）、孟新生（輪機長）、陳懋欽（艦務員）、田

圖51：美頌軍艦（LSM-347，坦克登陸艦，排水量：輕載520噸，滿載1,095噸）

福麟（槍砲員）、李鶴翔（航海員）、林希堅（通信員）、宋海旺（輪機員）、盛嶽（幹事）、張文榮（軍需）、胡根元（電務員）、李維義（軍士長）、簡柄波（組長）。會議中指出友軍「指揮系統有教官及隊長，以致無法統一其指揮權責」及「負傷戰士應設專船裝運，如裝在支援艦，對于士氣影響甚大」，[200]是其他各艦檢討會議所未曾言及者。

綜觀此次鹿羊戰役，戰鬥異常激烈，國軍雖然奮力攻佔了小鹿山、羊嶼，但未能乘勢攻佔大鹿山，致共軍反撲得逞，不得不以撤離鹿、羊三島收場。最主要的原因是駐鹿、羊三島的共軍已非地方部隊，而係頗具戰力和戰鬥經驗的野戰軍，其中的第六十師所屬官兵且曾參加過韓戰；益以島上防禦工事堅固，國府海軍艦隊的三吋（僅信陽艦為四·七吋）艦砲難以撼動摧毀之，而且國軍登陸作戰，仰攻不利，陸海軍之間的默契和連繫不足。至於海軍方面的缺點，父親在其信陽艦的戰鬥詳報中曾檢討之，如指揮系統紊亂，各艦莫所適從；兵力（9艦）部署欠佳，各艦射擊位置未明確劃分，夜航未按次序，易生彼此相撞之危險。太平艦的戰鬥詳報認為各艦彈藥補充未事前準備，為此次戰鬥之最大缺憾。永壽艦的戰鬥詳報則指出少數友艦未能接近目標射擊，且目標錯誤等等。最關鍵的乃在於共軍的增援船艇隊卒能通過國軍陸上砲火的攔阻，並利用地形及夜暗躲過國府海軍各艦的封鎖截擊，達成登陸羊嶼、小鹿山協同作戰的任務，而扭轉了戰

---

[200] 賀大杰主持，張文榮紀錄，「海軍美頌軍艦收復大小鹿山及羊嶼戰役檢討會議紀錄」（1953年6月22日），同上。

局。大陸的論著記其過程云：

〔6月20日〕4時30分，2中隊4艘砲艇準備完畢，由海門港啟航南下，9時通過積谷山時，遭島上砲火攔阻。中隊長張家麟指揮各艇拉大距離，利用敵砲火射擊死角，以高速作「之」字航行，迅速通過了封鎖線。11時30分和15時，又兩次甩掉敵艦攔阻，艇隊進至大岙附近隱蔽待機。……。21時30分，2中隊4艘艇在夜幕掩護下高速插入敵艦群，充分發揮機動靈活、射擊快速的優勢，穿梭於敵艦之間，以密集快速的砲火猛烈打擊敵艦指揮台和暴露在甲板上的火砲。敵艦突然遭到襲擊，不明情況，頓時慌亂起來，邊盲目還擊邊向披山方面退去。陸軍增援部隊安全啟航，先後登上羊嶼和小鹿山，與島上部隊合力夾擊登島之敵，到21日7時，抗登陸戰鬥全部結束。這次作戰，陸、海軍共殲敵700餘名，擊沉敵機帆船2艘，帆船10艘，擊傷艇艦5艘，獲得了全勝。[201]

　　胡宗南的日記則記此次戰役國軍死亡官佐26員，士兵150，受傷官佐43、士兵224。俘獲共軍官兵63名，三七戰防砲1門、八二迫擊砲4門、六〇迫擊砲4門、五七無後座砲3門、三〇輕機槍1挺、捷式輕機槍1挺、三〇半自動步槍17支、衝鋒槍34支、步槍12支。胡於6月21日戰鬥終止巡視戰利品完畢後，慨然對登陸部隊指揮官李奇英說：「此次我海軍配合之密切，而且戰艦參加數字之多，而不能澈底攻取大鹿，實在不應該。今日休息一天。明（二十二）晚再行攻擊，可出其不意。兄意如何？李反對」。[202]胡乃作罷。
　　鹿羊戰役結束後，蔣中正總統隨於總統府舉行軍事會談，蔣對於是役作了如下之指示：（1）「海軍艦砲與登陸軍毫無聯繫，海陸間皆不發生協調作用，故傷亡甚大，以後應特別注意，並注意訓練」。（2）「匪利用岸砲作掩護戰，應研究對策，希研究後令各艦隊遵照」。[203]。此役，海

---

[201] 蔡朋岑，〈浙東四島爭奪戰〉，《艦載武器》，2007年第12期，頁66。
[202] 《胡宗南先生日記》，下冊，頁316～317，1953年6月21日條。
[203] 「海軍總司令馬紀壯致總部參謀長等交辦事項」（1953年6月29日），轉達軍事會談總統之指示；《國軍史政檔案》，〈總統府軍事會談案（四十二年）〉；總檔號：00001273。

軍第二艦隊各艦因「協同作戰，功蹟[績]卓
著，戰果豐碩」，經駐大陳國軍第三七四〇部
隊評選桂宗炎等8員為戰鬥英雄，藉資鼓勵。
給獎名稱及數量，為該部戰鬥英雄獎章一座，
獎旂一面，獎品兩份。給獎人員姓名職級為
「桂宗炎（太平軍艦中校艦長）、黃揭掀（永
壽軍艦少校艦長）、汪傳賢（寶應軍艦上尉艦
長）、賀大杰（美頌軍艦少校艦長）、周非
（信陽軍艦中校艦長）、卓祖馨（嘉陵軍艦上
尉艦長）、雷泰元（洞庭軍艦少校代艦長）、
梁天价（雅龍軍艦上尉代艦長）」。[204]

圖52：大陳國軍第三七四〇部
隊頒發給父親的戰鬥
英雄紀念章（編號：
072）

（五）積谷山戰役（1953年6月）

鹿羊戰役後，共方已知國軍方面實況，尤其洞悉胡宗南之舉措，遂
出全力以對，於1953年（民國42年）6月24日下午2時砲轟積谷（一作穀）
山。積谷山據大陳之南口，距總指揮部所在地大岙里海面14,000公尺，守
軍為戰鬥第二團之一大隊，實僅89人，總指揮部配以無線電臺一座。島係
岩岸，山麓只有粗淺的野戰工事，共軍初以火砲轟擊，胡宗南命海軍信陽
軍艦（即十五號艦）巡邏還擊，發數十砲，不能遏阻而還，而共軍砲火益
密。共軍砲擊兩小時後，山上工事、有線電話皆被破壞，共軍船群遂於晚
6時左右強行登陸，灘頭陣地失陷，守軍雖浴血苦戰，仍無力擊退來犯共
軍。胡宗南命下大陳海軍陸戰隊以一個隊馳援，終因行動遲緩，兼以海風
大作，驚濤拍岸，船艦無法接近，積谷山遂告淪陷。[205]

胡宗南的日記則有如下的記述：

> [6月24日]匪對積谷山攻擊。17:30-18:00，匪砲集中射擊。17:45，
> 派艦支援。18:00-18:48，第一線部隊射擊，因霧大目標不清。
> 18:25，告知艦隊，積谷西部可能為匪登陸。18:50-19:00，第一線
> 突破。19:10-19:20，請增援。19:25，陣地被突破。19:30，派傅

---

[204] 見三七四〇部隊發文（副本），1953年7月19日發，發播二字第62268號。
[205] 《胡宗南上將年譜》，頁291～293。

參謀送命令合群、漁粵,開下大陳接運陸戰隊,來大岙裡待命。
20:40,命令送到,傅參謀先乘漁粵赴下大陳,準備舢板,並電話
告知楊大隊長準備部隊集結,等待電令行動,合群於21:30到下大
陳,因視無部隊裝載,即開回上大陳。20:10,電楊大隊長、李大
隊長速抽編一個大隊開上大陳。20:45-21:05,匪已到山頂,請增
援。21:20-21:35,請由刀背嶺登陸。21:50,孫參謀長商請閔副團
長(戰二團)派隊增援,未獲同意。22:00-22:09,刀背嶺及山頂仍
為我佔領,請砲艦射擊兩側。23:00-23:20,人少彈盡,不能久持。
23:20-23:31,請火速增援。[6月25日]01:00,陸戰隊在下大陳,大
沙頭集結完畢,開始登漁粵,合群及時到達,繼續登艇。02:00,
漁粵到上大陳。02:25,電訊失去聯絡。03:16,合群到上大陳。
04:50,漁粵裝載陸戰隊一部,先開積谷山增援。08:20,漁粵因風
浪太大,舢板都被打破,返回上大陳。19:00,臨海、長江即隨之
出發偵察,被匪擊回。[206]

至於國府海軍支援積谷山作戰的經過,據海軍方面的報告,約略如下:

六月廿四日2012,齊司令奉到秦總指揮官1940電派艦支援積谷山
後,立飭原在積谷山以南附近海面巡弋之信陽艦支援,並另派寶
應、嘉陵兩艦馳援。當日,我信陽巡弋積谷山附近,於1620發現匪
砲艇一艘,當駛近至7,000碼處攻擊,匪艇逃入山後,九洞門山、
前沙穫山岸砲三門,紛向我信陽攻擊。信陽一面與匪砲戰,一面攻
擊登陸積谷山之匪,發射主砲80餘發。廿五日0510,江浙總部派砲
艇一艘、機帆二艘前往增援,至0800,僅見機帆一艘,但仍風浪過
大,且有濃霧,迄無法送援軍登陸。[207]

大陸方面的論著記述共軍攻佔積谷山的經過則云:

---

[206] 《胡宗南先生日記》,下冊,頁317~319,1953年6月24日條。

[207] 見海軍總司令部,「大陳區作戰經過及檢討」其中所記支援積谷山作戰經過,《國軍史政檔案》,〈三門灣戰役案〉;總檔號:00025686。

四島煙硝剛剛散去，華東軍區海軍和浙江軍區就共同作出決定：迅速發展小鹿山、羊嶼等島的勝利形勢，掃除南北航線上的障礙——積谷山島之敵，進一步控制南北航線。解放積谷山島不僅可以掃除近海航道的障礙，而且可使大陳海面處於我軍陸砲射程之內。

積谷山位於浙江椒江口以南，東距大陳島9.5海里，是大陳島國民黨守軍的重要外圍據點。該島地勢險要，島上礁石嶙峋，環島都是陡崖，只有西側一條羊腸小道，不易登陸，駐守在這裡的是國民黨軍第二軍官戰鬥團3營7連及配屬分隊共120餘人。參加攻島作戰的解放軍部隊是陸軍60師179團3營和溫台巡防大隊1、2中隊8艘艇。此外，海軍舟山基地戰艦大隊的「臨沂」、「遵義」2艘砲艦也將參加。6月24日16時，「臨沂」、「遵義」艦進至上大陳東北7至8海里海域，向大陳島實施砲擊，以鉗制大陳守軍的行動。17時20分，溫台巡邏艇大隊1中隊4艘艇掩護登陸輸送船由九洞門啟航，17時40分抵近敵灘頭陣地射擊。2中隊4艘艇進至黃礁山以東海面巡邏警戒。18時，登陸部隊第一梯隊兩個連在艇隊火力掩護下開始登陸。由於登陸點十分狹窄，其中一個連行動受阻。衝在前面的一艘登陸艇的駕駛台多處中彈，艇首大門被炸壞，鋼纜被打斷。操舵手應成堂手臂、耳朵受傷，接著右腿又被打斷，他忍著劇烈的疼痛將胸口壓在舵輪上，使艇保持航向。此時514、515兩艇抵近敵岸100米處，以猛烈火力壓制敵人，使受阻的登陸部隊迅速登上敵灘頭陣地。步兵上岸後，又因為地勢陡峻，兵力難以展開。這時，敵人居高臨下，向登陸部隊猛投手榴彈，造成了較大的傷亡。陳立富（按：係溫台巡防大隊1中隊中隊長）立即指揮艦隊用砲火順著山坡往山頂急襲，艇砲打到哪裡，登陸部隊就衝到哪裡，一直用火力伴隨掩護登陸部隊攻上山頂。同時，2中隊在積谷山以東擊退了從大陳駛來增援的3艘敵艦，保證了登陸部隊側翼的安全。21時，登陸部隊第二梯隊一個連投入戰鬥，22時，全殲守敵120餘名，戰鬥結束。[208]

---

[208] 蔡朋岑，〈浙東四島爭奪戰〉，《艦載武器》，2007年第12期，頁66。

當時國軍在大陳各島共有四個軍官戰鬥團（國軍第六軍奉令解散後，其過剩軍官乃被組成該戰鬥團），駐守積谷山的是第二軍官戰鬥團的軍官140餘人（並非上述所稱的120餘名），應全部陣亡。國府當局為避免影響國軍士氣，對整個戰役密而不宣，致該戰鬥團軍官的犧牲壯舉罕為人知。[209]但歷史不應該遺忘他們。

積谷山淪陷後，在大陳之美國西方公司以為共軍已迫進大陳，倉皇撤走，而臺北遂以為大陳淪陷在即，謠諑紛然。於是7月初，國防部決定撤銷江浙反共救國軍總指揮部，改為大陳防衛司令部，以劉廉一為司令官，調胡宗南任總統府戰略顧問委員會上將銜顧問。胡於7月23日乘泰字號艦自大陳回臺北，留副總指揮鍾松辦理移交。[210]由於積谷山為大陳的南方屏障，失陷後，大陳即備受共軍砲火的威脅，處境日絀。次年5月，共軍出動陸海空軍攻佔大陳的前哨據點東磯列島（位於浙江沿海海門港外，一江山的北方）。[211]1955年1月，大陳的北方屏障一江山又陷共，大陳乃被迫於是年2月全面撤守。

胡宗南回臺後，於1955年被任命為澎湖防衛司令部司令官，至1959年卸任。卸任後寓居臺北市浦城街，1962年2月14日逝世。其間父親曾兩度去探望他，第一次是1957年7月6日在澎湖，胡日記記是日「中午，歡宴黎玉璽、周非，賓主盡歡」。[212]當時黎玉璽係海軍副總司令兼海軍第六二特遣部隊指揮部指揮官，父親為第六二特遣部隊參謀長。第二次是1961年10月25日在臺北寓所，胡日記記是日「接見周非先生」。[213]當時父親係在海軍士官學校校長任內，正值胡逝世前三個多月。大陳情誼，遂成追憶。

---

[209] 嚴翔智，〈積穀山戰鬥團軍官殉國六十年〉，《傳記文學》，第103卷第6期（2013年12月），頁63～65。本文撰者之父為當年駐大陳第二軍官戰鬥團上校參謀長，本文係撰者聽其父述說並參閱相關資料而撰就者。

[210] 《胡宗南上將年譜》，頁291～293。

[211] 係於1954年5月18日攻佔該列島的，見陳忠杰編寫，《排山倒海—解放浙東四島和東磯列島》（北京：藍天出版社，2014年），頁41～81。

[212] 《胡宗南先生日記》，下冊，頁428，1957年7月6日條。

[213] 同上，頁742，1961年10月25日條。

圖53（左）：父親與信陽軍艦全體官兵合影
圖54（右）：父親與信陽艦主官幕僚合影

六、海軍馬祖巡防處處長

（一）奉調馬祖

　　1954年（民國43年）3月1日，父親被任命為海軍馬祖巡防處處長，並兼馬祖守備指揮部副指揮官。當他即將赴任時，信陽軍艦全體官員戰士致送給他一本精美的紀念相簿，內有許多相關的人、事照片、全艦官員戰士的親筆簽名及獻詞。由於簽名的字跡多為草書，可以認出的簽名者，計有劉浚泉（副長）、崔震、夏逢春、張毓、李劍龍、劉本福、陳崇智、趙達志、任諸康、關永昌、歐陽積義、姜增福、王瀛、朱旭光、張忠民、高崇慶、張昌林、尹宏、王正平、孔建屏、張愈森、李光榮、向春榮、宋錦庭、毛子源、鄧盛輝、孫永久、車鳳儀、呼子海、李捷、尹錫耀、黃國華、趙志萍、陶政祥、卓品良、王文藻、陳履鴻、劉本福、郭風祥、莊玉君、趙忠禧、王洪理、李華、向秀華、馮豫、高秉信、于少華、史榮興、朱俊先、辛福有、陳治清、蘇貫一、郭楚祥、孫正渝、鄭棣、黃國材、申屠鍾、薛延年、李順源、佟禮瑞、張厚有等人。獻詞不知係何人所撰，為毛筆楷書，字跡工整端秀，詞句真摯感人，茲照錄如下：

　　　　周公非奉命榮升馬祖巡防處長兼副指揮官，即將離別赴任，消息傳
　　　　來，我們心裡覺得非常的興奮，同時我們也有說不出的依戀和難
　　　　捨，我們為非公慶幸，而我們也好像失去了導師。非公達觀樂天、
　　　　篤摯和悅，蒞任本艦之初，即以「嘴角向上」訓勉，並親身效行，

在短短的期間裡，本艦即做到歡樂團結、融洽無間，全體官員戰士莫不精神高昂，士氣振奮，一反舊時之風氣，非公為功，這是我們永遠都難遺忘的。

非公慷慨坦率，急公好義，對待部屬如兄弟手足，竭誠相待，與部屬生活在一起，娛樂在一起，心神連繫在一起，部屬遇有困難，莫不全力設法解決，這種以身作則與部屬同甘共苦的精神，我們實有說不出的衷誠感戴。

非公矢志奉公，敦厚忠恕，一向博採眾智，虛懷若谷，蒞任本艦以來，即屬行改革，擯絕舊習，克苦自持，從不偏執諉過，寬厚待人，嚴謹處事，使本艦煥然一新，而非公建樹功績永遠不可磨滅的。非公英勇果敢，堅韌剛毅，領導我們與共匪作殊死鬥爭，擊沉匪艦，俘獲匪船戰砲，摧毀敵匪砲壘要塞，不避艱苦不畏困難，三門灣，鹿羊戰役，尤使共匪望風披靡，聞聲膽寒，非公聲譽遠播閩浙海面，使匪斂跡聞風喪膽，不敢正視，婦人孺子無不知有海軍更無不知有非公，這種效忠黨國，出身[生]入死的精神，永為我們效法景仰。

非公肩負重任，前程遠大，行將卸[卻]命遠別，記得諸位有一句肺腑的話說「周艦長是我們最好的長官，海軍再難找出第二位」。幾曾何時想不到就要與我們賦離，我們的心情感到非常的沉重，也更有無限的難受，軍人是以服從為天職，我們是[留？]不住的，我們為了國家慶得其人，只有向他慶賀！我們為了個人確實留戀難捨，謹以每人小照敬贈，我們百數十人的心永遠與非公維繫在一起，最後恭祝非公身體健康，精神愉[愉]快。信陽軍艦全體官員戰士敬贈。

抗戰勝利之初，國府曾成立上海、青島、左營、榆林4個海軍基地（軍區）司令部，在其所轄區域內，依地理形勢及需要，劃分為若干分區，並於各區內選擇戰術要點之港灣，設立海軍巡防處，擔任該地海軍之整備、行政及作戰指揮職務。其職掌與基地司令部相類似，配屬有同樣的各種部隊及勤務機構（設有砲艇隊、警衛部隊、補給分站、工廠、診療所、各無線電台、信號台、氣象台等），以構成嚴密的江海防，負責掌理

轄區內的海岸防禦、水上綏靖、護漁、護航、氣象、報警及救助難船等事宜。各巡防處各以所在地區冠稱之，分別隸屬於各區基地（軍區）司令部，巡防處處長秉承基地司令部之命，綜理全處業務。1947年間，海軍先後在沿海各軍事區及長江江防區內設立巡防處基地（軍區）司令部，並視其防務之繁簡，分為甲、乙、丙、丁四級，計定海、黃埔二處為甲級巡防處，馬公、廈門、漢口三處為乙級巡防處，葫蘆島為丙級巡防處，大沽、基隆、九江、秀英、南京等五處為丁級巡防處，共計11個巡防處。其後為適應作戰需要，復增加各巡防處。[214]乃至總數達18個之多。[215]

　　海軍馬祖巡防處的前身為海軍馬尾巡防處，成立於1948年（民國37年）5月1日，隸屬於第三軍區司令部，設立於福州馬尾，為丙級編制。1949年8月16日，由馬尾轉進平潭，同年9月遷馬祖，1950年1月，改編為馬祖巡防處，擴充為乙級編制，1952年（民國41年）11月，奉令擴充為甲級編制。其主要任務是負責地區該軍與各單位及友軍之協調、港口管制、艦艇後勤支援、該軍軍中風紀之維護、確保基地安全、並管制該區離島間一般船隻運補及交通等事宜。組織系統方面，設上校處長、中校副處長、中校政戰主任各一員，下轄軍務課、港務課、總務課、補給課以及診療所和電臺等，配屬該處作業。據從事馬祖研究的專家林金炎記稱，其歷任處長有「關鏞、陳威那、吳志鴻、周非、曹元中、陳安華和劉純良」等。[216]較可信的是《海軍馬祖巡防處沿革史》的記述，其第一任處長為吳志鴻中校（1948年5月1日至1949年7月1日），第二任為關鏞上校（1949年10月1日至1950年7月1日），第三任為魏源容上校（1952年11月1日至1953年1月1日），第四任為陳安華上校（1953年1月1日至1954年1月1日），父親為第五任。[217]

---

[214] 陳孝惇，〈國共戰爭期間海軍整建之研究（一九四五－一九五〇）〉，《中華軍史學會會刊》，第5期，頁240～241。

[215] 據劉傳標編纂，《中國近代海軍職官表》（福州：福建人民出版社，2004年），頁325～326，記此18個巡防處為：湖口、定海、黃埔、馬公、廈門、漢口、葫蘆島、基隆、溫臺、大陳、馬尾、南京、秀英、汕頭、榆林、長山島、大沽、劉公島。

[216] 林金炎編著，《馬祖兵事》（連江：福建省連江縣政府，2010年），頁91。惟陳威那時為駐馬祖陸軍副師長，如何能任海軍巡防處處長？又據父親所保存的任命公文副本，稱前任處長陳安華已調海軍第二軍區參謀長，所遺馬祖區指揮部副指揮官兼職奉令由父親兼，足證陳安華任馬祖巡防處處長，非在父親、曹元中之後。

[217]《海軍馬祖巡防處沿革史》（三八－五四年）（未刊，臺北：海軍司令部藏）。

（二）定海灣戰役（1954年6月）

父親任海軍馬祖巡防處處長，並兼馬祖守備指揮部副指揮官（指揮官為陸軍第六十九師上校副師長陳德煌）為時甚短，僅約3個月。他在自傳中述及他任內的動態云：

> [民國]四十三年一月一日晉級為海軍上校，同年四月，奉調馬祖守備部副指揮官兼巡防處長。六月廿九日，匪海軍艦艇十五艘集中馬祖當面之定海灣，躍躍欲犯馬祖，余利用夜暗，率聯智艦單艦潛入灣內予以奇襲，擊沉匪艦一艘，另匪艇一艘，餘悉潰逃，摧毀匪進擾馬祖之企圖。[218]

關於6月29日發生在定海灣的海戰，《海訊三日刊》在8天後報導了其經過情形云：

> 我七十二號艦，于六月廿九日下午三時，在××港拋錨警戒時，發現西海面定海灣外有大型匪之運輸機帆船兩艘，沿四母嶼向東北行駛，我艦適時起錨追擊，該二艦一艘被毀，一艘受到擱淺。當我艦再向前接近時，突發現PC型匪艇三艘，由定海灣高速竄出，經我密集射擊後，不戰逃避，正在激烈中我××巡防處周處長率二七一號艦增援圍擊，當以×千碼距離沿四母嶼搜索時，匪岸砲與匪艇，開始還擊，我二艦以強烈火力壓制之，並連續向定海砲台及定海灣匪艇結集處攻擊，不久發現定海灣內濃烟漫天，烈燄上衝千餘尺，燃燒達五、六小時之久。匪又增援，另批小型砲艇八艘，成一列縱隊自側面而來，我二艦即分頭堵擊，結果被我摧毀共計匪艇三艘，其餘均負創遁逃，而我二艦安然凱歸。當時馬祖島軍民，得聞砲聲，千餘人齊集山頭觀戰祝捷，一時掀起了勝利的高潮。[219]

---

[218] 周非，《自傳》，頁5~6。
[219] 《海訊三日刊》（臺北），1954年7月7日，第2版。其標題為「我兩艦在定海灣痛殲匪砲艇結果擊燬匪艇三艘」。

圖55（左）：成安軍艦（PF-72，巡防艦，排水量：輕載740噸，滿載900噸）
圖56（右）：聯智軍艦（LSSL-271，火力支援登陸艦，排水量：輕載227噸，滿載387噸）

　　上述報導中的七十二號艦，即成安號巡防艦（PF-72，滿載排水量900噸，裝有四‧七吋主砲兩門），二七一號艦，即聯智號登陸艦（LSSL-271，滿載排水量387噸），惟該海戰之事父親在自傳中並未提及。《海訊三日刊》日後在介紹父親的專欄中報導云：

> 同年[1954年]六月二十九日下午，匪海軍PGM型砲艇二艘，普通砲艇一艘，鞋型砲艇七艘，機帆船五艘，共十艘，突出現於馬祖當面八浬之定海灣附近，周上校率二七一艦及五七四四部隊二艦前往截擊，匪砲艇藉其集團火力與岸砲之掩護，與我頑戰，我擊焚匪岸汽油庫一座，烈燄沖天，黃昏，匪砲艇更集結於定海灣，企圖乘機進犯馬祖，斯時，匪我眾寡懸殊，周上校斷然以攻代守，爭取先制，乘黑夜親率二七一單艦潛入定海灣，摸近匪砲艇群一千碼距離內，予以猛烈之奇襲，竟擊沉匪PGM型巨砲艇一艘，及鞋型砲艇一艘，匪砲艇群受此重創，乃倉皇逃散，摧毀其進擾企圖，創馬祖本軍海戰之首次勝利。[220]

　　由上述可知，6月29日發生在定海灣的海戰，分別為下午及晚上兩場，下午這場馬祖海軍參加海戰的軍艦是兩艘，抑或三艘？文義不清，且兩則報導所述的作戰經過及戰果，亦有所不同，究竟孰是孰非？我們在國防部珍藏的《國軍史政檔案》中找到了當年父親呈給海軍總部的《海軍馬

---

[220] 楊克昌，〈榮譽歸於英雄—介紹本年度五十位克難英雄〉，《海訊三日刊》（臺北），1954年12月10日，第2版。

祖巡防處作戰定期報告》，陳述此次定海灣戰役的經過甚詳，是第一手的史料，足資信賴。茲照錄該報告於下：

使用海圖：第四一八號三都澳附近（日製版），第四〇二號閩江附近（日製版）。本報告包括之時間：自四三年六月二十九日一五〇〇時至四三年六月二十九日二二四五時。

（Ⅰ）本期末我軍之狀況：我艦等達成截擊及夜間奇襲任務重創匪軍後返回馬祖港警戒。

（Ⅱ）鄰接部隊及支援部隊之情報資料：A.六月二十七日一〇二〇時，我成安艦發現匪巨型砲艇二艘，中夾普通砲艇一艘，共三艘，由定海灣駛入閩江北口。B.六月二十七日〇九三〇時，白犬島守軍及長樂縣邱縣長德齡發現梅花附近有匪砲艇三艘南駛中。C.六月二十八日二三三〇時，我高登島守軍發現有不明砲艇一艘逼近高登西海面巡弋，該夜，我軍艦艇亦在高登附近巡弋，證實為匪砲艇。

（Ⅲ）本期間我軍之作戰：A.晝間截擊：六月二十九日一五一五，成安艦發現閩江口東北之母嶼附近有匪巨型砲艇二艘出沒，聯智艦亦同時發現。一五二〇，成安艦在馬祖泊地未起錨即以四·七吋主砲開始射擊。一五三五，職上聯智艦，率成安、聯智二艦前往截擊。一六一五，我艦等到達四目嶼附近，發現該巨型匪艇二艘由定海灣駛出，約三〇〇噸以上，漆深灰色，大小如我雅龍艦，係單煙筒，較雅龍艦者粗大，而向後傾斜，首尾主砲各一門，似為五·七公分或四·三公分之口徑，射程七千碼，左右兩舷有邊砲數門，射程三千碼左右，前桅上有一紅色匪國旗，另有似我江豐型之砲艇一艘，約二〇〇噸，及機帆船二艘，一同參加戰鬥。一六一七，成安開始射擊，聯智艦開始用四十糎穿甲彈射擊，匪我砲戰。一六四二，匪砲彈射擊成安艦，落於艦尾一〇〇碼處，數發超過成安，聯智艦附近亦落匪彈數發。匪艇利用平島、四目嶼（Square Rocks）、蟹嶼（Crab I.）各小島間水道，時而出現於平島東北，時而出現於四目嶼之西，與我戰鬥，欲誘我接近定海角受其岸砲射擊。一六四三，聯智艦向出現於蟹嶼以北之匪巨艇射擊，匪艇亦還擊。一七一八，成安艦四·七吋巨砲彈射中定海角匪倉庫，爆炸起

火燃燒，黑煙直沖雲霄（共計大火燃燒四小時以上）。一八四五，北笈嘴海面出現匪鞋型砲艇二艘，繼出二艘，復出三艘，共計七艘（後據成安艦報稱其後尚另有一艘共八艘），編成單縱隊後，由北笈沿大陸岸向西南前進中。該匪艇約一五〇至二〇〇噸，灰色，如我合字級登陸艇之側影，又恰似鞋型，中甲板甚低，有隆起之較大口徑大砲一門，判為43粍以上口徑，艇首尾另有小砲，或為25粍或13粍口徑，由艇首算起至全艇長四分之三處為駕駛台，有一圓材桅，桅頂掛紅色匪旗一面，似較我艦艇所用國旗為大，且與艦身大小不成比例。一八五〇，成安艦在高登西南偵察該七艘匪艇，聯智艦仍在蟹嶼東南封鎖及監視定海灣之匪巨艇群。一九〇〇，西南下之匪艇七艘已通過黃岐向定海前進，職燈號囑成安艦即來蟹嶼東南，與聯智艦共同轟擊匪艇群。一九〇一，成安艦原位開始轟擊西南下之匪艇群。一九〇五，西南下之匪艇等穿越我射擊封鎖區域向定海前進。一九四〇，聯智由蟹嶼北上，迎擊西南下之匪艇，該匪艇等在我艦等射擊之下竄入平島、定海之間集結，計匪巨型砲艇二艘，鞋型砲艇七艘，200噸砲艇一艘，機帆船五艘，共大小十五艘。二〇一〇，成安艦燈號報告「漁網太多，雷達未修好，天黑不便行動，有戰士受傷，需要返港」，當即返港。二〇四〇，接巡防處溫副處長壬蓀電報「指揮部一九二六電話，據高登一九〇〇電，黃岐有匪艇五艘及機帆船五艘，似有進犯該島模樣」。B.夜間奇襲：二〇四二，職為不欲坐視匪砲艇群集結於馬祖正面，且防其夜間進擾，決心利用黑夜，出匪不意率聯智軍艦突入定海灣匪砲艇集中地，予以痛擊，並囑聯智艦航向對馬祖慢伸前進，佯為返航以欺騙匪軍。二一一〇，夜黑如墨，急改航向290°，快速向母嶼前進。二一一七，改航向350°，經母嶼東側向定海灣搜索前進。二一三一，雷達室報告正前方距陸岸小島一五〇〇碼，甚疑有錯誤，囑雷達室再偵測，偵知定海灣正北岸距離為四七〇〇碼，聯智艦位於母嶼東北三千碼處，繼續搜索前進中。二一三三，於望遠鏡中發現正船頭約一五〇〇碼處有二小黑堆，以為係礁石，急囑馮艦長改航向「向右15」剛穩舵。二一三五，發覺該二黑堆一大一小，尾後拖有白浪，甚長，確係匪巨型砲艇一艘，率200噸級砲艇一艘，對面而

來，此時僅一〇〇〇碼左右，急令馮艦長各砲快放，全艦官兵奮勇沉著，一時紅色曳光砲彈如雨，指向匪艇。彼遭我突擊，倉煌[皇]離分，未還擊一發，由我艦首經我艦尾向大陸岸方向逃命，過我左舷正橫時僅七百餘碼，其後傾之烟筒及艇型確為巨型匪艇，我追跡二匪艇射擊，砲彈直接命中匪艇殼時之瞬間閃光，遙見匪軍在艙面亂竄，我艦在一千碼之近距離內計快放四十糎砲彈345發，二十糎砲彈450發。聯智艦猛烈射擊匪艇之同時，曾遭受岸上匪軍白色曳光彈之射擊，我無損傷。二一四九，目標消失，我停放。二二〇五，繼續搜索。二二二〇，完成夜間奇襲任務，予匪艇以重創，摧毀其進擾企圖，乃率聯智艦返航馬祖港。二二四五，聯智艦錨泊馬祖港。

（IV）戰鬥力：A.參加六月二十九日晝間截擊之兵力為成安、聯智二艦，參戰官兵計成安艦138員，聯智艦69員，成安艦戰士重傷成仁一員，輕傷二員。B.參加六月二十九日夜間奇襲之兵力為聯智艦，參戰官兵計69員，無損傷。C.全部士氣旺盛，戰鬥力良好。

（V）戰果：A.晝間截擊：除匪我對戰時匪艇受成安、聯智二艦砲彈傷無法證實外，成安艦四・七吋主砲直接命中定海匪軍倉庫一座，大火燃燒4小時許，匪損失甚重。七月五日〇九三〇時，我聯智艦搜索四目嶼附近，捕獲定海灣漁船，問詢該船主陳金水，證實該倉庫係天后宮匪軍倉庫，全部已燃燒盡，詳附件三。B.夜間奇襲：聯智艦擊毀匪巨型砲艇一艘及二〇〇噸級鞋型砲艇一艘，共二艘。匪砲艇重傷後搶灘擱淺於母嶼北四千碼（L.26°16'・1 N.入119°・42'・3 E.）之淺灘上，匪軍棄艇逃命。此係七月四日一四三〇時職率永泰艦往母嶼附近截捕匪運輸輪時始發現，當時永泰艦距母嶼八〇〇〇碼，距搶灘擱淺匪砲艇一二〇〇〇碼，因海面漁網不能接近，無法攝影，已於職<0706><2130>親電呈報在案。復於七月五日〇九三〇時聯智艦在四目嶼捕獲定海灣漁船，問詢該船主陳金水，亦證實，詳附件三。

（VI）天候：六月二十九日（月齡二十九），南風，風速三至十一浬，海面輕浪，晝間能見度四〇〇〇至一〇〇〇〇公尺，夜黑如墨。

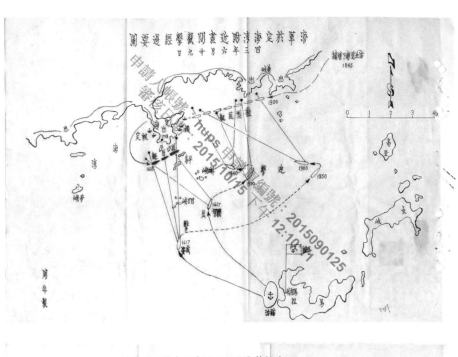

海軍於定海附近晝間閟戰經過要圖
四三年六月廿九日

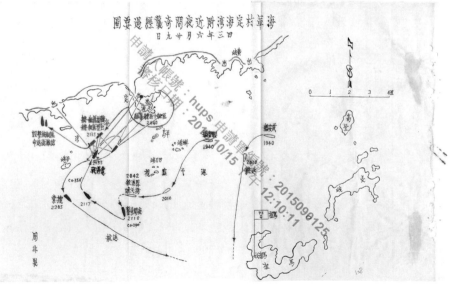

海軍於定海附近夜間奇襲經過要圖
四三年六月廿九日

雅龍型匪巨艇側影

華型匪炮艇側影

221

---

221 周非，《海軍馬祖巡防處作戰定期報告》（1954年7月27日），《國軍史政檔案》，〈海軍總部官兵勛獎案（四十三年）〉；總檔號：00016206。

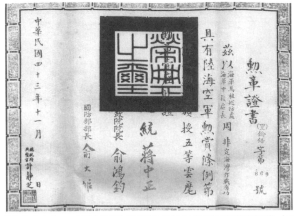

圖57（左）：中華民國政府頒給父親之五等雲麾勳章證書（1954年11月）
圖58（右）：父親之五等雲麾勳章（印鑄局，編號：1089）

　　父親在報告後呈有附件：（1）海軍於定海灣附近晝間截擊經過要
圖；（2）海軍於定海灣附近夜間奇襲經過要圖；（3）訊問定海灣漁民陳
金水紀錄及該民通信證一張；（4）「匪」砲艇之側影圖。[222]由報告可知
定海灣戰役的戰果應為轟毀共方倉庫一座，擊毀其巨型砲艇、鞋型砲艇各
一艘，並非如《海訊三日刊》所報導的摧毀共方砲艇三艘，或擊沉二艘。
　　父親的呈報獲得海軍第四艦隊司令部的認可，該艦隊司令黃震白（海
軍代將）於同年9月17日呈文海軍總司令梁序昭，以父親「指揮定海灣作
戰，運籌適宜率單艦黑夜深入敵港，擊潰超過本身兵力八倍之匪艇群，並
擊毀二艘」，擬頒授給父親五等雲麾勳章。以聯智艦上尉艦長馮國輔「參
加定海灣作戰，單艦黑夜深入敵港」，擊潰超過本身兵力八倍之匪艇群，
並擊毀二艘」，擬頒授其七等寶鼎勳章。[223]海軍總部於9月27日呈報國防
部，勛獎名單除父親、馮國輔外，尚有成安艦艦長錢詩麒中校（獲頒甲種
二等干城獎章）、上士帆纜林寶銀等，共計8員。[224]國防部於11月11日核
定之。[225]

---

[222] 同上。

[223] 「黃震白呈梁序昭文」（1954年9月17日），《國軍史政檔案》，〈海軍總部官兵勛獎案（四
　　十三年）〉；總檔號：00016206。

[224] 「海軍總司令部呈國防部文」（1954年9月27日），同上。

[225] 「海軍總司令部轉頒定海灣立功官兵周非等八員勛獎章及執照令」（1954年11月22日），
　　《國軍史政檔案》，〈海軍總部官兵勛獎案（四十六年）〉；總檔號：00016216。

據此，中華民國政府即於是年11月，以任海軍馬祖巡防處處長的父親「定海灣作戰有功，具有陸海空軍勳賞條例第七條之勳績，頒授五等雲麾勳章壹座，此證」。頒發者為總統蔣中正，行政院院長俞鴻鈞，國防部部長俞大維。[226]

除了上述的定海灣戰役，父親在該巡防處處長任內其他的動態，也僅能從當時在聯智軍艦擔任士兵的李鳴崗，其多年後受訪問的口述中約略窺知一二：

> 大概是5月份船就開到馬祖去駐防，抵達馬祖後艦長要去巡防處報到，當時的處長是周非處長，他對聯智軍艦非常稱讚，艦上官兵的士氣也很旺盛，他就經常乘聯智軍艦去福建沿海巡航，有時夜間也去沿海突擊有共軍防守的據點，白天也去馬祖對岸突擊幾次。[227]

總括父親任永豐、信陽軍艦艦長及海軍馬祖巡防處處長共計四年，這是他海軍生涯中親上火線出戰鬥任務最多最長的時期。國府官方將為期16年的國共臺海海上戰鬥（1950年至1965年）劃分為第一次臺海戰役時期（1950年至1958年）、第二次臺海戰役時期（1958年至1965年）兩個時期，以1958年的「八‧二三」金門砲戰為劃分點，1965年11月烏坵海戰（大陸稱為崇武以東海戰）結束後，臺海兩岸不復再有海戰。是以，父親親歷的四年海戰，係第一次臺海戰役時期的前期，共軍的魚雷快艇尚未大舉出擊，國府海軍在戰鬥中仍居優勢。其間父親擔任海軍馬祖巡防處處長雖僅短短三個月，但定海灣戰役，不僅顯現父親的智勇兼備，立下耀眼的戰功，獲得國府的勛獎，並當選該年度因戰鬥立功的國軍克難英雄。

七、海軍艦隊指揮部作戰處處長

1954年（民國43年）6月1日，父親奉令入左營之海軍指揮參謀學校

---

[226] 見該勳章證書，（四三）倫倍字第869號。

[227] 李鳴崗口述，曹文信採訪，〈海軍老兵的服役生涯訪問紀錄〉，《海軍軍官》，第29卷第2期（2010年5月），頁90。訪問時間為2010年1月31日至4月1日，受訪人於1965年退伍，退伍時為輪機上士；退伍後轉至商船上工作，曾任28萬噸重之油輪輪機長。

受訓，實際至7月間才至該校報到入學，為該校正規班第四期之上校學員（該期共召訓學員50員）。父親在該校學習受訓期間（1954年8月2日至1955年3月31日）[228]曾獲選為1954年度的海軍克難英雄。係海軍總部於是年12月7日下午2時，假左營「四海一家」舉行評審會議，由總司令梁序昭親自主持，海軍各級軍政主官均出席參加。該年度克難英雄評審標準極為嚴格，而且評選出的50名英雄中具有輝煌的戰功者達30人之多。[229]此戰鬥立功者30人為「周非、梁天价、汪希苓、馮國輔、黃少飛、貢定一、陶瀾濤、黃忠能、楊殿勤、朱啟時、方濤、歐全泰、高煥章、王洪珂、呂鳳科、王春和、王初鑫、胡阿良、趙培信、宋起生、向海卿、李其明、徐少亭、齊慶琨、林良誠、薛欣雲、項裕華、李長漢、時玉瑾、劉本福」。另競賽選拔者20人為「張文元、鄭公羽、葛敦華、曾耀華、陳永才、李寶年、孫超、張輔臣、李作堃、劉哲清、王正鑽、蘇玉霞（女）、唐錦春、劉衛緣、蔡錦春、馮凌定、劉會昇、周茂順、陳永凌、張松鶴」。[230]旋奉國防部令（1954年12月22日）核定為該年度國軍克難英雄。

圖59（左）：父親膺選為1954年第五屆國軍克難英雄時留影
圖60（右）：父親之國軍第五屆克難英雄獎章（編號：106）

---

[228] 括號內的日期是該校正規班第四期的開學及畢業日期，見該校發給父親的《海軍指揮參謀學校學員畢業證書》（1955年3月31日），時該校校長為錢懷源。

[229] 《海訊三日刊》（臺北），1954年12月10日，第1版。

[230] 參閱楊克昌，〈海軍克難英雄題名錄〉，《中國海軍》，第8卷第1期（1955年1月），頁24～26。〈四十三年度國軍克難英雄名單〉，《政工通訊》，第74期（1955年1月），頁16。

圖61：蔣中正總統歡宴1954年度國軍克難英雄（1955年1月1日）

　　該年度的國軍克難英雄共289人，除海軍佔50員外，其他計陸軍：戰鬥立功者10員，競賽選拔者90員；空軍：戰鬥立功者31員，競賽選拔者19員；聯勤：競賽選拔者50員；游擊部隊：戰鬥立功者10員，競賽選拔者4員；國防部暨直屬單位：戰鬥立功者7員，競賽選拔者18員。[231]除了選出的289名國軍克難英雄外，尚選出48名國軍政士，是該年度國軍政治大考總會試選拔出來的國軍最優秀的思想鬥士。[232]是年12月31日，來自大陳、馬祖、宜蘭及臺灣省中南部各地區的三軍克難英雄及國軍政士293人，於上午9時正及9時15分分別乘鐵路局所備專車分批抵達臺北，受到熱烈的歡迎，[233]隨即參加為期四天的慶祝及參觀活動，然後分別返回防地。

　　當年有一些歌頌海軍克難英雄的作品，其中有一首〈克難英雄頌〉的朗誦詩，頗具文采，茲照錄如下：

> 你們是克難英雄，你們是海軍的光榮，你們的智慧，再加上你們的勞力結成了碩果重重，像鮮紅的蘋果在枝頭搖動。
> 你們是克難英雄，你們是海軍的光榮，你們的智慧，再加上你們的勞力，造成了千萬艨艟，像長城屏藩於海洋之中。

---

[231] 《政工通訊》，第74期，頁14～17。
[232] 〈社論（一）歡迎克難戰鬥英雄〉，《中央日報》（臺北），1954年12月31日，第2版。
[233] 《聯合報》（臺北），1955年1月1日，第3版。

你們是克難英雄，你們是海軍的光榮，你們的智慧，再加上你們的
勞力，樹起了復興的大纛，讓青天白日永遠飄揚於天空。
英雄，英雄！克難就是創造，英雄，英雄！克難才能成功，我們向
你們歌頌，我們向你們歌頌。[234]

　　該年度的克難英雄中因戰鬥立功的空軍英雄孫煥庭，係空官27期畢
業，為籃球名將，與國手朱聲漪、游健行並稱「大鵬」（即空軍代表隊）
三劍客，惜1955年7月13日飛行失事早逝，年僅30歲。因戰鬥立功名列陸
軍第一的英雄王生明，為一江山島上校指揮官，於1955年1月5日自臺北接
受表揚返防後，即於1月20日作戰殉職。

　　1955年（民國44年）4月1日，亦即父親自海軍指揮參謀學校畢業的次
日，奉派為海軍艦隊指揮部作戰處上校處長。先是，抗戰勝利後中華民國
於1946年1月成立海防艦隊部。2月，成立海軍艦隊指揮部，由軍政部部長
陳誠兼指揮官，同年7月裁撤。1947年5月，海防艦隊部改編為海防第一艦
隊司令部，次年4月，成立海防第二艦隊司令部，1949年11月，成立海防
第三艦隊司令部。旋海南島撤守，海軍各艦艇相繼駛駐臺灣基地，負確保
臺、澎反攻基地之責。[235]

　　自1949年底中華民國政府遷臺後至1958年「八‧二三砲戰」期間，
海軍艦隊曾實施兩次大幅度的整編。第一次整編的重點為：（1）成立海
軍艦隊指揮部，以統一各艦隊之訓練與作戰。（2）實施基本同型艦隊編
組，並依作戰任務需要，另編組任務艦隊，以確立艦隊之行政體系與作
戰指揮系統。1953年7月1日，為統一海上作戰部隊之指揮起見，撤銷海軍
艦艇訓練司令部，改組成立海軍艦隊指揮部，設指揮官一人，由海軍副總
司令兼任，承海軍總司令之命，綜理該部一切業務，另設副指揮官一人，
襄理指揮官處理該部一切業務。大部人員係由原海軍艦艇訓練司令部撥
編，至8月底編組完成海軍艦隊指揮部，隸屬於海軍總司令部。以副總司
令黎玉璽少將兼任指揮官，原艦艇訓練司令梁序昭少將為副指揮官。艦隊
指揮部平時負責海軍各艦艇之整補、訓練及一般行政管理等工作，戰時指

---

[234] 江州司馬，〈克難英雄頌（朗誦詩）〉，《中國海軍》，第5卷第1期（1952年1月），頁21。
[235] 見《海軍艦隊指揮部沿革史》（四二～四八年）（未刊，臺北：海軍司令部藏），〈第一章　概述〉。

揮作戰，所轄艦艇隊為特種任務艦隊、第一、第二、第三、第四艦隊、後勤艦隊、登陸艦隊及登陸艇隊。此後，海軍各艦隊不再直轄於海軍總司令部，而改隸於艦隊指揮部指揮管轄。9月5日起，接管艦隊作戰指揮權，並基於「確保臺灣領海，支援外圍島嶼作戰」之主要任務，對於所屬艦隊兵力配置，依各艦隊性能與當面敵對情況之需要，置主力於臺灣北部。1953年7月，艦隊指揮部下設政治部、辦公室、作戰處（含情報、通信、作戰、後勤等4個組）、訓練處（含設計、海航、輪機、槍砲、通信、艦務等6個組）四幕僚單位，計官91員、士官36員、士兵20員，合計147員。1954年4月，幕僚單位改組為政治部、行政組、情報組、計劃組、通信組、後勤組、保養修護組，另撤銷訓練處，恢復原艦艇訓練司令部編制（1955年12月擴編為艦隊訓練司令部）。1955年2月，艦隊指揮部增設副參謀長，並將幕僚單位擴大改編，下設政治部、人事、情報、作戰、後勤、通訊、保養修護處、行政室、艦隊補給長室、軍醫長室、連絡組及空中連絡組等12個單位，凡23科。計官169員、士官58員、士兵35員，合計262員。[236]

父親在海軍艦隊指揮部作戰處處長任內，曾因1955年8月29日國防部以〈44〉英芝字第186號令，令艦隊指揮部與美顧問團海軍組洽議，研擬烏坵及東引島兩地區佈雷計劃。艦隊指揮部即派父親會同掃佈雷艦隊參謀長雍成學上校，與美顧問團海軍組洛奇（Lord）少校研議，研討結果，建議不予實施佈雷，理由為：（1）該兩地區佈雷戰術價值不大。（2）該兩島缺乏可用之大比例尺海圖，及精確完整之水域資料，雷區設置及佈雷實施，在技術上頗有困難，且具有敷設過深及過淺之可能性甚大（過深則無用，過淺則自炸）。（3）該兩地區佈雷後，對該兩島之後勤支援，即發生高度危險。[237]

八、海軍第六二特遣部隊參謀長

1955年2月，由於大陳撤退後，海軍防區縮小，遂集中兵力防衛臺灣海峽，因此撤銷「大陳特種任務艦隊」（1953年10月成立），另編組「任

---

[236] 海軍總司令部編，《海軍艦隊發展史》（二），頁797～799。
[237] 「海軍總司令梁序昭呈參謀總長彭孟緝箋文」（1955年10月14日），《國軍史政檔案》，〈東引烏坵佈設水雷案〉；檔號：00033717。

務特遣支隊」，負責海峽巡邏及作戰任務；任務特遣支隊包括：（1）機動攻擊支隊（由驅逐艦隊撥兩個戰隊編成）；（2）閩海特遣支隊（由巡防、巡邏艦隊各撥一個戰隊組成）；（3）浙海特遣支隊（由巡防、巡邏艦隊各撥一個戰隊組成）；（4）水雷特遣支隊；（5）兩棲特遣支隊；各支隊由海軍艦隊指揮部直接指揮。1955年7月1日起，海軍浙海與閩海特遣支隊分別更名為海軍北區與南區巡邏支隊。由於海軍艦隊指揮部兼負行政訓練及作戰雙重任務，業務繁浩，難以兼顧，乃參照美國海軍部隊的組織精神，將艦隊指揮部的作戰任務劃出，改由新成立的海軍六二特遣部隊指揮部執行，以加強海軍的作戰指揮機構，有利於靈活指揮艦隊作戰。[238]

圖62：父親之海軍六二特遣部隊指揮部參謀長任命令（1957年1月8日）

對於特遣部隊的定義，美國海軍上將布蘭德（W, R.P. Blandy）的解釋最詳細而正確，且自此美海軍始將之命名為「特遣部隊」（Task Force），或稱之為「特遣型式」（Task Type）。布蘭德的解釋為：

美國海軍樂於使用特遣部隊之指揮系統，并在二次大戰前即已使用之。該項特遣作戰部隊編組與綜合性，實力較艦隊為小，經常於第

---

[238] 海軍總司令部編，《海軍艦隊發展史》（二），頁808～809。

一線作戰，并暫時將原有行政編組指揮系統不用。二次大戰中，該項編組方式之運用發展至最高潮，通常情形下行政編組指揮系統甚至不進入戰區。[239]

1955年（民國44年）9月22日，海軍總部以（四四）奧僧霜字第10227號令設立六二特遣部隊，由海軍副總司令兼艦隊指揮部指揮官黎玉璽少將改兼六二特遣部隊指揮官（免兼艦隊指揮部指揮官職務），惟黎氏調革命實踐研究院受訓期間，其六二特遣部隊指揮官職務暫由驅逐艦隊司令崔之道少將兼代，另派「率真」軍艦代艦長鄧先滌上校暫兼該部參謀長，並派其他人員兼任幕僚，惟因兼任過多，各員不能分身，業務無法推進，以致指揮部未能組成。12月底，海軍總部改派時任艦隊指揮部作戰處處長的父親兼任六二特遣部隊指揮部參謀長，於次年3月16日真除之。

1956年3月31日，黎玉璽受訓期滿，4月1日，晉任海軍中將。六二特遣部隊指揮部乃於是日起正式成立，由軍令副總司令黎玉璽中將正式接替海軍作戰指揮權。經蔣中正總統核示：六二特遣部隊指揮部直屬海軍總司令部，與艦隊指揮部平行（艦隊指揮部僅負責行政及訓練），但其其作戰指揮權行使，應以海軍副總司令名義行之，不宜以六二特遣部隊指揮官名義指揮所屬艦隊作戰。4月8日，該部隊旗艦「率真」艦由左營北駛進駐基隆。[240]以基隆海軍第三供應分處舊址展開資料整理與指揮業務。[241]

海軍六二特遣部隊下轄機動攻擊支隊、北區巡邏支隊、南區巡邏支隊、水雷支隊、運輸支隊、後勤支隊，各支隊均為任務編組，擔任攻防任務，任務完畢即歸還各艦隊建制。是故，海軍六二特遣部隊指揮部為一特遣編組單位，負責指揮海上作戰、運補、掃佈雷等任務，以防衛臺灣、澎湖，支援外島，並執行中美海軍聯合作戰的任務。[242]其主要職掌為：（1）遵總部所賦予作戰任務及艦隊指揮部撥配之兵力編組，遂行海上作戰。（2）依命令對東引、烏坵、東沙、南沙四個守備區行作戰管制。

---

[239] 海斯（John D. Hayes）著，陳志誠譯，〈海軍特遣部隊之編組〉，《中國海軍》，第12卷第9期（1959年9月），頁24。

[240] 海軍總司令部編，《海軍艦隊發展史》（二），頁809～810。

[241] 〈海軍艦隊與六二特遣部隊大事紀要年表〉，收入吳祐列等編輯，《碧海丹心忠義情—六二特遣部隊的故事》（臺北：國防部海軍總司令部，2005年），頁174。

[242] 海軍總司令部編，《海軍艦隊發展史》（二），頁810～811。

（3）擔任海上運輸及護航。（4）執行掃佈雷任務。（5）協同外島友軍及陸戰隊實施兩棲突擊。（6）協力防衛基隆、馬公兩要港。（7）執行海上救難。（8）依命令協同美軍作戰。[243]

該特遣部隊指揮部成立初期，因屬草創，未臻完備。為適應指揮作戰之靈活運用，1956年6月19日，國防部核定該指揮部的組織系統及員額編配，並自同年7月1日起實施，是為該指揮部成立正式編制之始。即指揮部本部設指揮官（兼職）、參謀長、政治部主任各一員，下設政治部、情報組、作戰組、通信組、後勤組、行政組，分別掌理政工、情報、作戰、通信、運補及行政等業務，另配屬通信中心一個。計官員29員、士官5員、戰士4員，共計38員（通信中心的官士兵未列入）。自六二特遣部隊指揮部成立後，負責北起北緯27度，南迄北緯10度間1,000餘浬海域之全部海上偵巡、作戰、護航、運輸及救難等任務，成為海軍總部下唯一的最高作戰指揮機構，艦隊指揮部即不再兼管海峽的作戰指揮任務，而著重於艦隊的整備訓練，俾使艦隊戰備能依限完成，戰力不斷提高。[244]

父親專職擔任海軍第六二特遣部隊指揮部參謀長，為時兩年（1956年3月16日至1958年4月1日），期間是該指揮部位階最高和權勢最盛之時，該指揮部指揮官係由海軍軍令副總司令黎玉璽兼任，黎因本職事務繁忙，該指揮部又無副指揮官的設置，一切業務均交由父親處理，以黎之海軍副總司令名義行之，可謂隱握當時海軍指揮作戰實權。據黎玉璽憶述，自其1955年9月1日兼任六二特遣部隊指揮官起，以迄1956年6月期間之作戰情形，因無法查對確實，無法記錄，1956年7月至1958年8月期間作戰之較大者則計得53起。[245]由此可略窺父親擔任該部隊指揮部參謀長時作戰業務的繁忙程度。

茲將父親於參謀長任內發生的重要海軍作戰略舉如下：（1）平海灣戰役（1956年3月21日）：地點在烏坵嶼西海面，參戰兵力為永泰、永昌軍艦，戰績為擄獲中共武裝機帆船1艘。（2）烏豬港戰役（1956年4月19日）：地點在馬祖西海面，參戰兵力為永勝、昌江、資江軍艦，戰績為擊沉中共快艇1艘。（3）四姆嶼戰役（1956年6月6日）：地點在四姆嶼附

---

[243] 見《海軍第六二特遣部隊指揮部沿革史》（四六～五五年）（未刊，臺北：海軍司令部藏）。
[244] 海軍總司令部編，《海軍艦隊發展史》（二），頁811～812。
[245] 張力訪問紀錄，《黎玉璽先生訪問紀錄》，頁107。

圖63：父親任海軍第六二特遣部隊指揮部參謀長時留影

近海面，參戰兵力為德安、珠江、資江軍艦，戰績為擊沉中共快艇1艘。
（4）福瑤島戰役（1956年6月29日）：地點在四礵列島海面，參戰兵力
為珠江、資江、昌江、聯智等軍艦，戰績為擊沉中共運輸木船1艘。（5）
梧嶼戰役（1956年7月6日）：地點在金廈水道海面，參戰兵力為清江、
甌江等軍艦，戰績為擊沉中共砲艇1艘。（6）南澎島戰役（1956年8月14
日）：地點在南澎列島至南沃島海面，參戰兵力為清江、甌江等軍艦，
戰績為俘獲中共機帆船1艘。（7）姆嶼戰役（1956年8月23日）：地點在
四姆嶼至姆嶼海面，參戰兵力為德安、貢江、鄱江等軍艦，戰績為擊沉中
共軍艦1艘，傷軍1艘，重傷中共快艇2艘。（8）龍牙石戰役（1956年9月
30日）：地點在四姆嶼至龍牙石海面，參戰兵力為貢江、鄱江等軍艦，戰
績為擊沉與擊傷中共快艇各1艘。（9）四姆嶼戰役（1956年11月10日）：
地點在四姆嶼海面，參戰兵力為永壽、永康等軍艦，戰績為擊沉中共快
艇3艘。（10）四姆嶼戰役（1956年12月12日）：地點在四姆嶼海面，參
戰兵力為信陽、永春等軍艦，戰績為擊傷中共快艇1艘。（11）平嶼戰役
（1957年1月20日）：地點在平嶼附近海面，參戰兵力為信陽、泰安等軍
艦，戰績為擊沉中共快艇1艘。（12）龍牙石戰役（1957年1月24日）：地
點在龍牙石附近海面，參戰兵力為信陽、泰安等軍艦，戰績為擊毀中共快
艇3艘。（13）紅酒石戰役（1957年1月28日至29日）：地點在紅酒石附近

圖64（左）：中華民國政府頒給父親之海功獎章執照（1957年8月10日）
圖65（右）：父親之海功獎章（編號：1089）

海面，參戰兵力為永修、泰安等軍艦，戰績為擊沉中共快艇3艘，擊毀2艘。（14）龍牙石戰役（1957年2月18日）：地點在龍牙石附近海面，參戰兵力為永修、泰安等軍艦，戰績為擊沉中共砲艇1艘。（15）葡島戰役（1957年4月27日）：地點在葡島附近海面，參戰兵力為成安、澧江、湘江等軍艦，戰績為擊沉中共快艇2艘，重傷1艘與擊沉機帆船多艘。（16）四姆嶼戰役（1957年4月28日）：地點在四姆嶼附近海面，參戰兵力為成安、澧江、湘江等軍艦，戰績為擊沉中共快艇1艘，重創1艘與擊傷機帆船多艘。（17）龍牙石戰役（1957年6月12日）：地點在龍牙石附近海面，參戰兵力為德安、沅江、湘江等軍艦，戰績為重創中共FS艦與快艇各1艘。（18）浮頭灣戰役（1957年8月7日）：地點在浮頭灣附近海面，參戰兵力為資江、甌江等軍艦，戰績為擊沉中共快艇4艘，重創5艘與輕傷2艘（含小型登陸艇1艘）。（19）母嶼戰役（1957年9月19日至20日）：地點在母嶼附近海面，參戰兵力為永春、章江、貢江等軍艦，戰績為重傷中共快艇2艘。（20）閩江口海戰（1958年2月19日）：地點在閩江口，參戰兵力為德安、涪江、清江、沱江等軍艦，戰績為擊沉中共PT艇3艘，重傷PT艇3艘。[246]

父親在自傳中僅簡略提及「[民國]四十五年元月，調升海軍六二特遣

---

[246] 〈海軍艦隊與六二特遣部隊大事紀要年表〉，收入吳祐列等編輯，《碧海丹心忠義情—六二特遣部隊的故事》，頁174～176。

圖66（左）：中華民國政府頒給父親之優績獎章證書（1957年10月）
圖67（右）：父親之優績獎章（編號：220）

部隊參謀長，襄助指揮閩南浮頭灣海戰大捷。四十六年考績特優，蒙總統召見。四十七年策劃作戰，參贊戎機，榮獲勛獎。同年四月，入三軍聯合參謀大學以迄畢業」。[247]

　　1957年（民國46年）8月10日，國府當局以父親於海軍六二特遣部隊參謀長任內，因「襄助指揮實施紫金計劃，護航運輸，部署週密；并於朱雀演習中指揮施救天竺軍艦等，處理適當，圓滿達成任務」，著有功績，今依海軍獎章頒授辦法規定，給與「海功獎章」一座，以資證明。署名的為總統蔣中正，行政院院長俞鴻鈞，國防部長俞大維。[248]

　　同年10月，中華民國政府以父親服務滿十年，工作努力，歷年考績有五次在八十分以上，經其主管長官依規定特保為1956年度工作成績最優人員，特給與優績獎章一座以資獎勵。

　　同年11月19日，國府當局以父親在六二特遣部隊參謀長任內，因「四十六年八月襄助指揮浮頭灣戰役，把握戰機，適切下達作戰指導，獲致輝煌戰果」，著有功績，今依陸海空軍獎勵條例規定，給與「光華一等獎章」一座，合發執照，以資證明。署名的為總統蔣中正，行政院院長俞鴻鈞，國防部長俞大維。[249]該特遣部隊指揮部包括海軍副總司令兼指揮官黎

---

[247] 周非，《自傳》，頁6。
[248] 見該獎章執照，執照文號為（46）倡田字第1089號。
[249] 見該獎章執照，執照文號為（46）仿代字第21號。

圖68（左）：中華民國政府頒給父親之光華甲種一等獎章執照（1957年11月19日）
圖69（右）：父親之光華甲種一等獎章（編號：國21）

玉璽中將在內共46員及3團體，因浮頭灣戰役有功獲頒勛獎，計給勛章3座
（連證書），獎章43座（連執照），褒狀2軸，及獎金2萬元。其中3座勛
章是頒給南區巡邏支隊兼支隊長張偉業中校（五等寶鼎勛章）、甌江軍艦
艦長陶茂富少校（六等寶鼎勛章）、資江軍艦艦長張炳炎少校（六等寶鼎
勛章）者；黎玉璽、父親則獲光華甲種一等獎章，指揮部組長金琛上校獲
干城甲種二等獎章。[250]

　　同年12月31日，國府當局以父親在六二特遣部隊參謀長任內，因「四
十五年度檢討敘獎，策劃作戰，參贊戎機，分配調遣，悉合機宜」，著有功
績，今依海軍獎章頒授辦法規定，給與「海勛獎章」一座，合發執照，以
資證明。署名的為總統蔣中正，行政院院長俞鴻鈞，國防部長俞大維。[251]

　　1965年（民國54年）3月16日，歷來由軍令副總司令或艦隊指揮官兼
任之六二特遣部隊指揮官，由馬焱衡接任並改為專任。次年10月1日，六
二特遣部隊指揮部撤銷業務，併入艦隊指揮部（稍後改名為艦隊司令部）
下之驅巡部隊司令部，六二特遣部隊指揮官由驅巡部隊司令兼任，首任為
陳慶堃。[252]自此六二特遣部隊的位階和指揮權所及，大不如前。

[250] 「海軍總司令梁序昭（46）倡田字第15329號令」（1957年12月18日），《國軍史政檔案》，
　　〈海軍總部官兵勛獎案（四十六年）〉；總檔號：00016216。
[251] 見該獎章執照，執照文號為（46）倡田字第240號。
[252] 吳祐列等編輯，《碧海丹心忠義情—六二特遣部隊的故事》，頁25、26。

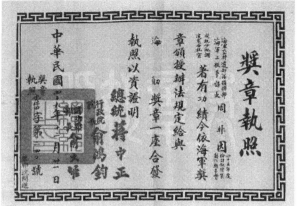

圖70（左）：中華民國政府頒給父親之海勛獎章執照（1957年12月31日）
圖71（右）：父親之海勛獎章（編號：240）

　　總括父親擔任六二特遣部隊指揮部參謀長：一、隱握指揮國府海軍作
戰實權。二、得以全盤了然海軍作戰詳情。三、得以嫺熟海軍參謀業務。
四、需謹守崗位，隨時接收及處理緊急軍情，業務亦繁，乃至公而忘私。
由於該指揮部設在基隆，父親乃鮮少能得暇回左營家中探視。五、獲致黎
玉璽的信任和賞識。其後黎升任海軍總司令、參謀總長，父親亦得迭受重
用，出任海軍各重要單位主官職務。

九、峨嵋軍艦艦長

　　1958年（民國47年）4月14日至12月15日，父親奉命至國防大學聯合
作戰系第七期受訓學習8個月。[253]該校亦即父親自傳中所稱的「三軍聯合
參謀大學」，當時尚未更名。係1953年國軍教育改制，將原陸軍大學改為
國防大學，僅設聯合作戰一個系，且以三軍聯合作戰時之參謀業務為主。
1959年，始更名為三軍聯合參謀大學。

　　故與父親在國防大學第七期受訓學習的學員，係來自陸、海、空三軍
的將校，其中上校官階者佔絕大多數（如父親、鍾漢波、溫可人等），亦
有少數的將官，如袁鐵忱（海軍代將）、陳贊湯（海軍少將）、孫伯先、

---

[253] 見該校發給父親的《國防大學校學員畢業證書》（1958年12月）。

孫發、張龍文、梁漢、王文、陳德煌、范汝功、范麟、雷韶傑、蕭勁、李卿雯、張用斌、黃連茹、楊吉升、汴大章、王超凡、簡立、夏季屛、魏毅生、黃超（以上為陸軍少將）、龔愚（陸軍中將）、傅瑞瑗、李學炎、周一塵、張偉華（以上為空軍少將）、易國瑞（空軍中將），尚有幾位中校官階者。校長為徐培根上將，該期學員共有143人。[254]係熔各軍種將校於一爐，共同受教。

　　1958年12月15日，父親自國防大學第七期畢業。次年3月1日，被任命為峨嵋軍艦上校艦長。該軍艦原係美國海軍供應艦USS Maumee號（AG-124），建造於美國瑪里島（Mare Island）。1914年7月安放龍骨，次年4月下水，1916年10月編隊服役，曾參加第一次世界大戰，為美國海軍配用柴油主機之第一艘供應艦。大戰期間該艦卓著勛勞，戰爭結束後，於1922年6月解除現役，泊置費城海軍船廠保管達二十年之久。1942年第二次世界大戰期中，乃重新裝備，回復現役，計更換主機發電機，並增裝艦械修理工廠及新型作戰儀器雷達、測深儀、羅遠儀、通訊設備等，並重建上甲板各層建築，除艦殼、油櫃及一部分輔機為舊有外，餘均為現代化之設備。二次大戰中，該艦曾參加北非、太平洋及諾曼第諸戰役，克盡艦隊裸姆之職責，膺有光輝之戰績。1946年（民國35年）4月初旬，美國贈送給中華民國之護航驅逐艦等8艘，自古巴美海軍基地啟程，該艦則隨同護送，越巴拿馬運河，經墨西哥、聖地牙哥、洛杉磯、夏威夷、中途島及日本之橫須賀，於7月間駛抵國門。美方旋將該艦一併相贈。[255]該艦的移交典禮，於同年11月5日在青島舉行，參加者中方有海軍代總司令桂永清，中央海軍訓練團主任林祥光、政治部主任陶滌亞，及新任該艦艦長梁序昭。美方為其駐華軍事顧問團海軍總顧問麥雷（Murry）少將，戚丁上校及該艦原艦長鼎（Howard G. Dean），並中美海軍官佐士兵300餘人。由桂永清代表中方接受，麥雷少將代表美方贈予，青島各報記者均被邀參加。[256]

　　根據1947年8月10日國防部核准的〈海軍艦艇命名原則〉，輔助艦艇以山名命名，[257]此為峨嵋號軍艦命名的由來。另有一說，該艦命名的

---

[254] 其名單見《國防大學聯合作戰系第七期同學錄》（臺北，序於1958年12月），頁1～71。

[255] 《海軍峨嵋軍艦沿革史》（未刊，高雄：海軍軍史館藏）。

[256] 中國海軍月刊社資料室，〈峨嵋號修理艦的歷史性能與接收經過〉，《中國海軍》，第1卷第2期（1947年4月），頁43

[257] 陳孝惇，〈海軍艦艇命名考察（1945-1965）〉，《海軍學術月刊》，第36卷第9期，頁94。

由來，是將其原英文艦名Maumee去掉第一個子音M而成。其最初的編號為301，但後為避諱號碼相加等於4的禁忌而改編號為309。[258]據在中華民國海軍服務多年的杜福新說：海軍總司令梁序昭曾有兩個規定，一是上士以上的軍官要打黑領帶，以注重禮節，另一是艦長夜航不能睡覺，督導官兵值更不要出海事。連帶地艦號數字相加不能「四」「死」，所以率真11號、丹陽12號、13號跳空、洛陽14號、漢陽15號。大陳撤退前後損失不少軍艦，如22號太平艦、103號洞庭艦等。以致301號峨嵋艦，乃改艦號為309。[259]

　　峨嵋艦的主要任務為修理及運輸物資、油料等。由於抗戰前的中國軍艦幾乎全部燒煤，所以中國海軍從未擁有過運油艦；但戰後的軍艦大部分都是燒柴油的，乃開始對運油艦有所需求。日本投降後，中國海軍自汪偽政權接收了1艘538噸級的小油船，是為中國海軍擁有運油艦之始。[260]峨嵋艦因兼備修理及運油能力，故亦有人將之歸類為運油艦者，並且是其中最大的1艘。其艦長為475呎（寬56呎），排水量14,700噸（輕載4,990噸），設計速度13.5節（速率最快14節，巡航9節），吃水26.4呎（滿載時前24呎，後30呎；輕載時前6呎，後17呎）。武器裝備為3吋50倍半自動高平兩用砲5門，40公厘中射程單管高射機關砲2門，20公厘單管高射機關砲8門。[261]編制為軍官40員，士官兵224員。[262]

　　該艦雖建造於1915年，然曾於1942年改製，艦上一切設備除艦殼、油櫃、起重機等外，餘均係新裝置者。該艦的性能約略為：（1）裝運飛機用的汽油。（2）裝運船艦用的重油（black oil）及柴油（diesel oil）。（3）供應小艦之淡水。（4）供應船艦以冷凍糧食及乾糧。（5）修理DE（護航驅逐艦）以下之船艦。（6）能裝運小量軍火。（7）供給來修軍艦的電力，抽水及蒸汽。（8）有海上裝油的設備。（9）有病房可容納海上

---

[258] 姚開陽，〈中國軍艦史系列-20：海軍各式勤務艦〉，《全球防衛雜誌》，第28卷第5期（1998年11月），頁73。

[259] 杜福新，《信陽艦之戀》，頁7。

[260] 姚開陽，〈中國軍艦史系列-20：海軍各式勤務艦〉，《全球防衛雜誌》，第28卷第5期，頁73。

[261] 《海軍峨嵋軍艦歷史》（未刊，高雄：海軍史館藏），「峨嵋軍艦武器性能概見表」。括號內的補充說明，則係引自中國戰史大辭典─兵器之部編審委員會編纂，《中國戰史大辭典─兵器之部（下冊）》，頁978。

[262] 中國戰史大辭典─兵器之部編審委員會編纂，《中國戰史大辭典─兵器之部（下冊）》，頁979。另據《海軍峨嵋軍艦歷史》所載，該艦編制為上校1，中校4，少校3，上尉8，中尉5，少尉1，士官長16，上士39，中士39，下士36，上等兵41，一等兵36，二等兵32。

圖72（左）：峨嵋軍艦（舷號309，修理及運輸艦，排水量：輕載4,990噸，滿載14,700噸）全貌
圖73（右）：停靠碼頭時的峨嵋軍艦

臨時得病的少數官兵。（10）可擔任10艘DE的母艦。該艦的裝油數量，約為柴油7,396噸，汽油660噸。至於其他的設備，無線電儀器計有測艦雷達、測空雷達，及船位測定器、水深探測器、通訊收發報機兩架、緊急通話機1架。另有修械廠，佔艙位三，設工作間五，即電機間、冷作間、木工間、鍛工間及機器修理廠間。其各廠間設備，允稱完善，且換新式。故該艦不僅為運油糧配件給養的主要船隻，且可於必要時自行修理，及修配依附該艦而行的其他船艦。如能加強組織，充分利用，實為一極完備的海上流動修理工廠[263]。

1947年（民國36年）3月29日為第四屆青年節，停泊於上海高昌廟海軍江南造船所整修機件及洗刷艦身的峨嵋艦，特邀上海新聞界於是日下午1時前往該艦參觀，艦長梁序昭等熱忱招待參觀，而後於5時許，派登陸艇送各報記者歸返。次日，上海的大報《申報》，曾以專欄並附該艦照片，報導參觀經過及該艦的歷史、裝備等情況。其專欄的標題為「我最大軍艦峨嵋號招待參觀‧配備有雷達等最新儀器‧醫院工場廚房設備精緻」。[264]

該艦於成軍後，除擔任運補等任務外，亦曾參加過多次戰役，其中較重要的有：（1）膠東沿海戰役：1947年9月，共軍攻擊龍口、煙台及長山八島。10月2日，海軍總司令桂永清乘該艦至煙台，並派太康、永順兩艦封鎖威海衛港口。10月5日拂曉，該艦及永泰、永寧艦，以集中火力砲

---

[263] 中國海軍月刊社資料室，〈峨嵋號修理艦的歷史性能與接收經過〉，《中國海軍》，第1卷第2期，頁44～45。

[264] 《申報》（上海），1947年3月30日，第4版。

擊，摧毀趙北咀砲臺及岸上工事後，攻佔劉公島，下午，再掩護劉公島之警衛排登陸威海衛，未成後撤回。至10月13、14日再二次掩護第25師登陸佔領威海衛。（2）遼東沿海協防：1947年9月下旬，營口被共軍圍攻，情勢甚危，桂永清乘該艦趕往，經數日猛烈戰鬥，至10月8日，營口解圍。（3）掩護友軍自龍口、蓬萊、威海衛等地撤退：1948年3月中旬，該艦奉命掩護撤運龍口、蓬萊、威海衛等地友軍，以便集中固守煙台及增援葫蘆島。3月18日，在該艦艦砲支援下，友軍均能順利撤退。其後該艦即服勤於後勤艦隊，擔任運補之任務，至1966年12月1日，因艦體老舊，內部機件已損壞不堪修復，而奉命除役。[265]

由於該艦在很長一段時間為國府艦隊的第一巨艦，故常常奉召擔任蔣中正總統的座艦，艦等編為比一級艦還要高的特級艦。[266]該艦來臺後雖未再從事作戰，更未在報上露過頭角，但誠如曾任該艦艦長蔣謙所說：「這是因為任務的不同，我們的船是無名英雄」。[267]

該艦原歸海軍總司令部直轄，1952年7月，海軍實施基本同型艦隊編組，將各艦隊依艦艇之性能（型式），整編為第一、第一、第二、第三、第四、登陸、後勤等六個艦隊及一個登陸艇隊。9月1日，後勤艦隊成立，峨嵋等17艘後勤輔助艦乃改歸該艦隊轄下，該艦隊司令部即駐峨嵋旗艦辦公，1954年3月15日以峨嵋艦奉命駛往基隆乃遷移高雄辦公。首任司令蔣謙少將（任期至1955年10月1日），第二任司令江叔安上校（任期至1957

---

[265] 中國戰史大辭典─兵器之部編審委員會編纂，《中國戰史大辭典─兵器之部（下冊）》，頁979。其中的膠東沿海戰役期間，峨嵋軍艦的動態大約為：1947年10月1日晚，啟椗離青島，次日，抵煙台，錨泊港內，供友艦加油。10月4日，離煙台，次日，抵劉公島附近海面，砲轟該島，掩護友軍登陸。10月6日，駛入威海衛港，派部隊登陸警戒，供友艦加油、加水。10月7日，離威海衛北航，次日，抵遼寧之葫蘆島，官兵放假上岸。10月9日，離葫蘆島抵營口，拋錨於遼河口外。10月10日及11日，供友艦加油，並醫治傷兵。11日下午，起錨離營口，次日，抵長山八島，桂永清總司令偕梁序昭艦長登岸巡視，返艦後，起錨續航，抵煙台。10月13日，載運陸軍部隊離煙台抵威海衛登陸作戰，泊內港海面。次日，遭共軍砲擊，即備戰還擊，並起錨出港，移錨於劉公島港外，供友艦加油等後，返抵煙台。10月15日，載運陸軍部隊及給養離煙台駛抵威海，將部隊及給養全部卸清後，即啟航離威海衛，次日中午，返抵青島。見「峨嵋軍艦艦長梁序昭呈海軍總司令桂永清報告」（1947年12月1日）所附呈的「峨嵋軍艦參加膠東作戰日誌」；收於《國防部史政編譯局檔案》（新北：國家發展委員會檔案管理局藏），〈煙台戰役案〉內；檔號：B5018230601/0036/543.6/9181。
[266] 姚開陽，〈中國軍艦史系列-20：海軍各式勤務艦〉，《全球防衛雜誌》，第28卷第5期，頁73。
[267] 生，〈峨嵋近訊〉，《海軍士兵》，第1卷第8期（1950年8月），頁15。

年2月16日），第三任司令張仁耀少將（任期至1961年5月）。[268]

　　父親擔任峨嵋軍艦艦長為時約兩年（1959年3月1日至1961年1月底），係該艦的第七任艦長（第一至第六任依序為梁序昭、曹仲周、蔣謙、馬焱衡、桂宗炎、褚廉方）。[269]父親在到任後不久，即奉命率該艦參加一項定名為「業勤」的重要海上演習。演習預定分三個階段進行，第一個階段將環航臺灣本島及巡航外島；第二個階段將遠航菲律賓，訪問蘇比克灣美海軍基地及馬尼拉；第三個階段則將實施中（臺）美海軍混合艦訓，訪問琉球巴勒克灣。1959年7月17日，業勤演習的第一個階段開始進行，參加演習的艦隊係由峨嵋軍艦（旗艦）及驅逐艦隊各屬艦（洛陽、漢陽、咸陽、南陽）所組成，由驅逐艦隊司令俞柏生少將擔任指揮官。演習的目的是磨練巡邏戰鬥艦隊，在大規模海戰中執行作戰任務的能力，同時使海軍官校應屆畢業生獲得一次遠航見習的機會。是日下午2時30分，參加演習各艦先後駛出左營軍港，即進入戰備狀態。[270]由於「畢莉」颱風掠過，致海峽中波濤洶湧，該艦隊在驚濤駭浪下，仍按照預定計劃，進行航行戰鬥演習。他們一面要與惡劣天候搏鬥，一面要全神貫注於操演，使這次演習更有聲有色，逼真見效。[271]當時臺北的《青年戰士報》載有「軍聞社臺灣海峽峨嵋號旗艦十八日電」，對峨嵋軍艦有如下的介述：

　　　作為本次海軍「業勤」演習旗艦的峨嵋號巨艦，它具有一頁最光輝
　　燦爛的歷史，許多赫赫有名的中美海軍高級將領，都與它有過一段
　　歷史淵源。二次大戰期間曾任美國美軍太平洋總司令的五星上將尼
　　米茲元帥，一九二六年以後的數年間，曾從該艦的輪機長升至副
　　長，他任輪機長時，有一次因操弄輪機不慎，將手指一只切去，至
　　今猶為該艦的我海軍官兵所樂道。尼米茲元帥為了不忘故舊，前年
　　曾托前臺灣協防司令竇亦樂將軍，將他二次大戰後在日本東京灣米
　　蘇里艦上代表美國受降時所拍攝的一張珍貴的歷史鏡頭，及另外一

---

[268] 海軍總司令部編，《海軍艦隊發展史》（二），頁802，829，834。
[269] 《海軍峨嵋軍艦歷史》，「三、重要人事異動」。應紹舜，〈補給艦的巨擘—峨嵋軍艦〉，《海軍學術月刊》，第34卷第6期（2000年6月），頁73，誤記父親為第六任，漏列了馬焱衡，並將褚廉方誤書為褚廉芳。
[270] 《中央日報》（臺北），1959年7月19日，第1版。
[271] 《聯合報》（臺北），1959年7月19日，第1版。

幀他親自簽名的半身放大照片，轉贈給該艦的我海軍官兵留念，這兩張珍貴的照片，現在都懸掛在該艦的官廳，他的溫暖友情與偉績，峨嵋艦的我海軍官兵，均致以崇高的景仰和懷念。這艘巨艦自二次大戰結束移贈我國後，現任國防部副部長梁序昭上將、海軍副總司令曹仲周中將，及前任海總參謀長蔣謙中將等，都曾先後出任過該艦的艦長。該艦的現任艦長周非上校，亦是驍勇善戰的海軍戰鬥英雄，他於受命擔任長江口的禁運封鎖任務時，曾不顧數艘英艦的護航的威脅，毅然地下令開砲轟擊過一艘不聽勸告企圖闖關的英國商輪，凜然正義使當時護航的英艦畏怯而不敢還擊。嗣後，周非上校在閩海歷次戰役中，亦曾建下許多輝煌戰果。[272]

以上所報導尼米茲（Chester W. Nimitz）與峨嵋艦的淵源和關係，大體屬實。惟尼米茲係1913年7月任峨嵋艦前身莫米（Maumee）號油輪的上尉輪機長，而非1926年。當時該油輪尚在紐約美海軍船廠建造中，尼氏負責監督建造及安裝工程，曾遭齒輪絞壓失去一無名指。[273]1916年中期，該油輪建造完成，通過測試及試航，於同年12月底首度出任務，尼氏則被任命為該油輪的副長兼輪機長。次年4月下旬，該油輪自波士頓開赴歐洲，參與世界大戰。8月，晉升少校的尼氏調離該油

圖74：尼米茲將軍致贈父親的半身照

輪，至美海軍大西洋艦隊潛艦部隊擔任工程助理。[274]至於尼氏致贈照片予峨嵋艦，其儀式係1958年（民國47年）2月26日下午1時40分在該艦甲板上舉行，出席的有國府海軍總司令梁序昭上將、美國之臺灣協防司令竇亦樂（Austin K. Doyle）中將等人，尼氏所贈送的兩張照片，由竇亦樂交與該

[272] 《青年戰士報》（臺北），1959年7月19日，第1版。
[273] 喬西夫・米茲著，高潤浩編譯，《尼米茲》（北京：京華出版社，2003年），頁77、79、499。
[274] E.B. Potter著，許綬南譯，《尼米茲傳》，上冊（臺北：麥田出版公司，1995年），頁201，204～205。

艦艦長褚廉方上校。[275]有此淵源和關係，父親其後亦曾與尼氏通信往還，茲將尼氏晚年回覆父親的親筆信（所贈的半身照見上頁）複印如下：

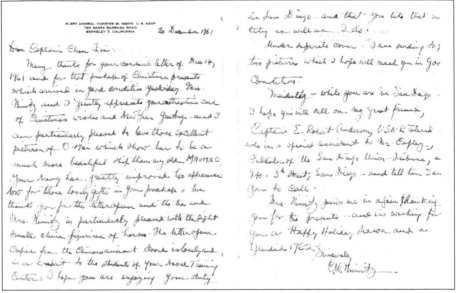

圖74（續）：尼米茲將軍致父親的親筆信（1961年12月20日）

　　1959年7月22日，海軍業勤演習第一階段結束，指揮官俞柏生稱收效極大。[276]7月25日，開始第二階段之演習，艦隊於是日晨自左營港出海，將在南中國海域連續舉行一連串的巡航演習。[277]7月28日晚，該階段之演習完成，指揮官俞柏生對此次演習深表滿意[278]。8月5日，第三階段之演習開始，中（臺）美海軍艦隊在臺灣海峽以北臺灣與琉球間的海面上舉行為期四天的聯合演習，於8月8日結束。[279]根據報載，該階段之演習係在狂風、巨浪、大雨中進行，演習項目，毫未變動；尤其是7、8兩日，當艦隊由基隆經古宮島赴琉球途中，DD（驅逐艦）艦身常在傾斜搖擺四十餘度狀況下，成為「半潛水」式的航進。巨大的峨嵋號艦，與美巨大的松島號

---

[275] 《中央日報》（臺北），1958年2月27日，第1版。
[276] 《中華日報》（臺北），1959年7月23日，第1版。
[277] 《海訊日報》（高雄），1959年7月25日，第1版。
[278] 同上，1959年7月29日，第1版。
[279] 《青年戰士報》（臺北），1959年8月10日，第1版。

艦，亦均顛搖甚劇。但美海軍的一些DD與潛艇，仍與中（臺）方艦隊互相進行攻防演習不輟，其精神可感。8月9日下午4時，中（臺）方艦隊自琉球整隊返臺。[280]

此外，父親在自傳中曾述及其峨嵋艦艦長任內的重要事跡云：

> [民國]四十八年二月，奉派峨嵋特級艦艦長。擔任海上機動後勤支援與遠洋運補，研究及運用機械與工時學，克難改良海上航行加油之設施與工作方法，卒告成功，改變海軍十三年來之舊觀，增大海上輸油效率六倍以上，節約人力、物力、財力及時間無數，確保艦隊航續力及戰力，使全軍艦隊得以隨時馳赴戎機，決勝海上，著有功勳。
> 四十九年十月十三日迄十六日，於代理六二，八地區後勤運輸支隊長期中，率領中訓、美頌、大明等艦在八級強烈季風下試登東引南澳灘頭成功，安全下卸國防工程重裝備等十餘輛，使東引國防工程得早日竣工，並提高東引下卸量逾二十倍以上，解決東引歷年運補之大難題，因而增大東引之戰略價值，有利台海作戰全局。
> 同年十一月間，率領峨嵋艦參加襄陽大演習，並榮任總統座艦。以克難方式自力完成兩舷晝夜加油及高線傳遞設施，白晝及黑夜在八級強風之海上，實施雙舷同時加油及高線傳遞成功，突破往昔紀錄，創我海軍之先例。且保養訓練及統御優良，蒙總統召見，而予褒獎。[281]

其中所提及的襄陽大演習，是國府遷臺以來國軍最大規模的三軍聯合作戰演習。演習於1960年（民國49年）11月上旬揭開序幕，參加的部隊除陸、海、空三軍外，並包括空降部隊、心戰部隊、戰地政務部隊及女青年工作大隊一隊，總數約為十四萬餘人，預定11月20日（即演習預定的D日）展開規模龐大的兩棲突擊登陸作戰。[282]其前一天（11月19日）上午，蔣中正總統至高雄縣鳳山陸軍第二士官學校內的聯合作戰演習司令部，聽取計畫報告，並有所指正。下午3時，乘峨嵋艦出高雄港，參觀海軍演習

---

[280] 《海訊日報》（高雄），1959年8月10日，第1版。
[281] 周非，《自傳》，頁6～8。
[282] 《中央日報》（臺北），1960年11月20日，第1版。

圖75（左上）：襄陽演習峨嵋軍艦上將星雲集，前排第三為海軍總司令黎玉璽
圖76（左下）：襄陽演習中父親於峨嵋軍艦上留影，身後戴墨鏡者為國防部長俞大維
圖77（右）：蔣中正總統登臨峨嵋軍艦親校襄陽演習

圖78（左上）：峨嵋軍艦進行海上加油
圖79（左下）：父親主持峨嵋軍艦艦慶紀念
圖80（右上）：峨嵋軍艦進行高線傳遞
圖81（右下）：父親與峨嵋軍艦主官幕僚合影，父親右邊為副長張維正中校

八課目。晚8時，參觀夜間演習，「對於其兩艦高線傳遞與補給課目，亦為此次新設課目，頗感重要」。[283]可見其對峨嵋等艦的操演表現頗為重視。

1960年6月2日，國防部以父親於1957年7月3日至1960年2月24日累積記功積滿三大功，著有功績，依海軍獎章頒授辦法規定，給與「海風獎章」一座，以資證明。署名的為國防部長俞大維，參謀總長彭孟緝，總司令黎玉璽。[284]

1960年10月20日，父親蒙蔣中正總統召見，是日上午11時15分，蔣在臺北「分別接見李敦謙、周非、李秉惕、蕭子真、王培祖」。[285]同年11月1日，父親被任命為海軍士官學校校長，於12月2日就任，仍兼峨嵋軍艦艦長至次年1月底。[286]

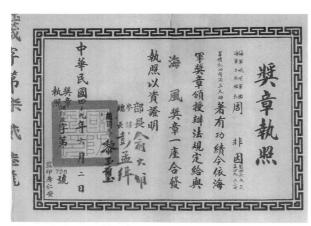

圖82（左）：中華民國政府頒給父親之海風獎章執照（1960年6月2日）
圖83（右）：父親之海風獎章（編號726）

---

[283] 《蔣介石日記》（未刊，美國史丹福大學胡佛研究所圖書檔案館藏），1960年11月19日。

[284] 見該獎章執照，執照文號為（49）鈺箴字第726號。

[285] 見〈總統事略日記〉，1960年10月20日，《蔣中正總統文物‧其他—總統事略日記》（臺北：國史館藏），典藏號：002-110101-00015-020。此後父親再度被召見是在1961年2月6日，是日上午10時，蔣在高雄接見市長陳啟川，「十時十分，接見郝柏村、文立徵、傅伊仁、韓斌、瞿文柄、馬武奎、何振起、馮啟聰、崔之道、高如峰、孫甦、宋長志、楊珍、周非、袁國徵、劉炯光、陳御風、張嶸生、陳毓亮」，11時，接見賴名湯、馬紀壯；〈總統事略日記〉，1961年2月6日，《蔣中正總統文物‧其他—總統事略日記》，典藏號：002-110101-00016-036。第三次是1964年4月4日，是日上午10時50分，蔣「分別接見周非、曾幼銘、廖志希、李少華」，11時，接見徐煥昇；〈總統事略日記〉，1964年4月4日，《蔣中正總統文物‧其他—總統事略日記》，典藏號：002-110101-00029-004。第四次是1966年4月5日，是日上午11時20分，蔣在臺北「接見梁序昭（駐韓大使）、朱家才、周非、李北洲、王宗燧」；〈總統事略日記〉，1966年4月5日，《蔣中正總統文物‧其他—總統事略日記》，典藏號002-110101-00038-003。

[286] 周非，《自傳》，頁8。

陸、升為將軍（1962年）以後

　　1962年（民國51年）1月1日，父親在海軍士官學校校長任上晉升為海軍少將。時父親正在美國加州聖地牙哥（San Diego）的海軍訓練中心（Naval Training Center）考察教務（1961年10月至1962年3月），海軍士官學校校長職務由教育長卓祖馨上校代理。

一、海軍士官學校校長

圖84（左）：父親之海軍士官學校校長任命令（1960年11月21日）
圖85（右）：父親初任海軍士官學校校長時留影

　　父親夙與海軍士官學校有所淵源。該校係於1948年（民國37年）1月在南京成立籌備處，進行建校事宜，同年3月1日，正式奉准成立於臺灣左營，當時校名為海軍軍士學校（俞柏生任校長）。父親因所服務的海軍新兵第一大隊奉命併入該校，乃改任該校新兵第一大隊少校副營長。同年9月，升任該校新兵第一大隊中校大隊長，至次年7月20日卸任他調。關於海軍軍士學校的籌建過程及建校之初的情況，當時有人記述云：

　　　背後是碧濤萬頃的大海，面前是青翠巍峨的半屏山，成千的生龍活
　　　虎一般的青年在裡面規律的活躍著；黎明以前，黃昏以後，臨近的

新村都可以聽到他們雄壯的歌聲，這就是海軍士兵學校。

這個學校才有兩年的歷史。是三十七年一月的時候，海總部派第五署第一處處長俞柏生來臺灣著手籌辦，經覓定日治時代的西海兵團為校舍，這時的西海兵團幾經戰時的轟炸和莠民的破壞，已經是一片瓦礫了。經俞校長和開辦的同人的努力，兵舍和校本部的房屋才次第建築完成，粗具學校的規模。

當時受訓的士兵，有軍士第一、第三兩個大隊，是就海軍通訊訓練班和江陰第三練兵營改編成立的。另外有新兵第一、第二、第三三個大隊，是就海軍第一練兵營改編和在各地招考來的初中畢業青年於江陰次第成立的。以後都集中到臺灣來歸還建制，才正式定名為海軍軍士學校。校本部設辦公室、監察室和教育、訓導、補給、教練四個處。[1]

1949年（民國38年）7月，海軍軍士學校改名為海軍士兵學校（宋長志任校長）。1955年（民國44年）8月，為配合政府實施士官制度，復更名為海軍士官學校（齊鴻章任校長）。該校在建校初期，係以負責艦艇新兵及士官基礎教育為主。1952年間，為拓展兵源，以適應艦艇補充需要，除保持原訓練任務外，並辦理臨時對外招生。1954年冬，政府實施新兵役法後，復奉命接訓第一、二期徵集補充兵及預備士官之訓練任務。1956年3月19日，開始在教育設備極限條件下每月接訓大量梯次常備兵，並同時建立長期對外招生制度，以充裕兵源，而為建軍復國之需。1959年（民國48年），奉命兼負海軍預備軍官、限職軍官及軍文人員改敘軍官之訓練任務。1960年11月1日，為遵照層峰精簡員額規定，乃呈准海軍總部核頒新編制，計裁減官56員，士官兵159員，並裁撤學生大隊及教務科各兩個，另成立總教官室一個。[2]

根據新編制，該校隸屬於海軍總司令部，校長（編階為少將）之下轄政治部、教育處、行政處、總教官室、主計處、及學生總隊六個單位。員額為軍官423員，士官兵374員，學生2,000員。[3]

---

[1] 史如洲，〈介紹海軍士兵學校〉，《海軍士兵》，第1卷第1期（1950年3月），頁15。
[2] 《海軍士官學校沿革史（四九～五三年）》（未刊，臺北：海軍司令部藏），〈一、概述〉。
[3] 同上，〈二、組織遞嬗〉。

綜觀父親在海軍士官學校校長任內（1960年[民國49年]11月至1964年[民國53年]4月），可資記述的重大興革事項，約略如下：[4]

1.訓練教育班長以增加幹部新血輪（1961年[民國50年]2月17日）——選拔部分優秀學生分科槍砲士官班，同時並施以教育班長所應具備之基本動作，以及管教之訓練，畢業後分發服務。其成果為新訓練的教育班長精神飽滿，動作熟練，管教有方，成效卓著。惟新教育班長和舊教育班長之間若干觀點，尚待溝通。

2.運用縮小靶實施射擊教育（1961年4月18日）——校運舉行射擊比賽時，為符合國軍射擊標準，乃施行縮小靶，並縮短距離，進行射擊比賽，並作為今後射擊教育的依據。其成果為實施後一般射擊成績已較前提高。惟各項縮小靶之射擊設備未能配合設施，如靶溝、靶架、射擊台等，尚有待設立永久性者。

3.加強隊職官巡堂要求（1961年5月1日）——為了對隊職官之巡堂考勤確實公允，以命令發佈，將隊職官巡堂簽名次數逐日用表格方式統計，每月發佈各階層隊職官巡堂情形。其成果為實施以來，教室區已無學生散漫情形。惟尚待建立明確的獎懲辦法。

4.劃分教室保管責任（1961年5月1日）——將全校普通教室劃給大隊，並責成中隊派學生住於教室內，長期保管。其成果為實施以來，確已減少損壞情事。惟開班情形不能配合教室劃分，其原因乃兵源狀況多寡不一，而班次訓練期間又長短不齊所致。

5.安裝SQS-10傳真聲納乙具（1961年5月6日）——先由校方以口頭向顧問團首席電子顧問申請，旋由電子顧問法勒爾簽證同意，並於1961年4月21日開始安裝，於5月6日全部完工。其成果為：（1）全部利用該校教官、助教能力達成任務；（2）使該校教學裝備能配合海軍艦艇換新，而使學生在該校受訓後即能在艦上使用此項新裝備。檢討：（1）節省時間二月半；（2）節省音鼓乙個，而以設計電泡代替；（3）發揮克難創造精神，在極短時間內安裝完畢，調整後即供訓練應用。

6.全校區環境美化案（1961年5月11日）——（1）計劃範圍種植果樹花木，馬路旁鋪草等，由行政處製定美化詳細要圖，照圖實施。（2）劃

4　以下所列舉各項，均係參照《海軍士官學校沿革史（四九～五三年）》，〈六、重大興革事項〉。

分工作區域以優先秩序，配合總隊訓練計劃，分配各單位實施。（3）擬訂成果驗收小組，評定績效以作獎懲之依據。自開始到驗收，全部工作計25天，其成果為：（1）建立花圃20餘處，花木種植5,000餘株，果樹百餘株。（2）馬路兩旁種植草坪千餘坪，修剪樹木3,000餘株。（3）建築人行道約150公尺，並整修圍牆及種植刺樹15,000株。（4）以上各項工程均以運用兵工克難方式完成。檢討：（1）該案計劃開始至驗收計25個工作天，達到新速實簡要求。（2）運用兵工及發動學生勞作，以最少的財力，發揮高度的成效，致有上述成果之收穫，此種克難奮鬥之精神，實為該校創校以來發動勞作最成功的紀錄。

7.該校第二伙食團部分實施自助餐（1961年12月）──該校第一、二伙食團原為六人一桌共餐而食，因限於財力，自1961年12月16日起，先由第二伙食團校部各隊實施自助餐。其成果為各自用餐，互不妨礙，對官兵衛生健康增益良多。檢討：第二伙食團實施自助餐後，反應一致良好，俟各項工作籌備完成後，第一、二伙食團將全部實施自助餐式。

8.改進學生被服配發方式（1962年[民國51年]3月）──該校為對學生服裝均能穿著適體爭取時效起見，由補給組直接配發到學生個人，同時建立團體及個人裝備卡，以資管制。其成果為實施以來，減少中隊申請與保養之煩。惟服裝型號不全，尚待上級設法籌製。

9.成立001區隊（1962年4月）──該區隊的成立，係父親訪美考察返校後，準備改制的先聲。001區隊係專門管訓招考學生，並按美制每80員編成一活動單位（連），以便管理。其成果為招考學生集中管訓後，減少其他中隊若干管訓上的困擾，而招考學生能有一專門中隊管訓，可提高其榮譽感，並增加活力。惟部分招考學生素質較差，必須長期陶冶，始能收潛移默化之效。

10.興建該校籃球場夜光設備（1962年4月）──籃球場夜光設備為訓練上迫切之需要，特以克難方式裝置，已於4月30日圓滿完成。其成果為對該校籃、排球夜間訓練競賽活動之困難，已告解決。惟該校體育經費不敷支付，由該校服務支社補助二千元，始克服困難。

11.編訂該校政訓工作作業手冊（1962年5月）──為配合當前革命情勢與教育訓練之需要統一工作作法，並便利基層政工人員作業，特編訂該校政訓工作作業手冊一種，自1962年1月起，由集會研討至編撰修正，經

集合全校政工人員之智慧與經驗，歷時數月，迄是年5月，始克完成。其成果為完成該校官兵學生政治訓育各項辦法22種，附表14種，內容允稱具體充實。

12.編纂該校學生政治課程教案（1962年5月）——為求對全體學生、新兵政治教育的改進與推展，曾於1961年編纂完整體系之分級教材一種，施教以來，效果良好。茲為求得教學之統一，更求教育效果之宏揚，依據該教材編纂分級教案乙種，初稿於5月底全部完成。其成果為教案完成後，對施教方面，將收統一之效，說法一致，進度一致，對於新進之教官助益尤大。

13.《海軍青年月刊》改版，調整版面（1962年5月）——為求改進該刊版面新穎，編排靈活，內容充實，特自是年5月份起，將該刊刊頭橫排，並刊入海軍及該校要聞簡輯，每版予以插入文與圖，中縫二面均排入每月小說及每月文藝。其成果為：（1）自改進後，該刊型式變成大報型，獲一般好評。（2）文與圖頗受讀者歡迎。（3）每月小說及每月文藝利用中縫，頗受好評及歡迎。惟該刊經費雖酌予增加，然因製版費加多，致稿費仍未達到一般標準，故稿源仍不太充裕。

14.成立檢閱組任務編組（1962年6月）——成立該組為未來改制鋪路，檢閱組之任務實施受訓學生人員服裝、內務、寢室、環境清潔及部隊行進等五項檢查。該制度係因新創，為加強各級幹部之認識，先成立連隊訓練班，實施輪帶式之訓練，以健全思想統一作法。其成果為：（1）各區隊長責任感已加強。（2）部隊精神已顯出蓬勃朝氣，緊張而活潑。（3）整潔方面最有成效，凡經指出之缺點均立即改正。（4）學生對服裝穿著，不敢隨意損污，同時杜絕亂坐亂躺之壞習慣。惟因檢閱組幹部不敷應用，對分科中隊僅能作局面之檢查。

15.成立操演組任務編組（1962年6月）——該組成立之目的亦為改制先聲，其任務為統一全校陸操教練及動作細節，目前抽調各級優秀幹部組成，逐步展開工作。其成果為該組已臻規模，組內工作幹部已集訓完成，並繼續訓練各級隊職幹部，對於各隊隊形之編排，旗章之操演，操作場地之劃分，以及組內應用之各種器材圖表系，亦大致齊備。惟該組工作繁重，幹部不敷，對於統一實施教練，尚有待調整安排。

16.訂定圖表教材盤存與管理方法（1962年6月）——該校軍事教育圖

書日漸增多，已近萬冊，惟欠完善管理辦法，自是年4月1日起，從新登帳盤存製卡，研訂管理與借閱辦法，至6月底完成。其成果為使軍事圖書教材運用簡便，帳目精確，發揮至大效果。只是，盤存時人力不足，甚感困難，今後管理仍須增多人員。

17.創立招考學生教育新制度（1962年7月1日）——為培養優秀士官，奠定海軍永久基層幹部良好基礎，特針對研究改進招考學生教育計劃，延長訓練期限，增訂課程項目，加強政治及軍事教育，並充實其基本學識，經訂定兩年新制度教育計劃，呈報海軍總部核准實施，並根據程度區分為甲乙丙三組施教，1963年度計開辦乙組士官班四期訓練。此新制度對改進青年典型，培育優秀士官，奠定海軍永久基層幹部基礎，收效宏大。

18.創立新兵服勤制度（1962年8月1日）——為磨練學生服從守紀，勤勞堅苦，服務團體良好德性，特在新兵入伍教育階段中，參照美海軍訓練制度優點，實施一週之服勤訓練，以食勤、傳達、勤務、警衛、環境清潔等為訓練課目，訂定實施辦法，包括指揮、管理、考核、獎懲規則，自1963年8月起實施。其成果為完成訂定新兵服勤週教育計劃，並自新兵第79梯次起實施，共計訓練學生3,151人。此制度對磨練學生勤勞堅苦，服務團體良好德性及龐大人力運用上，成效極著。

19.成立實驗工廠，擬訂作業規程，呈核頒佈實施，承受海軍艦艇工程及軍品整修工程，供學生實作訓練，測驗民間專長，鍛鍊該校教官、助教技術，支援艦艇修護（1962年11月1日）——（1）擬訂該校實驗工廠承修校外單位委託工程實施辦法，報部核備。（2）簽請調派技術人員。（3）籌集工廠機械裝備。（4）擬訂工作獎金及交建校基金實施辦法。（5）正式承修艦艇及軍品整修工程。其成果為：（1）聯珠艇改裝損害管制船。（2）305艦拆卸吊桿絞機，艙口工程（陸供部裝載訓練用）。（3）永嘉艦修理工程。（4）合永艇安裝佈纜架工程。（5）東海艦洗艙工程。（6）小艇鐵錨52付新製工程。（7）洛陽艦螺絲填料管凸緣墊新製工程。（8）大業計劃小艇手旗110付，及回答旗110面新製工程。（9）小艇伸軸伸葉修理工程。（10）氧氣瓶28只，CO_2滅火器70只，行軍床20張，吊床241具，電瓶661個，沙發椅68把修理工程。（11）P500, P60各5部修理工程。（12）航儀修理工程。（13）大茂廢艦拆卸機械裝備工程。（14）步槍1,000枝解體工程。

20.政治專科教室（1962年12月10日）──（1）自1962年5月開始招商工程，分兩期進行，至同年12月全部完成。（2）第一期工程費25,000餘元，1962年5月訂約，由中華廣告工程行承辦，7月底竣工。第二期工程費4,000餘元，於11月20日開工，12月10日全部竣工。其成果為：（1）立體電動建國藍圖一幅。（2）大陸實況一幅。（3）今日臺灣一幅。（4）國際形勢圖一幅。（5）北伐前後形勢圖一幅。（6）日俄瓜分中國藍圖一幅。（7）朱毛成立與叛亂圖一幅。（8）總統引退時全國形勢圖一幅。（9）俄帝對歐美之迂迴路線圖。（10）俄帝第一次笑臉外交圖一幅。（11）俄匪戰爭經濟計劃圖一幅。（12）立體標語幻燈銀幕等項目。其優點為政治專科教室設置後，對教學方面助益很大。缺點為：（1）該校訓練班次多，學生人數多，專科教室容量僅有百人位置，以是尚感狹小。（2）電動圖表燈泡易壞，不能保持長久。

21.實施民間專長輔導訓練（1963年[民國52年]1月19日）──為使新兵班發揮民間專長技能，以配合海軍需求，並擷取美海軍訓練中心以民間專長運用於軍中之訓練辦法，建立該校新兵民間專長輔導訓練制度，在新兵教育7週後，予以3週輔導訓練，使民間專長充分運用於軍中。該項實施辦法經呈報總部，核准實施。其成果為完成訂定新兵民間專長訓練教育計劃，並自新兵84梯次起實施，共訓練民間專長學生262人。此舉對發揮民間專長技能運用於軍中，具著成效。

22.整修東西大廚房及環境衛生（1963年4月）──東西二大廚房，因使用年久，且設備陳舊簡陋，不合現代實際要求，經全體食勤人員利用工暇克難檢修，計有：（1）爐灶修理及磨石子；（2）牆壁砌水泥及粉刷；（3）儲藏櫃、水池及炊事兵寢室整修；（4）門窗裝紗；（5）開闢花圃，美化環境；（6）整修週圍道路、水溝等。使整個環境豁然改觀，充分表現克難超敵精神。

23.革新文書方案（1962年11月至1963年5月）──自1962年11月15日奉海軍總部通令後，即予轉發，並開始籌辦。同月26日，參加海軍總部巡迴講習。1963年1月3日，該校自行舉辦對全體承辦員講習。1月10日，訂頒督導考核事項，轉發海軍訓令彈簧夾。3月13日，發佈該校訓令，配佈區分表。4月25日，再舉辦文書處理示範講習，以增進行政效率。其成果為：（1）海軍統一文書檔案分類號校方已遵照自1963年1月1日起全盤澈

底施行。（2）海軍訓令已照規定轉發與裝訂。（3）歸檔率亦自71%提高到85%。（4）減少公文手續上錯誤及發文速率，均有甚大進步。

24.成立內部傳遞中心（1962年7月至1963年6月）——1962年7月初，父親（周校長）指示應即研究傳遞中心之可行性。同月19日，完成參謀研究。8月20日，舉行成立傳遞中心等座談會。8月24日，會請總務科克難自製傳遞盒。1963年1月，訂頒該校內部傳遞中心作業程序，開始實施。2月9日，鑑於工作人員職責尚欠明瞭，乃再訂頒業務區分表。4月25日，並利用文書講習之便，附帶將該中心實施後之優缺點及改進意見述明，以促成更進一步的施行。其成果為實施以來，該校內部傳遞工作已漸趨規律化與系統化，速度亦比往昔迅捷而有效。惟：（1）中心工作人員調動頻繁，頗難控制。（2）新調入工作人員業務生疏，須經常輔導，頗增繁瑣。

25.新建救火實習艙（1963年5月12日至6月25日）——本科救火實習項目，過去僅油池火撲救操演，因設備不夠，無法實施艙間救火，難達艦艇救火要求，亟需從事此方面的訓練。其成果為增建救火實習艙一廠，使學兵能作各項艙間救火之實習。

26.創辦士官學資比敘教育（1963年7月）——（1）1963年7月11日，奉海軍總部（52）鈺培字09131號令，飭檢討現行士官班次與民間高職學校相近之科目辦理比敘學資。（2）校方奉令後，即由教育處計劃科搜集民間高職資料，檢討辦理。（3）計先後完成電工、電信、砲儀、聲納、損管、雷達、電機、機械等8科教育計劃，實施試辦。其成果為電機甲組士官班一期，人數20員，訓練日期自1963年9月16日至1965年1月18日。機械甲組士官班一期，人數26員，訓練日期自1964年2月3日至1965年7月8日。均未結業。

27.編印學生政治教育教案（1963年1月至1964年2月）——依據臨編分級教材，由各教官編撰全部教案，1963年1月至6月，初稿全部編纂並經審查完竣，11月底，全部謄寫完工，1964年2月，全部印出施教。其成果為編印教案高、中、初三級，每級包含課程10種，每級印100冊。是項教案對政治教育教學助益甚大，既可總一教官講課內容，更可節省新任教官準備之困難。又教案中對疑難詞語均有詳細考證與注解，甚為實用。

28.整修美援廚房以應急需（1964年[民國53年]3月）——該廚房因鍋灶較小，不敷目前大伙食團使用，且煙筒均有傾斜裂縫，不堪使用。經利

用食勤人員工暇，全部拆除，以克難方式整修煙筒3座，重建大鍋灶6個，水池2個，共需材料費2,000元左右，在節餘炊具費項下分月支付。其成果為整修完成後，解決伙食團不敷應用現象，使用結果，極為良好。並且較交商整修，節省公帑5,000元左右。

29.（1）增建兵舍大樓兩棟、（2）增建接送組辦公室一棟、（3）改建實驗所教室一棟（1963年7月1日至1964年4月5日）──（1）該校因受訓學生人數增加，原有宿舍不敷使用，以及尚須淘汰部分舊營舍，而申請新建兵舍大樓兩棟。其成果為淘汰舊營舍3棟，並另建鋼筋混凝土三層樓兵舍兩棟，而解決目前擁擠現象。（2）該校原有接送組辦公室，係借用該校診療所之小房間辦公，因配合今後業務之進展，申請由動員局核撥預算6萬餘元，購料自建。其成果為因限於預算，由該校兵工自建接送組辦公室一棟，面積352平方公尺。該工程完工後交使用單位，而反應良好。（3）該校實驗所教室係鐵皮房屋，其中乙112號教室，因損壞較劇而予以改建，作今後改建其他教室之示範。其成果為改建鐵皮教室為1B水泥瓦平屋一棟，所需材料費由修繕費項下支援，交兵工克難完成。此舉，可使在授課時學生免去夏天炎熱之苦，而影響授課情緒。

至於海軍士校在父親擔任校長任內可資記述的重要事績，約略如下。[5]

1961年（民國50年）1月20日──臺灣北部中外記者由海軍總部政治部副主任劉少將陪同，於是日下午至該校參觀訪問。父親於文康中心忠義廳舉行簡報，並以茶點招待，致贈每人不鏽鋼紀念劍一把。該訪問團參觀後，對該校教育設施及一般狀況，於各報刊先後均有詳盡之報導及讚佩。（按：中外記者團參觀海軍是日進入第三天程序。上午一行由海軍總部政治部副主任劉殿富少將及政一處副處長楊邦傑中校等陪同，參觀海軍總醫院，官校、士校及專科學院。預定次日乘艦出海，參觀海上操演）。[6]

1961年3月1日──該校以往有眷官士兵主副食品領發，均由各員自帶盛器，到校內米庫提取，有用自行車運搬，有用手提肩負，形形色色，花樣百出，實有礙軍人觀瞻。校方有鑑於此，自是日起開始送補到家，計每

---

5 以下所列舉各項，均係參照《海軍士官學校沿革史（四九～五三年）》，〈八、可資紀念重要事蹟〉。括號內的「按」語文字，則係參閱當時報刊所載或其他資料所作的補充說明。

6 《海訊日報》（高雄），1961年1月20日，第1版。

月送補需時5天,是為海軍左、高地區送補到家創舉之單位。

1961年3月16日——該校學生總隊各大隊及校部各隊原有7個伙食團,
而每一伙食團辦理情形不一,管理不善,常有學生吃不飽及月底主食米透
支之現象。因此,自是日起,經請臺北勤務處食勤優秀軍官陳正樞上尉來
校協助策劃改善伙食,並以第二大隊為示範伙食單位,而其他各隊同時由
經理科派員接辦,以第二大隊伙食團為中心。自接辦日起,除早餐稀飯、
饅頭、小菜或間食豆漿外,每餐三菜一湯(二葷一素),並注意烹飪技
術,顧到「色、香、味」,使全體官兵生人人吃得飽為原則。

1961年4月12日——1961年度菲律賓華僑學生回國觀光團游洋隊至該
校接受戰鬥訓練,為期兩週,男女學生共52名,訓練科目有海軍常識、政
訓活動、康樂活動、參觀訪問等。

1961年4月21日至22日——該校舉行第九屆運動大會,學生方面設有
田賽、徑賽、游泳、武裝賽跑、手榴彈擲遠、超越障礙、步槍射擊、團體
接力及拔河比賽等9項錦標外,另有官員及戰士單項運動比賽。大會經兩
日競賽結果,計有百公尺、跳高、超越障礙打破該校紀錄。父親於閉幕
典禮時訓詞中,說明今後必須繼續保持各項優點,而加以發揚光大云。
(按:該屆校運會共有運動員及大會職員一千餘人參加,競賽過程激烈,
李金井在一百公尺短跑項目中,以11秒5的成績刷新校運紀錄;林國平在
跳高項目中以1.70公尺成績平校運紀錄)。[7]

1961年5月15日至19日——全海軍第十屆運動大會在左營舉行,該校
代表隊計160餘人與會。大會經數日來競賽,結果該校於參加16項錦標賽
中共獲8項冠軍,5項亞軍,3項季軍,為該校參加全海軍運動會有史以來
空前勝利,成績輝煌。(按:該運動大會為期5天,有來自全海軍39個單
位代表隊4,000餘人參加。揭幕典禮由大會兼副會長曹仲周副總司令代表
會長黎玉璽總司令主持,典禮結束後,隨即由海軍子弟小學學童表演團體
舞,艦隊及陸戰隊儀隊聯合表演操槍。[8]閉幕典禮於19日下午4時舉行,
計有35項重寫大會紀錄。[9]其中有2項刷新全國紀錄,3項破國軍紀錄,30

---

[7]　《海訊日報》(高雄),1961年4月21及22日,第1版。該報的報導謂跳高成績平校運紀錄,
　　非為打破,並未提及超越障礙賽破該校紀錄事。

[8]　《青年戰士報》(臺北),1961年5月16日,第3版。

[9]　同上,1961年5月20日,第3版。

項寫下海軍新頁[10]）。

1961年6月30日——由該校政治、文史教官歷時一年餘編纂之學生高、中、初三級政治教材，於是日印製完成。自7月1日起，各班隊學生一律使用新印分級政治教材上課，以收因才施教之宏效。該項教材計分主要課程：三民主義述要、領袖言行、軍人精神教育淺釋；次要課程：國民革命簡史、共匪禍國史、心理學講話；普通課程：配合社會科學常識、國軍政工簡史、中華民族英雄傳、中華歷史、中華地理、總統訓詞等14種課程。

1961年7月1日——是日為該校建校13週年校慶，於上午9時假中正台舉行慶祝大會，全體官兵生參加，由父親主持，會後並有球賽、會餐、晚會等節目。（按：是日上午8時30分，該校於大操場舉行閱兵分列，由父親任校閱官。9時，假中正台舉行慶祝大會。10時及下午3時，假該校籃、排球場各舉行一場籃、排球友誼賽，特邀請聯勤「忠勤」女子籃球隊及海軍供應司令部排球隊與該校「老爺」隊表演。12時正，假該校大操場舉行大會餐。晚間，舉行兩場慶祝晚會，除放映電影《驅逐艦英雄》名片外，並演出話劇《待字閨中》助興）。[11]

1961年7月6日——海軍總部1961年年終校閱組，由副組長鄭天杰少將率領，於本日下午2時30分至校校閱。經6、7兩日分組校閱各部門業務，於7日上午10時20分全部校閱完畢，成績良好。

1961年7月11日——海軍總司令黎玉璽上將蒞校視察，除垂詢校務外，並指示興革事項。

1961年8月4日——海軍總司令黎玉璽上將於上午9時40分蒞校，主持海外青年（旅日）回國觀光團海洋隊講習會開訓典禮，於11時15分離校。（按：該講習會開訓典禮，係是日上午10時30假海軍士校大操場舉行，黎玉璽總司令在典禮中致詞歡迎該旅日僑生在學業完成後回國參加海軍。典禮至11時圓滿結束，應邀蒞臨觀禮的尚有海軍總部政治部主任江國棟少將，旅日僑領王慶雲、陳盛南等數十人）。[12]

1961年8月5日——美海軍臺海巡邏部隊參觀團於下午3時至校參觀各項操演，於4時離校。（按：新任美海軍臺灣海峽巡邏艦隊司令史楚恩少將，

---

[10]　《海訊日報》（高雄），1961年5月19日，第1版。
[11]　同上，1961年7月1日，第1版。
[12]　同上，1961年8月4日，第1版。

圖86（左）：海軍士校慶祝建校十三週年舉行閱兵分列，由父親任校閱官
圖87（右）：父親主持海軍士校建校十三週年慶祝大會

係8月4日晨自琉球乘其旗艦AV7號抵達高雄港，登岸後即展開為期三天的訪問活動。8月5日，史氏一行續在海軍基地參觀，上午，前往海軍陸戰隊作為時兩小時的參觀訪問。下午，前往海軍官校及海軍士校訪問）。[13]

1961年8月30日──陸軍第二軍團部足球代表隊來校訪問，並與該校足球隊舉行友誼賽，結果3比0客隊獲勝。

1961年9月14日──美軍顧問團（正式名稱為「美國軍事援助技術團」Military Assistance and Advisory Group）海軍組組長（爾凡上校）於下午4時10分來校參觀，除接待簡報外，並舉行陸操、手旗、砲操等節目，該組長於6時離校。

1961年9月28日──該校慶祝本年度教師節並表揚優良教官胡公霖等21員，由父親主持頒獎。

1961年10月10日──本年國慶慶祝大會於上午9時在中正台舉行，全校官兵生參加，並遵照海軍總部規定，舉行大會操，計參加學生800餘人。

1961年10月12日──西班牙阿里巴報專欄作家郭美仕等3人，於上午9時50分來校參觀，除接待外，並舉行操演、手旗、砲操、救火、堵漏等節目，於10時30分離校。（按：郭美仕係於是日上午9時自高雄市抵達左營海軍基地，首先拜會軍區司令高如峰少將，晤談約一刻鐘。9時15分，郭氏由軍區聯絡官室楊文剛主任及新聞發佈中心程健吾上尉等陪同赴海軍官

---

[13] 同上，1961年8月4日及5日，第1版。

校參觀。繼至海軍士校參觀,由父親接待,並招待參觀砲操及損害管制訓練情形。10時50分,參觀完畢,離基地)。[14]

1961年10月27日——大韓民國海軍參謀長李成浩中將由總司令黎玉璽上將陪同,於上午8時10分蒞校訪問,歷時50分鐘,除以軍禮接待與簡報外,並參觀各項操演及設備。(按:李成浩係10月23日下午4時30分,偕同韓海軍陸戰隊第一師師長金斗燦少將,後勤次長張志洙准將等6員飛抵臺北,開始在中華民國為期6天的訪問。[15] 10月27日上午8時10分起,由海軍總司令黎玉璽上將陪同,首蒞海軍官校,聽取一項簡報後,參觀鼓號樂隊表演及該校環境與設施。[16]繼赴海軍士校參觀手旗操演、砲操、英語教學、航儀教室、收發報機實作、救火堵漏操演;並參觀該校電子工場、電工廠、機械工場、鐵工場及理化試驗室等;於11時許轉赴海軍陸戰隊參觀。下午1時30分,轉赴岡山乘專機返回臺北[17])。

1961年10月28日——父親率隨員5員,於本日離校赴美考察教務(赴美期間校長職務由教育長卓祖馨上校代理)。

1961年12月1日——由第一軍區部參謀長王學文上校率領之海軍左、高區機關、學校、廠所1962年度史政業務競賽評判組人員,於下午3時來校評審校方史政業務,於4時30分離校。

1961年12月13日——陸軍第二士官學校校長張聞聲少將,率領官員36人,於上午8時來校參觀教學方法、教育設備、環境內務、學生管理等,於10時30分離校。

1962年(民國51年)1月5日——奉海軍總部(51)鈺松字第033號令轉奉國防部(51)第004號任官令核定,任該校校長的父親自1月1日起晉升為海軍少將。

1962年1月18日——海軍副總司令劉廣凱中將蒞校作主官視察。

1962年1月23日——海軍總部學校教育視察組由副督察長馬忠漢上校率領,於下午2時蒞校視察有關教育計劃、考核教材等辦理情形,於6時離校。

---

[14] 《海訊日報》(高雄),1961年10月12日,第1版。
[15] 《中央日報》(臺北),1961年10月24日,第1版。
[16] 《臺灣新聞報》(高雄),1961年10月28日,第2版。
[17] 《海訊日報》(高雄),1961年10月27日,第1版。

1962年1月31日——該校代訓第10期第5梯次預備軍官班學生107員，於本日結訓，由海軍副總司令曹仲周中將蒞校主持結業典禮。

1962年2月10日——國防部動員局局長林中將，於上午9時蒞校視察教育訓練情形，於10時離校。

1962年2月23日——教育部黃季陸部長本日蒞校參觀教育設施。

1962年3月19日——父親率隨員赴美考察4月餘，於本日返校。

1962年3月20日——該校參加本年國軍康樂大競賽軍歌比賽，經上級評定為三軍學校組第一名，於本日奉國防部頒發獎狀乙幀，以示獎勵。

1962年4月18日——國防部國軍軍事教育研委會士官教育訪問組，由陸軍第一士校校長率領，於下午3時蒞校訪問，該校特舉行簡報，報告該校教育作業、器材設備、營舍狀況、訓練容量及目前開班訓練情形。簡報後並參觀教學情形，於6時離校。（按：該訪問組係由三軍暨教育部高等教育司人員所組成，在國軍各士官學校進行訪問，以瞭解各軍事學校的教育概況，作為今後全般工作改進的參考。是日下午，訪問組一行11人，由陸軍第一士校校長江學海少將率領，前往海軍士校作為時半日的參觀訪問）。[18]

1962年4月24日——阿根廷女作家瑞伯羅夫人本日來校參觀訪問。（按：該女作家年約40許，通英、法、西班牙語文，著作甚多，又係一演說家，對該國報章雜誌影響力甚強。是日上午9時30分，該女作家由國防部新聞局聯絡官鄭錦章及行政院新聞局專員田樹培等陪同，抵達左營海軍基地參觀，首先拜訪軍區劉副司令，然後驅車參觀海軍官校及士校教育概況。最後遊覽基地，於11時30分離去）。[19]

1962年4月25日——該校教育長卓祖馨上校，奉海軍總部（51）鈺松字第2972號令，調太康軍艦艦長，自是年4月16日生效。

1962年4月30日——（1）海軍總部政治部主任阮成章少將為瞭解該校學生受訓情形，於本日蒞校視察。（2）該校籃球場夜光燈，經總教官室以克難修建，已於本日全部完工，並邀請菲華群英籃球隊蒞校作友誼賽，以慶落成。

---

[18]　同上，1962年4月18日，第1版。

[19]　同上，1962年4月24日，第1版。按：《海軍士官學校沿革史（四九～五三年）》記為4月23日事，應誤，特予更正。

1962年5月22日——彰化縣中等學校校長軍事學校參觀團一行30人，於本日來校參觀教育設施。（按：該參觀團係由該縣教育會理事長率領，包括彰化縣縣長呂世明，議長洪挑等在內，於是日上午9時許抵達海軍官校，由高如峰校長親自接待，聽取簡報，參觀教學環境及設備等，於10時30分離去後，繼赴海軍士校，任該校校長的父親亦親自接待，並舉行簡報，引導參觀砲操、英語教學、手旗通信教學等。至11時許，始行辭去。下午4時，該參觀團繼續參觀艦艇1艘）。[20]

1962年5月25日——南投縣中等學校校外生活指導委員會一行9人，於本日來校參觀教育設施。

1962年5月31日——新任美臺灣協防司令梅爾遜海軍中將，由海軍總司令黎玉璽上將陪同，於下午3時蒞校訪問，並舉行簡報及參觀教育設施。（按：梅爾遜Charles L. Melson,1904年出生於維吉尼亞州之里奇蒙Richmond,1923年入美海軍官校就讀，1927年畢業，1960年7月，以海軍中將調任美海軍第一艦隊司令，其新職為美臺灣協防司令。[21]1962年5月31日上午8時30分，梅爾遜首先拜會海軍艦隊指揮官崔之道中將，曾舉行簡報，然後開始巡視海軍顧問組，並參觀艦艇及港區，繼赴兩棲訓練部參觀。午後參觀海軍造船廠、海軍官校、海軍士校。黎玉璽總司令於下午5時30分，在四海一家舉行歡迎梅氏酒會，並介紹海軍高級官員與其見面。晚間，崔之道指揮官設宴款待梅氏及其隨行人員。次日上午，梅氏將以半天時間參觀海軍陸戰隊[22]）。

1962年6月16日——國防部副參謀總長馬紀壯上將，於上午7時率隨員動員局局長等蒞校視察有關新兵訓練情形，於簡報後參觀各項教育設備，於7時40分離校。

1962年7月1日——本日為該校建校14週年校慶。上午8時30分，舉行慶祝大會，由父親主持，會後並舉行閱兵及球賽等節目；中午，大會餐；晚間，舉辦康樂晚會，官兵生同樂。

1962年7月30日——該校籃球隊參加海軍盃籃賽，先後3次循環，經過9場比賽，戰績為8勝1負，榮獲亞軍。

---

[20] 《海訊日報》（高雄），1962年5月22日，第1版。
[21] 《青年戰士報》（臺北），1962年3月20日，第2版。
[22] 《中央日報》（臺北），1962年6月1日，第3版。

1962年8月27日——海軍本年度全軍排球賽,共有9個隊參加,假該校球場舉行,採分組循環賽。該校甲、乙兩隊經過7場比賽,獲得全勝,分獲忠、義兩組循環冠軍。

1962年9月2日——該校「九三」軍人節慶祝大會改併本日「臺海勝利紀念日」合併舉行,由父親主持,會後並舉辦大會餐及晚會節目,官兵生同樂。

1962年9月5日——反共義士劉承司、邵希彥。高佑宗3人,於下午3時來校訪問,除接受該校官生歡迎外,並參觀教育設施,於3時30分離校。

1962年9月25日——美軍顧問團海軍組組長艾倫上校,於上午8時20分蒞校訪問,除舉行簡報外,並舉行閱兵操演及參觀教育設施,於10時參觀完畢離校。

1962年10月10日——本日為國慶日,該校於上午8時30分假中正台前舉行慶祝大會,由父親主持,全校官兵生均參加,會中並有演講節目,晚間並舉行晚會,官兵生同樂。

1962年10月16日——回國慶祝國慶之各地華僑團體一行數百人,分乘大巴士數十輛,於下午2時30分來校參觀各項教育設施,於3時離校。(按:該華僑團體一行350人,由行政院僑務委員會委員余朝英率領,於是日下午1時50分抵達左營海軍基地,先至「四海一家」稍事休息,海軍艦隊指揮官崔之道中將代表黎玉璽總司令以茶會予以接待。2時30分,僑胞們自「四海一家」乘車緩行經海軍官校到海軍士校,參觀該校準備的6項操演:閱兵操槍、砲操、手旗操演、進出港部署、拋纜、救火等。3時10分,復驅車抵達陸戰隊LVT部隊操場,陸戰隊鄭為元司令對僑胞們以榮譽禮歡迎,儀隊表演操槍,及乘車檢閱步兵及LVT部隊。結束後,僑胞們轉至某地就特定位置,臨高欣賞艦隊為其舉行的7項操演,計有艦隊編隊運動、小艇編隊運動、反快艇射擊、水面實彈射擊、對空實彈射擊、編隊錨泊等)。[23]

1962年11月1日——海軍總部視察組一行7人,由總部督察室督察長汪濟少將率領,於上午8時30分蒞校作為時一日之視察,除檢閱由學生指揮之新式海軍閱兵及聽取簡報外,並巡視全校教育設施、訓練情形及檢查業

---

[23] 《海訊日報》(高雄),1962年10月16日,第1版。

務，於下午5時檢查完畢離校。

1962年11月7日——（1）陸軍軍官學校後勤觀摩組一行17人，於上午8時30分來校作業務觀摩，於11時觀摩完畢離校。（按：所記與報載略異，據報載：該觀摩組一行17人，於是日上午9時由後勤指揮官劉上校率領，至海軍士校參觀觀摩。一行抵該校時，拜會父親，然後聽取一項簡報。之後，由教育處長陪同赴診療所、各科教室、廚房參觀，並於參觀完畢後舉行一項座談會交換意見。中午12時，觀摩組人員在該校第二大隊參加伙食團便餐，俾觀摩伙食辦理情形，於12時30分離去）。[24]（2）美國駐中華民國大使柯爾克海軍上將（Admiral Alan Goodrich Kirk），由海軍總司令黎玉璽上將陪同，於上午9時蒞校參觀，於9時30分參觀完畢離校。

1962年12月6日——美軍顧問團海軍組新任組長李昂上校，由海軍總部連絡官室主任徐治華上校陪同，於上午9時35分蒞校參觀訪問，該校以軍禮歡迎，並舉行簡報，然後參觀該校各項教育設施及訓練情形，一行於10時25分離校。

1962年12月10日——美海軍第七艦隊兩棲作戰司令布勞允少將及隨員數人，於下午3時50分蒞校參觀訪問，該校以軍禮歡迎，並由父親親自陪同參觀砲操、掛旗、進出港、救火等訓練，一行於4時25分離校。

1962年12月13日——海軍總部1963年度史政業務競賽機關學校評判小組，由兼小組長吳家荀少將率隨員2人於本日上午蒞校，檢查評判史政業務，由父親親自接待，除舉行簡報及參觀該校校史館外，並檢查史政各項業務及舉行座談，一行於11時20分離校。

1963年（民國52年）1月18日——海軍總部政治部主任阮成章少將，於下午4時30分蒞校視察，父親親率該校各一級單位主管於校門迎接。阮少將檢閱該校儀隊後，即至該校簡報室聽取簡報，繼由父親陪同視察各教室及教育訓練設施，於6時30分離校。

1963年1月22日——奉海軍總部（52）鈺箋字第00844號令，核定該校呈報1962年7至12月份賞罰公報資料成績甲等，列為全軍第一名。

1963年2月14日——美海軍臺灣海峽巡邏艦隊司令麥佛森少將暨隨員數人，由艦隊指揮官崔之道中將陪同，於上午10時蒞校參觀訪問，該校以

---

[24] 同上，1962年11月7日，第1版。

軍禮歡迎，並檢閱新式閱兵分列式，然後舉行簡報，最後參觀教育各項設施及訓練情形，一行於10時50分離校。（按：麥佛森少將係2月13日上午乘旗艦抵達高雄港，預定作為期3天之拜會活動，此為該氏就任美海軍臺灣海峽巡邏艦隊司令後首次來臺灣訪問。13日上午，分別拜會高雄市長陳啟川，市警察局長潘玉峋；隨後並到海軍基地拜會艦隊崔之道指揮官，軍區宋長志司令，陸戰隊鄭為元司令；12時，於旗艦招待軍政首長午餐。下午，繼續登岸參觀海軍〇七〇二部隊及在港艦艇。晚間，由崔之道指揮官在基地設宴款待。[25]14日上午8時55分，麥佛森少將由崔之道指揮官陪同前往海軍士校參觀，一行抵士校後，由父親陪同閱兵，然後聽取簡報，之後參觀各項教育設施和訓練，並參觀50分鐘之後離去[26]）。

1963年2月19日——國防部動員局組長蕭振邦上校，於下午3時蒞校視察常備兵接兵業務，於5時離校。

1963年3月3日——國防部動員局局長林中將，於上午9時蒞校訪問，除舉行新式閱兵及簡報，並參觀教育設施及訓練情形，於10時離校。

1963年3月9日——奉海軍總部（52）簿羅字第0675號令，核定該校呈報之1962年全年管制表報資料成績優等，列為全軍第一名。

1963年3月19日——美太平洋艦隊航空部隊司令史楚普中將暨隨員數人，由海軍總司令黎玉璽上將陪同，於下午3時30分蒞校訪問，除舉行簡報外，並參觀教育設施，一行於4時離校。

1963年3月20日——美第七艦隊司令穆爾中將暨隨員數人，由艦隊指揮官崔之道中將陪同，於上午10時25分蒞校訪問，於11時50分離校。（按：穆爾中將係3月18日乘旗艦普魯頓斯號（CLG5號）抵達高雄港，然後前往演習地區參觀中[臺]美聯合舉行的「銀鋒」兩棲作戰演習。3月20日上午8時30分，穆爾中將至海軍基地拜會海軍總司令黎玉璽上將，稍後將曾分別訪問海軍〇七〇三、〇七〇九部隊、海軍士校、海軍官校等，下午將訪問陸戰隊及第一造船廠，預定於21日離臺）。[27]

1963年4月11日——海軍服務會該校支會，因服務成績卓著績效優良，於1962年度在全軍支會中以福利績效檢查成績最優，榮獲全軍支會級

---

[25] 《中央日報》（臺北），1963年2月14日，第1版。
[26] 《海訊日報》（高雄），1963年2月14日，第1版。
[27] 同上，1963年3月17、19、20日，第1版。

第一名，獲得海軍服務委員會頒發獎狀一幀。

1963年5月5日——奉海軍總部（52）鈺松字第05802號令，核定父親前往海軍指揮參謀大學研究班受訓，其校長職務由教育長李秉成上校代理。

1963年6月16日——（1）海軍總部本年度年終校閱組一行30餘人，由兼組長蔣謙中將率領，於上午8時蒞校視察，由各部門校閱官分別檢查業務，一行於下午5時50分離校。（2）參謀總長彭孟緝上將，於上午8時20分蒞臨該校，首先接受該校隆重軍禮歡迎，然後假該校大操場接受海軍總司令黎玉璽上將呈獻之金質寶劍一柄，以示崇敬，彭總長即席致詞，嘉勉海軍官兵。典禮歷時20分鐘結束，即行離校。（按：該獻劍典禮於是日上午8時30分舉行，參加的有海軍高級將領副總司令劉廣凱中將、艦隊指揮官崔之道中將、陸戰隊司令鄭為元中將、參大校長孫甦中將、0七0九部隊長、任海軍士校校長的父親及該校官兵一千餘人。典禮伊始，海軍總司令黎玉璽上將首先將寶劍呈獻參謀總長彭孟緝上將，繼而親自朗讀頌辭，頌辭曰：「於維總長，奮厲海疆，三軍簡練，偉績炳章，恩周袍澤，樓艦凝慶，爰于獻劍，以壯鷹揚，晨夕提挈，風雨在旁，從公復國，大陸除狼，中興孔運，曄曄生光」）。[28]

1963年6月26日——奉國防部（52）詳評字第0624號令，頒布本年度軍紀視察成績，該校榮獲三軍士校及訓練中心第一名，成績優等，總分為93.12分。

1963年7月1日——本日為該校建校第15週年校慶，該校於上午8時30分假大操場舉行慶祝大會及閱兵分列式，由父親主持，會中並頒獎工作努力勞績卓著官兵；中午，大會餐；晚間，舉行慶祝晚會，官兵生同樂。

1963年7月5日——該校學生總隊第六中隊上尉指導員沈奠中，於本日奉國防部核定榮膺為國軍政工楷模。

1963年7月10日——奉海軍總部（52）鈺松字第07340號令，核定該校教育長李秉成上校調任總部作戰助理參謀長室作戰組服務，自本年6月16日生效，該員於本日離職，遺缺奉核定暫由教育處處長馬青坡上校兼代。

1963年7月26日——海軍總部副參謀長李敦謙少將，於本日率隨員蒞臨該校視察有關教育訓練情形。

---

[28] 同上，1963年6月16日，第1版。

1963年8月1日——海軍總部軍官團教育督導考核組及生活禮節行動訓練訪問組一行5人，由陸致敬上校率領，於本日蒞校視察。

　　1963年8月15日——立法院國防委員會委員一行30餘人，由臧元駿率領，在海軍副總司令曹仲周中將陪同下，於本日蒞校作教育視察。

　　1963年8月24日——奉海軍總部（52）鈺松字第10377號令，核定海軍上校錢詩麒調任為該校教育長，自本年8月1日生效，該員於本日來校履新，父親特於本日假該校中正台為新任教育長舉行佈達，與全校官兵生會面，原代理教育長之教育處長馬青坡上校，自本日起解除兼代職務。

　　1963年9月9日——立法院預算委員會委員一行30餘人，由林炳康率領，在海軍副總司令曹仲周中將陪同下，於本日蒞校考察教育訓練情形。（按：該委員會委員一行係是日上午9時半抵達左營海軍基地，首先在「四海一家」接受軍禮歡迎稍事休息後，即赴基地碼頭參觀第16號軍艦及蛙人操演。10時半轉赴海軍士校，父親親率官生歡迎，並引導接受士校新制閱兵禮。立委們對該校官生精神之飽滿，訓練之優良，林炳康委員曾致詞特別讚譽，並獎參加閱兵官生加菜金，以示慰勞）。[29]

　　1963年9月16日——該校電工科主任教官劉發奎中校，近年來埋頭苦幹，精心研究發展，先後創作發明各種新式電子儀器，計有10餘種，本日奉海軍總部電令，榮獲總統召見，該員業於本日離校，前往覲見。

　　1963年10月15日——返國慶祝10月慶典海外僑團一行400餘人，由海軍總部政戰部副主任林廉藩少將等陪同下，於本日來校參觀訪問。

　　1963年11月1日——奉國防部（52）祺禎字第1598號令，核定父親連任該校校長一次，自本日生效。

　　1963年11月14日——由海軍第一軍區主辦之本年度左、高區各單位軍歌比賽，於本日假左營海軍文康中心中正堂舉行，該校代表隊第三中隊參加，結果一鳴驚人，榮獲冠軍，當場獲總司令黎玉璽上將頒發冠軍銀牌一面。

　　1963年12月4日——父親前於5月5日奉令調往海軍指揮參謀大學研究班受訓，於本日結訓，返校視事。

　　1963年12月11日——海軍總司令黎玉璽上將於本日蒞校，由父親陪同

29　同上，1963年9月9日，第1版。

參觀電子教學情形暨正在施工中之新建三層學兵大樓建造狀況。

1964年（民國53年）1月9日——法國邵萬先生（中國國民黨員）由左營軍區官員陪同，於本日來校訪問，並參觀各項教育訓練情形。（按：法國友人邵萬先生是日上午由外交部尹國祥陪同，抵達左營海軍基地參觀。邵氏於9時30分到達軍區後，由第一軍區聯絡官引導參觀海軍官校及海軍士校。旋於上午10時50分離此轉往南部其他地區訪問）。[30]

1964年1月23日——馬來西亞國會議員一行11人，由海軍第一軍區司令宋長志中將陪同，於本日來校參觀訪問。（按：國會議員一行11人，由尤少符率領，於是日上午10時30分乘「南華」遊覽客車抵達左營海軍基地，首先拜會海軍第一軍區司令宋長志中將，繼參觀海軍士校。11時20分，赴海軍陸戰隊參觀儀隊操槍，於中午12時離此）。[31]

1964年2月6日——海軍副總司令劉廣凱中將於本日蒞校視察，並對全校官生作精神講話。（按：劉廣凱副總司令於是日上午8時15分蒞臨海軍士校，首先聽取簡報，繼檢閱該校的「新式閱兵」。劉副總司令於檢閱完畢，並對該校官生作了半小時的精神講話。講話中曾讚揚「新式閱兵」，實為海軍訓練上的一大進步。繼由父親陪同，參觀「新兵接送室」，並巡視營區環境，旋於上午10時離去）。[32]

1964年2月19日——美軍顧問團海軍組組長李昂上校，於本日由海軍總部連絡室主任徐治華上校陪同，來校參觀該校電工科主任教官劉發奎中校研究發明之電報寫字機工作情形。

1964年3月12日——海軍總部政戰部主任阮成章中將，於本日蒞校實施層基工作日。阮中將蒞校後，即前往該校學生總隊第七中隊，與該隊官生同寢。次日晨，在父親及該校政戰部主任李春光上校陪同下，巡視校區，並垂詢官生生活情形甚詳。

1964年3月13日——海軍左營基地本年度地區組排球錦標賽，於本日全部結束，該校參加兩個隊榮獲全勝，包辦了冠、亞軍。由海軍總部政戰部主任阮成章中將親自主持頒發獎品，該校榮獲冠、亞軍銀牌各一面，為該校建立一大殊榮。

---

[30] 《海訊日報》（高雄），1964年1月9日，第1版。
[31] 同上，1964年1月23日，第1版。
[32] 同上，1964年2月6日，第1版。

1964年3月14日——海軍本年度全軍越野賽跑，於本日假南部基地舉行，賽程7,000公尺，該校代表隊奮戰結果，榮獲團體冠軍，當場獲黎玉璽總司令頒發銀牌一面。

　　1964年4月5日——海軍總司令黎玉璽上將於本日蒞臨該校，由父親陪同巡視該校環境及新建學兵大樓。

　　1964年4月6日——海軍總司令黎玉璽上將於本日偕同美軍顧問團海軍組組長李昂上校蒞校巡視，並主持教育改進檢討會議。

　　1964年4月7日——該校於今年春節期間組成之春節遊藝第一、二兩隊，於春節期間參加三軍南部地區遊藝比賽，因成績優異，於本日榮獲參謀總長彭孟緝上將頒發紀念金牌兩面，以示獎勵。

　　1964年4月8日——海軍總部本年度軍紀視察成績本日公佈，該校獲92.6分，榮膺全軍校（含訓練中心）組第二名。

　　值得一提的，是父親在為期三年半的海軍士官學校校長任內，曾前赴美國加州聖地牙哥的海軍訓練中心（Naval Training Center）考察，前後約4個半月，以備革新校務。實則父親在動身赴美前半年左右，亦即1961年的4月間，曾接受《海訊日報》記者陳鴻禧的專訪談海軍士校的教育，即已宣示為適應時代，該校的教育有待創造革新，不久的將來，將會以更新的姿態出現。在為時一小時的訪談中，父親告訴陳記者，該校現設有航海、信號、槍砲、砲火指揮儀、輪機、電機、船工、機械、電工、聲納、雷達、電信、衛生、補給、帆纜、水中爆破16個科，每科均有名流專家授課，且有最新的實習儀器，最新的科學教材，學生們不但在這裡學到各種專門技術，如果成績好，還可以報考海軍官校繼續深造，還能被選送出國留學或接艦，如果服役期滿退役，不管是經商從工，均可發揮所學。在訪談時，父親曾很鄭重地說：「家有良田千頃，不如一技在身」。又說：「遠行千里路，

圖88：父親主持由海軍士校代訓之預備軍官第九期電子補給氣象結業典禮（1961年）

勝讀萬卷書」。在談到該校之計劃方面時，父親說：「為適應時代，本校
教育有待創造革新，以往本校之教育訓練，雖曾有輝煌光耀的史實，但為
了擔任更偉大更艱鉅的任務，我們無時不在努力改進，保持現狀就是落
伍。本校在繼往開來承先啟後的原則下，將以新的信念，努力精進，藉使
學校能對整個海軍有更大的建樹，在教育訓練上有更大的效果。學得專長
與技術，已不是今日教育的真意，今日的教育是以中興復國為鵠的，一切
應對革命負責。因此，本校教育學生，除了技術與專長的訓練外，還必須
培植他們控制海洋的心理基礎」。最後，父親作結論說：「以上不過是本
校目前正著手更進者，不久的將來，將會有更新的姿態出現，總之，教育
為民族之靈魂，我們將以血汗、信心和毅力為學校開創新氣象、新機運，
以奠定海軍之建軍工作，以完成復國中興的重責大任」。[33]

　　總括此次父親赴美考察教務：一、這是父親首次赴外國考察研習，
而且為時不短。當年電雷學校僅第一期學生中有少數人被派往英國、德國
學習，第二期學生則因抗戰爆發，局勢丕變，不再有此機會。時隔20餘年
後，父親始有機會遂成此事，一償「留學」宿願。二、聖地牙哥的海軍訓
練中心係以培訓海軍士官著稱的機構，父親此次的考察研習，自然是獲益
匪淺，有不少的心得足資借鏡，用以改進海軍士校的教育與訓練。試
觀父親結束考察研習返國後，於1962年4月成立001區隊，係專門管訓招考
學生，並按美制每80員編成一活動單位（連），以便管理；同年8月，又
參照美國海軍訓練制度創立新兵服勤制度；及於1963年1月擷取美海軍訓
練中心以民間專長運用於軍中之訓練辦法，而建立該校新兵民間專長輔導
訓練制度等措施；均可見其一斑。其後父親且就考察心得並參照美國海軍
訓練制度，研訂海軍士校的改制計劃，據此籌備創建了海軍訓練司令部。
三、增進了兩國海軍間的互動和友誼。父親的個性開朗，坦率而熱情，在
考察研習期間，與該訓練中心指揮官及其麾下官兵互動良好，不僅互贈影
照留念，父親返國後，尚彼此通信往還，長達數年之久。四、父親的英文
聽、寫、講得以有所加強。父親這次考察研習雖帶有翻譯隨員張福生少
校，但亦有不少場合需自己與美方人員交流，這無疑是磨練英語能力難得
的機會。五、父親在考察研習期間，奉國防部核定由海軍上校晉升為海軍

33　陳鴻禧，〈海軍士官的搖籃—訪海軍士校周校長談士校教育〉，《海訊日報》（高雄），
　　1961年4月12日，第4版。

圖89（左）：美國海軍訓練中心（Naval Training Center San Diego,Ca）鳥瞰
圖90（右）：美國海軍訓練中心大門

少將。身處國外，而獲晉升，在中華民國海軍史上殊屬罕見。

聖地牙哥的海軍訓練中心，位於聖地牙哥灣北方終端處，佔地200餘英畝，始建於1921年，1923年竣工啟用，第一任指揮官為Capt. David F. Sellers.至1997年4月，該訓練中心封閉結束。[34]

據曾在該訓練中心受過8個月訓練的中華民國海軍軍官徐學海（海官38年班）憶述：

> 調離沱江艦後，我考上留美，民國四十六年四月一日赴聖地牙哥（San Diego）的海軍訓練中心（Naval Training Center）學習射控（當時稱為砲儀），主要學驅逐艦的射控系統。在美八個月期間，除了增強我的英語能力外，也使我對美國的教育和訓練，及其人民的勤奮，有更深一層的體認，眼界也為之一開。令我印象尤其深刻的是，這種訓練中心主要訓練士和兵，其負責人僅是一名上尉軍官。大多數教官為上士（chief），中士很少。
>
> 而這種上士就是美軍之中的back bone（最主要的幹部），任何技術課程均由他們擔任，而確也令我們感覺真正學到東西。從基本的電學、電子學到雷達線路，以及系統上的每一個裝備，裝備依據的學理，如何維護，均作了循序漸進、由淺入深的說明。我們覺得美軍以上士為back bone，是國軍該學，卻又一直學不好的制度。軍官為通才，若投入技術過深，則到某一階段，就無法昇遷，因此沒有軍官願意如此。然而上士卻能安於其位，成為專才，我們的青年卻不

圖91:父親贈牌給聖地牙哥海軍訓練中心指揮官D. I. Thomas上校

　　願如此,總是想往上爬。[35]

　　徐學海在另一篇的訪談中則認為「美國的士官制度,是國軍值得借鏡的制度,海軍所引進的士官制度在國軍各軍種之中,還算是成效較好,但與美軍仍有一段相當的差距」。[36]

　　父親在美國聖地牙哥海軍訓練中心參訪期間,曾參加了聖地牙哥盛大的慈善舞會。該慈善舞會由來已久,於1909年首次開辦,後因第二次世界大戰停辦,大戰結束後續辦,自1953年以來,舞會所募款項便用來捐助給聖地牙哥瑞迪兒童醫院。1962年時是第17屆,至2015年已係第105屆,成為聖地牙哥一項超過百年的傳統之一,也是聖地牙哥最重要的冬季社交活動。

　　1962年2月23日(週五)晚的該屆舞會盛況空前,超過1,200名以上的軍、政、商界名流仕女參加,賓客中除了舞會主席Mrs. Fred H. Rohr和

[35] 張力、曾金蘭訪問紀錄,〈徐學海先生訪問紀錄〉,收入張力、吳守成、曾金蘭訪問,張力、曾金蘭紀錄,《海軍人物訪問紀錄》,第2輯(臺北:中央研究院近代史研究所,2002年),頁74～75。

[36] 鄧克雄主訪、記錄整理,〈徐學海將軍訪談〉(2007年4月17日),見〈徐學海將軍訪談／廣研鑒網站〉(http://blog.boxun.com/hero/201002/xsj1/30_1.shtml)。

圖92：父親、翻譯官張福生少校與美國友人合影，該照片刊登於
聖地牙哥晚間論壇報上

她的先生，還有陸軍中將Thomas Eugene Bourke & Mrs. Bourke, Mr. & Mrs.
Dan R. Blade, Mr. & Mrs. Dirk C. Kok Jr., Mr. & Mrs. Arthur Butler, 法官Bonsall
Noon & Mrs. Noon, Mr. & Mrs. Golden, Mr. & Mrs. John A. Kennedy, Mr. &
Mrs. Whitney等等。舞會依循慣例在科蓉雷多大酒店（Hotel del Coronado）
舉行，當地的聖地牙哥晚間論壇報（*Evening Tribute*，創辦於1895年12月
2日，聖地牙哥聯合論壇報的前身）以巨大篇幅報導這項盛會，並刊登父
親、翻譯官張福生少校與美國友人的巨幅合照。[37]

　　該論壇報的記者John Bunker並撰有訪問父親的專文，刊登在3月2日
的該報，標題為Chinese Admiral Recalls Compaigns（中國海軍將軍回憶二
戰），其全文如下：

　　　　周非少將曾獲得許多勳獎章，他說：「這些勳獎章多到無法將它們
　　　　全部掛在胸前展示」。這位國民黨的中國軍官是一位游擊戰專家，
　　　　從廈門灣一直戰到中國的西北山地。他也是一位鐵路迷，喜愛鐵路
　　　　更勝於作戰，週一他將乘火車離開聖地牙哥前往舊金山。他說：

---

[37] *San Diego Evening Tribute* (San Diego), February 24, 1962, section C, page 4.

「我喜愛火車更勝於飛機，機械令人著迷，如果我不從軍，我可能會成為一名鐵路工程師，但是在寶島臺灣，一個鐵路迷的興趣恐怕難以滿足，因為只有一條鐵路」。周非少將是在去年10月與張福生少校來美國，在聖地牙哥海軍訓練中心研究如何召募、訓練與教育士官。他來時還是上校，最近榮升少將，他是左營海軍訓練中心的指揮長官。1937年，當他剛從中國海軍官校畢業，即投入抗日戰爭，那時他是魚雷快艇的艇長，在長江下游與日軍直接作戰。1939年，為數甚少的中國海軍幾乎全部被日軍殲滅，他自願轉到陸上砲兵連作戰，從1939到1945年，他曾與日軍與共軍在中國中部與西北迭起的戰役中奮戰長達六年之久。抗戰結束時，他已升至第21集團軍第122師第366步兵團代理團長。.

他指著胸前的一枚勳章說：「這是在1939年，我們砲兵連在一日之內擊落50名空襲的日軍，日軍又企圖以手榴彈與刺刀拿下我軍，我軍英勇奮戰，未失一槍。我們的槍枝雖舊，但在當時是非常稀少而珍貴的」。另一枚勳章則係紀念一場沿著長江打的浴血戰，在那場戰役中，他是團上唯一的生還者。像許多優秀的軍官一樣，他也認為他的部隊是全世界最棒的軍隊，他說：「許多時候我們行軍兩三天沒有食物，接著打一場肉搏戰，許多弟兄們從未見過一件軍用大衣，一只軍中水壺，或一包香煙，雨天或下雪天常常就席地而坐，我與他們並肩作戰，深以為榮」。二戰結束後，他重回海軍，擔任驅逐艦艦長，在共產黨佔據的中國大陸繼續突擊共軍。[38]

以上的訪問報導，內容上雖略有些許誤差，如將第22集團軍誤作21集團軍，抗戰期間父親並未在中國的西北地區作戰過，但大體仍屬事實。

父親在結束聖地牙哥海軍訓練中心的訪問考察返國後，仍不時與該中心友人書信往還，保持連繫，乃至有所請益，如父親曾於1962年（民國51年）7月26日致函該中心指揮官D. I. Thomas上校相詢，D. I. Thomas上校旋於8月7日回覆云：

---

[38] *San Diego Evening Tribute* (San Diego), March 2, 1962, a-25.

謹將閣下7月26日來函所問有關敝國海軍士兵軍帽之戴法及新兵訓練之歷史背景等二問題深入研究結果如下：關於藍軍帽（或稱平頂帽，Flat hat），您的觀察甚為正確，即並不常見使用，儘管如此，然海軍服制條例仍包括藍軍帽為上士以下士兵之軍服一部分，並明文規定該軍帽應與Service及Full Dress Blue「A」或Undress Blue「A」同時穿戴。在實際上，上述服制僅規定在美

圖93：父親接受聖地牙哥晚間論壇報記者訪問時留影

國寒冷區域之冬天裡穿戴，即使在這些地區，為了安全起見也常規定戴白帽（white hat），因為一個水兵如穿全部深藍色之制服是很難於晚間在公路上被注意到的，在許多意外事故中我們的水兵被汽車所撞，經調查研究皆導因於此，因此藍軍帽（或稱平頂帽，或稱平帽）雖仍為海軍服制中之一部分，但已很少看到戴它了。

據我所發現，我們的水兵戴白帽子（white hat）大約始於1900年，在此以前我們海軍中水兵們均戴各式寬邊且常為黑色的草帽，在1869年之服制條例中規定於熱帶地區發給一種帶有1 1/2吋帽邊的白帽，大概現在我們水兵所戴的棉質帽子（即白帽white hat），即於本世紀初由上述白帽演進而來。關於海軍新兵之訓練，我不能找到有關我們的新兵曾為陸軍代訓之任何論據。茲為供給閣下對此疑問之有關資料起見，謹隨函附上本軍人事署1953年官方雜誌「All Hands」上所登載之短文兩篇，該文中曾追溯新兵訓練的演進是由最初的「海上在職訓練」到現在的「海軍訓練中心」方式。您將留意到第一個「海軍訓練站」是於1883年在羅德島之新港（Newport, Rhode Island）成立的，而大湖（Great Lakes）是於第一次世界大戰中所建立。雖然陸戰隊曾於過去協助訓練海軍新兵之射擊技能，但

久已不這樣做了，因我們已有足夠數量經過良好訓練的槍砲士及其他士官來主持我們自己的小型武器教練了。我希望前面所述的已回答了近函中所問的問題。感謝您贈送我的古畫印本及闔家歡照片，內人及小女也向您致意。[39]

至於父親在海軍士官學校校長任內的政績，據海軍總部督察室1964年（民國53年）11月所作的政績評審報告云：

周少將自四十九年十一月任職海軍士官學校校長，三年以來，對各年度施政工作，均能悉力以赴，尤以學校管教訓之革新，適時檢討修訂各班次之教育計劃與改進課程內容，適切符合本軍士官（兵）教育要求，收效至宏。創立受訓學生專長考核表，提供派職單位參考，在「訓」「用」上極具價值。任內先後召訓二十八個班次士官（兵）分科教育，計二百二十九期，共七七六六員；常備新兵訓練計五十六個梯次，共一一五三〇員，成果豐碩。

其他如對軍紀之整飭，教官試講與政訓活動之推行，以及訓練場所器材與康樂設施之充實，教育經費之運用，均著成效。又自力克難翻修營舍廿七棟，及爭取軍援興建教室大樓，頗多貢獻。[40]

報告表中海軍總部督察室給予父親任內政績的評審總平均分數為86‧63，等第為甲上。表中由政治部所提的「主官考核資料」，則謂父親「思想純正，信仰堅定，精明幹練，負責盡職，自留美考察返國後，實施該校新制教育，不遺餘力，無影響安全顧慮」。人事署所提的「主官考績資料」，其中1961年（民國50年）度父親的總評語為「初考」：思想純正，勇敢果決，任勞怨，盡職守，年來對改善伙食，整飭軍紀，加強幹部統御，及改進教育考核辦法，提高訓練成果，績效卓著。「覆考」：同意。1962年度父親的總評語為「初考」：思想純正，黨性堅強，任勞任

---

[39] 此為D. I. Thomas上校覆函的中譯文，應係父親幕僚所譯。

[40] 見「海軍少將督察長汪濟致海軍總部人事署函」（1965年12月3日）所附之「海軍將級編階單位主官政績評審報告表」，《國軍史政檔案》，〈海軍總部官兵勳獎案（五十三年）〉；總檔號：00016144。

圖94（左）：中華民國政府國防部頒給父親之海光獎章執照（1961年6月）
圖95（右）：父親之海光獎章（編號：1525）

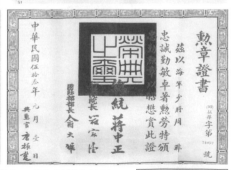

圖96（左上）：中華民國政府國防部頒給父親之一星海風獎章執照
（1961年11月）
圖97（左下）：中華民國政府國防部頒給父親之一星海績獎章執照
（1962年4月）
圖98（右上）：中華民國政府國防部頒給父親之一星海勛獎章執照
（1963年12月）
圖99（右中）：中華民國政府頒給父親之忠勤勳章執照（1964年1月1
日）
圖100（右下）：父親之忠勤勳章（編號：74057）

怨，盡忠職守，近年來對增加訓練能量事，配合戰備要求，改進士官兵教育訓練制度，均具成效。惟對教學效能與教育管理，尚應加強。「覆考」：同意初考意見外，對其所倡學校部隊化，以加強管教之效果，特值嘉尚。其評分平均值為89‧6，等第為甲上。父親在任內所得的勛獎，計為獎章1枚，大功2次，記功21次，嘉獎10次。[41]

　　總括父親擔任海軍士官學校校長：一、此為父親首次擔任軍事學校校長，得以有新的體驗與歷練。二、父親早年曾在該校服務過，此次重返該校任職，倍感親切。三、該校雖為教育單位，但亦司訓練，致父親處理校務，需教、訓兼顧，多費思量。四、任內曾赴美海訓中心考察4月餘，獲益良多。五、校務繁忙，活動亦多，致父親的接觸面遠較往昔為廣，特別是與軍界以外的互動。

圖101：父親引領貴賓參觀海軍士校校園和設施

---

[41] 同上。

二、海軍訓練司令部司令

　　因鑑於海軍士官學校之名稱，既不能適於包括新兵、預備士官、預備軍官、限職軍官等訓練之組織，身為該校校長的父親，乃揉合中（臺）、美兩國海軍士官、士兵教育所獲各種優點，研訂該校改制作業計劃。海軍總部乃數度召開教育委員會議，審慎研究。[42]如1964年（民國53年）4月6日在海軍士校召開的「海軍訓練司令部籌備會議」，主持人為海軍總司令黎玉璽上將，與會人有美軍顧問團海軍組組長李昂上校，海軍組南部小組長畢漢上校，哈甫斯上尉，及身為海軍士校校長的父親，海軍艦隊訓練司令部馬焱衡司令，海軍專科學院楊珍院長，海軍總部雷組長，徐主任及有關人員。會議過程及內容大要如下：

> 雷組長報告：（一）五十三年七月一日，一切完成轉移指揮權至海軍訓練司令部周少將。（二）建議提名各學校主任教官。（三）決定各項訓練地點。（四）預算問題。
> 李昂組長：（一）有關預算問題，由於現存困難，今日無法決定。（二）交通用汽油為目前一個大問題，假使有經費可供使用，宜逐漸移裝訓練設備。
> 總司令黎上將：（一）交通問題由本軍自行設法解決。（二）專科學校所屬各學校地點：1.行政後勤學校——專院。2.槍砲學校——艦訓部（西碼頭）。3.航海船藝學校——士校。4.輪機學校——士校。5.電子通信學校——艦訓部。（三）住在艦訓部及專院營舍，食宿由該單位負責支援。
> 李昂組長：（一）集中訓練設備之主要目的，在提高效果。（二）高度運用時間、人員、空間（教室、營舍、裝備等）。（三）以短程發展計劃取代遠程發展計劃，第一步，集中教學設備，第二步，與建單身軍官宿舍。
> 總司令黎上將指示：（一）改制已確定，訓練司令一職奉總統核定

---

[42] 《海軍士官學校沿革史（四九～五三年）》，〈一、概述（五十三年度）〉。

派周非少將擔任，專科學校校長派鄒堅上校擔任，改組後目前營舍教室區域之劃分，大致可以，至於細節問題（如艦訓部與士校各有一部分電子通信器材，究應移裝那一方面較為適當）由周校長主持，另行研究決定。（二）營舍教室區域先求局部集中，再進至整個集中。（三）人員、營區、裝備應作最有效之運用。

李昂組長：（一）改制案已經中國最高當局核定，顧問組當盡全力協助。（二）集中訓練設備並非減輕艦訓部對艦艇戰備責任，乃是使裝備、人力、營舍發揮最有效之運用。

總司令結論：（一）海軍訓練司令部七月一日前改組完成。（二）改制籌備委員會負責人，由馬司令移交周校長，全部改制案資料，全部交士校，繼續進行改制事宜。（三）專科學校五個主任教官以挑選本軍最優秀，服務成績最好，及最適當人員擔任，由周校長會同鄒上校堅共同簽擬。（四）各項訓練應照常實施。（五）年度經費以七月一日為分割日期。（五）器材搬移以逐步實施為原則。[43]

　　同年4月8日，海軍總部為使士校改制作業易於進行，乃核定「海軍士官學校少將校長周非，艦訓部上校參謀長楊松泉及專科學院上校主任方振等三員，依次分任海軍教育訓練機構改制案籌備委員會主任委員及副主任委員（二人），並由周少將負責，會同各有關單位，按業務需要，調派必要人員組成籌備委員會，遵照國防部（53）成戡字第227號令及本部原頒方案先行作業，並將委員會名冊呈核」。[44]

　　4月21日，父親將草擬的「海軍訓練司令部編組表」計56頁，上呈給黎玉璽總司令備核。[45]5月1日，以海軍士官學校原編組為基礎，合併海軍專科學院兵學部、海軍艦隊訓練司令部岸訓中心、及後備軍人訓練中心等單位的海軍訓練司令部正式成立。對海軍軍官之專科教育，海軍士官兵之

[43] 見「海軍士校校長周非呈海軍總司令黎玉璽文」（1964年4月13日）所附呈之「海軍訓練司令部籌備會議紀錄」（1964年4月6日，黎玉璽主持，梁孝怡紀錄）；《國軍史政檔案》，〈教育改制案〉；總檔號：00044514。

[44] 見「海軍總司令部（53）沛瀝字第04610號令」（1964年4月8日），同上。

[45] 「海軍士校校長周非呈海軍總司令黎玉璽（53）沂人字第7467號文」（1964年4月21日）隨文所檢呈之「海軍訓練司令部編組表」，同上。

基礎教育及專長教育系統乃有完整之革新，並使現有之訓練器材裝備得以集中使用，節省人力物力，使海軍訓練進入新紀元。[46]

　　其正式成立的儀式是1964年6月5日在該部「中正堂」舉行的，據6月6日《中央日報》所刊載的「軍聞社高雄五日電」云：

> 海軍訓練司令部奉令於今日正式成立，首任司令核定為周非少將。成立儀式於今日上午八時十分在該部中正堂舉行，由海軍副總司令劉廣凱中將主持，並為新任司令佈達就職命令。劉副總司令在致詞中，首先向該部官兵說明海軍訓練司令部成立經過，希望他們一致努力，達成海軍訓練教育的最高效果。儀式歷一小時結束。[47]

　　其組織系統，為下設政治作戰部、勤務處、人事處、教育處、主計處等五部門，直轄海軍專科學校、海軍士官學校及後備軍人訓練處三單位，官兵總員額由778員增至944員（其中官516員，士312員，兵116員），父親奉派為首任司令。任期為1964年5月1日至1966年4月16日，為時約兩年。在其任內，轄下各單位的主官計為參謀長李秉成上校（姚家訓上校繼任），政戰部主任李春光上校，人事處處長郭天祥上校（楊雲聲上校繼任），勤務處處長呂德明上校（何孝倫上校繼任），教育處處長馬青坡上校，主計處處長龍維霖中校；海軍專科學校校長鄒堅少將（熊德樹少將繼任），海軍士官學校校長錢詩麒上校，後備軍人訓練處處長劉大緒上校。[48]

　　該司令部不但編制大，訓練容量亦鉅。1965年度，計開訓軍官專業訓練，預備軍官訓練，限職軍官訓練，軍官職前訓練，艦隊官兵組合岸訓，後備軍人召集教育，各科士官兵分科教育，及常備兵新兵教育等班，共879班次，合計畢業人數19,792員。1966年度，計開訓軍官專科班，預備軍官班，限職軍官班，預備士官班，常備士官班，高級士官班，以及軍（士）官短期訓練，艦艇官兵組合岸訓，後備軍人訓練，常備兵新訓練，

---

[46] 《海軍士官學校沿革史（四九～五三年）》，〈一、概述（五十三年度）〉。
[47] 《中央日報》（臺北），1964年6月6日，第1版。
[48] 《海軍訓練司令部沿革史（五三～五五年）》（未刊，臺北：海軍司令部藏），〈一、概述（五十四年度）〉、〈二、組織遞嬗〉、〈三、重要人事異動〉。

圖102（左）：父親之海軍訓練司令任命令（1964年6月25日）
圖103（右）：父親任海軍訓練司令部司令時留影

圖104（左）：父親於海軍訓練司令任內接受記者訪問時留影
圖105（右）：父親與該部軍官專科教育槍砲班學員合影

及代訓友軍等，共954班次，合計畢業人數為26,335員。[49]

　　關於父親在該司令部司令任內的重大興革事項，約略如下：[50]

　　1.整建實驗所教室及乙—029、030改建教室兩棟（1964年[民國53年]12月）——1964年12月8日，開工整建實驗所教室等16棟，以購料僱工方式施工，並經海軍總部公工署政三處派員來部監標，至1965年4月7日按計劃全部整建完畢。其成果為：（1）原有鐵皮教室改為1B木屋架水泥瓦平屋14棟。（2）乙—029、030改修為教室20間。

---

[49] 同上，〈一、概述（五十四年度）〉及〈一、概述（五十五年度）。

[50] 以下所述，均係參照《海軍訓練司令部沿革史（五三～五五年）》，〈六、重大興革事項〉。

2.電子組實習教室全部翻修整理，改善實習教室現況，提高學習效率（1964年12月至1965年2月）——配合電子組活動房屋修繕，將全部實習裝備澈底檢修改裝與整理，其重要之工作項目為：（1）克難砌搭電影教室一間，並以餘料自製放映台一座。（2）各實習教室之電源線路重新拉配整理與補充，並加配配電裝置，提高效率。（3）全部雷達與通信裝備檢修。（4）改善天線系統。其成果為一切工作均以克難方式進行，未獲任何物力支援，前後約節省公帑4萬元。檢討：（1）施工期間適值春節前後，該組人員不辭辛勞，達成任務，難能可貴。（2）有功人員奉命分批議獎，獎勵太輕太少。

3.整建廚房飯廳，以應改制之需要（1965年3月4日）——本日開工整建廚房兩棟，改修飯廳4棟，亦以購料僱工方式施工，並經海軍總部公工署派員來部監標，該工程於4月30日全部完工（於施工中發現通風設施欠佳，重新設計，以適合廚房作業上之需要）。其成果為將原有廚房兩棟改修後，增加面積以應實際需要。乙—031、032、042、043四棟改為飯廳，以解決學生用繕問題。

4.改進軍官專科教育（1965年4月）——海軍訓練司令部自改制成立後，有鑒於海軍軍官專科教育未能配合軍官晉升及經歷發展需求，乃責成海軍專科學校，負責研究改善，經3個月之檢討，擬訂「軍官專科班教育計劃草案」，於1964年9月20日呈報海軍總部，12月5日奉前任總司令黎玉璽上將批示：「希重新安排，以各約十二週為主班次，如槍砲、航海、通信、油機，而後配以其他班次為輔，以完成六個月教育期限」。該部遵照指示重新研討修訂，訂定「軍官專科教育實施計劃」，復於1965年3月9日呈報，4月22日，奉海軍總部（54）河教字第05521號令核定實施。其成果為：（1）軍官專科教育採分段專精原則施教，將全程教育區分為一般學科、主科、輔科三個階段，避免因一次受訓時間之過長，而使訓練容量增加。（2）軍官專科詳予區分為航海、艦務、戰情、通信、反潛、作戰、槍砲、水雷、掃雷、汽機、油機、損管、電機、補給等科，能適應軍官經歷發展需求。檢討：軍官專科教育未改進前，海軍軍官班次在前海軍專科學院有兵學、輪機、通信、補給四科，艦訓部則有航海、通信、反潛、輪機、艦務、槍砲、戰情及艦副長班等，科別性質雷同，浪費人力、物力、財力、時間，經此項改進後，海軍專科教育班次全部予以統一，並能使人

力、物力、財力及時間，作最有效之運用。

　　5.配合美軍機動訓練小組，開辦SQS-29聲納班（1965年6月）——美軍派遣教官來臺，對海軍修護、使用與訓練人員實施為期6週之新型聲納訓練，協調配合適宜，圓滿達成任務。其成果為由美籍教官講授，完成受訓人員計上尉教官兩員，廠所修護人員官佐3員，艦隊官士7員。檢討：該班上課因配合美方要求準備，以艦上實習配合實施，能獲致預期效果，若該批人員出國接受該項訓練，需多用公帑在美金萬元以上。

　　6.協調安裝雙艦攻潛教練儀（1965年6月）——雙艦攻潛教練儀AN/UQS-TIF，於6月下旬運抵左營，配合顧問及第一造船廠進行安裝事宜，預計於9月15日安裝完畢。其成果為雙艦攻潛教練儀，除前運抵不齊全之一套外，另運抵整兩套，並有MIT-JOS水中砲火指揮器兩套。檢討：配合該項裝備，編列所需人員及預算，爭取編制員額，期於是年10月31日前校正完畢，開始使用。

　　7.裝設三十七號砲火指揮系統教室（1965年6月）——鑒於該部以前無陽字號艦三七號砲火指揮系統裝備，致使教學困難，且無顯著成效，故於1964年8月向美援申請該項裝備，經前後運到一號計算儀一部及有關裝備後，即積極著手安裝，業於1965年6月30日完成。其成果為：（1）該班利用一號計算儀及有關裝備，自行設計擴建為三七號砲火指揮系統教室，如此更為完善。（2）使今後陽字號艦砲儀官兵受訓後，對三七號指揮系統能更熟練操作維護使用，發揮艦艇最大戰力。（3）今後對砲儀士官班訓練，更具顯著成效。檢討：該項裝備至為精細複雜，而安裝及調整工作尤為困難，但均由該班教官、助教日夜工作，始克服困難，及早完成，以利訓練。

　　8.電子操作室全部裝備內遷與整理（1965年6月至7月）——以一月時間將操作教室全部裝備內遷，順利達成任務。其成果為以最少代價完成艱鉅任務，節省公帑3萬元。檢討：施工期間適值雨季，全體人員冒雨工作，合作無間，充分發揮團結精神。

　　9.後備軍人教育召集改制（1966年[民國55年]）——自本年4月奉令改變訓練方式，亦即由第100梯次後備教育召集訓練起實施新方式——即在該部後備軍人訓練處訓練時間為前3後2，共計5天，實際在艦上複訓25天之久。其成果為最大特點是在艦上複訓25天之久，不論在思想上、生活

上、訓練上均能達到教召之目的，同時可資補充艦上專長之缺員，俾增長戰鬥潛力。檢討：（1）無專用車輛，到艦上協調及後勤支援等，頗感困難。（2）薪餉、糧秣皆由艦上領發，該處計5天主副食必須再由艦上轉發，故無法適時補給，亦無預支量，此為最大困難。

10.新建該部游泳池（1966年）──該部受訓學生因人數增加，原有游泳池因損壞及容量不夠，經該部呈報請撥預算（分批撥交）交由該部兵工興建。

11.興建新兵訓練中心營舍（1966年）──該案係由海軍總部建算組承辦，於是年2月8日起開工，至7月22日完工，交該部使用，以配合該部新訓中心之需求。其成果為完成RC三樓營舍一棟，計1,095平方公尺。

至於海軍訓練司令部在父親擔任司令任內可資記述的重要事績，約略如下。[51]

1964年（民國53年）7月7日──本日完成原士官學校與海軍訓練司令部交接事項，各項移交表冊亦於本日呈報海軍總部。

1964年7月20日──日本放送電視公司電視記者藪田倉次等一行5人，由行政院新聞局高級人員陪同下，於下午3時來部參觀，並拍攝電視紀錄片。該批記者於來部拜會父親之後，即由該部代參謀長馬青坡上校陪同參觀海軍士校學生之新式閱兵及各項訓練表演，並隨報實況。一行於4時離部。（按：日本放送公司攝影記者藪田倉次、神限吉雄、平敷安常等，由行政院新聞局編審張超英陪同，於是日下午2時至左營海軍基地拍攝電視紀錄片。該公司記者一行於抵達基地後，偕國際留華（臺）學生拜會軍區司令宋長志中將，聽取簡報，宋司令贈給每人以軍區紀念徽一枚。然後至訓練司令部、海軍士校及陸戰隊司令部拍攝新制閱兵及儀隊操槍，至5時，始欣然離去）。[52]

1964年8月18日──國防部副部長蔣經國上將由海軍總司令黎玉璽上將陪同，於上午10時20分蒞部視察。蔣蒞部後首由該部舉行一次教育簡報，繼則由黎總司令陪同，由父親引導，參觀該部學生各項訓練操作情形

---

[51] 以下所列舉各項，均係參照《海軍訓練司令部沿革史（五三～五五年）》，〈八、可資紀念重要事蹟〉。括號內的「按」語文字，則係參閱當時報刊所載或其他資料所作的補充說明。

[52] 《海訊日報》（高雄），1964年7月20日，第1版。

及各項教育訓練設施。在視察過程中，適值大雨滂沱，蔣在大雨中，仍按排定程序安然進行，並對在大雨中操作之學生不畏艱苦精神備加讚揚，於10時45分在歡送聲中離部。（按：蔣經國副部長返回臺北後，於8月26日致函給父親申致謝意云：「日前南來貴部視察，渥承接待並為舉行簡報，得以對業務進展及其成效等實況增進瞭解，勛勤建績，至為欣慰，相信本此精進，自將獲致更卓越之成就，專此申謝，並頌勛祺」）。

1964年9月7日——奉海軍總部（53）沛澈字第13036及13038號二令，分別核定李秉成上校原級任該部參謀長及錢詩麒上校原級任該部海軍士校校長，均自本年9月1日生效，本日上午8時15分假該部中正台，由父親主持任職佈達式。

1964年9月19日——海軍總司令黎玉璽上將於上午9時40分蒞部，由父親陪同赴專、士兩校巡視教育訓練情形，於10時30分離部。

1964年10月12日——該部參加雙十國慶閱兵之興漢演習部隊600人，由海軍士校士官第一大隊大隊長孫世龍中校率領，於10月2日離部前往臺北集中參加受校，於本日校閱完畢南返，該部特派代表率軍樂隊在左營火車站歡迎，並由高澄香等3位小姐向官生代表獻花，以示慰勞。

1964年11月6日——海軍總司令黎玉璽上將於下午2時蒞部，由父親陪同，召見輪機班第6期學員舉行個別談話，垂詢各學員受訓及生活情況甚詳，於3時30分談畢離部。（按：據報載，黎玉璽總司令係是日下午3時蒞臨海軍訓練司令部，對該部專科學校應屆畢業的輪機及補給班學員，舉行個別談話，至4時35分，始驅車離去。次日上午8時30分，該兩班學員之畢業典禮假該部中正堂舉行，由父親親自主持，並頒發各班畢業總成績最優前兩名學員獎品，及領導統御續優學員獎金，該兩班學員繼以銀盾一座呈獻父親留作紀念，典禮歷1小時20分結束）。[53]

1964年11月23日——該部所屬海軍專科學校預官班之電子班，於是日上午8時30分假該部中正堂舉行畢業典禮，由父親主持。首先頒獎畢業總成績第一名原文通，繼由畢業學員代表呈獻「作育群才」錦旗一面。父親在致詞中首先讚揚畢業學員受訓情形優異表現，並勉各員貢獻所學作為軍中的工程師。繼而闡揚國軍金門前線官兵發起「毋忘在莒」運動的意義與

---

[53] 同上，1964年11月7日，第1版。

目的。（按：以上所述係見報載，《海軍訓練司令部沿革史（五三～五五年）》，〈八、可資紀念重要事蹟〉並未記述之）。[54]

1964年11月24日——考試院河海航行檢覈委員一行16人，由主任委員梅鷟率領，在海軍副總司令曹仲周中將及總部有關人員郭勳景少將等8人陪同下，於上午11時蒞部訪問，並參觀各項教育設施及教育訓練情形，一行於12時離部。（按：據報載該檢覈委員係梅嶙高等一行25人）。[55]

1964年12月25日——本日為高雄市建市40週年紀念日，該部特派鼓號樂隊及儀隊參加表演，並赴市區遊行，由於該二隊學生服飾鮮明，精神旺盛，動作整齊一致，深獲高市首長及民眾讚譽。

1965年（民國54年）1月4日——該部所屬專、士兩校兩幢美援大樓落成典禮，於上午10時35分舉行，由海軍總司令黎玉璽上將偕美軍顧問團團長桑鵬（Kenneth O. Sanborn）少將親臨主持，該部全體官兵生均參加，並請左、高區海軍各單位主官觀禮，首先舉行簡報，繼即由桑鵬少將剪綵，儀式簡單隆重。典禮後由父親陪同黎總司令及桑鵬少將巡視大樓各項設備及教學設施，迄11時30分，總司令始偕桑鵬少將離部。（按：是日陪同桑鵬少將前往海軍訓練司令部主持該部專、士校大樓落成剪綵的有陸戰隊司令于豪章中將、海軍參大校長齊鴻章中將、國防部聯絡局局長胡旭光少將及美軍顧問團海軍組組長李昂上校）。[56]

1965年1月5日——幹部訓練班第1期學員（44人）開學典禮，於上午9時假該部中正堂，由海軍副總司令劉廣凱中將主持，典禮於10時15分完成。中午，劉副總司令並參加學員聚餐，下午2時，並主持該班第一次班務會報，於4時40分始離部。

1965年2月13日——泰國聯合作戰廳廳長匿克中將，於上午10時30分來部參觀，該部以隆重軍禮接待，繼而參觀該部士校學生之新制閱兵及鼓號樂隊表演等節目，於11時35分參觀完畢離部。（按：匿克中將係於是日上午9時45分抵達左營海軍基地，首先拜會第一軍區司令，由副司令高人俊少將代表接見，贈送匿克中將軍區紀念徽。10時5分，轉往訓練司令部參觀海軍教育情形。首先聽取一項教育簡報，繼即參觀該部特為準備的新

---

[54] 同上，1964年11月24日，第1版。
[55] 同上，1964年11月24日，第1版。
[56] 《海訊日報》（高雄），1965年1月4日，第1版。

圖106：美援大樓落成典禮留影，中為總司令黎玉璽上將，左為桑鵬少將，右為父親（下載自zh.wikipedia.org/wiki/黎玉璽）

式閱兵，及該部鼓號樂隊表演。下午2時，抵達陸戰隊進行參觀活動）。[57]

1965年2月14日──副參謀總長黎玉璽上將、海軍總司令劉廣凱上將，是日晨7時許蒞部巡視，除與該部某班學員共進早餐外，並視察該部劉發奎中校最近發明而試驗成功的「寫字電報機」，對該部是項研究發展的成就極表欣慰（按：以上所述係見報載，《海軍訓練司令部沿革史（五三～五五年）》，〈八、可資紀念重要事蹟〉並未記述之）。[58]

1965年2月27日──海軍總部主辦全軍性之桌球比賽，於本月25日起展開競賽，該部代表隊以6戰6勝之優異戰績榮獲冠軍，獲海軍總司令劉廣凱上將頒發銀牌一面。

1965年3月23日──參謀總長彭孟緝上將由海軍劉廣凱總司令陪同，於上午8時15分蒞部，赴專科學校視察幹訓班學員受訓情形，並向全體學員訓話，於9時5分視察完畢離部。

1965年3月25日──美太平洋總部軍援視察組組長李棣上校，於上午9時50分來部視察軍援運用情形，除由該部舉行一項簡報外，並視察軍援器材設備，於10時30分視察完畢離校。

1965年4月2日──國防部部長蔣經國上將由海軍總司令劉廣凱上將陪

---

[57] 同上，1965年2月13日，第1版。
[58] 同上，1965年2月15日，第1版。

同，於下午5時蒞部轉赴該部專科學校巡視幹部訓練班學員受訓情形，於5時30分巡視完畢離部。

1965年4月12日——美軍顧問團海軍組組長李昂上校奉調返美，於本日下午3時35分來部向該部官兵辭行，該部特派出鼓號樂隊及官兵代表迎送，以示惜別。（按：李昂上校以任期屆滿，預定是年4月28日離臺返美就任新職，特於4月10日赴左營海軍基地向中（臺）美各軍事單位辭行。是日中午，李昂上校向南部海軍小組、陸戰隊小組辭行，登臨是日甫由美國駛抵基地之新型接艦，並參加海軍印製廠建廠美援工程落成典禮。下午，李昂上校繼至陸戰隊、艦隊指揮部、第一軍區陸上單位、訓練司令部、海軍官校等單位辭行。晚間，總司令劉廣凱上將將舉行酒會，款以晚宴及晚會等）。[59]

1965年4月21日——交通部委員譚伯英偕基隆港務局局長曹開諫中將，於本日下午3時30分來部參觀。譚委員等抵部後，首先由父親親為舉行一項教育簡報，繼則陪同參觀專、士兩校教育訓練情形及教育設施，一行於5時參觀完畢離部。（按：譚伯英等一行係於是日上午8時聯合拜會艦隊指揮官俞柏生中將暨第一軍區司令關世傑少將，繼即聽取簡報，參觀191號軍艦；於9時30分一行至海軍官校拜會校長高如峰中將，聽取簡報，參觀教育設施、學校環境及校史館。下午2時，一行至海軍工程學院拜會院長楊珍少將，聽取簡報，參觀教育設施；繼至海軍訓練司令部拜會父親，聽取該部訓練計劃課程、班次、新兵訓練及專科教育簡報，然後參觀訓練設施）。[60]

1965年5月4日——美軍顧問團新任海軍組組長歐思上校，由海軍總部連絡官室主任高緒佐上校陪同，於下午4時15分來部訪問，並參觀學生各項操演，迄於4時45分訪問完畢離部。

1965年5月9日——該部政戰部體育教官周守模中校高堂周薛碧雲女士，當選為本年度海軍模範母親，本日代表海軍出席臺中省垣母親節接受表揚。

1965年6月10日——海軍總部主辦之海軍史政業務第一次擴大會議，於本日上午8時30分假左營「四海一家」舉行，由海軍副總司令崔之道中

---

[59]　《海訊日報》（高雄），1965年4月12日，第1版。

[60]　同上，1965年4月21日，第4版。

將主持。該部由父親偕教育處長馬青坡上校及史政官徐寅少校出席參加，會議至11時15分始結束。會議中議決重要提案數項，對海軍史政業務貢獻至鉅。

1965年6月28日——奉海軍總部6月17日（54）河管字第8478號令，核定該部參謀長李秉成上校調任天竺軍艦艦長，自4月1日生效，該員於本日離職前往新職單位履新。該部於6月26日以（54）沂分字第4184號呈文呈報總部，在新任參謀長未奉核定前，職務請准由該部教育處長馬青坡上校代理。

1965年7月1日——菲律賓華僑藝宣隊回國勞軍團一行52人，於本日來部參觀，該部特以新制閱兵歡迎，隨後並參觀各項教育情形，於參觀完畢離部。（按：該藝宣隊成立於1949年，1951年夏天首度組隊回臺勞軍，此次係第8度，於6月8日抵達臺北，自15日開始展開為期半個月的環島勞軍演出。預定7月1日下午2時抵達左營海軍基地，然後參觀艦艇及港區設施，繼赴海軍官校及訓練司令部參觀教育情形，7時30分，將在海軍中山堂演出晚會一場，慰勞海軍官兵）。[61]

1965年8月17日——海軍本年度機關學校組史政業務競賽成績，本日奉總部（54）漢史字第1005號令核定，該部成績總分為90.5，列為競賽成績，本日奉總部（54）漢史字第1005號令核定，該部成績總分為90.5，列為全軍優等第3名。

1965年9月1日——奉海軍總部（54）河管字第13018號令，核定海軍上校姚家訓原級調任為該部參謀長，自本年9月1日生效，該員已於本日來部接任視事，原代理參謀長職務之教育處長馬青坡上校，自本日起註銷代理職務。

1965年9月13日——海軍總部戰計委員會主任委員蔣謙中將率員3人，於上午9時蒞部視察第14、15期預備軍官班教學實況及教育業務，一行於11時30分視察完畢離校。

1965年10月10日——本日為國慶日，該部奉令開放1天，供民眾參觀，晚間，並派出學生400人，花車1輛，參加高雄市遊行，由於該部學生紀律嚴明，步伐整齊，深獲高市民眾讚譽。（按：為慶祝國慶，該部自是

---

[61] 同上，1965年7月1日，第1版。

日上午9時起至下午5時開放，招待高雄市民參觀士校大樓、綜合運動場及具有現代化設備的軍科教室，該部並遴派學生引導市民參觀）。[62]

1965年10月16日——海軍總部人參室助理參謀長褚廉方少將偕該室人管組長陳久昕上校，於本日蒞部實施人力運用檢討及講習，該部各級主管及有關人員均參加聽講。

1965年10月18日——自本日起，該部開始實施人力運用檢討6個週期。

1965年11月10日——參謀總長黎玉璽上將偕國防部動員局局長戴樸中將，由海軍總司令馮啟聰中將陪同，於本日蒞部視察。黎上將等除視察該部士校大樓及學生各項操作外，並赴後備軍人訓練處及西碼頭槍砲班新建營舍，一行於視察完畢後離部。

1965年11月11日——奉海軍總部（54）河管字第15785號令，以該部本年度辦理志願留營績效優異，超出核定目標91員之多，奉核定頒發該部司令的父親海績獎章一座，團體獎狀一軸及獎金1,000元。

1965年12月22日——非洲農技講習班各國在訓學員一行43人，由該班講師4人率領，於本日來部參觀，由參謀長姚家訓上校接待，並陪同參觀該部學生各項操練情形。（按：該講習班各國在訓學員一行定於是日下午1時20分開始在海軍官校參觀，2時，轉赴海軍訓練司令部作50分鐘活動，於舉行英語簡報後，參觀士官學校生活環境、砲操、進出港部署操演、攀桅操演、救火操演等項目。3時，將登臨第15號軍艦作靠泊參觀。預定於3時30分赴陸戰隊參觀一項沙盤演習後離去）。[63]

1965年12月28日——該部政戰少校秘書錢永叔，奉國防部核定為第16屆國軍政士。該員於本日離部乘專車北上，參加次年元旦舉行之國軍英雄大會。

1966年（民國55年）1月13日——海軍總部戰地研究巡迴訪問組一行12人，由蔣謙中將率領，於本日蒞部訪問，由參謀長姚家訓上校代表父親接待，除陪同參觀該部學生各項操演外，並舉行座談，交換意見，一行於訪問完畢後離部。

1966年2月7日——秘魯海軍「獨立號」軍艦艦長維亞上校暨該國海軍官校學生150人，於本日來部訪問。（按：「獨立號」是美國贈與秘魯

---

[62] 同上，1965年10月10日，第1版。
[63] 《海訊日報》（高雄），1965年12月22日，第1版。

的訓練艦，本年1月2日自秘魯出發，2月5日上午9時許駛抵高雄，靠泊高港二號碼頭，受到熱烈歡迎。隨即先後前往左營海軍基地及高雄市政府，展開拜會訪問，並接受款待。2月7日上午10時40分，維亞上校抵達海軍訓練司令部，拜會父親，先聽取簡報，並接受該部所贈的佩劍、紀念章及彩色郵卡，然後由父親陪同參觀英語教室、救火、爬桅、操砲和學生鼓號樂隊等的操演。中午，並應軍區司令關世傑中將的歡宴。下午1時20分起，維亞上校繼續拜會陸戰隊司令于豪章中將，並參觀該隊儀隊操槍、特技射擊。2時30分，維亞上校轉赴澄清湖遊覽。晚間在「獨立號」艦上舉行酒會，答謝高雄市各界首長。2月8日上午9時，該艦駛離高雄，轉往日本訪問）。[64]

1966年2月24日——臺灣省省議員海軍訪問組一行20人，由許金德副議長率領，於海軍總部政戰部副主任安國祥少將陪同下，於本日來部訪問。（按：該訪問組是日在左營海軍基地展開第三天的參觀訪問。上午8時15，訪問組一行進入海軍訓練司令部，受到該部熱烈歡迎，許金德副議長特以「為國育才」銀牌一面贈送該部留念，旋即進行參觀。至10時10分，轉赴海軍官校，許副議長以「允文允武」銀牌一面贈送該校，隨後進行參觀，至11時20分結束。中午，該訪問組轉赴鳳山陸軍官校，與陸、空訪問組會合，應國防部蔣經國部長邀舉行座談）。[65]

圖107：臺灣省議會議員訪問海軍訓練司令部留影之一（下載自文化部國家文化資料庫）
圖108：臺灣省議會議員訪問海軍訓練司令部留影之二：父親接受許金德副議長贈牌（下載自文化部國家文化資料庫）

---

[64] 《青年戰士報》（臺北），1966年2月6、8、9日，第2版。
[65] 《海訊日報》（高雄），1966年2月24日，第1版。

1966年2月28日——海軍總司令馮啟聰中將率總部各單位主官，於本日蒞部視察，除接受該部舉行之教育概況簡報外，並舉行討論會，討論該部提出之各項提案，於討論會結束後，巡視營區一周離部。

　　1966年3月7日——海軍副總司令崔之道中將率隨員7人，於本日蒞部視察有關戰備情形，於大操場檢閱該部自衛各大隊人員及裝備後離部。（按：崔之道副總司令係是日上午8時30分率隨員一行進入海訓部，父親偕參謀長姚家訓上校、政戰部主任李春光上校，暨專科學校、海軍士校軍政主官等在大營門迎接。崔副總司令至後即赴簡報室聽取該部有關軍事及政治教育現況簡報，旋至大操場校閱該部官兵自衛團編組，並視察各項自衛計劃中之訓練演習等，至10時30分離部）。[66]

　　1966年3月18日——中央電影製片廠工作人員一批，於本日來部拍攝三軍士校聯合招生宣傳電影，該部特派學生擔任陸操、鼓號樂隊、砲操、手旗、爬桅、救火等項目，以應電影拍攝。

　　1966年4月15日——該部本年度運動大會暨表揚志願留營人員懇親會，於是日上午9時在該部運動場隆重舉行，該部所屬各一級單位軍政主官學員生兵眷屬百餘人應邀觀禮，全體運動員千餘人參加。大會由父親主持，會中並頒發該部志願留營人員陳義雄等46員紀念章。該運動會於次日下午2時圓滿閉幕，計有三項個人成績打破上屆紀錄。（按：以上所述係見報載，《海軍訓練司令部沿革史（五三～五五年）》，〈八、可資紀念重要事蹟〉並未記述之）。[67]

　　1966年4月16日——奉海軍總部（55）人管字第05709號令，轉奉核定兩棲訓練司令李北洲少將調任海軍訓練司令部司令，原任司令的父親調任水雷部隊司令部司令，自本日生效。

　　1966年4月23日——海軍總司令馮啟聰中將於本日上午10時蒞部，主持該部新、舊司令佈達及交接典禮。

　　總括父親擔任海軍訓練司令部司令：一、該司令部從規劃、籌備到成立，將近三年，是父親赴美國聖地牙哥海軍訓練中心考察研習心得的具體實踐，且係最主要的負責人參與者，並出任首任司令。二、此為父親擔任單位主官中，單位編制最大，所屬官兵生人數最多者，推估經常在兩萬人

[66] 同上，1966年3月7日，第1版。
[67] 同上，1966年4月15、16日，第4版。

圖109（左上）：海軍訓練司令部新舊任司令佈達交接典禮
圖110（左中）：父親於佈達交接典禮結束後與監交的馮啟聰總司令及李北洲新任司令合影
圖111（左下）：校閱海軍訓練司令部隊伍
圖112（右上）：在海軍訓練司令部大門前合影留念
圖113（右中）：舉帽揮別海軍訓練司令部
圖114（右下）：父親在歡送中驅車離開海軍訓練司令部

上下。三、該司令部名為訓練單位，亦兼及教育，下轄海軍士校，海軍專科學校，校務由兩校校長主持處理，父親居於督導地位。四、該司令部未設有副司令（一如在海軍士校校長任內未設置副校長），無副手襄佐，業務頗為吃重。五、任期僅約兩年，自1964年5月1日至1966年4月16日，期間歷經三位上級總司令的更迭，在國府海軍史上絕無僅有。1965年1月，

圖115（左上）：中華民國政府國防部頒給父親之一星海功獎章執照（1965年10月）
圖116（左下）：中華民國政府頒給父親之光華甲種二等獎章執照（1966年7月）
圖117（右上）：中華民國政府國防部頒給父親之二星海績獎章執照（1965年10月）
圖118（右下）：父親之光華甲種二等獎章（編號：國6105）

一向信任父親的黎玉璽調升為副參謀總長兼執行官，隨後任參謀總長，劉廣凱（青島海校第三期）接任總司令。同年8月中旬，劉因「八六海戰」失利（劍門、章江兩艦沉沒，海軍巡防第二艦隊司令胡嘉恆少將等官兵殉職）去職，副總司令馮啟聰接任總司令。次年4月，父親即奉命調職，該司令部司令由與馮同為黃埔海校畢業（第二十二期）的李北洲少將接任。至1968年9月1日，該司令部奉令裁撤，其業務由海軍艦隊訓練司令部接管，改名為海軍艦隊訓練指揮部，以統一海軍訓練事權。父親勞心勞力籌劃成立的海軍訓練司部已粗具規模，然僅只存在不過四年左右，便成為歷史名詞。

父親在該司令部任內著有成績，曾先後獲頒「一星海功獎章」、「二星海績獎章」、「光華甲種二等獎章」各一座。

回顧中華民國國軍的發展史，陸海空三軍都曾有訓練司令部的設置。陸軍訓練司令部成立於1947年7月，由國軍名將孫立人以陸軍副總司令兼

首任司令，其編制為下設第一、二、三、四處，及體育、新聞、軍法、副官、營務、編譯等處。孫立人旋於同年10月將該訓練司令部自南京遷至臺灣的高雄縣鳳山鎮，編練臺灣新軍，開赴大陸參加國共內戰。1955年，孫立人案發生，陸訓部暫停運作，同年，另成立陸軍預備部隊訓練司令部，歷任司令為劉安祺、袁樸、高魁元、劉玉章、鄭挺鋒、徐汝誠。1964年，改編為陸軍訓練司令部，華金祥任司令，鄒鵬奇繼之。1966年，該司令部與陸軍作戰發展司令部（1964年成立）併編為陸軍訓練作戰發展司令部，仍簡稱陸訓部，歷任司令為羅友倫、張國英、袁國徵、張振遠、楊繼先、陳守山。在三軍的訓練司令部中陸訓部的編制最大，轄屬單位、學校及官兵員生最多，以其最後一任司令陳守山任內為例，計統轄7個訓練指揮部，12所學校，4個部隊訓練中心，兩個考核指揮部，9個陸軍步兵師。該司令部至1979年改編為陸軍第八軍團司令部，才告結束，前後歷時逾30年。

空軍訓練司令部則成立於1946年9月，係就原國府軍事委員會下轄的航空委員會之教育處，其主管監督教育實施業務的一部分擴編而成，直隸於空軍總司令部;下設四處、三室、七科，轄有空軍官校、機校、通校、防校、幼校、氣象訓練班、軍犬訓練班等單位，首任司令為劉牧群。1948年11月，該訓練司令部自南京遷往臺灣的高雄縣岡山鎮，繼劉牧群之後的歷任司令為羅機、徐康良、謝莽、董明德、魏崇良、龔穎澄等。該司令部的編制迭有變更，但運作順利，存續至1970年中期，歷時亦逾30年。

反觀海軍訓練司令部成立最晚，到1964年才告成立，晚了將近二十年，父親為首任司令，上任未及兩年，即換為李北洲，李在職未滿兩年半，1968年該司令部即奉令裁撤，歷時僅4年5個月，其業務由海軍艦隊訓練司令部接管，改名為海軍艦隊訓練指揮部，在國共對峙情勢仍甚緊張之時裁撤如此之速，實令人詫異和難以理解！

三、海軍水雷部隊司令部司令

水雷是一種古老的水中兵器，其歷史可以追溯到16世紀中葉的中國。明朝嘉靖年間，為了打擊日本倭寇的侵略，發明了一種最早的水雷稱為「水底雷」。至1590年（明萬曆18年），又製造了一種用「香」作定時引

信的漂雷，當時稱為「水底龍王砲」，這是世界最早的一種漂雷。1599年（明萬曆27年），更利用碰線引信拉火引爆的原理，製成一種「水底鳴雷」。1621年（明天啟6年），又加以改進而製成「碰線漂雷」，可將水雷漂於水面，當敵艦掛到繩索即行引爆。西方方面，美國於1776至1777年獨立戰爭時期，一位潛艇設計師David Bushnell，用70至120磅的炸藥和機械引信雷管裝在木質啤酒桶裡，設計一種「桶形觸發水雷」；於1778年1月7日，利用潮水順流而下，用以攻擊停在費城特拉瓦（Delaware）河河口的英國軍艦，雖未擊中，卻使英軍大為恐慌。其後至當代的歷次重要戰爭，如克里米亞戰爭，美國南北戰爭，日俄戰爭，第一、二次世界大戰，韓戰，越戰等，都無不使用水雷。[68]以第二次世界大戰為例，各國於戰爭期間布設的水雷多達80萬枚，毀傷艦船2,700艘。[69]

關於水雷有各種定義，最簡單的一種說法就是「一種佈設在水中、以傷沉艦船或阻止艦船進入某水域為目的的爆炸裝置」。更確切地說「水雷是一種可長期佈設在水中，由引信、儀錶、發火裝置、裝藥雷體和其它裝置組成，用以破壞艦船並限制其行動的水中兵器」。[70]學者對水雷的形容詞亦各具巧思，如稱其為「水線下的埋伏者」，[71]「寂靜的水中殺手」，[72]「『守株待兔』式的武器」，[73]「永不退伍的老兵」，[74]「最經濟最被忽略的武器」，[75]等等，不一而足。

水雷的種類繁多，布設位置與引發方式各異，可略分為：依佈設位置區分為沉底水雷（Bottom Mine、Seabed Mine）、繫留水雷（Moored Mine）與不定雷（Drifting Mine,包括漂雷、浮雷與振盪雷）三種。另依引發方式可分為觸發水雷、控制水雷與感應水雷（其中包括磁性、音響、壓力、熱力、感光與複合等水雷）三種。其特性約為：（1）水雷為待敵武

---

[68] 邢蘭生，〈淺談水雷作戰〉，《海軍軍官》，第7卷第2期（1988年8月），頁19～20。

[69] 王偉，〈歷久彌新話水雷〉，《國防》，2002年第11期，頁58。

[70] 陳月平、傅金祝，〈水雷—一種歷史悠久而有效的水中兵器〉，《艦載武器》，2004年第6期，頁74。

[71] 唐傑，〈水線下的埋伏者〉，《全球防衛雜誌》，第9卷第6期（1989年6月），頁95。

[72] 〈寂靜的水中殺手—水雷〉，《尖端科技》，第9期（1985年5月），頁82。

[73] 魯關，〈『守株待兔』式的武器—水雷〉，《金屬世界》，1997年第6期，頁14。

[74] 林武文，〈永不退伍的老兵—水雷〉，《海軍學術雙月刊》，第42卷第6期（2008年12月），頁30。

[75] 鄧國光譯，〈水雷作戰—最經濟最被忽略的武器〉，《國防譯粹月刊》，第2卷第3期（1975年3月），頁84。

器；（2）水雷防制不易；（3）水雷清除不易；（4）水雷一經佈設能保持長期效用；（5）水雷具長期適用價值，可節省投資；（6）水雷可預先調定特定攻擊目標；（7）水雷可控制所望之海域，限制敵通航；（8）水雷具有嚇阻作用，對敵心理與政、經之影響深遠。[76]曾有學者將水雷的特性與功能，歸納整理成七言之打油詩一首，寫實、傳神而有趣，詩云：

> 體積雖小威力高，施放容易卻難掃！可用艦船飛機佈，潛艇敷設隱密好！時間地點任我選，以逸待勞敵難逃！正面衝突可避免，潛伏水中有長效！威脅心理與政治，封鎖航運最可靠！戰區環境能改變，又可彌補兵力少！它是水中游騎兵，可攻特定之目標！弱勢海軍善運用，強權國家受不了！[77]

　　至於水雷作戰，係指運用水雷或反制敵方佈設水雷所採取的行動與措施，故整個水雷作戰應區分為佈雷作戰與水雷反制作戰兩大部分。一、佈雷作戰：（一）依作戰目的區分：1.戰略性佈雷：依全般戰略構想及海軍作戰指導，於特定的海域實施佈雷，限制敵艦船行動。旨在長期封鎖敵之港口，破壞敵航運體系，使其政、經、心、軍俱受威脅而屈服於我。2.戰術性佈雷：配合戰術運用，實施佈雷，以達特定的目的。佈雷處多為特定的水域、航路或港口，旨在摧毀敵艦船與限制敵海上行動。（二）依作戰性質區分：1.攻擊性佈雷：通常係在敵方所控制或敵我爭奪的水域實施，所佈設的雷區可依目的區分為：（1）封閉性雷區：目的在封鎖敵之港口、航道、或重要水域，阻絕一切艦船的進出。（2）消耗性雷區：目的在擊毀敵進出的艦船，以牽制其兵力與遲滯其行動，有利我之作戰。2.防禦性佈雷：依需要在我必要的海域、航道、特定港口實施佈雷，限制敵艦船行動，以維護我航道的暢通；反登陸作戰應依陸上防衛作戰構想，適切選定雷區及時機實施佈雷，通常置重點於敵主力可能登陸海灘的近岸海域，以妨害其登陸行動。另可依特定戰術目的於特定的水域佈設水雷，擊毀敵進入的艦船，遲滯其行動，或迫其改駛我所望的水域，以利我全般

---

[76] 張勝凱，〈「水雷」的特性、價值及運用〉，《海軍軍官》，第25卷第3期（2006年6月），頁43～45。
[77] 邢蘭生，〈淺談水雷作戰〉，《海軍軍官》，第7卷第2期，頁21。

作戰。二、水雷反制作戰：（一）積極性反制：係對敵水雷的儲存場庫、運輸載具及製造廠所，予以轟炸或破壞。或運用空中、水面的水雷反制兵力，對敵佈雷的水域或航道，予以清除或標示。其對已佈放的水雷採取反制，則包含獵雷與掃雷兩個層級，獵雷歸類為一次完成系統偵測水雷及清除水雷，掃雷作業則是清除事先已知的佈雷區域，清除區域中可能有的水雷。（二）消極性反制：係消減艦船本身磁性與裝備所產生的噪音，以免引爆水雷；並採取損害管制等措施，以減低水雷造成的損害；另利用艦船的運動性能，採取適當的迴避措施。[78]

由於水雷具有造價低、體積小的特性，又可用多種方式佈放，對攻方而言佈放容易；反之，守方為了對抗水雷，卻要投諸大量的人力、物力和耗費冗長的時間，且未必能完全清除，故對守方反制較為困難。由此可以說水雷是海軍戰力中投資回報率最高的武器之一，它不像魚雷或飛彈，它是一種「射後不理（fire forget）」等待目標到來的武器，所需的組件不多，很少發生故障，亦不需持續維持。它不但價廉，而且有效，國軍在建軍備戰中，水雷戰力的維持與精進，應列為優先考慮且不可偏廢的戰備選項。[79]尤其是臺灣四面環海的特殊地理環境，戰時極容易遭到敵方佈雷封鎖，然亦可通過佈放水雷進行抗登陸作戰防禦。所以水雷武器的發展實有其必要性，水雷部隊的訓練與戰力亦至關重大。

中華民國海軍水雷部隊的前身為海軍掃佈雷艦隊，該艦隊係由海軍第三艦隊改編而成。1949年（民國38年）11月16日，奉海軍總司令部令成立第三艦隊，王恩華代將為首任司令，屬艦10艘，負責海南島及粵南群島等地防務，隊部進駐海口，參與作戰。至1950年6月1日，奉令改編，屬艦增至12艘，任務為封鎖大陸海岸港口，窒息共方海上交通。1951年3月16日，曹仲周少將接任司令。[80]

由於國府前遷臺初期海軍各艦隊係混合編組，所轄艦艇之類型混雜，性能不同，以致在訓練、管理與後勤補給各方面，均甚為不便。為便於統一管理各艦隊，並配合美援裝備與訓練艦隊，將同型艦艇編屬於同一艦隊

---

[78] 張勝凱，〈「水雷」的特性、價值及運用〉，《海軍軍官》，第25卷第3期，頁42～44。

[79] 王衛國，〈臺澎防衛—「布雷作戰」運用價值之評析〉，《國防雜誌》，第20卷第10期（2005年10月），頁25～27。

[80] 《海軍水雷部隊司令部沿革史（四七～五五年）》（未刊，臺北：海軍司令部藏），〈概述〉。

之下，由於各屬艦之性能、戰備訓練及所擔負任務完全相同，有助於同型艦隊司令執行平時之整備訓練及一般行政管理工作。1952年7月，海軍實施基本同型艦隊編組，將各艦隊依艦艇之性能（型式），整編為第一、第二、第三、第四、登陸、後勤等六個艦隊及一個登陸艇隊，以加強各艦之戰鬥力及作戰準備。同年9月，海軍第三艦隊轄「永」字型掃佈雷，計10艘，編成3個戰隊：1.第三十一戰隊：轄永勝、永順、永定、永寧艦4艘。2.第三十二戰隊：轄永嘉、永修、永壽、永昌艦4艘。3.第三十三戰隊：轄永豐、永靖艦2艘。其任務以駐防沿海島嶼為主水雷戰為次，艦隊司令為崔之道上校。1954年間，永壽、永昌兩艦由PG艦改裝為PF艦，並撥歸第四艦隊，第三艦隊屬艦乃減為8艘。同年11月1日，兩棲部隊司令部參謀長劉宜敏上校調任第三艦隊司令。[81]

　　1955年（民國44年）1月16日，第三艦隊奉海軍總部令改編為掃佈雷艦隊，先後完成金門、馬祖之佈雷任務，是為對共方大規模水雷戰之開始。[82]同年10月，美國軍援贈予永平、永安兩艦，自菲律賓蘇比克灣基地返臺成軍，編入掃佈雷艦隊服役，該艦隊所轄屬艦又增至10艘，仍編成3個戰隊：1.第三十一戰隊：轄永勝、永寧、永修艦3艘。2.第三十二戰隊：轄永順、永定、永嘉艦3艘。3.第三十三戰隊：轄永豐、永靖、永平、永安艦4艘。11月16日，巡邏艦隊司令林鴻炳上校調任掃佈雷艦隊司令（任期至1959年4月16日）。12月1日，成立海軍佈雷隊編制，1956年1月16日，成立海軍淺水掃雷隊編制，均隸屬掃佈雷艦隊司令部。1958年1月，永寧艦在綠島遇風觸礁損壞，無法修復，於3月1日報廢除役。至是，掃佈雷艦隊屬艦減為9艘，並重新編組為：1.第三十一戰隊：轄永勝、永定、永平、永安艦4艘。2.第三十二戰隊：轄永順、永嘉、永修艦3艘。3.第三十三戰隊：轄永豐、永靖艦2艘。[83]1959年（民國48年）4月16日，邱仲明少將繼林鴻炳少將之後，接掌掃佈雷艦隊司令，對革新裝備，爭取美援，加強訓練，完成戰備事項不遺餘力，先後完成金門、馬祖之敵前掃雷，及瓊島、蘭嶼、青島、鱷魚、鯊魚、鱸魚、鯧魚計劃之擬訂與訓練，更爭取美援接收新式掃雷艇2艘（永年、永川）及淺掃艇10艘（MS/ML），至

81　海軍總司令部編，《海軍艦隊發展史》（二），頁801～802，823～825。
82　《海軍水雷部隊司令部沿革史（四七～五五年）》，〈概述〉。
83　海軍總司令部編，《海軍艦隊發展史》（二），頁801～802，824～825。

此，該艦隊已具備現代水雷戰之能力與規模。[84]

　　1961年（民國50年），掃佈雷艦隊司令部奉海軍總部（50）惟絹字第192號令核定，改編為海軍水雷部隊司令部；由原掃佈雷艦隊部所屬各戰隊、艦、隊14個單位改編而成，並由原有艦隊部總員20員，增至31員整編完成，核定自是年4月16日為改編成立生效日期。4月17日，奉國防部人令（職）第112號令核定，原任掃佈雷艦隊司令邱仲明少將為水雷部隊第一任司令，自5月1日生效。8月16日，該部徵用中興三十六及二十八漁船各1艘，實施改裝漁船掃雷，試驗成功，經國防部及美海軍顧問包爾斯上校等驗收，認為利用漁船掃雷，誠屬海軍水雷作戰時最大潛力。10月2日，奉海軍總部（50）惟絹字第600號令，核定該部所屬之永定軍艦易名為陽明測量艦，自是年10月1日起生效，撥交海道測量局。10月3日，該部為加強佈雷兵力，乃試用PC型艦佈雷成功，對今後水雷作戰戰力貢獻甚大。1962年2月15日，奉海軍總部（51）惟絹字第052號令核定，將原屬登陸第二艦隊暫撥該部予以佈雷訓練之美和登陸艦，更名為永明佈雷艦，撥屬該部序列，自是年2月1日生效。2月28日，奉國防部人令（職）第037號令核定，該部司令邱仲明少將調職，自2月16日生效，適時，該部副司令黃克榮少將赴美受訓未返，該部司令暫交由參謀長麥炳坤上校代理。至4月6日，奉國防部（51）祺禧字第476號令核定，派雍成學少將接任水雷部隊第二任司令，自4月1日生效。[85]1965年（民國54年）9月，該部奉令核定增設水雷第四十三戰隊三編制。10月，在美國本土接收之新造近海掃雷艦永新、永吉號返國，納入該戰隊戰鬥序列服役。1966年1月，淺水掃雷隊機漁組奉令調整，由50個組減編為20個組。同年4月，司令雍成學少將連任期滿，調海軍參謀指揮大學副校長，遺職海軍總部派海軍訓練司令部司令的父親繼任第三任司令。[86]

　　父親任海軍水雷部隊司令為期約兩年又4個月（1966年4月16日至1968年8月11日），[87]任內的編制系統大致為司令之下設參謀長及政戰部主任，

---

[84] 《海軍水雷部隊司令部沿革史（四七～五五年）》，〈概述〉。

[85] 《海軍水雷部隊司令部沿革史（四七～五五年）》，〈一、概述〉。

[86] 《海軍水雷部隊司令部沿革史（五六～五七年）》，〈一、概述〉。

[87] 括號內的起訖日期是據父親所填寫的《兵籍表》，父親並註明所根據的任命令文號為（55）人管05309及（57）沛管11468。其中4月16日應為命令生效之日，新舊任司令的交接典禮於4月30日舉行。國防部發給的任命令所署的日期則為5月31日，命令生效之日為5月16日。

圖119（左）：父親之海軍水雷部隊司令任命令（1966年5月31日）
圖120（右）：父親任海軍水雷部隊司令時留影

所屬單位有：（1）直屬艦（隊）：轄永豐軍艦、永明軍艦、淺水掃雷隊
（轄淺掃艇11艘）、佈雷隊。（2）行政部門。（3）作戰部門。（4）修
護部門：轄岸電供應間。（5）第四十一戰隊：轄永嘉軍艦、永修軍艦。
（6）第四十二戰隊：轄永平軍艦、永安軍艦、永年軍艦、永川軍艦。第
四十三戰隊：轄永新軍艦、永吉軍艦、永樂軍艦。[88]任內的訓練措施，包
括部隊專精訓練、特業訓練及聯合訓練，為數不少，茲依其實施時間的先
後列舉如下。[89]

　　1.雷訓三號演習（1966年4月28日至4月30日）——實施地點：臺灣高
雄、左營鳳鼻頭海面。實施經過：（1）目的：加強訓練，磨練戰技，以
提高反水雷作戰能力。（2）重點：左、高港口、航道探掃，戰術運動，
水雷偵測，雷區警戒，海空聯訓。（3）實施方式：實兵操演。（4）實施
經過：4月28日下午6時，由第四十二戰隊長陳光鑫中校率領永年、永川、
永明3艦出海操演；4月30日上午9時，操演完畢返港。檢討：部位良好，
通信暢通，惟天氣不良，飛機未能臨空，影響海空聯訓。

---

[88]　《海軍水雷部隊司令部沿革史（五六～五七年）》所附之編制表。
[89]　以下所述係錄自《海軍水雷部隊司令部沿革史（四七～五五年）》，〈五、教育訓練〉；
　　《海軍水雷部隊司令部沿革史（五六～五七年）》，〈五、教育訓練〉；及《海軍水雷部隊
　　司令部沿革史（五八～五九年）》，〈五、教育訓練〉。

2.海空聯訓（1966年7月1日至1967年6月30日）——實施地點：左營、高雄海面。實施經過：（1）目的：增強海空聯合作戰能力。（2）重點：甲.海空通信。乙.對空拖靶射擊訓練。丙.海空協同作戰。（3）實施方式：實兵操演。（4）實施經過：由艦隊指揮部每月分配聯訓飛機架次及演練課目，適時檢派兵力，並按規定申請聯訓飛機實施聯訓。檢討：全年度計實施聯訓44艘次，達成聯訓，成效良好。

3.中（臺）美聯合對空射擊訓練（火魚快靶，1966年8月29、30日、9月1、2、5、8、28、29日、1967年3月16、22日）——實施地點：左營正西20浬靶區。實施經過：（1）目的：加強聯合作戰能力，實施反快艇射擊訓練。（2）重點：編隊戰術運動操演，火魚電動快靶射擊。（3）實施方式：實施實兵操演，參加兵力為永豐、永嘉、永修、永平、永新、永吉、永年、永川各艦。（4）實施經過：配合夜間訓練，實施火魚電動快靶射擊訓練，經過情形良好。檢討：優點：（1）對快艇迴避轉普遍增強。（2）命中率顯著提高。

4.安康演習（1966年10月26日至10月29日）——實施地點：高雄蚵子寮海面。實施經過：（1）目的：甲.測驗艤裝漁船之掃雷性能，以作為其艤裝修改之準據。乙.訓練淺掃隊機漁組人員，增加掃雷實作經驗。（2）重點：甲.繫留水雷（P雷）掃雷作業。乙.編隊掃雷，戰術運動。丙.水雷處理。丁.雷標作業。（3）實施方式：實兵操演。（4）實施經過：甲.10月26日上午11時，在高雄接收艤裝機漁船裕榮十一、十二號兩艘。乙.10月27日上午7時35分，機漁船裝俑掃雷具，測磁，對漁民講授演習課目。丙.10月28日，機漁船海上航訓。丁.10月29日上午6時，由水雷部隊參謀長何忠華上校率領永年、永川、永明3艦、淺掃隊、佈雷隊暨機漁船×2出海實施操演，下午3時20分，作業完畢返港。戊.10月29日下午6時，機漁船復舊解僱。檢討：優點：（1）機漁拖力大，稍加改裝可作機械掃雷。（2）掃雷率達80%。（3）淺掃隊機漁人員操作熟練。缺點：（1）漁船員對海軍術語多不能配合戰術要求。（2）船員對掃雷具之結合與收放全然不懂，無法接受指揮及協助操作。（3）漁船不宜雙舷掃雷。（4）該等漁船因無消磁設備，磁性感應超過安全係數，惟對繫留水雷清掃性能良好。

5.雷訓四號演習（1966年12月16日至12月18日，及12月19日至12月20日[淺掃]）——實施地點：高雄鳳鼻頭海面，及左營蚵子寮海面。實施經

過：（1）目的：加強該部隊專精訓練，藉以磨練戰技，提高水雷作戰能力，達成戰備要求。（2）重點：戰術運動、零式掃雷、感應掃雷、夜戰近戰、政戰戰備。（3）實施方式：實兵操演，參加兵力為永平、永年、永吉、MS1、5、6、7、8、9、10號艇。（4）實施經過：甲.12月16日上午8時，由第四十一戰隊長陳久餘上校率領永平、永年編隊出港實施戰術運動、零式及感應掃雷、夜戰近戰等項目，於12月17日中午12時30分操演完畢，按次序返港。乙.淺掃部分在左營蚵子寮實施，由淺掃隊長陳鐘少校率領控制艦永吉、淺掃分隊（MS×6）及水雷處理分隊（MS×1），於12月19日下午1時30分出港駛抵雷區，實施編隊運動、零式掃雷及感應掃雷，4時30分，掃雷完畢，編隊返港。12月20日上午8時30分，控制艦率淺掃分隊及水雷處理分隊出港，實施零式掃雷，10時50分，掃雷完畢，收雷具返港。檢討：優點：（1）戰術運動作業熟練，艦船操縱技術優良。（2）通信暢通無阻。（3）政戰納入演習，振奮官兵士氣。缺點：（1）海空聯訓飛機未臨空。（2）淺掃部分之通信器材（PRC-1）情況欠佳。

6.雷訓五號演習（1966年12月31日至1967年1月2日）——實施地點：高雄鳳鼻頭海面及蚵子寮海面。實施經過：（1）目的：加強專精特業訓練，提高戰技，達成戰備要求。（2）重點：夜間戰鬥、戰術運動指位拋錨、零式掃雷、感應掃雷。（3）實施方式：實兵操演，參加兵力為永豐、永平、永年、永川、永新、永吉、MS1、2、5、7、8、10號艇、MS6、9（水雷處理）。（4）實施經過：1966年12月30日上午9時，航前會；下午2時，試通。12月31日上午8時，第二次試通，下午6時，父親率永豐（舷號150）、永平（155）、永年（157）、永川（158）、永吉（160）、永新（159）按計劃依次出港，編隊戰術操演。晚，實施指位拋錨及夜訓，於1967年1月2日上午6時起錨，編隊戰術運動操演，返港。9時，進港。檢討：缺點：（1）風力強，海象惡劣（超出安全作業規定），影響操演成效。（2）各艦值更官英文領悟能力普遍欠佳。

7.中（臺）美聯合掃佈雷演習（1967年1月22日至1月26日）——實施地點：高雄鳳鼻頭海面。實施經過：（1）目的：加強聯合作戰能力，增進友誼，觀摩戰技，實施該項年度訓練。（2）重點：甲.水面及空中佈雷。乙.空中佈雷觀測。丙.水雷偵測。丁.繫留掃雷。戊.感應（磁性、音響）掃雷。己.水雷處理。（3）實施方式：實兵操演，參加兵

力中（臺）方為永平、永年、永川、永新、永吉、永豐各艦，美方為MSO×4、434、466、455、467各艦。（4）實施經過：中（臺）方演習指揮官為第四十三戰隊長吳述祖中校，美方演習指揮官為第七十二戰隊長R.A.H.Murline。1月22日上午5時，永豐軍艦啟航佈雷，8時，各佈雷艦按序編隊出海駛雷區，實施中（臺）美聯合掃佈雷訓練，於1月26日上午10時10分操演完畢，返航。檢討：優點：（1）計劃圓滿，協調密切。（2）部位保持良好。缺點：掃雷作業裝備情況欠佳，通信情況未能暢通。

8.雷訓六號演習（1967年4月20日）──實施地點：左營港外航道。實施經過：（1）目的：配合任務訓練，實施航道清掃，以利艦隊操演之安全。（2）重點：繫留掃雷、多艦掃雷、掃雷戰術、雷區航海及運轉。（3）實施方式：實兵操演，參加兵力為永豐、永修、永川、永新各艦。（4）實施經過：1966年4月20日上午9時，各艦起航。9時25分，編隊施放雷具，9時45分，進雷區，10時07分，出雷區，10時25分，以航道擴掃法運轉進雷區，10時50分，出雷區，11時08分，再進雷區，11時30分，出雷區，11時35分，收雷具，參加艦隊混合操演及夜訓。

9.雷訓七號演習（1967年6月11日至6月13日）──實施地點：高雄螺底山海面。實施經過：（1）目的：加強專精訓練，藉以磨練戰技，提高水雷作戰能力。（2）重點：掃雷演習。（3）實施方式：實兵操演，參加兵力為永嘉、永豐、永安、永新、永吉、永明各艦。（4）實施經過：1966年6月10日上午9時，航前會。6月11日下午3時30分，試通，6時40分，各艦按計劃出海，7時20分，編隊及戰術運動，8時，各艦實施近戰夜戰操演。6月12日上午6時，夜航訓練，7時，實施各項掃雷，於6月13日上午7時30分操演完畢，返港。

10.海空聯訓（1967年7月1日至1968年6月30日）──實施地點：左營、高雄海面。實施經過：（1）目的：增強海空聯合作戰能力。（2）重點：甲.海空通信。乙.對空拖靶射擊訓練。丙.海空救難。丁.海空協同作戰。（3）實施方式：實兵操演。（4）實施經過：由艦隊指揮部每月分配聯訓飛機架次及課目，適時檢派兵力，並按規定申請聯訓飛機，實施聯訓，全年度計實施113艘次。檢討：全年度計實施聯訓113艘次，成效良好。

11.雷訓八號演習（1967年8月15日至8月17日）──實施地點：左營蚵子寮及螺底山海面。實施經過：（1）目的：加強該部隊專精訓練，藉

以磨練戰技，提高水雷作戰能力，達成戰備要求。（2）重點：戰術運動，感應掃雷，海空聯訓，對空射擊。（3）實施方式：實兵操演，參加兵力為永安、永川、永明軍艦。（4）實施經過：甲.8月15日上午8時53分，由永安軍艦艦長高德明少校率領永安、永川出港，實施戰術運動，感應掃雷。10時44分，因海象惡劣，12時30分，順序返港。乙.8月16日上午8時，由永安艦長高德明少校率領永明艦編隊出港，實施海空聯訓，因飛機未臨空未實施，9時30分，作感應掃雷及戰術運動，11時20分完畢返港。丙.8月17日上午8時，由永安艦長高德明少校率領編隊出港，實施對空拖靶射擊，10時03分開始射擊，共射擊五習會，10時25分，實施掃雷訓練，下午6時46分完畢返港。檢討：優點：（1）戰術運動作業熟練，艦船操縱技術優良。（2）通信暢通無阻。（3）海空聯訓情況良好。（4）新進人員學習情緒極佳。缺點：（1）8月16日海空聯訓飛機未臨空。（2）因海象不良，影響吊放作業。

12.中（臺）美聯合掃佈雷演習（1967年9月9日至9月13日）──實施地點：螺底山海面。實施經過：（1）目的：加強聯合作戰能力，增進中（臺）美雙方友誼，相互觀摩戰技，實施該項年度訓練。（2）重點：水面及空中佈雷觀測，繫留掃雷，感應掃雷，水雷處理。（3）實施方式：實兵操演，參加兵力中（臺）方為東海、永嘉、永平、永安、永新、永吉各艦；美方為MSC（近海掃雷艦）──205、206、209、199號4艘，淺掃艇9艘，LCM（機械化登陸艇）2艘，UDT艇1艘。（4）實施經過：9月9日上午8時30分，實施航道與佈雷區預行探掃，下午5時30分完畢，錨泊警戒。下午2時，召開聯訓航前會議。9月10日上午5時，開始水面佈雷，6時，中（臺）美艦艇分別於左、高兩港啟航，7時30分會合後，混合編隊，駛向雷區；下午2時，美機開始空中佈雷，2時30分，實施水雷偵測後錨泊；夜間，實施通信操演。9月11日上午6時30分，實施繫留雷清掃，計掃起4具；該晚，除警戒艦巡弋外，餘錨泊燈號操演，淺掃部分計掃起P雷4具。9月12日上午6時30分，實施感應雷清掃，共掃起5具。檢討：優點：（1）計劃週詳，中（臺）美雙方密切合作。（2）採用中（臺）美混合編隊，收相互觀摩之效。缺點：（1）佈雷觀測困難。（2）水雷部分失效。（3）LCM無羅經裝置，無法自找航向。

13.雷訓九號演習（1967年12月24日至12月26日）──實施地點：左

營、高雄外海。實施經過：（1）目的：加強專精特業訓練，提高戰技水準，達成戰備要求。（2）重點：航道及繫留雷區清掃，夜訓、夜戰各項操演。（3）實施方式：實兵操演，參加兵力為永新、永平、永樂軍艦。（4）實施經過：由第四十三戰隊長段鑫寶中校率領永新、永平、永樂軍艦，12月24日下午4時出港，編隊清掃操演；7時，夜間戰術運動。12月25日，實施各項水雷戰術操演，晚9時20分，反快艇操演。12月26日上午6時，編隊返港。檢討：優點：（1）通信暢通，靈活迅速。（2）掃雷技術熟練，能於惡劣天候下執行作業。缺點：（1）雷區漁船干擾作業。（2）天候不良，視界不清，無法利用岸山目標輔助定位。

14.雷神演習〈十號〉（1968年2月13日至2月16日）──實施地點：螺底山附近海面。實施經過：（1）目的：加強專精訓練，熟練戰技，提高水雷作戰能力。（2）重點：戰術運動，零式掃雷，通信操演，政戰戰備。（3）實施方式：實兵操演，參加兵力為太昭、永新、永樂、永平、永安、永吉軍艦，及淺掃艇8艘，機漁船安洋301、302號。（4）實施經過：2月13日，由任該部隊司令的父親率領出港，隊形操演。2月14日，因氣候惡劣，延遲24小時實施。2月15日，按修正命令作息。2月16日上午8時，出港，8時40分，開始零式掃雷作業操演，編隊運動，共實施7掃次，下午4時33分，清掃完畢，5時35分，按序返港。淺掃部分：由淺掃隊張鴻是少校率領，實施編隊運動，零式掃雷。檢討：優點：（1）掃雷成果豐碩。（2）通信良好暢通。（3）淺掃艇無控制艦，能自找目視目標，實施掃雷作業。缺點：（1）雷區施放漁具，影響作業。（2）淺掃艇兩端運轉未能保持部位。

15.雷訓十一號演習（1968年4月18日）──實施地點：左營、高雄海面。實施經過：（1）目的：磨練專精戰技，加強戰備要求。（2）重點：掃雷演習。（3）實施方式：實兵操演，參加兵力為永平、永安、永年、永吉軍艦。（4）實施經過：4月18日上午10時，由段鑫寶戰隊長率領，實施編隊戰術運動。下午2時，海空聯訓，實彈射擊；6時，開始感應掃雷，晚8時30分完畢，9時，返港。

16.中（臺）美掃佈雷聯合訓練演習（1968年6月28日至7月2日）──實施地點：高雄螺底山海面。實施經過：（1）目的：加強聯合作戰能力，增進雙方友誼，相互觀摩戰技，實施年度第二次聯合訓練。（2）重

點：水面及空中佈雷，空中觀測，繫留與感應掃雷，通信操演。（3）
實施方式：實兵操演，參加兵力中（臺）方為LST226（中治軍艦）、
MMC150（永豐）、MSC155（永平）、156（永安）、157（永年）、159
（永新）、161（永樂）、MSL×6，美方為MSO-444、434、MSC-205。
（4）實施經過：6月27日，召開航前會議，由父親（周司令）任指揮官。
6月28日上午5時，中（臺）美雙方艦艇分別於左、高兩港啟航，永豐軍艦
按計劃實施水面佈雷，各艦均逕駛聯訓區就水雷觀測位置。10時，美佈雷
機兩架進入上空佈感應雷完畢後，由美方MSO×2，中（臺）方MSC×3
實施航道緊急清掃。下午3時，各艦就錨泊位置，旗艦作為船團緊急通過
航道雷區。夜間，中（臺）美雙方實施通信操演。6月29日上午6時，無線
電話試通後，中（臺）美混合聯掃區隊實施繫留掃雷，淺掃艇6艘於區隊
前實施初掃，下午6時完畢；晚，就指定錨位警戒，並實施通信操演。6月
30日，通信試通後，中（臺）美聯掃區隊實施感應掃雷，僅中（臺）方目
視掃雷，成果豐碩，美方無表現，經研判可能為空投佈雷時互撞，水雷
機械失效之故。各艦收回掃具後，仍就計劃錨泊位置警戒。7月1日上午7
時，各艦就指定位置實施感應掃雷，下午4時完畢，因美艦磁纜故障，要
求進港檢修，演習乃中止。7月2日下午2時，假艦隊指揮部業務管制室召
開演習檢討會。檢討：優點：（1）計劃週詳，協調合作密切。（2）實施
混合編組，收到相互觀摩之實效。（3）通信情況均極良好，程序正確。
（4）各項掃雷作業極為優良。缺點：淺掃艇任初掃工作，因該批艇使用
年久，航速太慢，無法配合掃雷艦作業。

17.七月份雷訓（1968年7月2日至7月3日）——實施地點：左營蚵子
寮及螺底山海面。實施經過：（1）目的：加強部隊專精訓練，以磨練戰
鬥技能，提高水雷作戰能力，達成戰備要求。（2）重點：戰術運動、繫
留掃雷、感應掃雷、通信操演。（3）實施方式：實兵操演，參加兵力為
永豐、永年、永安、永平、永新、永樂各軍艦。（4）實施經過：7月2日
上午8時，由第四十一戰隊長李元祿上校率領順序出港，實施中美聯訓前
各項戰術與掃雷演練。7月3日上午6時30分，返港。檢討：優點：（1）各
艦值更官戰術運動作業熟練。（2）通信靈活暢通。缺點：（1）各艦速率未
能超過八級，就位緩遲。（2）部分新進士兵動作不熟練，應加強訓練。

至於父親任內的一些重大興革事項，茲列舉如下。[90]

1.成立戰情中心（1966年7月）——該部為加強戰備措施，特於是年7月20日起成立戰情中心，設立金、馬當面匪情圖板，屬艦動態圖板，在修狀況，任務服勤狀況，氣象等圖底，經常保持最新資料。其成果為：（1）對金、馬當面匪情動態能隨時明瞭。（2）對屬艦之掌握與運用著有成效。檢討：實施以來成效良好。

2.研製掃雷導航浮標成功（1966年7月）——該部鑒於掃雷導航之重要，特飭第四十二戰隊作戰官武子魁上尉研製導航浮標（MRB）一種。其成果為：經於1966年10月3日在左營港佈放試驗，效果良好。檢討：對水雷作戰之戰術上甚具價值。

3.爭取美援興建水雷戰備器材庫房（1967年度）——該部鑒於所屬先勤物資，因無專一庫棚儲放，維護保養困難，案經主動協調顧問同意，在桃子園西碼頭興建庫房一所。其成果為：該庫房經於1967年6月由國防部軍工局發包，預定同年11月底完工。檢討：該庫房落成後對該部所屬先勤物資之維護裨益良多。

4.該部所屬永修艦茲改為ADG消測整磁艦（1967年7月1日至1968年6月30日）——海軍因鑒於消磁、測磁、整磁作業之需要，經由第一造船廠建議，改裝為ADG整磁艦，後經一廠研擬，並經美顧問團海軍組電機顧問建議，將美援輕便測磁儀配裝該艦，全部工程迄1969年5月28日告成。其成果為：加改裝工程尚能順利完成，效果良好。

5.水雷戰備試驗（1967年7月1日至1968年6月30日）——該部鑑於未來水雷作戰之重要，經建議上級採納後，由該部草擬計劃，令頒實施，並於1968年6月10日至24日先後試驗完成。其成果為：此次水雷試驗，係海軍首次水雷戰備試驗任務編組，均能認真執行，切實檢查，發現缺點，圓滿達成試驗目的。檢討：所獲各項資料確實詳盡，對日後改進水雷之戰備，深具價值。

父親任內水雷部隊有許多可資紀念的重要事蹟，茲一一列舉如下。[91]

---

[90] 以下所述係錄自《海軍水雷部隊司令部沿革史（五六～五七年）》，〈六、重大興革事項〉。
[91] 以下所述係錄自《海軍水雷部隊司令部沿革史（四七～五五年）》，〈九、可資紀念重要事蹟〉；及《海軍水雷部隊司令部沿革史（五六～五七年）》，〈九、可資紀念重要事蹟〉。

1966年（民國55年）4月28日——海軍水雷部隊司令部舉辦部隊專精訓練，定為「雷訓」三號演習。（按：該演習時間為4月28日至30日，由第四十二戰隊長陳光鑫中校率領永年、永川、永明3艦出海操演。演習課目有鱷魚計劃、零式掃雷、磁性掃雷、音響掃雷、戰術運動、編隊操演、通信操演、水雷偵測、指位拋錨、雷區警戒、海空聯訓。其經過概要為：一、4月27日上午9時，在水雷部隊司令部會議室舉行「雷訓三號」演習航前會議，任務提示。二、4月28日下午2時，無線電話試通情況良好。6時，各艦起航，6時20分，出港。7時，完成編隊，並開始施放4V音鼓，永明艦奉永年旗艦令，離隊駛往北緯22°-40'-50"，東經120°-14'-0點錨泊警戒。7時，進入雷區，開始實施鱷魚計劃。10時30分，鱷魚計劃執行完畢，開始收掃雷具。10時45分，開始實施指位拋錨，並實施夜間訓練、燈號及無線電話操演等，11時30分，操演完畢。三、4月29日上午7時，各艦起錨。8時，完成編隊，開始戰術操演，並駛向22°40' N，119°50' E。9時45分，抵達該地，實施海空聯訓，飛機未臨空，開始實施旗號操演及戰術操演。11時，操演完畢，編隊航行，駛向雷區。下午2時30分，施放零式掃雷具。3時，施放完畢，並由「A」點進入雷區，編成左保護梯隊，開始實施繫留掃雷，永明艦擔任雷區警戒及水雷處理任務。7時35分，零式掃雷完畢。8時，開始實施燈號及無線電話操演及指位拋錨。11時，各項操演完畢。四、4月30日上午6時，各艦起錨。6時30分，開始編隊操演，7時，實施水雷偵測，完畢後並放磁纜。7時35分，磁纜施放完畢，開始實施磁性掃雷。8時30分，磁性掃雷完畢，準備實施海空聯訓，飛機未臨空。9時，駛向返航，9時50分，進左營港。10時30分，演習各艦長至永年艦召開檢討會）。[92]

　　1966年4月30日——上午8時30分，海軍艦隊指揮官李敦謙中將蒞部主持該部原任司令雍成學少將、新任司令的父親交接佈達典禮，該部全體官員暨所屬單位主官及輔導長，均出席參加該儀式。9時10分，交接典禮完畢，該部全體官兵列隊恭送雍少將離部。

　　括號內的按語文字，則係參閱當時報刊所載或其他資料所作的補充說明。
[92]　「海軍水雷部隊司令周非呈海軍艦隊指揮官李敦謙文」（1966年5月7日）所附之〈海軍水雷部隊「雷訓三號」演習經過報表〉；《國軍史政檔案》，〈水雷作戰〉：總檔號：00042735。

1966年5月11日——父親為求深澈瞭解該部所屬單位情形，自是日起順次蒞各屬艦隊巡視，並接受各該單位之歷史性能、裝備及現況簡報。

1966年5月18日——下午1時30分，海軍艦隊指揮部責任制度驗收小組蒞部，驗收責任制度執行成果。

1966年5月20日——上午9時，父親蒞淺掃隊主持慶祝蔣中正總統就職大會，該部全體官兵自動前往參加慶祝。

1966年5月28日——該部暨所屬各單位官員40人，士官兵60人，接受國防部政治教育抽考，成績總平均91.74分。

1966年6月24日——該部對各屬實施1966年度行政戰備校閱暨二級保養檢查。

1966年6月29日——國防部戰備視察組視察官空軍上校一員蒞部，全日視察該部戰備業務。

1966年6月30日——父親及該部政戰部副主任楊上校赴「四海一家」，參加海軍1966年第一次軍務會報。（按：該軍務會報係於是日上午8時30分在「四海一家」隆重揭幕，總司令馮啟聰中將親臨主持，副總司令俞柏生中將、政戰部主任阮成章中將，全軍各一級單位主官暨政戰主官，以及總部有關人員均出席參加。會期為兩天，明日將繼續進行各議案討論，預定下午4時半閉幕）。[93]

1966年7月1日——（1）自本日起至7月2日止，該部繼續對所屬實施1966年度行政校閱，校閱未完之單位。（2）奉海軍總部（55）人管7064號令核定，永嘉軍艦艦長羅澤俊中校調任第二十四戰隊戰隊長，遺缺由雷學明中校接任，自1966年5月16日生效，本日上午8時，父親蒞該艦主持交接佈達典禮。

1966年7月6日——下午2時，艦隊指揮部副指揮官何樹鐸少將率領艦隊業務督考組一行21人蒞部，實施督考該部業務，3時30分，督考完畢離部。

1966年7月14日——（1）父親蒞淺掃隊主持該隊原任隊長項承璨少校、新任隊長陳鐘少校交接佈達典禮。（2）左營北港發現疑似物體，經該部派水雷官張啟文少校陪同海軍第一軍區部有關人員前往鑑別，判係已

---

[93] 《海訊日報》（高雄），1966年6月30日，第1版。

廢之93型水雷,並由一軍區部派艇托出港外,由永吉軍艦將其擊沉。

1966年7月19日——該部戰情中心於本日成立,行政值日官改為戰情值日官。

1966年7月22日——父親蒞永吉艦,主持該艦原任艦長蕭文學少校、新任艦長錢思同少校交接佈達典禮。

1966年7月27日——父親蒞永豐軍艦,主持該艦原任艦長林兆鈞中校、新任艦長楊丕珍中校交接佈達典禮。

1966年8月1日——父親蒞永平軍艦,主持該艦原任艦長劉以墉少校、新任艦長項承璨少校交接佈達典禮。

1966年8月5日——海軍艦隊指揮部政戰業務督導組蒞部,督考該部政戰業務。

1966年8月23日——父親蒞永新軍艦,主持該艦原任艦長蘇曾敬少校、新任艦長劉繼秋少校交接佈達典禮。

1966年9月2日——該部所屬淺掃隊舉辦軍容禮節示範,父親陪同艦隊指揮部副指揮官何樹鐸少將蒞臨視導。

1966年9月5日——父親本日赴臺北陽明山參加經武會議。於9月8日會畢返部。

1966年9月9日——艦隊指揮部業務督考組於本日蒞部督考該部業務。

1966年9月15日——父親在該部會議室主持作戰官尹以斌少校晉任中校,組織官陳傑上尉晉任少校,戰防官黃連茂晉任上尉之授階典禮。

1966年9月20日——父親蒞佈雷隊,主持該隊新任隊長徐志海上尉佈達典禮。

1966年10月3日——(1)奉海軍總部(55)仕裝955號令頒佈該部整編新編制,部隊番號不變,員額由35員減為31員,自1966年11月1日生效。(2)該部監察官周惠民中校、水雷官張啟文上尉乘永平軍艦,在左營港內試驗第四十二戰隊前任作戰官武子翹上尉研究發明之導航浮標,惟因佈雷不當,標桿拆斷,未克試驗。

1966年10月4日——父親主持該部水雷官張啟文上尉、吳衍訓上尉晉任少校授階典禮。

1966年10月6日——永豐軍艦在左營港內試驗佈放MK-6型水雷,情況良好。

1966年10月8日——該部參謀長何忠華上校率監察官周惠民中校、水雷官張啟文少校蒞永平軍艦,在左營港主持第四十二戰隊前任作戰官武子魁上尉研究發明之導航浮標佈放試驗,成效良好。

1966年10月25日——父親率光復節疏泊艦隊出海操演,於26日返港。

1966年10月30日——該部全體官兵赴艦隊指揮部壽堂向蔣總統祝壽。

1966年11月1日——父親陪同國防部軍工局工程師赴桃子園西碼頭勘察計劃興建該部隊庫房建地。

1966年11月9日——艦隊指揮部文書戰備檢查組蒞部檢查該部文書業務,並抽查永豐軍艦。

1966年11月16日——該部所屬永川軍艦參加全軍績優艦競賽,父親陪同檢查人員蒞該艦實施檢查。

1966年12月1日——父親陪同美海軍第九十二戰隊長CDR Hassman暨該戰隊屬艦艦長蒞登永新軍艦訪問。

1966年12月7日——父親率永平軍艦艦長項承璨少校乘坐美海軍第九十二戰隊MSO510艦出海,觀摩該戰隊屬艦掃雷作業。

1966年12月8日——父親蒞永明軍艦,主持該艦原任艦長劉延勃少校、新任艦長李正心少校交接佈達典禮。

1966年12月10日——父親蒞永修軍艦,主持該艦原任艦長吳自發中校、新任艦長謝中望中校交接佈達典禮。

1966年12月16日——該部舉辦雷訓四號掃佈雷專精訓練,於17日操演完畢。

1966年12月19日——父親赴左營文康中心中正堂,參加海軍總司令馮啟聰上將主持之績優艦頒獎典禮(該部屬艦參加績優艦競賽落選)。(按:由馮啟聰總司令主持的左高地區擴大月會暨戰力競賽、績優艦聯合頒獎典禮,係是日上午8時30分起在中正堂舉行,參加典禮的計有艦隊、陸戰隊、基地一般單位各級軍政主官,及官兵代表;海軍顧問組組長歐思上校及南部小組長畢漢上校亦參加了該典禮,歐思上校並在典禮中為本年度獲選為績優艦的218號艦頒贈獎牌及致賀詞)。[94]

1966年12月21日——海軍副總司令崔之道中將率戰備檢查組人員蒞

---

[94]　同上,1966年12月19日,第1版。

部，檢查該部戰備業務，並巡視各MSO軍艦。

1966年12月27日——該部於本日起至29日止，對所屬單位實施行政、戰備暨二級保養檢查。

1966年12月28日——該部副司令吳鼎和少將奉海軍總部（55）人管第17937號令發佈榮升後勤部隊司令，於本日離職，該部全體官員暨所屬單位主管在四海一家聚餐歡送。

1966年12月30日——該部舉辦雷訓五號掃佈雷專精訓練，於1967年1月2日操演完畢。

1967年（民國56年）1月6日——海軍艦隊指揮官李敦謙中將率艦隊主官年中視察組蒞部，視察該部業務，並巡視淺掃隊、佈雷隊。

1967年1月17日——泰國駐華武官吉地中校，上午10時50分來該部拜會父親。（按：吉地中校係由海軍總部袁榮霖上校陪同，於是日前來左營海軍基地，拜會海軍各單位首長。上午10時10分起，曾先後拜會第一軍區司令關世傑中將、艦隊指揮官李敦謙中將、一二一七部隊長周少將、官校校長張仁耀少將及任海訓部司令的父親。下午，將繼續拜會一二〇一部隊長謝中將、一廠廠長林少將、陸戰隊司令于豪章中將及一二一五部隊長吳少將等，預定次日北返）。[95]

1967年1月20日——永平軍艦舉辦軍官團教育示範，父親陪同副總司令崔之道中將、艦隊指揮官李敦謙中將暨國防部及陸軍參指揮大學高級官員各一員蒞臨視導。

1967年1月22日——本日舉行中（臺）美掃佈雷聯合演習，為時5天，由美方MSO×4、中（臺）方MSO×5參加在高雄鳳鼻頭海面操演，父親乘坐永豐旗艦隨行出海視導。

1967年1月28日——父親蒞臨永安軍艦，主持該艦原任艦長張惠林少校、新任艦長高德明少校交接佈達典禮。

1967年2月10日——下午3時，美海軍掃雷艦支隊長Capt. Carl. R. Quanstrom至永安軍艦拜會父親。

1967年2月20日——永樂軍艦（MSC-161）自美國本土接收返抵左營，並奉艦指部（56）海人二八五九號令，著該艦向該部報到，納入戰鬥

95　同上，1967年1月17日，第1版。

序列，自2月16日生效。（按：永樂軍艦係1966年6月10日在費城由中華民國駐美國海軍武官代表接收成軍訓練完畢後，於同年11月19日由美啟航，次年2月20日抵左營。該艦全長145.39呎，最大寬度27.2呎，滿載平均吃水9呎，滿載排水量362噸，滿載最大速率14節，經濟速率9節，最大續航距離3,500浬，配備有MK-7型掃雷具、MK-4V型掃雷具、MK-6B型掃雷具、大號掃雷刀各2套。[96]是日上午9時30分，該艦駛抵左營基地，海軍第一軍區司令關世傑中將、美海軍南部小組長畢漢上校、軍人之友社高雄服務站陳德驤幹事及各單位代表等多人，均至碼頭歡迎，該艦在海軍樂隊悠揚的軍樂聲中靠泊碼頭後，首由艦長及官兵代表各一員接受文康中心三位小姐獻花，隨後關司令等登艦慰問並參觀該艦設施，軍友服務站特以兩大簍水果慰勞該艦官兵辛勞，歡樂活動迄10時結束。[97]）

1967年3月15日——海軍總部軍紀督導視察組本日蒞部檢查該部軍紀業務及命令貫徹情形。

1967年3月23日——（1）奉海軍總部（56）冷管3187號令核定該部參謀長何忠華上校調任陸軍四五港口司令部副司令，海軍總部作戰署作戰組副組長施祖德上校調任該部參謀長，均自3月1日生效。（2）參謀長何忠華上校本日離職，參謀長職務暫由第四十一戰隊長陳久餘上校代理。

1967年4月3日——父親率領該部戰備、裝備檢查組及政戰督考組自本日起至4月6日止，赴所屬各單位實施檢查督考。

1967年4月10日——艦隊指揮部指揮官李敦謙中將蒞部巡視及垂詢該部各幕僚業務概況，並指示該部隊今後工作重點，訓練要有成效。

1967年4月21日——4月16日為該部隊改編成立六週年紀念，本日下午在高雄致美齋舉行聚餐慶祝。

1967年5月12日——艦隊指揮部人事訪問組由副參謀長陳鴻祺上校率領蒞部訪問，該部所屬單位主官及輔導長均出席參加接受訪問。

1967年5月17日——下午2時，美太平洋艦隊水雷支隊代表LT.Edward F. Monming赴永樂軍艦拜會父親。

1967年5月20日——父親蒞臨永年軍艦，主持該艦原任艦長李邦逖少

---

[96] 黎玉璽，「為呈報永樂軍艦主要性能恭請鑒察」（1967年4月7日）—國防部（56）豐印字第266號，《國軍史政檔案》，〈接收美援售予及贈軍艦〉；總檔號：00045397。

[97] 《海訊日報》（高雄），1967年2月20日，第4版。

校、新任艦長吳延生少校交接佈達典禮。

1967年5月24日——海軍總部政戰部主任阮成章中將，上午10時45分蒞部巡視，11時20分離部。

1967年5月27日——自是日起至5月31日止，該部對所屬實施行政暨二級保養檢查。

1967年5月31日——該部新任政戰部主任梁楚瑜上校於本日到職。

1967年6月5日——下午2時，父親在該部會議室召集駐左、高地區艦隊主官，舉行「怎樣帶好艦艇草案」審查會議，海軍總部政戰部副主任謝泌（泌？）少將蒞會視導。

1967年6月11日——父親乘坐永嘉軍艦，率端午節疏散操演艦隊出海疏散操演。

1967年6月18日——下午2時，父親乘坐永嘉旗艦，率永明、永平、永安、永川、永吉、永新等艦出海參加騰海五號演習，實施水雷先遣支隊掃雷作戰，6月21日操演完畢，率艦返左營。

1967年6月23日——該部新任參謀長施祖德上校本日到職。

1967年6月28日——上午9時，該部全體官兵參加政治教育大考。

1967年7月1日——中午12時，父親赴四海一家，參加艦隊指揮官李敦謙中將歡迎泰國海軍總司令差倫上將訪問艦隊；中午，宴會。（按：差倫上將偕隨員史芮特中將等一行5人，係於是日上午11時20分抵達左營海軍基地後，即向海軍忠烈將士靈獻花，11時28分，轉赴海軍官校參觀，12時15分，轉赴軍區大樓拜會艦隊指揮官李敦謙中將、軍區司令關世傑中將。中午，應李敦謙中將的午宴款待。下午2時開始，將繼續參觀17號艦、191號艦、蛙人訓練及訪問陸戰隊）。[98]

1967年7月6日——上午9時，艦隊指揮部政戰督考組蒞部督考該部政戰業務及軍紀業務。

1967年7月12日——派遣永安、永新兩艦，自7月12日至13日參加武嶺一號演習。

1967年7月17日——上午10時，艦隊指揮部指揮官李敦謙中將蒞臨視察，11時，聽取該部各部門簡報後，由父親陪同，赴佈雷隊、淺掃隊巡視。

---

[98] 同上，1967年7月1日，第1版。

1967年7月20日——（1）上午8時，父親陪同海軍總部政戰部主任徐少將蒞永嘉、永吉等二艦巡視。（2）奉海軍總部（56）冷管第07349號令核定，山海軍艦艦長段鑫寶中校調任該部第四十三戰隊戰隊長，自1967年6月1日生效到職。本日上午10時，父親蒞永新軍艦，主持該戰隊新任戰隊長段鑫寶中校、原任戰隊長吳述祖中校交接佈達典禮。

1967年7月21日——上午8時40分，海軍副總司令崔之道中將蒞部視察訓練業務，並聽取該部訓練概況簡報。

1967年7月25日——（1）上午10時，美海軍水雷聯隊長Capt Quanistrom赴該部司令官舍拜會父親。（2）下午4時30分，父親率第四十一戰隊長陳久餘上校、第四十二戰隊長郭長齡中校、第四十三戰隊長段鑫寶中校，應太平洋水雷第一支隊司令Quanistrom上校邀請，赴美海軍MCS-7艦參加晚宴。

1967年7月28日——派遣永安、永川兩艦參加春雷演習。

1967年8月2日——上午8時30分，海軍副總司令宋長志中將，在第一軍區業務管制室召集各有關單位主官，舉行海軍參謀大學遷移後所遺營房調整會議。身為該部司令的父親率淺掃隊長陳鐘少校、佈雷隊長徐志海上尉前往與會，會中宋副總司令裁示：忠義營區、兩棲作戰司令部、艦陸部通信連、警衛營及第一造船廠飯廳等營房，由該部暨淺掃、佈雷隊進駐。

1967年8月4日——永安、永川兩艦參加武嶺二號演習。

1967年8月7日——派永吉、永樂兩艦參加歡迎馬拉威總統班達蒞臨基地參觀艦艇靠泊校閱。（按：班達總統係由參謀總長高魁元上將陪同，乘專機於是日上午10時抵達岡山機場，然後轉來左營海軍基地，首先至海軍官校，接受海軍總司令馮啟聰上將隆重軍禮之歡迎，並校閱官校學生分列式及觀賞官校鼓號樂隊表演。11時20分，班達總統離海軍官校赴港區，校閱海軍在港艦艇，然後至海軍陸戰隊校閱LVT部隊，同時參觀陸戰隊儀隊的操槍表演。下午2時，離左營赴高雄參觀工業建設）。[99]

1967年8月14日——上午9時，父親率主任赴「四海一家」參加海軍1967年第一次軍事會報。會中報告該年一、二、三季戰力綜合評定成績為部隊級第一名。（按：該軍事會報係由海軍總司令馮啟聰上將親自主持，於致詞後即頒發五十六年度國軍三民主義講習班第三分班各績優講習區獎

---

[99] 同上，1967年8月7日，第1版。

牌。9時15分起進行報告事項，會議至中午休息一個半小時。下午，繼續進行工作報告及提案討論，整個會報至馮總司令作綜合指示後，於4時圓滿結束）。[100]

1967年8月18日——上午9時至12時，永安、永川兩軍艦出海實施掃雷訓練。

1967年8月24日——派遣永明、永吉兩軍艦出海參加艦隊混操。

1967年8月28日——（1）會稽軍艦艦長顧錚上校奉海軍總部令，調水雷部隊副司令，於本日到職。（2）父親蒞永川軍艦，主持原任艦長牛少靜少校、新任艦長張祉揚少校交接佈達典禮。

1967年8月30日——上午9時，父親蒞永平軍艦，主持原任艦長項承璨少校、新任艦長郭振國少校，永吉軍艦原任艦長錢思同少校、新任艦長楊榮生少校交接佈達典禮。

1967年8月31日——第四十一戰隊長陳久餘上校奉海軍總部令調三軍參大受訓，其職由該部參謀長施祖德上校暫代。

1967年9月1日——上午9時，父親蒞永安軍艦，主持第四十二戰隊長郭長齡中校佈達典禮。

1967年9月2日——上午8時，父親蒞永新軍艦，主持原任艦長劉繼秋少校、新任艦長李伊洲少校交接佈達典禮。

1967年9月7日——上午8時，父親率第四十二戰隊長郭長齡中校、該部作戰官郭國詩少校乘坐東海軍艦出海，督導永平、永安、永川、永新、永吉各軍艦，暨MSL×7，在海上實施中（臺）美掃雷混訓預演，下午5時，操演完畢，各艦返港。

1967年9月10日——是日為中（臺）美掃佈雷混訓，上午5時30分，父親乘坐東海軍艦率永平、永安、永新、永吉、永川、永嘉、永明等7艘軍艦暨淺掃艇7艘出海，在螺底山附近海面與美軍艦MSO×4會合，實施為期4天的操演。

1967年9月15日——該部舉辦雷訓八號掃雷操演，上午7時30分，參謀長施祖德上校率永明、永嘉、永平、永安、永川、永新、永吉7艦出海操演，下午5時，操畢返泊左營。

[100] 《海訊日報》（高雄），1967年8月14日，第1版。

1967年9月16日——上午9時，父親蒞永嘉軍艦，主持該艦新任艦長詹克鋤中校佈達典禮。

1967年9月17日——上午8時，該部參謀長施祖德上校率永嘉、永明、永平、永安、永新、永吉、永川7艦出海參加艦隊疏散，同時督導實施雷訓八號掃雷訓練。

1967年9月19日——上午9時，艦隊指揮部副指揮官何樹鐸少將蒞部巡視，並指示對國防部視察海軍艦隊應行準備事宜。

1967年9月21日——上午10時20分，海軍副總司令宋長志中將蒞部巡視，並指示對國防部視察事宜。下午2時20分，父親陪同宋長志副總司令蒞永吉軍艦視察。

1967年9月22日——下午1時30分，該部副司令顧錚上校率行政官陪同海軍總部公工署維護組組長盧錚上校，赴忠義營區視察行將移交該部暨淺掃隊、佈雷隊進駐營舍，及勘察該等營舍修繕需求及預算。

1967年9月25日——上午9時，該部顧錚副司令主持中（臺）美聯訓及雷訓八號實施經過檢討會。

1967年9月29日——該部主辦9月份艦隊兵棋演習，假艦訓部兵棋室舉行。上午8時30分，父親親臨主持，海軍總部作戰署副署長王上校蒞臨視導，參加演習艦艇計共30個單位。

1967年10月6日——上午8時50分，父親蒞永嘉軍艦巡視，指示奉行「不破」、「不鏽」、「不髒」之要求，並主持第四十一戰隊新任戰隊長李元祿上校佈達典禮。

1967年10月7日——上午9時，父親蒞淺掃隊，主持原任隊長陳鐘少校、新任隊長張鴻是少校交接佈達典禮。

1967年10月9日——上午8時，永嘉軍艦離左營港駛澎湖，向第二造船廠報到，接受大修工程勘估。

1967年10月12日——派遣永新、永樂二艦參加蒼鷹二號演習。

1967年10月14日——晚10時，父親離部赴海軍總部洽公，並赴基隆督考永豐軍艦，預定於10月19日晚10時返部，離部期間，部務由副司令顧錚上校代理。

1967年10月26日——派遣永川軍艦自本日下午6時至次日下午4時執行南山計劃。

1967年10月27日——上午6時30分,父親赴平埔觀摩南京演習。

1967年11月1日——上午8時30分,艦隊指揮部副參謀長陳鴻祺上校率財產清點登記業務督察小組人員蒞部,查驗該部財產清點業務,並予簽證。

1967年11月15日——上午10時,海軍總部艦政業務督考組,督考該部修護權責下授作業業務。

1967年11月28日——上午8時30分,艦隊指揮部指揮官李敦謙中將陪同海軍副總司令崔之道中將蒞部視察。

1967年12月6日——是日上午8時至次日下午5時,父親率政戰部主任梁楚瑜上校赴「四海一家」,參加海軍1967年度幹部工作檢討會。(按:海軍五十六年幹部工作檢討會,暨五十六年第二次軍務會報,是日上午8時30分,假左營基地「四海一家」合併隆重揭幕,總司令馮啟聰上將親臨主持,全軍各單位主官及幹部代表300餘人均出席參加。該次大會會期共為兩天,預定次日晚間結束)。[101]

1967年12月10日——上午7時10分,父親率政戰部主任梁楚瑜上校赴臺北,參加國軍第十三屆軍事會議,離部期間,職務由顧錚副司令代理。

1967年12月12日——上午9時,顧錚副司令蒞佈雷隊,主持該隊原任隊長徐志海少校、新任隊長荊洽仁少校交接佈達典禮。

1967年12月18日——下午3時,顧錚副司令蒞永安軍艦,主持該艦原任艦長高德明少校、新任艦長范良瞻少校交接佈達典禮。

1967年12月21日——永川軍艦呈報該艦於12月18日輕武器庫房失竊0.45手槍乙枝,該部派監察官宋中校及保防官陳上尉偵查。

1967年12月23日——上午11時10分,父親蒞永樂軍艦,主持該艦原任艦長盧國棟少校、新任艦長吳衍訓少校交接佈達典禮。

1967年12月24日——下午4時30分,父親乘旗艦中肇號率艦隊出海實施疏泊及混操。

1967年12月29日——上午8時30分,艦隊指揮官李敦謙中將率視察組人員蒞部,校閱並視察該部半年來業務績效,並舉行座談會,11時30分,離部。

1967年12月30日——上午8時30分,艦隊主官年中定期視察,蒞永安

---

[101] 《忠義報》(高雄),1967年12月6日,第1版。

軍艦視察。

1967年12月31日——永川軍艦手槍竊案本日偵破，起回手槍並將竊犯移送法辦。

1968年（民國57年）1月19日——上午10時，父親蒞永修軍艦，主持該艦原任艦長謝中望中校、新任艦長蔣光繼中校交接佈達典禮。

1968年1月20日——上午9時，父親主持「雷神」演習第一次幕僚協調會議。

1968年1月25日——上午8時，父親赴鄭和兵苑參加雄風五號第二次演習。

1968年2月3日——上午9時30分，父親陪同海軍副總司令宋長志中將蒞淺掃隊、佈雷隊檢查先勤物資儲存情形。

1968年2月6日——上午8時50分，父親赴中正堂參加海軍總司令馮啟聰上將主持之新舊指揮官交接佈達典禮。

1968年2月7日——下午3時，顧問理查遜少校、Sutter上尉偕連絡官夏中校拜會父親。

1968年2月8日——該部所屬永樂軍艦出海參加鳳陽演習。

1968年2月13日——上午8時，父親赴東碼頭太昭軍艦，率雷神演習兵力出海預演。

1968年2月16日——上午7時30分，父親蒞旗艦太昭軍艦，率雷神演習兵力出海演習；下午6時，率艦返港，雷神演習圓滿達成。

1968年2月22日——上午10時30分，海軍副總司令崔之道中將率全體視察組蒞部實施戰備檢查。11時40分至45分，崔副總司令由父親陪同，赴淺掃隊、佈雷隊實施戰備檢查。

1968年3月1日——（1）下午1時30分，海軍總部督察長許承功少將率視察組蒞部，實施主官任內政績檢閱。（2）下午3時10分，1968年度海軍總部戰備檢查檢討會，由副總司令崔之道中將主持，父親參加檢討。

1968年3月4日——艦隊指揮部指揮官謝祝年中將蒞部視察，並巡視該部所屬單位。

1968年3月8日——本年度海軍總部高級保養檢查組蒞部校閱，並檢查所屬永吉軍艦。

1968年3月22日——海軍總部軍紀視察小組，由總部政戰部副主任謝

少將率領蒞部視察。

1968年3月26日——美383消磁艦來左營，該部利用此機會使永修軍艦官兵赴美艦見習。

1968年4月11日——上午8時30分，顧錚副司令率該部校閱組人員分赴各屬艦，實施本年度艦力自修保養及三除成效驗收。

1968年4月16日——本日為該部11週年部慶，上午，由父親主持慶典儀式。（按：海軍第五九二四部隊，即海軍水雷部隊，於是日上午9時30分舉行該部成立11週年慶典，由任部隊長的父親主持典禮，並致詞勗勉全體官兵百尺竿頭更進一步，圓滿達成上級所賦予的使命，以增進部隊更多榮譽。隨即頒發績優人員獎章106座，由陳震上尉代表受領。典禮後舉行雞尾酒會及聚餐，該部並配合此次部慶，於日前旅行三地門、屏東公園等處，官兵盡極歡愉）。[102]

1968年4月17日——上午8時30分至下午2時，父親赴鄭和兵苑參加「堤壩」演習。

1968年5月5日——上午9時，父親赴軍區業務管制室出席宋長志副總司令主持之海軍保養修護檢討會。

1968年5月10日——下午6時30分，澳洲海軍DD39軍艦來臺訪問，父親應邀參加該艦之晚餐。

1968年5月12日——由海軍各種艦型所組成海上大操演於本日舉行，父親蒞東海軍艦出海參加操演。

1968年5月22日——該部所屬永吉、永年兩艦因特殊任務，決前往金門料羅灣實施緊急探掃任務，父親召集各有關人員作航前任務提示及探掃工作之執行，並於次日再度作任務計劃上之檢討與改進，俾使此次任務圓滿達成。

1968年6月18日——上午8時，父親率參謀長李秉成上校、戰隊長郭長齡中校至永豐軍艦，出海實施石榴一號演習，演習經過良好。

1968年6月20日——上午7時50分，海軍副總司令宋長志中將蒞永修軍艦視察，父親等在艦迎接。

1968年6月28日——上午5時，父親蒞中治旗艦，並率參加中（臺）美

---

[102] 同上，1968年4月16日，第1版。

圖121（左上）：父親登臨永修軍艦（AM-152，掃雷艦）
圖122（左中）：父親與永修軍艦主官幕僚合影
圖123（左下）：父親主持所部新舊任艦長交接佈達典禮
圖124（右上）：中華民國政府國防部頒給父親之三星海績獎章執照（1968年9月）
圖125（右下）：父親視察永修軍艦

聯訓艦艇出海實施聯訓操演，演習歷經5日，對中（臺）美聯合作戰掃雷裨益甚大。

　　1968年7月6日——上午8時，父親及主任赴中正堂參加由總司令主持之南部地區擴大月會。

　　1968年7月10日——上午9時，父親至艦隊指揮部參加戚烈拉少將（Major General Richard G. Ciccolella，美軍顧問團團長）訪問簡報。

　　1968年7月25日——上午8時30分，艦隊指揮部政戰督考組蒞該部督考。

總括父親擔任海軍水雷部隊司令部司令：一、此為父親離開艦隊（艇）至陸上主持教育、訓練6年後，得以重回艦隊（艇）服務。二、父親出身電雷學校，曾任從事佈雷任務之永豐軍艦艦長兩年餘，執掌該司令部部務，應屬遊刃有餘。三、該部隊因負防衛臺灣重責大任，需勤加操練，頻繁演習，以維持及增加戰力，故父親亦不時登艦出海，親予督導，甚為辛勞。四、所屬各戰隊長、艦長等官員時有更迭，父親需為其新、舊官員主持交接佈達典禮而增添繁忙。五、該司令部設有副司令一員，連同參謀長，可為父親分勞。六、與美海軍的互動較前為多，雙方並曾舉行頗具規模的聯合掃佈雷演習。又該部隊因係作戰單位，軍界以外的參觀訪問活動幾近於零。七、此為父親海軍生涯事業的最後一個高峰，卸任後的兩年歷任海軍指揮參謀大學副校長、海軍總司令部作戰研究督察委員會委員；前者位階雖尊，惟係副職，後者則為閒差，以備退役。

四、海軍指揮參謀大學副校長

海軍指揮參謀大學的緣起，可以追溯至海軍參謀研究班。該研究班成立於1951年（民國40年）1月，由海軍總司令部參謀長黎玉璽兼班主任。第一期學員於4月16日開學，並以是日為成立紀念日。嗣為加強培植指揮參謀人才起見，於1952年3月擴編，改名海軍指揮參謀學校，以錢懷源為第一任校長，當時受訓的參謀研究班第一期學員，改為該校正規班第一期，同時延長學程，增加課業，充實設備，擴建校舍，旨在增進校級軍官的革命信念與軍人武德，以培養其參謀才智及統御能力，並瞭解聯合作戰中海軍之職責，適任各級指揮官與主要幕僚。1952年7月，實施三軍交織教育，兼訓陸、空軍及海軍陸戰隊軍官，教育方式與內容，第一、二期均採日制，第三期起，改用美制。[103]

據曾任海軍指揮參謀學院院長的徐學海，曾論述海軍參謀研究班成立之初，其課程甚為貧乏，因海軍在該班設立之前，從未有過進修教育，故該班的課程無任何資料可供參考、遵循，尤其是當年海軍並未研發和編訂各類型作戰戰術，所謂「指揮」，即連「紙上談兵」都說不上。當年海

---

[103] 〈附錄（二）海軍各學校沿革〉，《中國海軍之締造與發展專刊》，頁206。

軍戰術係由石牌「地下三軍大學」日本教官所編撰的,只那麼薄薄的幾頁。好在其時該班有著人事調節作用,凡少、中校一時無法派職,就發佈至該班「受訓」。美軍顧問團駐臺(1951年至1979年)後,其海軍組亦分別被安排進駐各教育訓練機構,復由於中華民國海軍大批軍官被選送至美國接受各個科別訓練,海軍指揮參謀學校的課程遂有革命性的變革。美國顧問將其海軍原用的《參謀作業準則》移交予中華民國海軍,該校教官將該《準則》翻譯成中文,並以之作為該校最主要的課程。從美國受訓返國部分軍官亦將其所學的戰術引介予該校,特別是兩棲、水雷、和反潛等戰術,該校的課程轉趨豐富。[104]

該校正規班各期的教育期限並不盡相同,如:正一、二期的教育期限為1年,正三至正六期為8個月,正七至正九期為9個月,正十至正十三期為10個月。[105]父親曾是正四期的學員,故教育期限為8個月。時該校已自正三期起教育改制,採用美國制度,改制重點為:(1)採用美國海軍大學函授教材;(2)改進教學方式,採用以研究為主之教育方式;(3)師資遴選國防大學畢業學員及該校第一、二期畢業學員之海軍優秀軍官擔任教官,從此該校教官不再仰賴外聘。[106]

1955年2月,海軍指揮參謀學校奉令設立「海軍指揮參謀業務高級補習班」,以第一、二期未受美制之畢業學員及未受指參教育之海軍高級官長為對象,先後辦理兩期,結業學員87員。1957年4月,奉令籌辦初級參謀班,調訓少校以下軍官,使瞭解海軍作戰要則及熟練參謀作業程序。1959年8月1日第十七次軍事會談,為健全國軍軍事教育體制,奉總統核定各軍種指揮參謀學校改名指參大學,並籌設高級研究班,該校乃於9月1日起改為「海軍指揮參謀大學」,並籌備增設研究班。[107]

父親擔任海軍指揮參謀大學副校長的起迄時間是1968年(民國57年)8月至次年10月。是時該校已於1967年12月由左營遷至臺北大直,校長是劉耀璇少將。劉於1969年6月調職,校長由池孟彬少將接任。[108]

---

[104] 徐學海,《1943-1984海軍典故縱橫談》,上冊(臺北:撰者印行,2011年),頁44。

[105] 陳孝惇,〈政府遷台初期海軍教育與訓練(民國38年至47年)(上)〉,《海軍學術月刊》,第33卷第12期(1999年12月),頁89。

[106] 同上。

[107] 參見《海軍指揮參謀大學校史》(未刊,臺北:海軍司令部藏)。

[108] 《國軍史政檔案》,〈海軍重要軍職候選與調任案(五十八年)〉;總檔號:00014631。

五、海軍總部作戰研督會委員

海軍總部作戰研督會全名
為海軍總司令部作戰研究督察
委員會，原係海軍總部之作戰
計劃委員會，掌理海軍建軍有
關政策、制度之興革及戰術之
研究與建議，法制及學術刊物
業務。原編制中將正副主任各
1員，少將委員13員，上校秘
書1員，中校計劃官1員，上尉
事務官1員，士兵2員，共計20

圖126：父親之海軍總司令部作戰研究督察委員會
委員任命令（1970年1月8日）

員。1966年（民國55年），該委員會奉海軍總部（55）仕裝字第860號令
改編，即將原海軍總部之研究發展室、督察室、法制室、檢驗室合併於該
會，命名作戰研究督察委員會，於是年9月16日成立，編制由原官兵20員
增至61員。[109]首任主任為高如峰中將，高於1968年6月調職，由孫甦中將繼
任。[110]

父親是1969年10月27日奉核定調任該研督會委員的，[111]任期約10個
月，於次年8月29日奉核定退伍。[112]此項職務基本上與各軍種總司令部委
員的性質類似，是一種閒職，屬調節與待命位置，是當事人有退伍規劃或
暫時無合適職務安排時的職缺，無兵可轄，也不經手公文，有時甚至不
必回營辦公。依照國防部慣例，調任各總司令部委員的將領，如一年內無
法派任新職，即須退伍，只有極少數將領能在擔任「委員」一職之後復
出者。

惟該研督會似亦非全然無事可做，其工作係依據海軍總部既定政策，
及年度施政計劃，以實踐「毋忘在莒」為中心，實施行政革新、研究發

---

[109] 參見《海軍總司令部作戰研究督察委員會歷史（五十六～五十九年）》（未刊，臺北：海軍
司令部藏），〈二、組織遞嬗〉（五十六年）。

[110] 《國軍史政檔案》，〈海軍總部重要軍職任免案〉；總檔號：00037093。

[111] 《國軍史政檔案》，〈海軍重要軍職候選與調任案（五十八年）〉；總檔號：00014634。

[112] 《國軍史政檔案》，〈海軍總部軍官退除役案（五十九年）〉；總檔號：00018186。

展、檢驗修護、督察考核、法規審理為職掌，並以提高工作效率，促進海軍之全面革新與進步為重點。以1969年度為例，該研督會在督察工作方面：如海事鑑定、簡化督考、缺點預防及改進等。研究方面，如擬訂「反飛彈快艇措施」、「海軍溯河（江）作戰」、「艦岸通信鏈交換系統」、「膠質兩棲運輸箱」、「水手三角浮靶」、「水平儀」、「乙形管改良」、「火蜂計劃續行設計」、「新型快速水翼艇設計」、「夜戰砲火指揮系統及裝艦實用試驗」、「海上連環雷」、「一五五砲環形射擊支架」、「水中輕便防磁定時爆雷」、「軍品規格」等14種之發展。艦艇檢驗方面，計劃檢驗48艘，實際實施62艘，發現缺點5,100餘項；另有出廠輔導兩艘，啟封兩艘及岸台3處。[113]

　　1970年（民國59）度，該研督會在（1）督察工作方面：係對海軍機構有關戰術、技術、教育訓練、安全維護等之戰備事項與工作績效，實施專業性的視察、檢查、調查，提出綜合性報告與革新建議，以使各級機構研究改進，加強行政管理，增進效率，提高部隊戰力，工作範圍概分專題視察、檢查、海事調查、政績評審及行政革新方案等之貫徹實行。（2）研究發展方面：為達成海軍建軍與備戰要求，提倡海軍研究風氣，與繼續不斷推展研究發展，諸如作戰訓練之研究發展完成「攻潛訓練用魚雷靶標」、「溯（江）河作戰研究一書」、「海上連環雷」以及「水中輕便爆雷試用」。業務研究發展舉行「巡迴座談會」，評審各單位研究報告，研訂「海軍研究發展業務手冊」等案。軍品研究發展完成「簡易船位描繪儀」、「忠誠萬能戰鬥背包」、「膠質兩棲運補浮箱」、「助燃劑試用」。科學技術研究完成「火蜂計劃第二階段零長度發展」、「海洋資料圖」、「雷引試驗計劃」以及「無線電通信網路指示器」。（3）艦艇檢驗方面：年度計劃實際檢驗艦艇40艘，大修後會試5艘，新中計畫整建完工，驗收檢驗2艘（發現缺點825項），自辦新中艦艇修前物資檢驗3艘，專案檢驗11艘，不適現役艦艇之鑑定檢驗14艘，岸台檢驗左營、鳳山、基隆、金門、臺北等5站。（4）法制審查方面：海軍法規之精簡訂定「本部五十九年精簡國防（軍種）法規實施計劃」一種，為貫徹法規精簡政策，實施以來，成績頗著，精簡成果計：國防法規保留3種，海軍法規廢止18

[113] 《海軍總司令部作戰研究督察委員會歷史（五十六～五十九年）》，〈一、概述〉（五十八年）。

種，新頒4種及保留109種，精簡後現行有效法規僅有113種，單位性業務手冊之編訂6個單位，修訂5個單位，廢止5個單位，一般性編訂2種，修訂1種。[114]

---

[114] 同上，〈一、概述〉（五十九年）。

柒、結論

綜觀父親的軍旅生涯，自1935年（民國24年）進入電雷學校就讀起
始，至1970年（民國59年）屆齡退役為止，前後共三十五年。其中有三年
半投效陸軍，對日作戰，海軍生涯約三十一年，可以劃分為三個階段：第
一個階段是由1935年至1949年（民國38年），也就是從抗戰行將爆發前至
國共內戰行將結束前。其間父親曾參加抗日作戰，從一介電雷學校學生，
一直升任至海軍少校連長、陸軍少校營長、中校參謀。抗戰勝利後，自陸
軍重返海軍，從海軍處上尉科員做起，一直升任至海軍軍士學校中校大隊
長。第二個階段是由1949年至1960年（民國49年）。其中的前五年，父親
先後擔任過太湖軍艦中校見習艦長，永豐軍艦中校艦長，信陽軍艦中校
艦長及海軍馬祖巡防處上校處長，是父親海軍生涯中出任務、親歷戰鬥次
數最多的時期，特別是在永豐軍艦艦長任內，曾獲胡宗南將軍的賞識，因
表現傑出卓著戰功膺選為第五屆國軍克難英雄。其後五年間，父親先後擔
任過海軍艦隊指揮部作戰處上校處長，海軍第六二特遣部隊指揮部上校參
謀長，峨嵋特級軍艦上校艦長，從事策劃、襄助指揮海軍作戰及後勤支援
作業，頗著功績。尤其是在第六二特遣部隊指揮部參謀長任內，隱握海軍
艦隊作戰指揮權，自此深獲黎玉璽將軍的重用。第三個階段是由1960年至
1970年，其中前八年是父親海軍生涯事業的高峰，不僅晉升為海軍少將，
並且先後出任海軍士官學校校長，海軍訓練司令部司令，海軍水雷部隊司
令部司令三個重要單位的最高階主官，從事海軍教育、訓練及水雷作戰
演練，貢獻良多。特別是在海軍士官學校校長任內，奉命籌劃成立海軍
訓練司令部，並出任首任司令。任內所屬官兵總員額接近千人，訓練容
量經常在兩萬人上下，直轄海軍專科學校、海軍士官學校、後備軍人訓
練處三個單位，編制及規模甚為龐大。回顧中華民國國軍發展史，陸海
空三軍均曾設置訓練司令部，陸軍訓練司令部成立於1947年，歷時逾三十
年，至1979年才告結束。空軍訓練司令部成立於1946年，存續至1970年中
期，歷時亦逾三十年。海軍訓練司令部成立最晚，到1964年才告成立，父
親任司令未滿兩年即行調職，1968年該司令部即奉令裁撤，存續僅四年五

個月，在國共對峙情勢仍甚緊張之時裁撤如此之速，實令人詫異和難以理解！最後兩年父親則歷任海軍指揮參謀大學副校長、海軍總司令部作戰研究督察委員會委員；前者位階雖尊，惟係副職，後者則為退休前過渡的閒差職務。

由於國府海軍自組建成立以來，內部即隱然有派系存在。一般多將國府海軍分為「閩系」（或「馬尾系」）、「黃埔系」、「青島系」、「電雷系」四大派系，相互傾軋，實礙團結。國府當局曾於抗戰勝利後不久，以甫設立的新制海軍軍官學校（即中央海軍軍官學校，1946年6月成立於上海，後遷青島、廈門、左營）為準，進行海軍軍官學資的統一。原屬各地海校畢業之學歷，自官歷表中刪除，均冠以「海軍官校某年某月畢業」，以資區分，此項措施在討論時雖引發各校畢業生代表極大爭議，最後仍照原案訂定。但實際上收效有限，派系之間只是由明爭轉為暗鬥，刀斧痕跡若隱若現。國府遷臺後，蔣中正總統為制衡各派系，將海軍總司令一職輪流由各派系將領擔任，在這樣的輪替中，電雷系的黎玉璽於1959年（民國48年）2月至1965年（民國54年）1月擔任總司令，是電雷系「盛世」，然黎任期屆滿，調升為副參謀總長，由青島系的劉廣凱繼任，未滿一年去職，由黃埔系的馮啟聰繼任總司令，掌權五年，電雷系因而失勢。1970年宋長志（青島海校四期）接任總司令，1976年鄒堅（青島海校五期）繼之，打破了輪流由各派系將領擔任總司令的制衡設計。宋、鄒總司令的任期合共十三年，是青島系掌權一系獨大的時期。宋曾任海軍官校校長六年餘（1955年12月至1962年2月），任滿總司令後又緊接著任參謀總長五年餘，國防部長四年半，至1986年任滿，是國府遷臺以來最具影響力的海軍將領，在此十六年間（1970至1986年）青島系掌握了國府海軍。鄒堅至1983年（民國72年）任滿，劉和謙（海官36年班）接任總司令，1988年葉昌桐（海官38年班）繼之，劉、葉均係抗戰期間考入福州海校（校址在貴州桐梓）就讀，戰後成立新制海軍官校，才歸為36，38年班。葉昌桐於1992年（民國81年）任滿，莊銘耀（海官41年班）繼之。莊及其以後的海軍總司令均為新制海軍官校畢業生，長期以來國府海軍派系的糾結始告終結。父親因被劃歸為電雷系，處於上述國府海軍派系傾軋的大環境中，自無法獨善其身。但他始終盡忠職守，在每一個職位上，全力以赴，不計個人得失，報效國家。

父親曾多次參與戰鬥，在歷次作戰或出任務中，至少有四次曾身歷險境：第一次是1949年10月14日自左營搭乘永明軍艦，擬至金門海域轉登太湖軍艦任見習艦長，途中永明軍艦機電故障，復遇兩度強颱肆虐，在海上漂流十一日，歷程七七二浬，斷食捕魚充饑，或將致死，幸得英國輪船施救而脫險。第二次是在永豐軍艦艦長任內，於1950年（民國39年）10月9日夜間率該艦潛入汕頭港執行佈雷任務，因過於近岸闖入沙堆擱淺，後方卻滿是自己所佈放的水雷，幸好水雷剛施放備炸時間尚未到達，經父親下令「雙俥後退一」，該艦坐灘並不堅牢，或者潮水已上漲，俥動艦也動，瞬即出淺。第三次亦是在永豐軍艦艦長任內，於1952年2月25日的披山海戰中，該艦雖擊毀共軍砲艇兩艘，然亦遭共方八〇山砲兩發砲彈擊中，其中一彈，通過槍砲庫、輪機艙、帆纜庫中間彈藥庫，經右舷上甲板穿出，共穿破鐵壁裂口大小四處，幸未引爆彈藥，受損輕微。第四次是在信陽軍艦艦長任內，於1953年（民國42年）5月25日的三門灣戰役中，突遭兩萬碼外裝備居絕對優勢的巨型敵艦砲擊共二十三發巨彈，均精準落於距該艦十碼以內爆炸，幾遭擊沉，驚險萬狀，父親當機立斷，迅即撤離，並通知友艦，掩護之，一同安全返防。

　　此外，父親曾於八年抗戰初期，在魚雷快艇上與日軍戰鬥時被炸彈破片傷及腿部，惟傷勢甚輕。1953年的三門灣戰役，信陽軍艦遭巨型敵艦五點一吋巨砲砲擊，彈落信陽軍艦十碼內爆炸，聲響極巨，致正在指揮臺指揮作戰的父親耳膜遭到震傷，聽力每況愈下，致未屆六旬，即需依仗助聽器與人交談溝通。但父親從不以為意，未曾有過絲毫的抱怨和遺憾。

　　回顧父親那一代的中華民國軍人，大都身經八年抗戰或國共內戰的戰爭淬煉。前者是抵抗侵略成性的帝國主義日本，是攸關中華民族存亡絕續的聖戰，目標單一，旗幟鮮明，大家前仆後繼拼死奮戰，了無疑義。後者定位則並不那麼明確。這場超大規模的內戰，國府名之為「戡亂戰爭」，中共稱之為「解放戰爭」。無論如何，國府兵敗大陸，播遷臺灣，其僅存的國軍各軍種部隊官兵，忠貞不屈，冒死相隨，肩負起捍衛臺澎金馬等的艱鉅重任，成功地守住了中華民國的最後一片土，留下了不少英勇壯烈可歌可泣的感人故事。如今逾三分之二個世紀過去了，臺海兩岸對峙之局依舊，父親那一代的軍人拋頭顱灑熱血拼死捍衛住的中華民國臺灣，使臺灣人民不僅免於專制極權的統治，躲過「十年文革」等的劫難，而且得以坐

圖127（左）：中華民國政府頒給父親的旌忠狀（1993年12月6日）
圖128（右）：父親戴過妥慎收存至今的海軍軍帽，睹帽思人

享國府「十大建設」、「十四項建設」等的施政成果，臺灣還一度出現過令人稱羨的經濟奇蹟，榮居「亞洲四小龍」之首。

　　惟近十餘年來，臺灣政情丕變，隨之出現一些偏頗的言論，指稱國府為「外來政權」、「入侵者」，實令我輩眷村子弟錯愕忿然。我們竭盡所能撰就本書，一則還原真實的歷史，勾勒出父親于役中華民國海軍時的種種圖像，以資留存紀念；一則彰顯父親那一代中華民國軍人勇於為國家犧牲奉獻的精神，以期忠勤永式，青史聿昭，是所至盼。

後記
追憶父親

周先俐

　　自從父親1993年12月過世後，左營老家轉讓他人，我與姊妹弟弟改在臺北、洛杉磯、上海等地相聚，二十多年不曾再回左營，童年的生活似乎完全從我的生命中消失。由於參加2015年5月22-23日在左營四海一家舉辦的「海子52屆與海青55屆同學會」，「左營」再度走進我的生活，童年的記憶終於聚焦在一生至愛的父母親身上。

　　父親生於1915年，天資聰穎，5歲入小學，11歲以官費生入川東師範學校初中部，17歲考入素富盛名的杭州之江大學理學院數學系。中日戰爭前夕，他是一名年輕優秀前途無限的大學生。但是，在他入之大之前，正逢1931年東北「九‧一八」事變，1932年又值上海「一‧二八事變」，全國抗日情緒高漲。父親生性熱血勇敢，尚俠好義，在之大只讀了一年，眼見國家遭受日寇蹂躪，便毫不猶豫棄文就武投考軍校，進入海軍電雷學校。軍校畢業後，隨即投入抗日聖戰。1941年，駐守石牌要塞砲台，阻止日軍入川。1947年（民國36年）2月，「二‧二八」事變發生，父親奉命率部自上海開赴臺灣馳援，鎮守左營並救平楠梓煉油廠暴動。事變平息後，即率海軍新兵第一大隊駐守左營，留在臺灣。

　　1947年夏天，父親與母親成婚，定居於左營海軍基地眷村建業新村。1948年後，姊姊、我、妹妹、弟弟相繼出生。1949-1961年，父親戍守海疆，很少回左營家中。母親為照顧稚齡子女，放棄教師的職業，在家中督導我們課業，使父親能專心作戰及公務，心無掛慮。

　　1956年，父親任六二特遣部隊指揮部參謀長，那時姊姊、我、與小妹分別是8歲、5歲、與2歲。記得大約在我小學一年級時，父親自臺北回家休假二、三日。有一天，我們正如往常歡聚在客廳裡聽著父親說故事，客廳茶几上一台老式的黑色軍用電話忽然響起，父親接聽了電話，神色突變嚴肅，他一字一句清晰地下達命令，「某某艦赴金門。」我們屏息靜氣坐

在客廳沙發上不敢動，海戰就好像發生在我們的家中。

父親駐防外地約十二年，晚上家中總是靜悄悄的，我們唯一的娛樂便是守在收音機旁聽中國廣播公司的廣播劇。每隔一兩天，一位獨眼賣煤球的李叔叔（父親的學生），會騎著腳踏車過來，看看我們有無需要幫忙之處，偶爾也會陪我們下盤跳棋。有一年中秋節，父親突然回家，手中拎著一個鐵盒，內裝4個月餅，令我們高興歡呼！

我十歲以後，父親長駐左營，家中氣氛因為父親樂觀開朗幽默的個性忽然變得熱鬧而愉快。那時父親白天在海軍士官學校上班異常忙錄，每晚還需參加宴會或全校官兵的同樂晚會。但是週日全家一起到中山堂看電影他從不缺席，那是我們最快樂的親子時光！我們所住的建業新村98號日式官舍曾招待過當年美軍顧問團團長、抗戰勝利代表蔣委員長在南京接受日本投降的何應欽將軍及高雄市長楊金虎等賓客。

幼年的我有一張圓圓臉與兩顆大眼睛，長輩們叫我「小周非」。我是父親忠實的小跟班，在家中他走到哪裡我跟到哪裡，聽他講戰爭故事。當時雖然聽不懂，但是許多地點與海軍軍官的名字卻留在腦海深處。當我與外子開始撰寫本書時，這些沉睡了50年之久的記憶又被喚醒，如一張老水手的海圖，指引著我們寫作的航路。

父親常講一個四川軍閥橫行的故事，發生在他就讀川師附小時。某一天，軍閥召集所有公校學生在城門上廣場集會。雙方一言不合，軍閥下令開槍掃射學生。父親站在後排，隨眾往後跑到城牆邊，眼看若不跳下數丈高牆即當場被擊斃。那時他顧不得害怕，立即隨著前面高年班的學長往下跳。醒來後發現自己竟伏在一位學姊身上，學姊躺著不動，不知是死是活，他搖搖晃晃走回家，爬進床下，睡了一覺，忽聽見祖母呼喚聲，才爬出來。父親日後從軍救國的心志可能就在那時埋下了種子。

父親一生無任何宗教信仰，唯樂善好施是他的天性也是他處世的原則。每遇乞丐他必施捨，沒有例外。有一次父親騎腳踏車載我與姊姊到左營大街購物，就在中山堂前面遇見一個乞丐坐地行乞，父親想要下車給他錢，可是腳踏車失去平衡，我們父女三人都跌倒在地，他趕緊站起來把姊姊與我拉起，但還沒忘記給乞丐幾塊錢才離開。

海軍子弟小學畢業後，我直升海青初中部。三年後，以全校第一名成績畢業，考進省立高雄女子中學。又三年後，考進國立政治大學西洋語文

系（英文系），選擇了與父親的科學背景截然不同的西方文學之路。

1970年，父親自最後一個職務海軍總部作戰研究督察委員會委員任上退休，養殖蘭花竟然成了他主要的嗜好。蘭花種類繁多，各不相同，如中國蘭、蝴蝶蘭、洋蘭、石斛蘭、萬代蘭、文心蘭等。蘭花又生性嬌貴，不易養殖。父親閱讀大量中英文書籍，並且精確控制陽光、溫度、與濕度。為了養蘭，父親把家中後院搭起棚架，他的蘭花最高數量曾達2000盆以上，完全由他一人澆水、施肥、分株、選擇植材，他還曾專程到臺大農藝園區請教專家。父親最大的興趣原在科學，未想到養殖蘭花竟圓了他植物學家的夢，也給他的退休生活平添了無數樂趣。

1974年11月底，母親因多年腸胃高血壓失眠宿疾辭世，我們接到父親電報，急速返家，協助父親料理母親喪事。喪事後，為避免父親睹物傷情，要求父親北上暫住一年。那一年，我們在新北投租了一間寬敞的平房，暫時做為我們的家。夏日晚上，氣候炎熱，我與弟妹睡在平坦的屋頂上，父親就搬一張藤椅坐在一旁睡覺，守護我們直到天色微明。一年後，他又帶著弟弟又搬回左營老家。

失去了母親的父親，開始了孤寂的新生活。起先還有勤務兵料理他的生活起居，後來他辭退了勤務兵，就從頭開始學習煮飯做菜燒開水，而且頗有心得。他能做道地的四川名菜怪味雞，親朋好友都讚美有加。偌大的日式官舍，晚間只有客廳留有一盞小燈照明，父親就在那裡看電視。但是他依然樂觀，白天養殖蘭花，晚上觀看戰爭影片，自然界奇觀節目與卡通影片。他幽默地說，「天下沒什麼事能難倒我！」

1976年，姊姊已婚，嫁給她的同學從事電影美工設計的任適正先生，我考進輔仁大學英文文學研究所碩士班，妹妹剛從中國文化大學法律系畢業。父親決定要在臺北給我與妹妹安置一個家。他拿出多年的積蓄付清買屋的頭期款，我與妹妹則負擔每月的分期付款。於是我們在北投有了一棟兩層樓約20坪的小屋。這小屋深得父親歡心，他平時守在左營老家，隨時想念女兒就乘火車北上，住在自己的小屋，一兩天後又乘火車回去。記得他每兩週便南北往返一趟，樂此不疲。

1979年我遇到外子平生，他也出自軍人家庭，我的公公是黃埔軍校第六期畢業的資深將軍，他當時已在臺灣大學歷史系任教。結婚後，我們便一同在學術界服務至今。兩三年後，妹妹也結婚，嫁給服務於中華航空公

司的文化大學學長楊辰先生。母親過世七、八年後，父親嫁了兩個女兒，此時弟弟也長大離家去讀大學。

1985年秋，平生與我來到賓州州立大學。我進入賓州州大語言溝通（SpeechCommunication）碩士班。賓州州大在賓州正中央的StateCollege市，是一所坐落於鄉間的大學城，風景極為美麗。到了秋天，落葉繽紛，滿山遍野一片酡紅，如詩如畫。我在那兒取得第二個碩士學位後，應聘至國立陽明醫學院（後改為國立陽明大學）全職教書，並兼英語教學組召集人，負責教學及規劃全校英語教學課程。那時父親偶住北投小屋，我住臺北市溫州街新改建的臺灣大學教職員宿舍。父親常乘公車來看我們。從北投到溫州街，加上轉車時間至少得花兩個鐘頭，他卻不嫌旅途勞頓。抵達後，我們同去他最喜歡的餐館「京兆尹」。晚餐後，平生與我再送他上計程車回新北投家。

1990年秋，我與平生來到美國劍橋的哈佛大學研究一年，選修了兩門心理學與人類學的課程，這些課程令我大開眼界。我們剛在劍橋安頓不久，即接獲繼母自德州打來的電話，告知父親因攝護腺癌第三期在達拉斯的醫院緊急住院治療。我急忙乘飛機趕到達拉斯探望父親。看到一向身體健康的父親昏睡在病床上，心如刀割。不久父親醒來，沒有一絲憂慮，反倒安慰我說，在戰場上死亡見多了，不用害怕。他說，就在我進入病房時，他做了一個夢，夢見正在打仗，硝煙瀰漫中，忽見一小女孩來到戰場看他，過一會兒就醒了。

1991-1993年，我們回到臺北，父親也自德州回臺，那時他的身體逐漸消瘦，但是癌症並未改變他好動的個性，也沒有影響他的情緒，他還是喜歡來溫州街。午後來，與我稍談片刻，然後睡一個長長的午覺，晚上共進晚餐。

1993年，我獲得哈佛教育學院的入學許可及免工作免學雜費的三年全額獎學金，於是又回到劍橋讀「人類發展與心理研究所」博士班。為了孩子們的教育，平生與我決定由我帶著一雙稚齡兒女，分別是8歲與12歲，前往麻州，他則繼續在臺大任教，做我們精神上與經濟上的支柱。出國前，我們回左營。父親那時身體瘦弱，但按時就醫服藥病情還算穩定。據醫生說，這種穩定的情形不知會持續多久。赴美臨行前夕，我們在左營家中前院話別，忽有一隻蜜蜂叮我手臂，父親不顧虛弱的身體，立刻快步入

房，拿出一瓶藥膏為我塗抹，我強忍住流出的眼淚，緊緊擁抱他，那是最後一次見他。

　　同年八月底，我們來到麻州，劍橋已有涼意，接著便辦理我與孩子們的入學。十月，父親的病情直轉急下，住進高雄榮民總醫院病房。十一月，我從哈佛大學的宿舍打電話到高雄榮總，終於在電話的那一端聽到父親說話，他的聲音微弱，似在極大的痛苦中，短短數語便掛斷了。十二月初，我接獲消息，父親已於十二月二日辭世。我心中哀痛，卻不能立即飛回臺灣。一週後，當我將四門課程期末報告繳出，孩子們暫託美國友人處，才回臺奔喪。聽姊姊說，父親逝世前幾天，神智不清，常常在夢與醒之間，似乎夢見他在戰爭中撤退，醒來後對姊姊說，「我們等小俐回來就離開！」聽後我忍不住大哭。清晨，天未明，我與弟弟護送父親的靈柩從左營出發到臺北，與母親合葬在陽明山公墓。聖誕節前，我又趕回麻州與孩子們共渡聖誕佳節。短短兩星期內，我經歷父親的死亡與葬禮，卻無法接受他永遠從世上消失的事實，感覺這一切如幻如夢，極不真實。父親的笑容、眼神與樂觀幽默的個性超越了死亡繼續存在我的世界中！父親逝世26年之後，平生與我還在資料與故紙堆中共同捕捉他的蹤影。

　　我常想，父親的一生有如一艘大軍艦，載著國家託付的任務，行駛在大海中，歷經大風大浪，看盡海洋的千變萬化。我的一生則如一艘小帆船，行駛在風平浪靜的大川小河中，靜靜欣賞著兩岸明媚的風光。我衷心感激父母親的庇護，在那樣艱苦的年代，他們用雙手擋住了外面的風雨，讓我在充滿愛與歡笑的家中無憂無慮無畏無懼追求自己的理想與人生。父親的身影，讓我想起聖經上的一節經文，〈希伯來書11:8〉：「因著信，亞伯拉罕蒙召的時候，就順從出發，往他將要得為繼業的地方去。他出發的時候，還不知道往哪裡去。」當命運來臨時，父親也是這樣勇敢地接受命運的挑戰，義無反顧，走完他的一生。

徵引書目

一、檔案

《國防部史政編譯局檔案》。新北：國家發展委員會檔案管理局藏。
　　〈電校自由中國練艦遠航實習案〉
　　〈電雷學校二期畢業成績冊〉
　　〈電雷學校編制案〉
　　〈電雷學校學生實習案〉
　　〈煙台戰役案〉
　　〈歐陽格再詳報電雷學校缺乏顯著戰績之原因〉

《國軍史政檔案》。臺北：國防部藏。
　　〈三門灣戰役案〉
　　〈水雷作戰〉
　　〈羊嶼及大鹿島小鹿島戰役案〉
　　〈披山及大擔戰役案〉
　　〈東引烏坵佈設水雷案〉
　　〈南澳（日）島戰役案〉
　　〈海軍金門島附近作戰計劃腹案〉
　　〈海軍重要軍職候選與調任案（五十八年）〉
　　〈海軍戰役案〉
　　〈海軍戰鬥詳報及要報彙輯〉
　　〈海軍總部官兵勛獎案（四十一年）〉
　　〈海軍總部官兵勛獎案（四十三年）〉
　　〈海軍總部官兵勛獎案（四十六年）〉
　　〈海軍總部官兵勛獎案（五十三年）〉
　　〈海軍總部重要軍職任免案〉

〈海軍總部軍官退除役案（五十九年）〉
〈海軍總部備忘錄（五十年）〉
〈捕獲匪船及外輪處理案〉
〈教育改制案〉
〈匪軍船海戰術之研究與對策〉
〈將軍頭及披山戰役案〉
〈接收美援售予及贈軍艦〉
〈檀頭山南韭山戰役案〉
〈總統府軍事會談案（四十二年）〉

《蔣中正總統文物》。臺北：國史館藏。
〈其他─總統事略日記〉
〈特交檔案：一般資料─呈表彙集（一一二）〉
〈特交檔案：分類資料─軍事：金馬及邊區作戰（二）〉

二、報紙

《大公報》（香港），1949年11月2日。
《中央日報》（南京），1947年7月9日。
《中央日報》（臺北），1954年12月23、31日。1958年2月27日。1959年
　　7月19日。1960年11月20日。1961年10月24日。1962年3月20日。1963
　　年2月14日。1964年6月6日。
《中國時報》（臺北），2001年2月5日。
《中華日報》（臺北），1959年7月23日。
《申報》（上海），1947年3月30日。
《光華日報》（檳城），1937年7月18日。
《青年戰士報》（臺北），1959年7月19日。1961年5月16、20日。1962年
　　3月20日。1966年2月6、8、9日。
《忠義報》（高雄），1967年12月6日。1968年4月16日。
《星洲日報》（新加坡），1937年7月11日。
《星洲日報》（檳城），1937年7月17日。

《星島日報》（香港），1949年10月25、27日。

《海訊三日刊》（臺北），1954年7月7日、12月10日。

《海訊日報》（高雄），1959年7月25、29日、8月10日。1961年1月20
　　日、4月12、21、22日、5月19日、7月1日、8月4、5、10月12、27
　　日。1962年4月18、24日、5月22日、10月16日、11月7日。1963年2月
　　14日、3月17、19、20日、6月16日、9月9日。1964年1月9、23日、2
　　月6日、7月20日、11月7、24日。1965年1月4日、2月13日、4月12、
　　21日、7月1日、10月10日、12月22日。1966年2月24日、3月7日、4
　　月16、17日、6月30日、12月19日。1967年1月17日、2月20日、7月1
　　日、8月7、14日。

《現代日報》（檳城），1937年7月18日。

《新國民日報》（新加坡），1937年7月12日。

《新聞報》（上海），1947年7月4、6日。

《臺灣新聞報》（高雄），1961年10月28日。

《聯合報》（臺北），1953年8月18日。1955年1月1日。1959年7月19日。

《總匯新報》（新加坡），1937年7月10、11、12、13、14、19、20、22日。

《檳城新報》（檳城），1937年7月16、17、19日。

San Diego Evening Tribute (San Diego), February 24, March 2, 1962.

三、專書

《永豐軍艦沿革史（四六～五五年）》。未刊，臺北：海軍司令部藏。

《海軍士官學校沿革史（四九～五三年）》。未刊，臺北：海軍司令部藏。

《海軍水雷部隊司令部沿革史（四七～五五年）》。未刊，臺北：海軍司
　　令部藏。

《海軍水雷部隊司令部沿革史（五六～五七年）》。未刊，臺北：海軍司
　　令部藏。

《海軍水雷部隊司令部沿革史（五八～五九年）》。未刊，臺北：海軍司
　　令部藏。

《海軍信陽軍艦隊史》。收入韓祥麟主持，《海軍歷史文物數位典藏—陽
　　字型驅逐艦數位典藏計劃（Ⅰ）》。臺北：行政院國家科學委員會，

2007-2009。

《海軍信陽軍艦歷史》。收入韓祥麟主持,《海軍歷史文物數位典藏—陽
　　字型驅逐艦數位典藏計劃（Ⅰ）》。臺北:行政院國家科學委員會,
　　2007-2009）。

《海軍指揮參謀大學校史》。未刊,臺北:海軍司令部藏。

《海軍馬祖巡防處沿革史（三八～五四年）》。未刊,臺北:海軍司令
　　部藏。

《海軍峨嵋軍艦沿革史》。未刊,高雄:海軍軍史館藏。

《海軍峨嵋軍艦歷史》。未刊,高雄:海軍軍史館藏。

《海軍訓練司令部沿革史（五三～五五年）》。未刊,臺北:海軍司令
　　部藏。

《海軍第六二特遣部隊指揮部沿革史（四六～五五年）》。未刊,臺北:
　　海軍司令部藏。

《海軍總司令部作戰研究督察委員會歷史（五六～五九年）》。未刊,臺
　　北:海軍司令部藏。

《海軍艦隊指揮部沿革史（四二～四八年）》。未刊,臺北:海軍司令
　　部藏。

《國防大學聯合作戰系第七期同學錄》。臺北:序於1958年12月。

三軍大學編纂,《國民革命軍戰役史・第5部—戡亂》,第8冊—光復大陸
　　整備時期》。臺北:國防部史政編譯局,1989年。

中國戰史大辭典—兵器之部編審委員會編纂,《中國戰史大辭典—兵器之
　　部（下冊）》。臺北:國防部史政編譯局,1996年。

四川省巴縣志編纂委員會編,《巴縣志》。重慶:重慶出版社,1994年。

杜福新,《信陽艦之戀》。臺北:冠志出版社,2004年。

李宗仁口述,唐德剛撰寫,《李宗仁回憶錄》。臺北:曉園出版社,
　　1989年。

吳祐列等編輯,《碧海丹心忠義情—六二特遣部隊的故事》。臺北:國防
　　部海軍總司令部,2005年。

沈志華,《毛澤東、斯大林與朝鮮戰爭》。廣州:廣東人民出版社,
　　2004年。

林金炎編著,《馬祖兵事》。連江:福建省連江縣政府,2010年。

周非，《自傳》。鉛印，未刊。

金大鏞修，王伯心纂，《東湖縣志》（清同治三年刊本）。臺北：成文出版社影印，1975年臺一版。

胡立人、王振華主編，《中國近代海軍史》。大連：大連出版社，1990年。

胡宗南著，蔡盛琦、陳世局編輯校訂，《胡宗南先生日記》，下冊。臺北：國史館，2015年。

胡宗南上將年譜編纂委員會編，《胡宗南上將年譜》。臺北：編者印行，1972年。

柳永琦編，《海軍抗日戰史》，上冊。臺北：海軍總司令部，1994年。

徐學海，《1943-1984海軍典故縱橫談》，上冊。臺北：撰者印行，2011年。

馬宣偉、溫賢美，《川軍出川抗戰紀事》。成都：四川省社會科學院出版社，1986年。

孫靜江編著，《大陳紀略》。臺中：民風出版社，1965年。

海軍史編委會編，《海軍史》。北京：解放軍出版社，1989年。

海軍司令部近代中國海軍編輯部編著，《近代中國海軍》。北京：海潮出版社，1994年。

海軍軍官學校編，沈天羽撰稿，《海軍軍官教育一百四十年1866-2006》，下冊。臺北：國防部海軍司令部，2011年。

海軍總司令部編，《海軍大事記》，第3輯（三五～四六年）。臺北：編者印行，1968年。

海軍總司令部編，《海軍艦隊發展史》（二）。臺北：國防部史政編譯局，2001年。

海軍艦隊司令部編輯，《老軍艦的故事》。臺北：海軍司令部，2006年3版。

陳仁和編著，《大陳島：英雄之島》。臺北：編著者印行，1987年。

陳忠杰編寫，《排山倒海─解放浙東四島和東磯列島》。北京：藍天出版社，2014年。

陳悅，《北洋海軍艦船志》。濟南：山東畫報出版社，2009年。

陳書麟、陳貞壽編著，《中華民國海軍通史》。北京：海潮出版社，1993年。

張力訪問紀錄，《黎玉璽先生訪問紀錄》。臺北：中央研究院近代史研究

所，1991年。

曹劍浪，《國民黨軍簡史》。北京：解放軍出版社，2003年。

戚其章，《晚清海軍興衰史》。北京：人民出版社，1998年。

淡江大學纂修，《福建省連江縣志》，第6冊。連江：福建省連江縣政
　　府，2003年。

國史館中華民國史教育志編纂委員會編印，《中華民國史教育志（初
　　稿）》。臺北：國史館，1990年。

國防部史政編譯局編纂，《抗日戰史：鄂西會戰（二）》。臺北：國防部
　　史政編譯局，1980年再版。

黃宏基原著，劉台貴、彭大年編輯，《黃金歲月五十年：黃宏基將軍憶
　　往》。臺北：國防部部長辦公室，2007年。

黃杰，《留越國軍日記》。臺北：國防部史政編譯局，1989年。

琦君，《錢塘江畔》。臺北：爾雅出版社，1980年。

喬西夫‧米茲著，高潤浩編譯，《尼米茲》。北京：京華出版社，2003年。

齊邦媛，《巨流河》。臺北：天下遠見出版公司，2009年。

趙雪吟等編輯，《太字春秋：太字號軍艦的故事》。臺北：國防部海軍司
　　令部，2011年。

劉怡，《借西風：中國近代海軍發展史（1862-1945）》。臺北：知兵堂
　　出版社，2008年。

劉幹才編寫，《海上盾牌─發起東南沿海反登陸反竄擾作戰》。北京：藍
　　天出版社，2014年。

劉傳標編纂，《中國近代海軍職官表》。福州：福建人民出版社，2004年。

劉廣凱，《劉廣凱將軍報國憶往》。臺北：中央研究院近代史研究所，
　　1994年。

劉鳳翰，《抗戰期間國軍擴展與作戰》。臺北：國防部史政編譯室，
　　2004年。

蔣中正，《蔣介石日記》。未刊，美國史丹福大學胡佛研究所圖書檔案
　　館藏。

鄧克雄、林海清，《葉昌桐上將訪問紀錄》。臺北：國防部史政編譯室，
　　2010年。

臧持新，《中華民國海軍陽字級軍艦誌》。臺北：老戰友工作室軍事文粹

部，2008年。

應紹舜，《陽泰永安（陽字號，太字號，永字號，安字號軍艦史）》，
　　上、下卷。臺北：臺灣植物研究服務中心，2010年。

鍾漢波，《四海同心話黃埔：海軍軍官抗日箚記》。臺北：麥田出版公
　　司，1999年。

羅廷光，《師範教育》。上海：正中書局，1948年。

Potter,E.B.著，許綬南譯，《尼米茲傳》，上冊。臺北：麥田出版公司，
　　1995年。

Holber, Frank. *Raiders of the China Coast: CIA Covert Operations during the Korean
　　War*. Annapolis,Maryland: Naval Institute Press, 1999.

四、論文及專文

〈四十三年度國軍克難英雄名單〉，《政工通訊》，第74期，1955年1月。

〈社評：接收日本賠償軍艦〉，《新聞報》（上海），1947年7月6日，第
　　5版。

〈社論（一）歡迎克難戰鬥英雄〉，《中央日報》（臺北），1954年12月
　　31日，第2版。

〈接收第一批日艦紀事〉，《中國海軍》，第4、5期合刊，1947年9月。

〈寂靜的水中殺手—水雷〉，《尖端科技》，第9期，1985年5月。

于翔麟，〈孫震（1892-1985）〉，《傳記文學》，第47卷第5期，1985年
　　11月。

王天池，〈電雷學校紀略〉，收入中國海軍之締造與發展專刊編輯委員會編
　　輯，《中國海軍之締造與發展專刊》。臺北：海軍總司令部，1965年。

王白虹、汪宗藩，〈我國海軍光榮的一日〉，《中國海軍》，第4、5期合
　　刊，1947年9月。

王先強、杜隆基，〈電雷學校的回憶〉，中國人民政治協商會議全國委員
　　會文史資料研究委員會編，《文史資料存稿選編》，第16冊—軍事機
　　構（下）。北京：中國文史出版社，2002年。

王崇，〈人民海軍護衛艦的發展歷程〉，《艦載武器》，2004年第3期。

王偉，〈歷久彌新話水雷〉，《國防》，2002年第11期。

王衛國，〈臺澎防衛—「布雷作戰」運用價值之評析〉，《國防雜誌》，第20卷第10期，2005年10月。

中國海軍月刊社資料室，〈峨嵋號修理艦的歷史性能與接收經過〉，《中國海軍》，第1卷第2期，1947年4月。

包遵彭，〈中國海軍學校叢考〉，《中國海軍》，第4卷第2期，1951年2月。

史如洲，〈介紹海軍士兵學校〉，《海軍士兵》，第1卷第1期，1950年3月。

江州司馬，〈克難英雄頌（朗誦詩）〉，《中國海軍》，第5卷第1期，1952年1月。

生，〈峨嵋近訊〉，《海軍士兵》，第1卷第8期，1950年8月。

伍世文，〈海疆揚威一甲子：陽字級驅逐艦籌獲成軍戰鬥史略〉，《中外雜誌》，第79卷第4期，2006年4月。

任杭璐、劉劍虹，〈立案前之江大學的課程設置及其特點〉，《寧波大學學報（教育科學版）》，第33卷第6期，2011年11月。

老冠祥，〈中國現代（1911-1949）海軍派系對政局之影響〉，香港：珠海大學歷史研究所博士論文，1995年6月。

李鳴崗口述，曹文信採訪，〈海軍老兵的服役生涯訪問紀錄〉，《海軍軍官》，第29卷第2期，2010年5月。

吳尚書，〈中國海軍海上遏阻戰略研究（1950-2006）〉，臺北：國立臺灣大學政治研究所碩士論文，2007年7月。

何燿光，〈海軍關閉大陸港口政策之研究—戡亂作戰中一個幾乎被遺忘的部分〉，《中華軍史學會會刊》，第7期，2002年4月。

阮榮華，〈論石牌戰役及其戰略影響〉，《三峽大學學報（人文社會科學版）》，第23卷第4期，2001年7月。

呂偉俊、徐暢，〈中國海軍長江抗戰初探〉，《抗戰勝利五十週年國際研討會論文集》。臺北：國史館，1997年。

邢蘭生，〈淺談水雷作戰〉，《海軍軍官》，第7卷第2期，1988年8月。

汪世喜，〈永明艦官兵香港起義始末〉，《縱橫》，2000年第4期。

沙青青，〈用、棄之間：歐陽格案與蔣介石的海軍人事處置〉，《抗日戰爭研究》，2014年第4期。

林宏一，〈封鎖大陸沿海—中華民國政府的「關閉政策」，1949-1960〉，臺北：國立政治大學歷史學系碩士論文，2009年6月。

林宏一，〈從英方檔案看1950年代國府的「閉關政策」〉，《政大史粹》，第13期，2007年12月。

林宏一，〈「臺海中立」時期中華民國武裝部隊對大陸沿海外籍船舶的干涉行動，1950-1952〉，《海洋文化學刊》，第6期，2009年6月。

林武文，〈永不退伍的老兵—水雷〉，《海軍學術雙月刊》，第42卷第6期，2008年12月。

林曉光，〈朝鮮戰爭與建國初期我國東南沿海防衛戰略的轉換〉，《黨史研究與教學》，2003年第5期。

金智，〈民國時期軍政部電雷學校〉，《軍事史評論》，第19期，2012年6月。

金智，〈抗戰時期海軍砲隊與佈雷隊之研究：海軍史意義詮釋方式的論證〉，收入李君山等編著，《榮耀的詩篇：紀念抗戰勝利60週年學術研討會論集》。臺北：國防部部長辦公室，2006年。

況正吉，〈抗戰最後一役：中日湘西會戰〉，《軍事史評論》，第22期，2005年6月。

胡臨聰，〈第二十二集團軍出川抗戰八年經過概述〉，《四川文史資料選輯》，第30輯。成都：四川人民出版社，1983年10月。

姚開陽，〈中國軍艦史系列-5：接收日本償艦50周年〉，《全球防衛雜誌》，第26卷第1期，1997年7月。

姚開陽，〈中國軍艦史系列-6—「史102」突擊出雲艦60周年紀念：電雷學校與其魚雷快艇隊〉，《全球防衛雜誌》，第26卷第2期，1997年8月。

姚開陽，〈中國軍艦史系列-12：驍勇善戰的太字號〉，《全球防衛雜誌》，第27卷第2期，1998年2月。

姚開陽，〈中國軍艦史系列-13：縱橫臺海的永字號〉，《全球防衛雜誌》，第27卷第3期，1998年3月。

姚開陽，〈中國軍艦史系列-20：海軍各式勤務艦〉，《全球防衛雜誌》，第28卷第5期，1998年11月。

姚開陽，〈中國軍艦史系列-24—國府投共艦艇全集PART-Ⅰ：重慶艦叛變

50週年〉，《全球防衛雜誌》，第29卷第3期，1999年3月。

姜忠，〈半個世紀的藍水情結—中國海軍驅逐艦發展之路〉，《艦載武器》，2003年第9期。

孫震，〈八年抗戰概述〉，收入氏著，《八十年國事川事見聞錄》。高雄：高雄四川同鄉會，1985年再版。

徐成發，〈抗日戰爭中期和後期鄂西北戰場的三次會戰述論〉，武漢：華中師範大學中國近現代史碩士論文，2007年5月。

馬幼垣，〈海軍與抗戰〉，《聯合文學》，第105期，1993年7月。

馬幼垣，〈抗戰期間未能來華的外購艦〉，《中央研究院近代史研究所集刊》，第26期，1996年12月。

海斯（John D. Hayes）著，陳志誠譯，〈海軍特遣部隊之編組〉，《中國海軍》，第12卷第9期，1959年9月。

唐傑，〈水線下的埋伏者〉，《全球防衛雜誌》，第9卷第6期，1989年6月。

陳月平、傅金祝，〈水雷——一種歷史悠久而有效的水中兵器〉，《艦載武器》，2004年第6期。

陳建中，〈胡宗南先生在西北〉，收入胡故上將宗南先生紀念集編輯委員會編輯，《胡宗南先生紀念集》。臺北：編者印行，1963年。

陳孝惇，〈政府遷台初期海軍教育與訓練（民國38年至47年）（上）〉，《海軍學術月刊》，第33卷第12期，1999年12月。

陳孝惇，〈海軍艦艇命名考察（1945-1965）〉，《海軍學術月刊》，第36卷第9期，2002年9月。

陳孝惇，〈國共戰爭期間海軍整建之研究（一九四五－一九五〇）〉，《中華軍史學會會刊》，第5期，2000年4月。

陳孝惇，〈試論海軍接收日本賠償艦艇之意義及其功能（上）〉，《海軍學術月刊》，第36卷第5期，2002年5月。

陳孝惇，〈戰後日本賠償艦艇之接收編組及其意義〉，《中華軍史學會會刊》，第6期，2001年8月。

陳孝惇，〈戰後海軍接收美國泊菲艦艇之研究（上）〉，《海軍學術月刊》，第36卷第3期，2002年3月。

陳降任，〈自由中國號軍艦遭海盜襲擊〉，《中外雜誌》，第82卷第3期，2007年9月。

陳振夫，〈抗戰期間服役海軍（上）〉，《傳記文學》，第37卷第1期，
　　1980年7月。

陳景文，〈三峽設防〉，《安徽文史資料·第29輯：江淮抗日烽火》。合
　　肥：安徽人民出版社，1988年7月。

陳鴻禧，〈海軍士官的搖籃—訪海軍士校周校長談士校教育〉，《海訊日
　　報》（高雄），1961年4月12日，第4版。

張力，〈從「四海」到「一家」：國民政府統一海軍的再嘗試，1937-
　　1948〉，《中央研究院近代史研究所集刊》，第26期，1996年12月。

張力、吳守成訪問，張力、曾金蘭紀錄，〈林鴻炳先生訪問紀錄〉（1997
　　年6月24日），收入張力、吳守成、曾金蘭訪問，張力、曾金蘭紀
　　錄，《海軍人物訪問紀錄》，第1輯。臺北：中央研究院近代史研究
　　所，1998年。

張力、曾金蘭訪問紀錄，〈徐學海先生訪問紀錄〉，收入張力、吳守成、
　　曾金蘭訪問，張力、曾金蘭紀錄，《海軍人物訪問紀錄》，第2輯。
　　臺北：中央研究院近代史研究所，2002年。

張昭然，〈大陸逆轉前後國軍在浙江沿海島嶼的經營（一九四九年五月～
　　一九五五年二月）〉，中華民國建國八十年學術討論集編輯委員會編
　　輯，《中華民國建國八十年學術討論集》，第1冊—政治軍事史。臺
　　北：近代中國出版社，1991年。

張勝凱，〈「水雷」的特性、價值及運用〉，《海軍軍官》，第25卷第3
　　期，2006年6月。

許增紘、潘洵〈川東師範學堂與西南師範學院的組建〉，《西南師範大學
　　學報（人文社會科學版）》，第31卷第3期，2005年5月。

梁天价，〈浙海遊龍〉，收入中國海軍之締造與發展專刊編輯委員會編
　　輯，《中國海軍之締造與發展專刊》。臺北：海軍總司令部，1965年。

戚其章，〈甲午中日海上角逐與制海權問題〉，收入李金強、麥勁生、蘇
　　維初、丁新豹主編，《我武維揚：近代中國海軍史新論》。香港：香
　　港海防博物館，2004年。

黃丹，〈黃浦江畔看日落〉，《中央日報》（南京），1947年7月9日，第
　　7版。

黃宏基，〈憶信陽軍艦—回首話滄桑之二〉，《傳記文學》，第81卷第3

期，2002年9月。

黃剛，〈中國關閉中共區港口引起的國際法問題之研究〉，《政大法學評論》，第4期，1971年6月。

傅建中，〈我軍襲共CIA一手策劃：《中國海上突擊隊》一書大揭半世紀前秘辛〉，《中國時報》（臺北），2001年2月5日，第3版。

傅洪讓，〈抗戰前赴德習駕魚雷快艇始末〉，《中外雜誌》，第81卷第5期，2007年5月。

曾偶光，〈艱苦抗日守峽門—記述長江上游江防總司令部〉，《宜昌市文史資料‧第4輯：紀念抗日戰爭勝利四十周年專輯》。宜昌：中國人民政治協商會議湖北省宜昌市委員會文史資料委員會，1985年5月。

楊克昌，〈海軍克難英雄題名錄〉，《中國海軍》，第8卷第1期，1955年1月。

楊克昌，〈榮譽歸於英雄—介紹本年度五十位克難英雄〉，《海訊三日刊》（臺北），1954年12月10日，第2版。

楊晨光，〈韓戰爆發後國共在浙東島嶼的軍事對抗〉，《中華軍史學會會刊》，第7期，2002年4月。

詹翼，〈接艦返國途中雜憶〉，《中國海軍》，第3卷第3期，1950年3月。

趙璵，〈五十年代海軍軼事（五）〉，《傳記文學》，第62卷第6期，1993年6月。

趙璵，〈胡宗南化名秦東昌指揮海軍登陸〉，《傳記文學》，第63卷第1期，1993年7月。

趙璵，〈陸軍接管海軍始末（下）〉，《傳記文學》，第60卷第6期，1992年6月。

漢，〈我們怎樣飄流〉，《中國海軍》，第3卷第1期，1950年1月。

樂毅駿，〈我國海軍遠航訓練支隊出訪所涉及平時海洋法之實務〉，臺北：國立政治大學外交學系戰略與國際事務在職專班碩士論文，2005年2月。

魯關，〈『守株待兔』式的武器—水雷〉，《金屬世界》，1997年第6期。

鄧宜紅，〈蔣介石與第五戰區—兼論《李宗仁回憶錄》中的幾處失實〉，《民國檔案》，1996年第2期。

鄧國光譯，〈水雷作戰—最經濟最被忽略的武器〉，《國防譯粹月刊》，

第2卷第3期，1975年3月。

蔡朋岑，〈浙東四島爭奪戰〉，《艦載武器》，2007年第12期。

衡元慶，〈川軍在抗日戰爭中的犧牲與貢獻〉，《紅巖春秋》，2014年第
4期。

應紹舜，〈補給艦的巨擘—峨嵋軍艦〉，《海軍學術月刊》，第34卷第6
期，2000年6月。

鍾松，〈在大陳〉，收入胡故上將宗南先生紀念集編輯委員會編輯，《胡
宗南先生紀念集》。臺北：編輯者印行，1963年。

鍾漢波，〈不死鳥的傳奇：海軍首批陽字號驅逐艦〉，《中外雜誌》，第
64卷第5期，1998年11月。

謝宴池遺著，〈海軍電雷學校的血肉長城：抗戰前後師生抗敵史詩〉，
《中外雜誌》，第81卷第4期，2007年4月。

嚴翔智，〈積穀山戰鬥團軍官殉國六十年〉，《傳記文學》，第103卷第6
期，2013年12月。

羅運治，〈中國的史大林格勒—石牌戰役的探討〉，《淡江史學》，第19
期，2008年9月。

蕭雨生，〈迎向藍水—走出近海的中共海軍〉，《全球防衛雜誌》，第25
卷第2期，1997年2月。

躍鹿，〈之江大學史略〉，《檔案與史學》，1998年第6期。

五、網路資料

〈中華民國海軍司令－維基百科，自由的百科全書〉（http://zh.wikipedia.
org/wiki/中華民國海軍司令）

〈西方公司－維基百科，自由的百科全書〉（http://zh.wikipedia.org/wiki/
西方公司）

鄧克雄主訪、記錄整理，〈徐學海將軍訪談〉（2007年4月17日），見
〈徐學海將軍訪談／廣矼鑒〉（http://blog.boxun.com/hero/201002/
xsj1/30_1.shtml）

〈Naval Training Center San Diego-Wikipedia〉(https://en.wikipedia.org/wiki/
Naval_ Training_Center_San_Diego)

附錄一：

〈再詳報電雷學校缺乏顯著戰績之原因〉

歐陽格

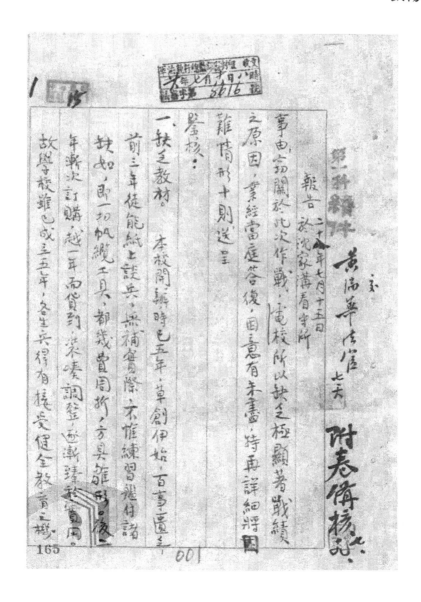

會，為時僅半年耳。

二、使用舊雷。自藏本事件發生之後，益感江防脆弱，邇曾傾向委座建議，整理舊式水雷應用，雖不能必期有效，然於外洋新雷尚未到著以前，一旦有事，尚能應急。奉諭照准，乃不幸而言中，整理甫畢，而八一三戰事已起，江陰之況雷雷田，幸賴此舊雷以資應付，雖日效率不大，設並此而無，則江上必更刑脆弱。

三、佈雷器材未到。新式水雷及佈雷艦，概因交涉期遲，無補戰局，故終揚子江水上戰爭之整個時期，佈雷器材遠未到著，以致效力減低，為勝浩歎，惜未能早日訂購耳。

四、快艇未到齊。開戰時，美國快艇僅陸續到達八艘，德國快艇到達甚遲，而關於修理及補充快艇之母艦，則迄未到着，以致每經二度作戰或偵察，不能修理，快艇效率因以減低。

五、母艦未到。快艇母艦，梁德各國，皆未到達。快艇固如上述，大受影響，即快艇所倚為戰事工具之魚雷，并用高壓氣，機不能隨時靠泊快艇，補充氣壓，不獨效率減低，遠無經感不便。

六、工程未竣。江陰各項工程，除碇泊港塢強可以應用外，餘以山洞未鑿畢，電力機未到，工廠機器未到齊，工廠未竣工不能裝用，故快艇只有硬拖，竟無隨時修理之機會，以致大大減低其效率，極可浩歎。然本校也竭盡智能，惜無法改善此

166
003

種環境耳。

七、未盡快艇之用。（附下有小註）快艇既無母艦遮護，應宜利用小河、港汊，以

為奇襲之基，而各小河及港汊又均為附近軍隊新增塞，雖有

應承決不增塞者，而轉眼即被塞宪，以致快艇不能利用進行奇襲。

戀又快艇襲擊，須有充分水深，方可發射魚雷，故須隨時

覓定江曲、江直、水深之處，方可發揮其性能。若指定定區域

令其出擊，極難收敢。

八、雜務太多。例如沿江小河港汊，均為快艇藏匿之處

須測量精確，卷時方可應用，若海道測量局能俱用叱

種圍則，則極合每員用，戰而無有，故僅由南通至鎮江一段，

004

三、本校第一期學生畢業測量，已費時六閱月矢，蓋以測量儀器以船舶種種不便之故也。其他雜務事繁，難以縷述。

九、遠航太少。查海上校能之熟練與否，無與海〔軍官兵之海〕上停年咸正此例，南遠洋航行，更能積極增進。見習生兵之經驗。故各國海校，每年皆有遠洋航行之舉行。我國偶付缺如。本校曾派遣三期生兵，全部遠航與東〔南〕、安南、新加坡，及南洋群島等處，回航即至香港。高戰事即之爆發，練習船由中國號，遂停泊香港。並兵概返校參戰，雖日練習船由千零噸之小型商艦所改造，梁已賣諸國新縣，年後始得購此。故能在此遠航線上作遠洋航行者，已為吾國海

167

005

軍四年來之創舉。為期雖嫌太短，僅六閱月，而二期生兵，已差能任快艇上之各種任務兵。□□，□□□□□□□□

十、敵不攻壁。……凡快艇集中之處，河汊間容易受龍衣之處，雷區廣佈之處，敵艦皆絕對避免。故有時雖欲求一戰而不可得，遠出游弋，以便襲擊敵艦，又困河汊被友軍堵塞而不可能，遠致無續成績，極為慚悚。

至滬極方面，僅能於滬上擊傷出雲，南通方面擊傷敵驅逐艦二艘，後復沉沒，江陰擊沉敵砲艦一艘，擊傷敵使敵艦於江陰。未陷前，不敢越江陰雷池一步，直守至江陰失陷之後，數日為止。南京陷後，快艇隊復於燕子磯快航衝過南京城，

大勝關、蕪湖等敵人陣地。又於上海、松江、江陰、南京、馬當、田家

鎮等處敷設多量自製半浮雷。一切均經備案在案。惟無

震聾發憒之戰績，實以上項十種困難之所致也謹呈

法官黃轉呈

組長王

歐陽格 謹呈

附錄二：
〈匪軍船海戰術之研究與對策〉

序言

　　匪軍船海戰術實施之初，一般人均以為違背廿世紀陸海空軍科學戰爭之原則，而輕視之，譏笑之。待匪軍實施後之結果，竟至突破我海陸空軍之防禦，掠奪我沿海島嶼，進逼我臺灣。然則船海戰術在廿世紀真有戰術上之價值乎，余堅決回答「有」。近百年來迄於今日，以「船海」擊破中外正式海軍，中國史上有二次：一、清將劉永福守臺灣，以船海戰術擊破西班牙、葡萄牙之聯合艦隊，中外震驚。二、民國十餘年時，萬縣慘案，楊森將軍以數團兵力乘舟及泅水圍攻一虐之英艦二艘，雖犧牲慘重，卒將其擊潰，生擒二中校艦長，斬首於西山公園以祭民。

　　然則船海戰術竟成廿世紀不可禦之戰爭乎？余堅決回答：「否」。任何戰術均可以「戰術」克制之，何況我陸軍係憑險而守，更有我海空軍利器。惟時至今日，已屆國家民族生死存亡關頭，我軍對匪軍船海戰術如不深切研究，澈底改革以往作戰之方法，或存幼稚之輕敵心，或存怯懦之畏敵心，必遭匪軍船海戰術所困，日益削弱，來日不知其可也！

　　余因隨太湖艦轉戰東海、黃海，復見於廈門、平潭、金塘、登步、海南諸島戰役之得失，深悉匪軍船海戰術之內容，值此匪患猖獗之際，本「赤子」之心，以「匹夫」一得之愚，記之成文，貢獻與各級指揮官及幕僚作「戰場指揮」之參考。

第一章　匪軍船海戰術之研究

第一節　匪軍船海戰術之意義

　　匪軍船海戰術係根據「以多取勝」之原理，使用數十、數百或千數以

上之小木船裝載人員武器，縱在我軍猛烈火網下，不惜任何慘重犧牲迅速前進，以求登陸後一舉而向我衝鋒，予我以致命打擊。

在戰術上言之，實由陸軍步兵班之戰鬥方法蛻變而來，故其在船海中區分為火力艇隊與突擊艇隊，類似步兵班中之機槍組及手槍組，火力艇隊向我海軍艦艇行制壓、阻擾及牽制，使突擊艇隊登陸衝鋒之任務得以邁行。

第二節　匪軍船海戰術之特性

匪軍船海戰術之特性約有下列數種：

一、利用船海戰術在砲兵有效掩護下向我成密集隊形衝鋒。

二、企圖渡海攻擊之前，先抽調各單位官兵至其第一線，對我方陣地及地形地物作現地偵察。故一般而論，對我方地形均熟悉，並預計到達我岸後僅需十餘分鐘，即可衝陷所欲攻佔之要點。

三、未發起真面目渡海攻擊前，即選定我我岸若干要點為目標，舉行普遍之佯渡海，以紊亂我視聽，而隱秘主力於所要渡海點附近，乘亂一舉而施行真面目之渡海攻擊。

四、渡海部隊發起時，多不顧其後方聯絡線，行動飄忽。

五、渡海部隊多係輕裝，糧彈及戰鬥器材均隨軍行動。

六、渡海前進方向係採最近距離同時發起之，以達其分割我軍，局部圍殲。

七、原任陣地守備之部隊當出動渡海攻擊時，僅留少數兵力防守原陣地。

第三節　匪船編組及兵力調集與運用

甲、匪船編組

匪船因性能與用途不同而區分為兩種，一為火力艇，一為突擊艇。火力艇即木船裝置機器後之機帆船，突擊艇即普通大型木船，分述於下：

一、火力艇隊：1.每軍有一機帆船大隊，攻擊時稱火力艇大隊，轄有每艘可載六十餘人之機帆船三十艘，平時協助各師訓練。2.每一火力艇（機帆船）艇首裝有八二迫擊砲一門，或二公分平射砲一門，或係擲彈筒一具，另有重（輕）機槍一挺，火箭砲一具。3.每艇僅配備十餘

人，專負責海上火戰牽制我軍艦，掩護突擊艇登陸為主，通常因武器係固定於艇上，且人員甚少之故，本身無登陸企圖。

二、突擊艇隊：1.每師有一水手隊，攻擊時稱突擊大隊，轄有每艘可載五、六十餘人之木船三十餘艘，平時專門訓練師內尉士級幹部養成操舵，使能抵抗風波有操舵駛風之能力，養成熟練舵手，於戰鬥慘烈之際，不致如民船夫之震恐失措，跳水逃生，使突擊艇能勇往邁進，達預期之目的。2.每一突擊艇（木船）配有重機槍一挺，輕機槍數挺，亦有火箭砲，大都為登陸部隊，隨身所攜帶者數量有限，且盡力避免海上火戰，恐消耗彈藥，減少登陸後之攻擊力。3.每艇可裝載五、六十人，專負責裝載部隊登陸突擊。

乙、兵力調集與運用

一、兵力調集：除建制部隊外，常於渡海點附近抽調兵力，如交通便利，多利用鐵道、公路及沿海航行之木船，以作運輸，雖最遠地方之部隊，亦調集之。故常於渡海戰鬥之際，匪軍左右翼及後方均成空虛狀態，為我軍登陸挺進突擊掃蕩之最佳時機。

二、兵力運用：通常組成多數支隊，由各方面分進合擊，每支隊兵力多以步兵一營至一團為基幹，或以一師之眾支隊，於真面目之渡海攻擊時用之。

第四節　匪軍船海戰鬥法

甲、原則

一、戰略上：選定我主要島嶼為目標，舉行逐島攻略，以削弱我海上根據地。

二、戰術上：絕對集中優勢兵力，施行船海戰術，猛攻我一點。

三、戰鬥上：利用附近島嶼地方之砲兵，舉行射擊，阻擾我海軍行動，掩護其渡海攻擊。

乙、攻擊準備

　　匪軍於發動渡海攻擊之前，必作以下之準備，亦為其將發動攻擊之徵候：

一、修築通達渡海點之道路，以便爾後部隊之進出。

二、調集船隻於準備進攻之位置，以便運載。

三、攻擊發動之直前，匪砲兵舉行標點試射。

丙、攻擊時機與攻擊點之選擇

一、攻擊時機

　　匪軍發動船海攻擊時，概須先作祕密周道（到）之準備，利用夜暗天候季節，有時利用夜暗祕密前進，待拂曉一舉而登陸，向我突擊或奇襲。

二、攻擊點之選擇

　　匪軍往往利用我岸守軍配備弱點，施行真面目渡海攻擊，同時以快速小艇，盡力向我後方及翼側兵力薄弱處偷渡突襲。

丁、戰鬥法

一、以機帆船之火力艇隊數十艘以上，向我軍艦圍攻，牽制我軍艦之行動，縱犧牲慘烈，亦在所不惜，但求延長時間達成牽制任務，以掩護載運登陸部隊之突擊艇隊，得以遂行登陸。

二、突擊艇隊乘火力艇隊圍攻牽制我軍艦時，成密集橫隊向預定登陸點猛進，縱犧牲大半，仍繼續前進，以求迫近我岸而登陸。

三、突擊係採取波浪式，惟因船舶數量及速率關係，每次突擊僅有一次突擊波，無後續部隊，必待第一次突擊登陸成功後突擊艇重返匪岸載運，方能舉行第二次突擊。

四、登陸部隊如非全部遭殲，必有一部分登陸因決無後退可能通常佔領陣地頑抗，不得已時全部以投降方式欺騙我軍，延遲時間以待第二次突擊波登陸時作內應，夾擊我軍，金塘島之役、海南島北部戰役及以往各島戰役，均可為例。

第五節　匪軍船海戰術之缺點

一、運動速率低，我海軍發現後可從容射擊而殲滅之。

二、火器射程短小，無強大威力。

三、各艇無裝甲，缺乏防護力。

四、第一次渡海突擊後，經很長時間方能有第二次突擊之發動，易使第一次突擊登陸後遭殲滅，而成逐次使用兵力逐次消耗之結果。

五、必需第一次突擊艇隊重返匪岸，方能載運第二次突擊部隊渡海攻擊，使我軍於擊破匪軍第一次登陸部隊後，有從容整頓予匪第二次突擊隊以致命打擊之餘裕。

第二章　以往我軍對「匪軍船海」作戰之檢討

歷次戰役我陸海空三軍對「匪軍船海」之戰鬥均有遺憾處，致使匪軍得逞，茲分述如次：

第一節　空軍

一、對匪軍集中船舶之地未能精密偵察，縱到達其上空，常因匪軍偽裝而忽略。

二、匪船渡海攻擊之時機，通常係夜暗或天候不良季節多霧之際，適為我空軍不能起著陸之時，使空軍效力不能發揮。

三、空中照測經判讀後之結果，未通報陸海兩軍指揮官，使明瞭匪軍態勢及企圖。

第二節　陸軍

一、過份信賴海軍，以為凡由海上而來之匪船，均可由海軍消滅，一經匪軍局部登陸，即倉皇失措。

二、輕信匪軍之投降，於發出捷報後，防務鬆弛，易為匪所欺騙，而遭突擊或夾擊。

三、對翼側及後背之威脅，過於敏感，縱使匪軍小部隊偷渡進入我翼側及後背，第一線部隊立即呈動搖狀態。

四、對海岸副防禦物之設置未重視，使匪船近岸後，易於登陸，且如行大道直達我第一線後方。

第三節　海軍

一、攻擊重點之指向欠考慮：初發現匪軍火力艇隊，即集中主力對其射擊，而忽略匪之主力為登陸之突擊艇隊，使匪之火力艇隊得以達成其牽制及掩護之任務，使匪登陸主力之突擊艇隊雖蒙損害終於完成登陸。

二、火力分佈欠計劃：海軍艦隊（艇隊）一經發現匪船，即一齊集中火力向匪船射擊，一匪船竟有受數艦集中射擊達十餘分鐘者，非僅徒耗彈藥，且逸失對匪船全部殲滅之良機，使其他匪船皆於此時乘機邁進，達成其任務。

三、未控制適量之預備隊：每當戰鬥慘烈之際，海上另一匪軍突擊隊出現，海軍指揮官無預備隊，不能予匪船以殲滅，使其得乘機前進登陸。

四、狹窄水面巨型艦之活動受限制：狹窄水面海軍巨型艦不能活動，且受匪岸砲兵之威脅，不得不停留於遠處水面較寬之地，僅賴火器威力以射擊匪船，匪船即於此時冒彈雨而前進，終於達成登陸任務。

第三章　今後我軍對「匪軍船海」之對策

第一節　空軍

一、平時對匪方陣地、河川支脈船舶集中地、海岸重要渡口及港灣通此渡口與港灣之道路，應詳為偵察，並通報陸、海二軍指揮官。

二、接近第一線之機場，應迅速完成夜間起著陸之設備，俾能於夜間適時適切協同陸、海二軍作戰。

三、對匪方重要港口、通港口之道路應特別熟悉其位置，尤須能在夜間迅速識別，俾於匪軍船海戰發起之際，或發起之直前，予以致命轟炸，粉碎其企圖，或殲滅其後續集結待運之部隊。

四、對匪軍船海及船舶集中地之轟炸，應使用巨型汽油彈為宜，使其燃燒效果迅速燬滅匪船及匪軍。

五、空中照測及其判讀結果，應通報海、陸二軍指揮官。

第二節　陸軍

一、增強副防禦設備：1.對匪軍可能登陸之地造成人工斷岩，或設置鹿砦，並以步兵重兵器及手榴彈封鎖之。2.我岸邊死角構成側防火力機構，以消滅近岸匿藏之敵。3.阻塞海岸通我後方之道路，並配置狙擊機構以封鎖之。4.對可能登陸之淺灘水際及我方不用之港灣，用拒馬構成之鏈鎖形浮柵封鎖之（浮柵之構造如附圖一）。

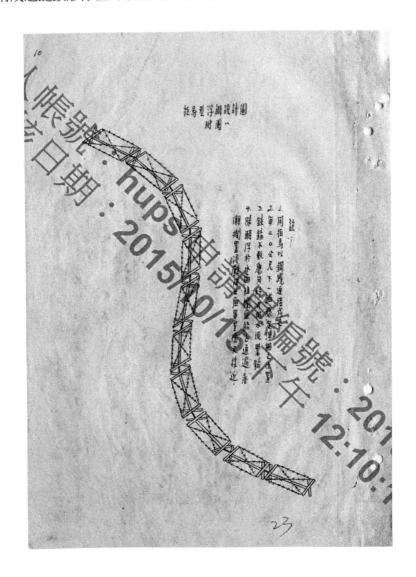

二、縱當匪船偷過我海軍封鎖而潛行登陸時，亦應沉著應戰，乘其後續部隊未到達前予以殲滅之。

三、決不信任匪軍之投降為真實，凡不拋棄武器徒手高舉單人依次前來者，一律射殺之。

四、縱當匪軍真實投降，亦必一一捆縛，押離戰場，以火器監視之，於受降之瞬間對防務更當特別嚴密警戒之。

五、縱當翼側及背後有少數匪軍侵入，亦必死守據點，以一部分協助第二線部隊殲滅之。

第三節　海軍

甲、改良海軍戰術，發揚攻擊威力

一、攻擊重點指向匪軍突擊艇隊：海軍於發現匪船之瞬間，依其所載人數火力強弱判斷其為牽制掩護之火力艇隊，或專任登陸之突擊艇隊，以艦艇一部阻擊火力艇隊，艦艇主力指向突擊艇隊，壓倒而殲滅之，再轉向火力艇隊而擊破之。

二、控制預備隊，以應付不意之變化：指揮官必控制部分艦艇作預備隊，積極上用以「擴張戰果」及「與匪決戰」，消極上用以應付不意之變化，且須主動使用，俾收宏效。

三、確定攻擊方法：1.對匪船橫隊之攻擊：匪船作戰為發揚火力及指揮容易計，均係船橫隊，我艦艇對其攻擊應恰在其火力有效射程外之處，以一舷之火力正對匪船橫隊行之，情況有二種：Ⅰ.海面遼闊無敵岸火砲顧慮時：a.我以縱隊態勢通過其翼側或後方，各艦向最近距離之匪船射擊，往復航行，逐段殲滅之。b.我以縱隊態勢追蹤其後方，按我艦（艇）數目將匪船橫隊區分為同數之射擊區域，同時施行射擊而殲滅之。Ⅱ.海面窄狹有敵岸火砲顧慮時：a.我以縱隊態勢通過其前方，各艦向最近距離之匪船射擊，往復航行，逐次殲滅之。b.我以縱隊態勢接近其前側方，并依托我岸砲施行射擊，逐段殲滅之。2.對匪船縱隊之攻擊：匪船亦有用縱隊行鉗形攻擊者，我艦艇對其攻擊，亦應恰在其火力有效射程外之處，以一舷之火力對匪船隊翼側射擊之，情況有二種：Ⅰ.海面遼闊無敵岸火砲顧慮時：a.我以縱隊態勢通過其翼側，各艦向最近距離之匪船射擊，往復航行，逐次殲滅之。b.我以

縱隊態勢接近其翼側，按我艦（艇）數目將匪船縱隊由前向後區分為同數之射擊區域，同時施行射擊而殲之。II.海面窄狹有敵岸火砲顧慮時：我以橫隊態勢接近其右（左）前方向最近距離之匪船射擊，逐端殲滅之。

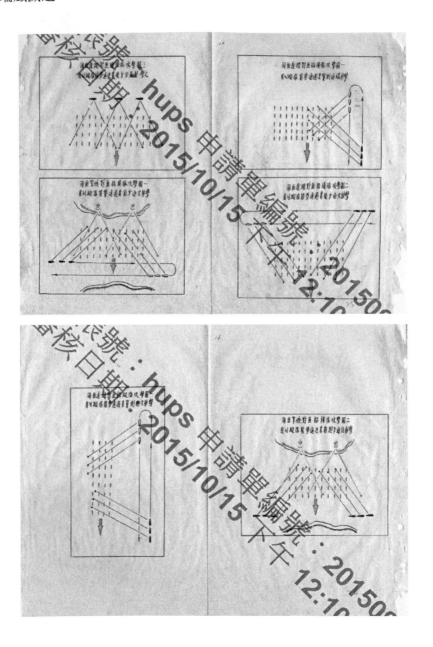

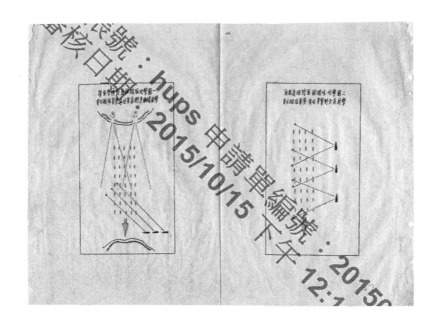

四、澈底發揚火力：1.各艦（艇）之火砲均已編定號數，於發現匪船明瞭射擊區域後，應依各砲號數賦予各砲之射擊目標。2.待各艦（艇）前進至射擊位置時，使各砲能向其射擊目標驟然急襲，發揚火力，一舉殲滅之。3.避免各砲對同一目標重複射擊，徒耗彈藥，逸失戰機，使匪船得乘間前進或逃逸。4.對射擊後之殘存目標，可下令各砲集中射擊，一次齊放而殲滅之。

乙、實施小型裝甲砲艇之突擊戰，增強海軍作戰兵力

一、突擊戰之意義：窄狹海面或「近海」使用大量小型裝甲砲艇，以併列縱隊態勢接近匪船隊而攻擊之，必要時憑藉火力之制壓與燒夷之摧毀，疾馳而衝擊之。

二、突擊戰必實施之原因：1.窄狹海面我巨型軍艦活動困難，憑藉火力不能阻止匪船之前進及登陸。2.窄狹海面匪岸火砲威脅，使我巨型軍艦僅能活動於較遠處，不能擔任正面之阻擊。3.窄狹海面夜暗或濃霧之際，我岸守軍及遠處海軍之艦艇視界不明，不能發揚火力以阻匪船之前進及登陸。4.海軍兵力不敷分配，我岸各港及近海防禦力薄弱。有上述四種原因，故必實施小型裝甲艇之突擊戰，既可彌補巨型軍艦在窄狹海面

上之缺憾，復能利用人力物力增強海軍兵力，發揚海上戰鬥力。

三、突擊戰臨時砲艇之來源與設計：一般使用原有之裝甲砲艇，而增強其
裝備，不足時，以民用小火輪、小拖輪臨時裝備而補足之。1.裝甲設
計：a.艇首裝甲利用工廠所有及拆自廢船上之厚鋼板，愈厚愈佳，由
造船廠製成特種形狀之鋼帽，加於艇首而固牢之（見附圖二）。b.駕
駛台裝甲利用厚鋼板裝配之，以防二公分小砲為主。2.火器防盾設
計：依火器種類裝配弧形板狀之防盾，以防止前方及左右前方之敵火
為主。3.火器配備：a.二公分機關砲及重機槍。b.火箭砲：陸軍式可
荷於肩上而射擊者，有二公分機關砲，可免配。c.八二迫擊砲：每艇
配一門，如無時，可以六〇迫砲二具代之。d.噴火器：每艇二具，此
器在陸軍及海軍陸戰師中均有大量，一般因為行軍攜帶不便，多繳存
庫中，視同廢物，此正發揚其威力之時。e.無後座力砲：每艇一具，
此為最近運臺陸軍新武器之一，已頒發各部隊，海軍陸戰師亦有口徑
七‧五公分有效射程一五〇〇公尺，砲彈能穿甲爆炸，砲身前有二小
型腳架如輕機槍所有者，砲尾有托肩，係置於射手肩上發射者，射擊
裝甲艇、機帆船及巨型木船，與七五砲之效力同。以上迫擊砲、噴火
器、無後座力砲，每艇均裝備之。

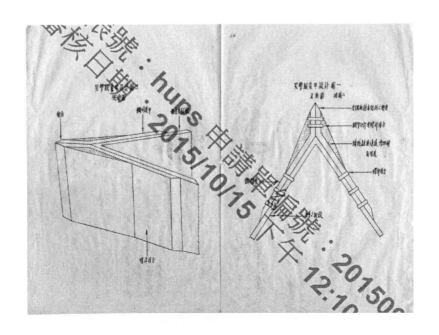

四、突擊艇隊之組成：每正式砲艇一艘，配臨時砲艇二艘為一分隊，三分
　　隊為一中隊，三中隊為一大隊。

五、突擊艇隊之攻擊隊形：制定為二線縱隊，如附圖。

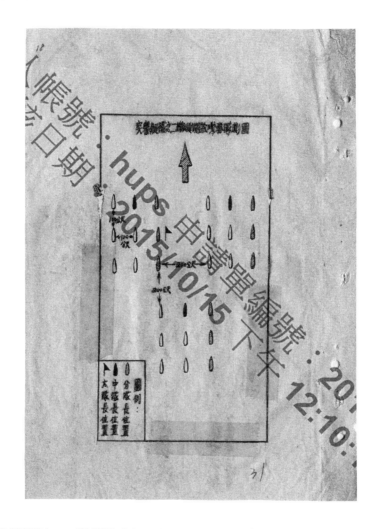

六、突擊戰鬥法：1.戰鬥指揮原則：a.絕對攻擊主義：自戰鬥出發至戰鬥
　　終止，斷然執行攻擊，對匪船隊利用火力及燒夷與高速度之衝擊力壓
　　倒而殲滅之，或攻擊其翼側與後方形成包圍，憑藉火力而殲滅之。
　　b.提高機動力確保主動地位：行動迅速，出敵意表，於匪不預期之地
　　點與時機，強起與之決戰，予以澈底殲滅。c.攻擊重點指向匪軍登陸

用之突擊艇隊：殲滅匪軍突擊艇隊後，再捕捉其火力艇隊。2.警戒搜索及聯絡：a.警戒搜索：黑夜或濃霧及天候不良時，經常派出巡邏艇往來於此狹窄海面，搜索敵情，一經發現匪船偷渡，判斷其兵力與企圖，立即電報部隊全隊出發，並通報友軍。b.通信聯絡：使用特種設計之信號彈，俾於黑夜及濃霧時可密切聯絡，此種設計本文避免記載，待使用之直前始另文記載之。大隊長、中隊長之砲艇必設無線電話電報兩用機。3.攻擊：a.戰鬥前進：航路之決定：指揮官基於上官命令，或敵情判斷及附近水道狀況而決定之。前進部署：為使機動容易適時形成優越態勢，及兵力運用便利計，自出發即以二線縱隊前進，隨時保持對匪船隊側擊之態勢。匪火下之前進：白晝使各艇火砲對匪船制壓，以掩護前進，夜間縱匪船射擊，應避免暴露企圖，力求接近以行突擊。b.火戰開始：我進至有效之最近距離，各艇火器施行突然之急襲射擊，一舉而擊滅之。對巨型匪船以「無後座力砲」及火箭砲射之。c.突擊：當前匪船非僅賴射擊能殲滅者，須斷然實施行突擊，利用火力制壓，使用第一線艇之迫擊砲，行彈幕射擊，開拓前進路，復利用噴火器之燒夷衝入匪船隊中而突擊之，使匪船縱不消滅於我之火力與燒夷，亦遭撞沉而殲滅。d.往復掃蕩：突過匪船隊相當距離時，整頓隊形，各艇向後轉180°，再依戰鬥前進火戰之原則對殘存匪船攻擊，往復掃蕩，直至全部殲滅為止。

丙、實施火海戰術粉碎匪軍船海戰術

一、火海戰術之意義：利用縱火艇及爆炸艇攻擊，能將一、二千公尺之海面瞬間造成燃燒與爆炸之真火海，予匪軍船海以殲滅性之打擊。

二、火海戰術之價值：1.彌補火力封鎖之缺憾：自匪軍用船海戰術以來，我軍常依賴射擊構成濃密火網而抵抗之，並宣稱為火海，事實上除非武器與彈藥有大量生產及來源，以若干噸彈藥瞬間射入匪軍船海全面積內，方可收一時之效，如彈藥長期不斷供給有困難，則火力終（中）斷之際，即匪軍船海得逞之時，我軍彈藥實不能達此要求，故造成以往島嶼防禦之失敗，如用縱火及爆炸攻擊造成真火海，對匪軍船海可收一舉殲滅之效。2.具有連續性之毀滅威力：水雷所構成之雷區，其威力雖強大，然戰鬥中一次爆炸後，不能於同一位置再佈雷，

作第二次之爆炸。故匪軍船海之前部雖蒙慘重犧牲，其後續部仍能通過雷區繼續攻擊前進，遂行其登陸突擊之企圖。如用縱火及爆炸艇攻擊，能連續不斷造成具有毀滅威力之真火海，使匪軍船海逐次全部殲滅，且不似水雷受水深限制及障礙艦艇行動。3.不受海面寬窄之限制：海面窄狹，我巨型軍艦不能入內活動，於遠距離對匪軍船海之射擊，難期大效，此正我縱火艇與爆炸艇發揮奇效之時，如裝載此等艇於中字級登陸艦內，可隨伴我艦隊遠征在廣闊海面，予匪軍船海以殲滅，即匪軍巨型砲艇軍艦，亦可同時毀滅之。來日，臺灣海峽中對來襲之匪軍船海，更可收殲滅奇效。4.運用簡單，以逸待勞：匪軍欲實施船海攻擊，平時對人力、物力、財力、時間均須大量消耗，即自攻擊準備至攻擊實施間之動員，亦必須大量人力及時間方能用之於戰場，我則以平時工廠之簡單製造，臨時數十分鐘之待機運用，即可達成對匪軍全部殲滅之輝煌戰果。5.節約海軍艦艇彈藥，增進長期抗戰能力：以縱火艇或爆炸艇攻擊匪軍船海威力強大，每次戰役中海軍均可避免不必要之射擊，而節約彈藥，保持武器壽命，不僅來日與匪海軍正面目決戰時保持有優越之攻擊力，且可增進長期抗戰能力。

三、縱火艇設計：1.動力設計：使用一般小艇所用之小型推進機，價值低廉，在香港商場可大批購得，掛裝於普通小型木船之尾部，一次加油約五加侖，可行十餘浬，在攻擊時僅需能航行三千碼，即達戰術上之要求。2.裝藥設計：以五十加侖裝之汽油六桶或八桶改裝成汽油燒夷彈，置入艇內，其法於未裝入汽油前，將各油桶上端正中改裝成底火藥座，以便於使用時插入底火藥筒，使平時絕對安全，如附圖三。已裝小艇後，其四週及上方置放用導火索起爆之小型雷七、八個，其上再用蘆席及他物偽裝之，並以草偽裝水手數人。3.點火設計：以兵工廠製作之定時性點火裝置，插入各油桶之底火藥筒內，並連接小型雷所牽出之速燃導火索，發動定時點火裝置，待艇衝進經過一定時間，即艇衝入匪船隊中所需之時間，即自行點火，使汽油及小型雷燃燒爆炸，構成猛烈之火海。

四、爆炸艇設計：1.動力設計：同縱火艇。2.裝藥設計：急用時以海軍現用之水雷五枚，時間充裕，另製每個裝藥三百磅之半球型雷（如附圖），增加其頂部與底部之厚度，使其向橫方向爆炸，並於腰部鑄成

多數方格狀，以增加破片之數量，每艇可載四個，裝入小艇後，四周及上方置放少數汽油，用蘆席及他物偽裝之，並以草偽裝水手數人。

3.起爆設計：以兵工廠製作之定時引信置各雷之底火藥筒內，待艇衝進經過一定時間，即艇衝入匪船隊中所需之時間，即自行爆炸，而使各雷爆炸，汽油燃燒。

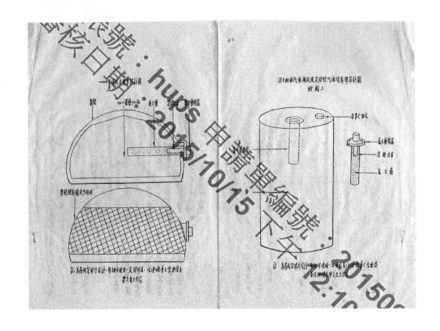

五、無線電操縱及點火起爆設計：民國二八年對日抗戰中，我軍政部曾採用一教授所發明之爆炸快艇，係用無線電操縱及起爆者，欲以此艇攻擊日本軍艦，共製十五艘，在宜昌美字行碼頭操演，其形如日本自殺艇，無線電可操縱之，距離為三千碼，因當時我海軍過於劣勢，無法可裝載或攜帶此艇至距敵三千碼處開始攻擊前進，宜昌失陷，即自行破壞，其構造圖在昔日之兵工署，縱然遺失，十一年前中國無線電可發明之物，十一年後之今日更不成問題，可由兵工署及海軍方面負責合製之，此為對匪軍船海戰術最理想之利器。

六、縱火艇與爆炸艇之運用方式及使用法：1.運用方式：Ⅰ.配屬小型裝甲艇隊而運用之。Ⅱ.臨時配屬各艦而運用之。Ⅲ.配屬艦隊以中字級登陸艦隨艦隊行動，至達距離海面而運用之。Ⅳ.以永字級艦（AM）二

艘配合中字級登陸艦一艘（作裝載小艇及補給用），可單獨在任何海面獨立作戰。2.使用法：在距匪軍船海三千碼時，將縱火艇之舵固定於「中舵」位置，發動小型推進機，使艇之航向對準匪軍船海，而自行衝進，依當時情況，可使數艇分向匪軍船海正面衝進，或自數方面以分進合擊態勢，向匪軍船海衝進。

七、縱火及爆炸後之攻擊與掃蕩：當廣大面積之燒夷與爆炸後，乘匪船於焚燒及傷亡之際，我艦艇努力接近，以火力向殘存之匪船攻擊而殲滅之。

結論

本文倉促寫於定海冊予山前線，正當我軍戰略轉進之際，余為海軍第一線作戰人員，寫作之本意，實欲獻身於此次絕對機密必操勝算之火海奇襲，以遂平生報國壯志，懇勿因文字簡陋而使臺灣海峽對匪軍之殲滅戰，不得實現也。

（抄錄自《國防部史政檔案》，〈匪軍船海戰術之研究與對策〉；
總檔號：00042970）

周非吾兄勛鑒 日前南來

貴部視察溯承

接待並為舉行簡報得以對業務進展及其

成效等實況增進瞭解勛勤建績至為欣慰

相信本此精進自將獲致更卓越之成就專此

申謝並頌

勛祺

蔣經國 拜啟 八月廿六

經國用箋

蔣經國先生（時任國防部副部長）來函（1964年8月26日）

一誠吾兄勛鑒

暘事蒙溽陳言席孟復已交有關單位存

記一另機緣再行借重也特此箋聞不一順頌

勛祺

黎玉璽 手啟 十月十吉

薪傳用箋

黎玉璽將軍（時任參謀總長）來函

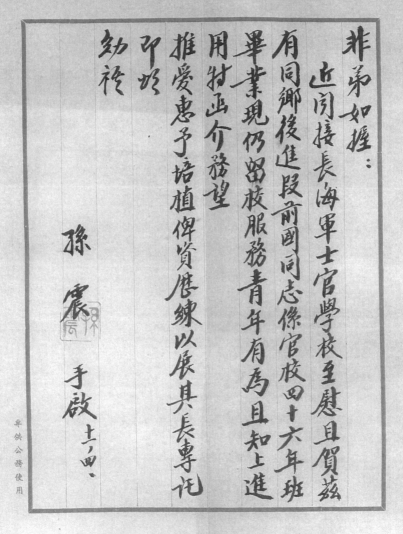

非弟如握：

近因接長海軍士官學校至慰且賀茲

有同鄉後進段前國同志傑官校四十六年班

畢業現仍留校服務青年有為且知上進

用特函介務望

推愛惠予培植俾資歷練以展其長專此

即頌

勛祺

孫震 手啟 十一／四、

孫震將軍（時任總統府戰略顧問、光復大陸設計委員）來函（1960年11月4日）

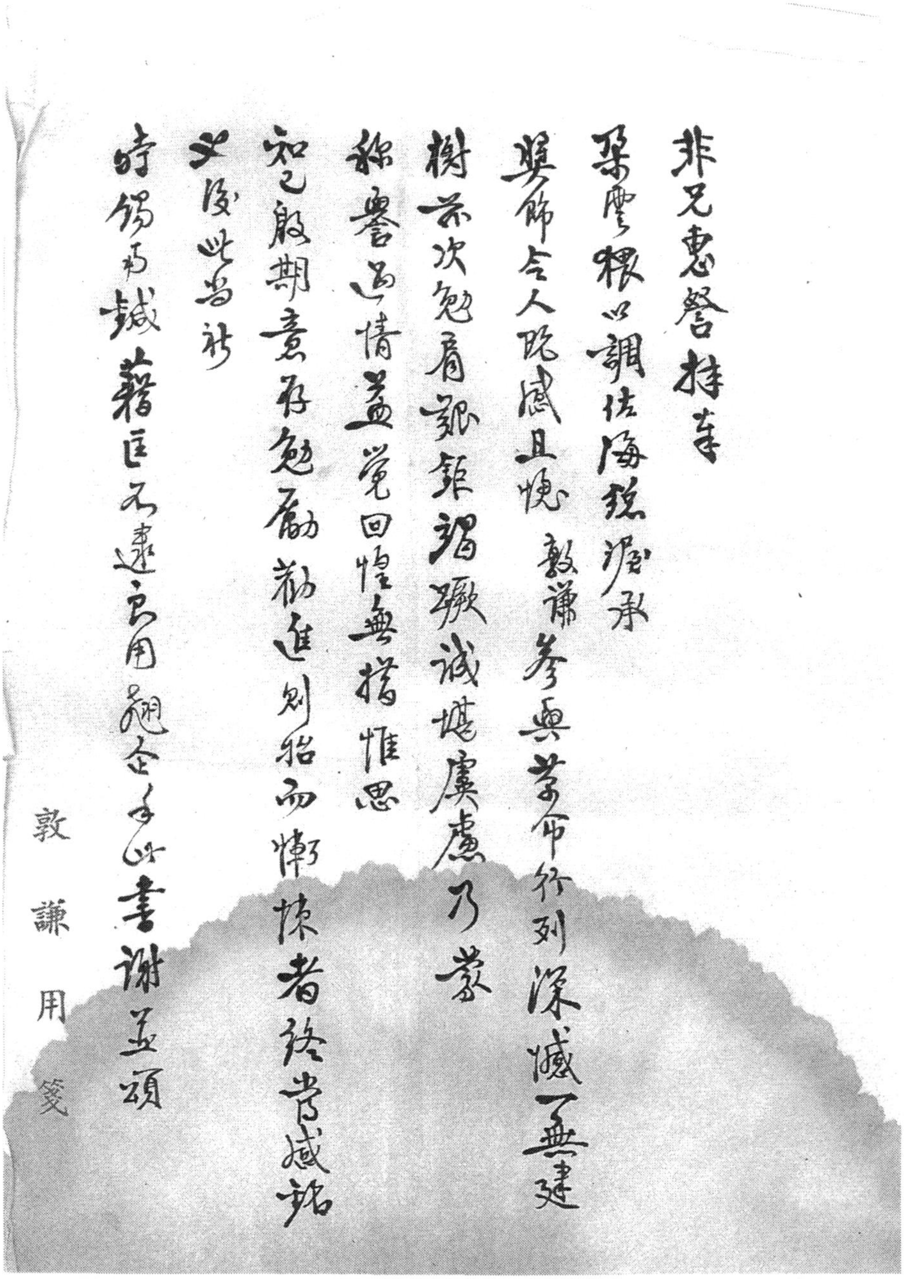

非兄惠譽棕存

榮膺根以調佐海疆遐承

獎飾令人既感且愧　敦謙參與其間行列深感一無建

樹茲次勉肩鉅鑰習　竭誠撙度虖乃蒙

榮譽過情益覺回惶無措惟思

宛殷期意存勉勵新進　刻鉻而慚悚者兹書感謝

又後此為祈

時錫南鍼藉匡不逮言用罄企　耑此書謝並頌

敦謙用箋

李敦謙將軍（時任海軍副總司令）來函（1970年8月4日）

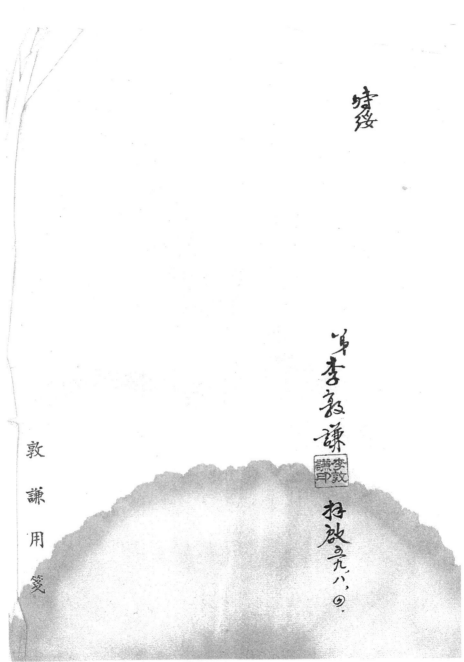

嘻後

草　李敦謙

李敦謙印

拜啟二九、八、四

敦謙用箋

李敦謙將軍（時任海軍副總司令）來函（1970年8月4日）（續）

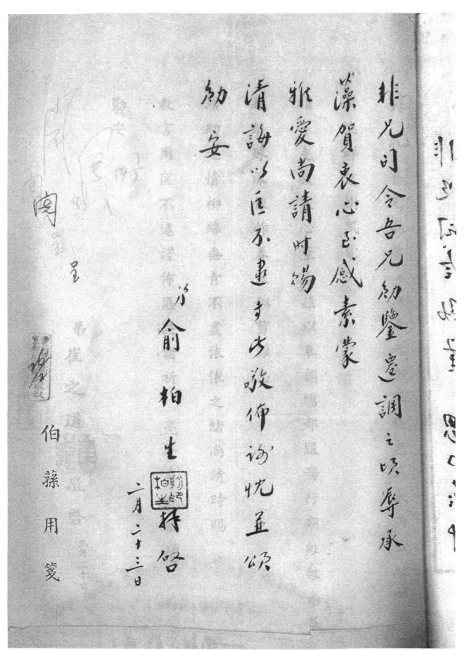

非兄勛令吾兄勛鑒遵調之以辱承

藻賀衷心曷感素蒙

殊愛尚請時賜

清誨以匡不逮寺此敬佈諓忱並頌

勛安

弟 俞柏生將啟

二月二十三日

伯蓀用箋

俞柏生將軍（時任海軍艦隊指揮部指揮官）來函（1965年2月23日）

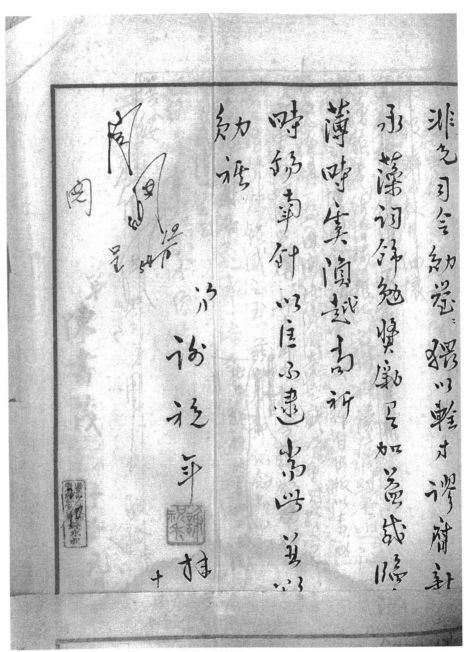

謝祝年將軍（時任海軍艦隊指揮部指揮官）來函（1965年10月）

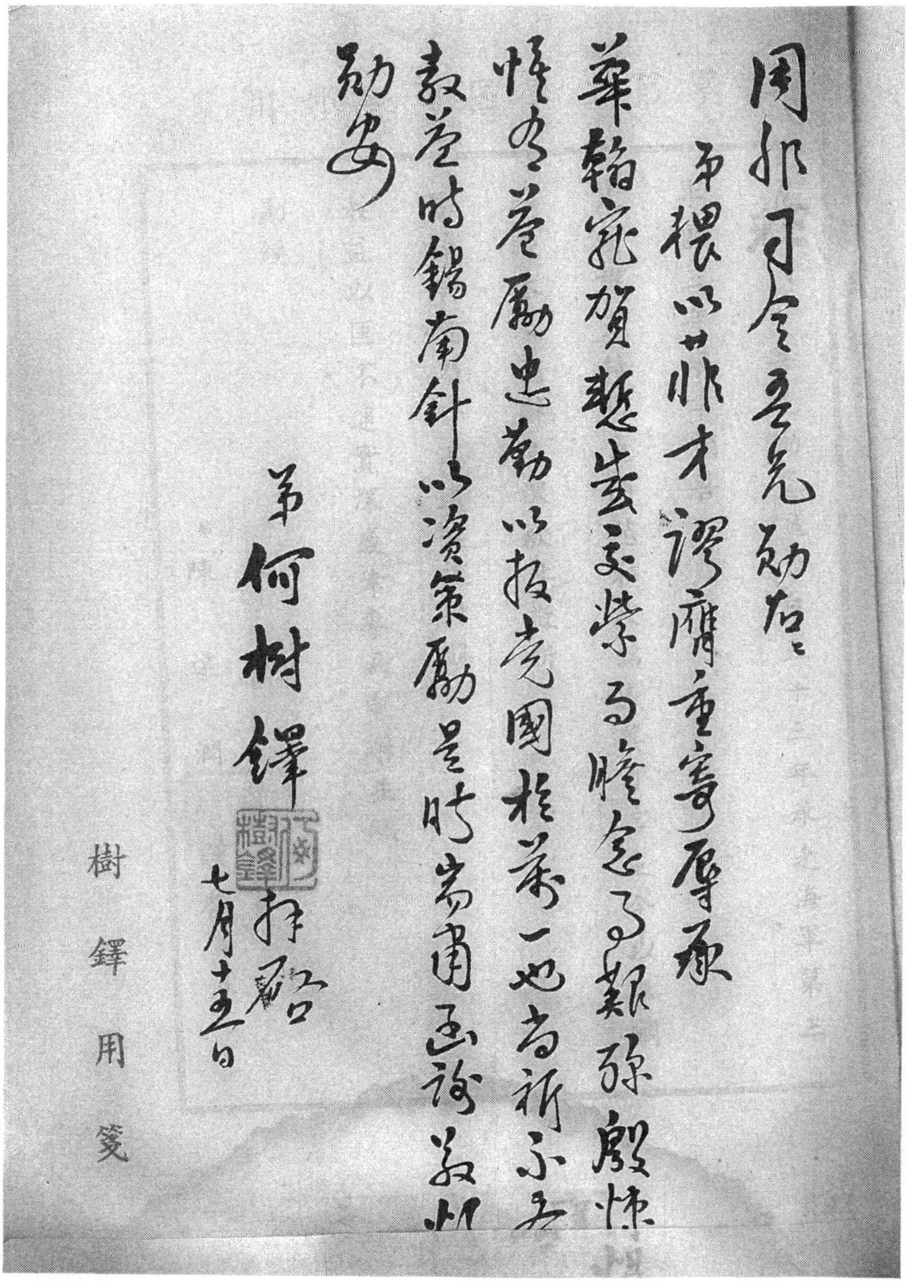

周非司令吾兄勛右、

頃根以非才謬膺重寄厚承

華翰寵賀慚悚交縈弟膺茲艱鉅殷怖

惟有勉勵忠勤以報党國指荊二地尚祈不吝

教益時錫南針以資策勵是幸耑此奉復即頌

勛安

弟 何樹鐸 拜啟
七月十五日

樹鐸用箋

何樹鐸將軍（時任海軍艦隊指揮部副指揮官）來函（1967年7月15日）

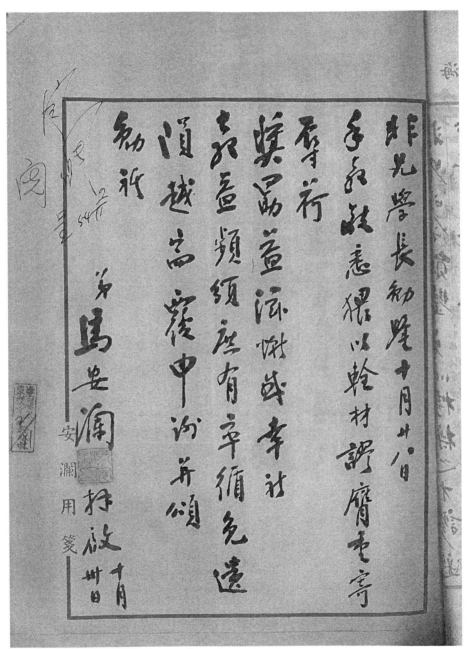

非先學長勛鑒 十月廿八日

手示敬悉猥以輅材謬膺重寄

辱荷

獎飾薆深愧感幸甚

委座頻頒庶有辛循免遠

頃越高牘中衷并頌

勛祉

弟 馬安瀾拜啟 卅日

安瀾用箋

馬安瀾將軍（時任陸軍第二軍團司令官）來函（1965年10月30日）

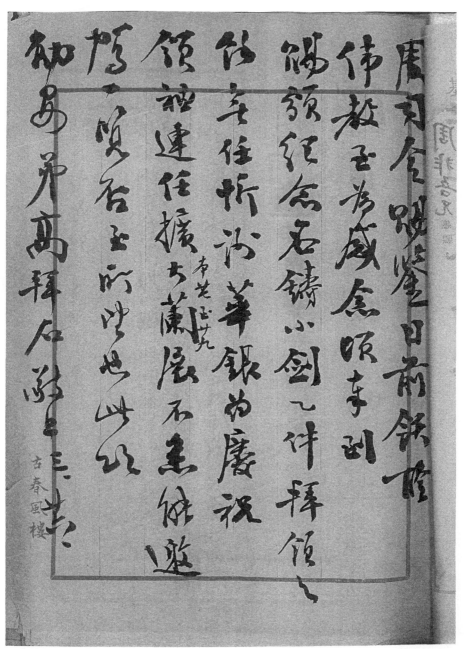

周司令賢鑒：日前領晤

佛教召募感念項辱刘

賜頒經念石鑄小剑乙件拜領之

佇立任折沙筆銀紉廣祝

領禎連任擴古蕭展石無能無媿

肅此順名正所必也此此

耑此瑞高

耑此瑞高弟再拜石竝竝

古春風樓

名書法家高拜石先生來函

FLEET ADMIRAL CHESTER W. NIMITZ, U.S. NAVY
728 SANTA BARBARA ROAD
BERKELEY 7, CALIFORNIA

17 July 1962

My dear Admiral Chou Fei :—

Mrs. Nimitz and I are delighted to receive from you today the lovely Chinese painting and we thank you very much for your generous courtesy. We hope all goes well with you and your family and that all of you are in the best of health and spirits. We keep well inspite of our increasing years. We join in sending you our best wishes—warm regards and gratitude for your gifts.

Sincerely—

C. W. Nimitz

美國海軍尼米茲將軍來函（1962年7月17日）

史地傳記類　PC0843　讀歷史115

周非將軍與民國海軍

作　　者 / 胡平生、周先俐
責任編輯 / 石書豪
圖文排版 / 楊家齊
封面設計 / 蔡瑋筠

發 行 人 / 宋政坤
法律顧問 / 毛國樑　律師
出版發行 / 秀威資訊科技股份有限公司
　　　　　114台北市內湖區瑞光路76巷65號1樓
　　　　　電話：+886-2-2796-3638　傳真：+886-2-2796-1377
　　　　　http://www.showwe.com.tw
劃撥帳號 / 19563868　戶名：秀威資訊科技股份有限公司
　　　　　讀者服務信箱：service@showwe.com.tw
展售門市 / 國家書店（松江門市）
　　　　　104台北市中山區松江路209號1樓
　　　　　電話：+886-2-2518-0207　傳真：+886-2-2518-0778
網路訂購 / 秀威網路書店：https://store.showwe.tw
　　　　　國家網路書店：https://www.govbooks.com.tw

2020年3月　BOD一版
定價：650元
版權所有　翻印必究
本書如有缺頁、破損或裝訂錯誤，請寄回更換

國家圖書館出版品預行編目

周非將軍與民國海軍 / 胡平生, 周先俐著. -- 一
版. -- 臺北市：秀威資訊科技, 2020.03
    面； 公分. -- (史記傳記類；PC0843) (讀
歷史；115)
    BOD版
    ISBN 978-986-326-781-2(平裝)

    1. 周非 2. 海軍 3. 人物志 4. 臺灣傳記

783.3886   109000329

讀者回函卡

感謝您購買本書，為提升服務品質，請填妥以下資料，將讀者回函卡直接寄回或傳真本公司，收到您的寶貴意見後，我們會收藏記錄及檢討，謝謝！

如您需要了解本公司最新出版書目、購書優惠或企劃活動，歡迎您上網查詢或下載相關資料：http:// www.showwe.com.tw

您購買的書名：＿＿＿＿＿＿＿＿＿＿＿＿＿＿＿＿＿＿＿＿＿＿＿

出生日期：＿＿＿＿＿年＿＿＿＿＿月＿＿＿＿＿日

學歷：□高中 (含) 以下　　□大專　　□研究所 (含) 以上

職業：□製造業　□金融業　□資訊業　□軍警　□傳播業　□自由業

　　　□服務業　□公務員　□教職　　□學生　□家管　□其它＿＿＿

購書地點：□網路書店　□實體書店　□書展　□郵購　□贈閱　□其他

您從何得知本書的消息？

　□網路書店　□實體書店　□網路搜尋　□電子報　□書訊　□雜誌

　□傳播媒體　□親友推薦　□網站推薦　□部落格　□其他＿＿＿＿＿

您對本書的評價：(請填代號　1.非常滿意　2.滿意　3.尚可　4.再改進)

　封面設計＿＿　版面編排＿＿　內容＿＿　文／譯筆＿＿　價格＿＿

讀完書後您覺得：

　□很有收穫　□有收穫　□收穫不多　□沒收穫

對我們的建議：＿＿＿＿＿＿＿＿＿＿＿＿＿＿＿＿＿＿＿＿＿＿＿

＿＿＿＿＿＿＿＿＿＿＿＿＿＿＿＿＿＿＿＿＿＿＿＿＿＿＿＿＿＿＿

＿＿＿＿＿＿＿＿＿＿＿＿＿＿＿＿＿＿＿＿＿＿＿＿＿＿＿＿＿＿＿

＿＿＿＿＿＿＿＿＿＿＿＿＿＿＿＿＿＿＿＿＿＿＿＿＿＿＿＿＿＿＿

11466
台北市內湖區瑞光路 76 巷 65 號 1 樓

秀威資訊科技股份有限公司　　　收

BOD 數位出版事業部

....

（請沿線對折寄回，謝謝！）

姓　　名：＿＿＿＿＿＿＿＿＿　年齡：＿＿＿＿　性別：□女　□男

郵遞區號：□□□□□

地　　址：＿＿＿＿＿＿＿＿＿＿＿＿＿＿＿＿＿＿＿＿＿

聯絡電話：(日)＿＿＿＿＿＿＿＿＿＿＿　(夜)＿＿＿＿＿＿＿＿＿＿＿

E-mail：＿＿＿＿＿＿＿＿＿＿＿＿＿＿＿＿＿＿＿